辽宁大学法学文丛

# 人类命运共同体与国际法的发展

辽宁大学国际法学科团队　编著

RENLEI MINGYUN GONGTONGTI YU
GUOJIFA DE FAZHAN

法律出版社
LAW PRESS·CHINA
北京

**图书在版编目(CIP)数据**

人类命运共同体与国际法的发展 / 辽宁大学国际法学科团队编著. -- 北京 : 法律出版社, 2022
(辽宁大学法学文丛)
ISBN 978 - 7 - 5197 - 6613 - 9

Ⅰ. ①人… Ⅱ. ①辽… Ⅲ. ①国际关系 - 研究②国际法 - 研究 Ⅳ. ①D82②D99

中国版本图书馆 CIP 数据核字(2022)第 061488 号

**人类命运共同体与国际法的发展**
**RENLEI MINGYUN GONGTONGTI YU GUOJIFA DE FAZHAN**

辽宁大学国际法学科团队 编著

责任编辑 屈 瑶
装帧设计 李 瞻

**出版发行** 法律出版社
**编辑统筹** 学术·对外出版分社
**责任校对** 王 皓
**责任印制** 陶 松
**经　　销** 新华书店

**开本** 710 毫米×1000 毫米 1/16
**印张** 23.5 **字数** 279 千
**版本** 2022 年 5 月第 1 版
**印次** 2022 年 5 月第 1 次印刷
**印刷** 三河市龙大印装有限公司

地址:北京市丰台区莲花池西里 7 号(100073)
网址:www. lawpress. com. cn
投稿邮箱:info@ lawpress. com. cn
举报盗版邮箱:jbwq@ lawpress. com. cn

销售电话:010 - 83938349
客服电话:010 - 83938350
咨询电话:010 - 63939796


**书号**:ISBN 978 - 7 - 5197 - 6613 - 9
**定价**:89.00 元
凡购买本社图书,如有印装错误,我社负责退换。电话:010 - 83938349

# 序

辽宁大学国际法学科的发展，是从 20 世纪 80 年代中期丁启明教授担任国际法教研室主任开始逐步发展起来的。丁启明教授 1950 年毕业于上海东吴大学法学院，是国内最早从事国际经济法教学与研究的学者之一。1984 年，丁教授作为重要成员参加了在中国国际经济法学界历史上具有里程碑意义的“庐山会议”，辽宁大学的国际法学科建设在国内是起步较早的高校之一。彼时的辽宁大学法律系教师团队，汇集了东京大学、早稻田大学、台湾东吴大学、北京大学、中国人民大学、中国政法大学等学校的毕业生，在丁教授的带领下，励精图治、群策群力，推动了辽宁大学国际法学科的向前发展。1992 年经国务院批准，辽宁大学成为全国首批在本科层次开设国际经济法学和经济法学两个专业的高校之一。其中国际经济法学专业讲授国际公法、国际私法、国际经济法、国际贸易法、国际税法、国际技术转让法、国际商事仲裁、法律英语等课程，并辅以举办“关贸总协定系列学术讲座”。

在丁启明教授为代表的老一辈国际法学人退休后，先后有从武汉大学、厦门大学、吉林大学、西北政法大学等名校毕业的新一代辽大国际法学人加入团队，大家薪火相传、戮力同心、砥砺前行。国际法学科于 2004 年获批硕士学位授权点，2009 年获批二级学科博士学位授权点，2009 年入选辽宁省“提升高等学校核心竞争力特色学科建设工程”立项名单，2013 年入选中央财政支持地方高校专项。团队成员成长为教育部“长江学者特聘教授”、国务院学位委员会学科评议组成员、国家“万人计划”哲学社会科学领军人才、中宣部文化名家暨“四个一批”人才、国家百千万人才工程“有突出贡献中青年专家”、国务院特殊津贴获得者、全国十大杰出青年法学家、国际经济法学研究会副会长、国际公法、国际私法研究会常务理事等高端人才。并形成了国际法理论与实践、国际经济法律新秩序、国际争端解决法三个比较稳定的特色研究方向，涌现出一大批标志性成果，多次获得国家社科基金、教育部、司法部等国家级项目；在《法学研究》《中国法学》《法学》《中国国际法年刊》等国家重要核心期刊、CSSCI 来源期刊发表大量学术论文，并多篇被国家级刊物转载；出版《国际经济法专论》《全球化与国际经济法专题》《国际私法》《国际私法专题研究》《货币债务跨国履行的法律问题研究》《WTO 争端解决机制法律和实践问题研究》《国际法视野中的全球金融治理》《中国推动国际金融秩序变革的法律问题》等多部重要学术著作。学术成果荣获教育部高等学校科学研究优秀成果奖、司法部法学优秀成果奖、全国法学教材与科研成果奖、辽宁省哲学社会科学政府奖、辽宁社科联奖等重要奖项。近年来，学院将“涉外法治人才培养”作为人才培养建设的重要目标并取得显著成效。在教学改革和课程建设方面，在本科层次建立了涉外法治人才实验班，开设多门国际法双语课程与实训课程，实现“学训赛研”一体化的人才培养模式。“涉外法治人才培养改革虚拟教研室”入选 2022 年教育部首批虚拟教研室建设试点、"'新文科'背景下高素质涉外法治人才培养模式的创新与实践"入选 2021 年教育部首批新文科研究与改革实践项目、"'新文科'建设背景下国际法课程体系混合式教学模式的探索与实践"和"国际模拟法庭实训课程建设与高素质涉外法治人才培养模式的创新"入选 2021 年教育部产学合作协同育人项目。国际经济法学 2020 年入选首批国家一流本科课程,上线学堂在线国际版平台、国家智慧教育平台。在学生学科竞赛方面,辽宁大学法学院赛队在"杰赛普""ICC 中文赛""ICC 英文赛"等全国知名国际法竞赛中均名列前茅,2020 年获 JESSUP 中国赛区一等奖;连续两年(2021 - 2022)获"ICC 英文赛"中国赛区一等奖;特别是在"ICC 中文赛"中连续五年(2018 年 - 2022 年)获得全国一等奖,2018 年赴荷兰海牙参加总决赛并获得季军。

# 目录

## 国际法基础理论研究



## 国际金融法治研究



## 国际法规则研究

# 国际法基础理论研究

# 论国际法的价值

高岚君*

## 序　言

2018年3月11日第十三届全国人民代表大会第一次会议通过《中华人民共和国宪法修正案》，其中第35条规定，序言第十二自然段中“发展同各国的外交关系和经济、文化的交流”修改为“发展同各国的外交关系和经济、文化交流，推动构建人类命运共同体”。[1] 自此，“人类命运共同体”正式

* 法学博士，辽宁大学法学院教授。

〔1〕《中华人民共和国宪法修正案》(2018年)对第35条的修改是，宪法序言第十二自然段中“中国革命和建设的成就是同世界人民的支持分不开的”修改为“中国革命、建设、改革的成就是同世界人民的支持分不开的”；“中国坚持独立自主的对外政策，坚持互相尊重主权和领土完整、互不侵犯、互不干涉内政、平等互利、和平共处的五项原则”后增加“坚持和平发展道路，坚持互利共赢开放战略”；“发展同各国的外交关系和经济、文化的交流”修改为“发展同各国的外交关系和经济、文化交流，推动构建人类命运共同体”。这一自然段相应修改为：“中国革命、建设、改革的成就是同世界人民的支持分不开的。中国的前途是同世界的前途紧密地联系在一起的。中国坚持独立自主的对外政策，坚持互相尊重主权和领土完整、互不侵犯、互不干涉内政、平等互利、和平共处的五项原则，坚持和平发展道路，坚持互利共赢开放战略，发展同各国的外交关系和经济、文化交流，推动构建人类命运共同体；坚持反对帝国主义、霸权主义、殖民主义，加强同世界各国人民的团结，支持被压迫民族和发展中国家争取和维护民族独立、发展民族经济的正义斗争，为维护世界和平和促进人类进步事业而努力。”

进入我国宪法,成为根本大法的组成部分。在构建人类命运共同体理念提出之前,我们已经有了和平发展的国际战略理念。在笔者看来,通过和平共处五项原则,中国表达了双边国际交往中的国际法律原则。中国和平发展则是当代中国对自身角色、未来形象的定位,也是中国对世界的庄严承诺。在此之后,放眼世界,人类命运共同体是中国对国际社会未来形象的定位和展望。共同体从来不是客观存在,它是中国对世界载体的期许。中国和平发展在某种意义上只是中国自身的主张和谋求,事实上能否真正实现和平发展并不完全取决于中国自身的态度,它还有赖于良好的国际社会环境,中国必须为形成有利的国际秩序而努力。为此,中国须以国际法为基本准则来指导对外关系的实践,在约束自己的同时也要求其他国家履行国际义务。构建人类命运共同体,建设和推行国际法律秩序是其中的根本。

当今世界各国政府在国际关系中无不以实现本国利益的最大化为目的。那么,在追逐各自国家利益最大化的国际交往中,以国际法律规则作为各国的行为准则无疑是解决国家之间必然的利益冲突的重要途径,因为法律最具有客观性和明确性。中国如果能够在一个相对客观的背景框架中进行国际交往,便能够获得诸多的便利以谋求国家的发展。我们应该在国际层面上以国际法为基础去发展国际关系,处理国际事务。当中国在国际社会中发挥越来越重要的作用,并承受来自国际社会的各种各样的压力时,我们就会主动和被动地、越来越多地参与国际法律事务,既依国际法来维护我国国家利益,同时也依国际法要求他国履行国际义务。

在构建人类命运共同体的意义上,国际社会首先必须是有秩序的,因为秩序是人类和谐生存的条件,是安全的、有序的、可预见的、合法的、有组织的世界得以形成的前提。对秩序的要求,是人的内在本能的欲望之一。我们不能设想一种没有秩序的人类生活。然而,正如美国法学家埃德加·博登海默(Edgar Bodenheimer)所指出的那样，尽管规则（秩序）的存在有助于在处理人际关系方面消灭人性与偏见的极端表现形式，但它在内容与作用方面仍然可能有苛刻的、非理性的、不人道的表现，其本身并不足以保障社会秩序中的正义。通过暴力方式可以很轻易地获得秩序。对于渴望秩序的人们来说，真正的困难在于如何把握秩序本身的正义内涵。一个公平、公正的国际法律秩序既不是现实存在的，也不会一蹴而就，它需要世界各国，特别是大国和具有影响的国家的发展和贡献。中国在全球范围内具有越来越重要的地位，各国在处理国际政治、经济等各种关系和问题时，几乎都要认真考虑中国因素。作为一个负责任的大国，中国必将为国际政治、经济和法律新秩序的建立和发展发挥应有的作用。在此情势下，中国国际法学者应当承担起国际法学基础理论研究的任务，努力构建和发展中国自己的国际法学理论体系，最终改变当前国际法学基础理论以西方发达国家居主导地位的现状。国际法的价值是国际法学基础理论的重要内容。从理论上建构中国的国际法价值理论体系，通过国际法的价值对国际法立法发挥指引和评价等作用，中国必定会为创建公平、公正的国际法律秩序并最终实现中国的和平发展产生重大影响。

## 一、国际法价值的含义、性质和意义

### （一）国际法价值的含义

价值问题虽然是一个困难的问题，但它是法律科学所不能回避的。即使是最粗糙的、最草率的或最反复无常的关系调整或行为安排，在其背后总有对各种互相冲突和互相重叠的利益进行评价的某种准则。[1] 偶然地，有法理学研究者在研究法的价值时提到了国际

〔1〕 美国学者庞德语。转引自陈兴良：《刑法的价值构造》，中国人民大学出版社 1998 年版，第 15 页。

法的价值,他认为,从不同形式的法来划分,法的价值可以分为国际法价值、国内法价值和其他法价值。其中国际法价值是指全人类价值需求的法律化,直接明确地反映全人类的价值追求。而且,由于国内法往往具有比国际法更完整有效地保障人们意识的支持系统,所以国内法的价值更深刻、具体、实在。对于国际法价值与国内法价值的关系,他又指出,在科技与经济水平迅速发展带来世界各国联系愈加紧密的历史背景下,国内法价值必须与国际法价值相一致或相适应。〔1〕

很多国际法学者对法律的理念作了探讨和揭示。奥地利国际法学家阿·菲德罗斯(Alfred Verdross)指出:"实定法不仅有着社会学上的立脚地,而且也有着规范的基础,这种规范的基础是同人类的关于追求目的和社会的天性具有紧密的关系的。人类的这个天性指示我们在和平的秩序中生活,因为只有这样,人类的本质才能得到完全的发展。我们的社会天性把我们引导着的这个目的,人们称为法律的理念。"〔2〕这里所指出的法律理念可以说是关于国际法价值的另一种解释。

借用综合法学和社会法学的观点,笔者从理论上将作为国际法学基本理论重要内容之一的国际法的价值界定为:国际法的价值是指国际法的追求目标,是国际法的合理性与道德性的体现,也是国际社会制定和评价国际法所依据的标准。必须说明的是,在审阅笔者的博士学位论文《国际法的价值研究》后,尊敬的梁西先生建议将国际法的价值定义为:"国家追求和平共处、人类追求合理生存的一种道德性的体现。"

人们曾经从二元论的角度看国际法与国内法的关系。在二元

〔1〕 赵震江、付子堂:《现代法理学》,北京大学出版社1999年版,第106页。

〔2〕 [奥]阿·菲德罗斯等:《国际法》(上册),李浩培译,商务印书馆1981年版,第19页。

论者看来,国际法律理论着眼于国家的权利与义务,从不考虑这种权利系来源于国家内居住的个人的权利和利益这个因素。国际合法性和主权只关注国家及其政府是否在政治上控制了这些人口,而不是是否代表了它的人民。因此,他们认为国内法律体系追求的是正义,而国际法律体系却不能追求正义,只能寻求秩序与和谐。然而,世界已经发生改变并且还正在发生着变化,这一观点已经不能满足今天的国际关系发展的要求。虽然法学家们很难抛弃传统国际法律理论中的国家主权论,但是必须看到,新的时代呼唤一个崭新的概念和伦理的观点。一个更自由的世界需要更自由的国际法理论。[1] 从总体上看,国际法的价值和国内法一样表现为正义。

也许有人会说这是一个理想性因素,对此,笔者不拟作过多的反驳。但是必须申明的是,笔者不是要完全从理想主义出发建立一座国际法理论的"空中楼阁",而是希望通过对国际法的价值从应然性角度的考察,在对国际法条文总数量的盲目乐观和对国际实践,尤其是政治实践的极度悲观之间探寻一条理性的思索路径。

(二)国际法价值的性质

1. 国际法价值的一般性

研究国际法的价值之前必须回答的一个首要且重要的问题是:国际法是法律吗?这似乎已经是老生常谈的问题,却依然不容忽视。[2] 如果对国际法的法律性质依然存有疑虑,甚至完全否定国际法的性质并将其列入道德范畴或政治范畴,那么所有法律共同具有和应当具有的价值则不必为国际法的具体规则所体现,人们也不能

---

〔1〕 See Fernando R. Teson, *A Philosophy of International Law*, Boulder, Westview Press, 1998, p. 1.

〔2〕 我国法学界目前对于国际法仍然不够重视。笔者曾看到一本题为《与时俱进的中国法学》(罗豪才、孙琬锺主编,中国法制出版社2001年版)的书,其中对中国各法学科,如中国民法学、中国知识产权法学、中国犯罪学等的研究做了回顾和展望,但却未包括中国国际法学这个重要部分。

以法律价值来评价国际法的现有规则,更不能要求国际法的未来发展遵循法的价值的指引。因此,界定国际法的法律性质是进一步研究国际法价值的前提。

英国学者阿库斯特(Akehurst)以“国际法真的是法律吗?”作为他的国际法教科书《现代国际法概论》第一章的标题,并对这个问题做了回答。他指出,实际上各国是承认国际法是法律的,而且它们通常还遵守它。法律遭受破坏而不受惩罚是任何法律体系都存在的情况,人们之所以总是认为国际法不断受到破坏,主要是两个原因造成的,即只有违法事件才见诸报端的固有思维,以及“一项国际争端的存在证明至少有一个国家已经破坏了国际法”的错误倾向。[1]

更多的人则是因国际法强制执行机关的阙如而否定国际法的法律性质。英国法学家哈特(Hart)就认为:“既然国际法由于它的背景明显不同,这种有组织的制裁不能强行施加义务,国际法没有‘约束力’,因而不值得称其为‘法律’。”但事实上他承认,国际法和国内法虽然在“形式上”不是类似的,但在“内容上”却有类似之处,因而国际法是接近于法律的。[2] 从发展的眼光来看,国际法的这一缺陷正在得到弥补。特别是过去半个世纪的发展表明,这种不足的改进取得了相当进展,一种正在出现的强制执行国际法的制裁体系是可以看得出来的。[3]

一个相当普遍的观点是,“有社会,就有法律”(Ubi societas, ibi jus)。从这一观点来论证国际法是法律的法学家有奥本海

---

〔1〕[英]M. 阿库斯特:《现代国际法概论》,汪瑄、朱奇武等译,中国社会科学出版社1981年版,第2页。

〔2〕[英]H. L. A. 哈特:《法律的概念》,张文显、郑成良等译,中国大百科全书出版社1996年版,第215页。

〔3〕[英]詹宁斯、瓦茨修订:《奥本海国际法》(第1卷)(第1分册),王铁崖、陈公绰等译,中国大百科全书出版社1995年版,第7页。

(Oppenheim)、布赖尔利(Brierly)、韦斯特莱克(Westlake)、劳特派特(Lauterpacht)等。奥本海认为,法律存在的主要条件有三:第一,必须有一个社会;第二,在这个社会必须有一套人类行为的规则;第三,必须有这个社会的共同同意,认为这些规则应由外力来强制执行。国际社会的现实与这些条件可以说是相符的。一个包括一切国家的普遍性的国际社会是已经得到了肯定解决的问题,在这个国际社会内实际上存在越来越多的各国之间的行为规则,而这些行为规则于必要时是由外力强制执行的。于是,奥本海得出一个结论,即"一个弱的法律仍然是法律"。[1] 布赖尔利指出:"法律只能存于社会之中,而没有任何社会没有法律体系来调整其成员彼此之间的关系。那么,如果我们说到'国际法',我们是假定一个国际'社会'的存在的……"韦斯特莱克说:"国际法,或称万国法,是各国或各民族的社会的法律。"劳特派特追随其后,认为国际法可以被界说为"国际社会的法律"。[2] 联合国大会1946年通过的《国家权利义务宣言草案》序言确认,"世界各国组成社会,共受国际法之约束"。[3]

在前人研究的基础上,梁西先生提出了更为精辟的观点,道出了其中的真谛。梁西先生认为,关于国际法的法律性质问题,应该探究国际法这一概念的两个方面:一方面它是法;另一方面,与国内法相比它是一种特殊的法。国际法是"法"并非答案的全部,答案的真谛在于国际法是"国际"的法。国际法是适用于国际社会的法律,是平等者之间的法律。[4]

---

〔1〕 [英]劳特派特修订:《奥本海国际法》(上卷)(第1分册),王铁崖、陈体强译,商务印书馆1971年版,第7~10页。

〔2〕 布赖尔利和韦斯特莱克的观点。转引自王铁崖:《国际法引论》,北京大学出版社1998年版,第9~10页。

〔3〕 王铁崖、田如萱编:《国际法资料选编》,法律出版社1986年版,第45页。

〔4〕 梁西主编:《国际法》,武汉大学出版社1993年版,第12页。

"非正义的法律不是法律"(Lex injusta non est lex),国际法不容置疑的法律性质决定了它具有或应当具有国内法律所具有的价值内容。德国哲学家康德(Kant)亦曾提出相似的观点,即国际法与国内正义从根本上是相关联的。[1]

2. 国际法价值的特殊性

关于法律价值的内容,我们可以列举出正义、自由、平等、公平、效益等方面。但是,正如在刑法的价值构造中强调刑法的公正、谦抑、人道等特殊价值[2]一样,国际法也具有与国内法不同的价值方面的特殊性。国际法是一个特殊的法律部门,它特殊的社会基础决定了它的特殊性,这是国际法具有与国内法不同的独特法律价值的最主要原因。

一般来说,法律价值有实质性法律价值和非实质性法律价值之分。有的法律价值体现了人们对法律的实质性追求,能够独立说明人们对法律的追求,称为实质性法律价值。有的法律价值尽管也是人们对法律的要求,但本身不能独立,必须与其他法律价值相结合才能成立,称为非实质性法律价值。非实质性法律价值专指秩序的价值,除秩序以外的法律价值都是实质性的法律价值。秩序作为一种法律价值追求是不能单独成立的,它必须与实质性价值相结合,如自由的秩序、平等的秩序、安全的秩序等。实质性法律价值以非实质性法律价值作为它的表现形式。二者的关系恰如内容与形式的关系。正义是法律追求的最高的实质性价值,因此,我们可以说法律所追求的就是正义的秩序。

与今天的国内法相比,正义在国际法层面上扮演的角色远不及秩序重要。虽然,"自古以来,什么是正义这一问题是永远存在的。

---

〔1〕 Fernando R. Teson, *A Philosophy of International Law*, Boulder, Westview Press, 1998, p. 1.

〔2〕 参见陈兴良:《刑法的价值构造》,中国人民大学出版社 1998 年版。

为了正义的问题,不知有多少人留了宝贵的鲜血与痛苦的眼泪,不知有多少杰出思想家,从柏拉图(Plato)到康德,绞尽了脑汁,可是现在和过去一样,问题依然未获解决"。[1] 对于正义的内涵有多种不同理解,我们还是可以看到,由于国际法发展得不完善、它的"弱法"和"软法"的特征等原因,在国际法价值中占重要地位的不是秩序的正义性,而是秩序本身。[2] 如果我们回顾一下奴隶社会和封建社会时期的国内法,应该不难理解国际法在价值取向上为何对秩序如此偏重。与现代社会中的国内法相比较,奴隶社会和封建社会时期的法律理论和制度具有非常明显的不系统性和落后性,对秩序的追求非常明显,正义性则相对缺乏。古希腊的智者斯拉雪麦格(Thrasymachus)等人鼓吹"强权即公理",认为法律乃是握权在手的人们和群体为了增进他们自身的利益而制定的,亦即"正义不外乎是对强者有利的东西"。[3] 这是对当时国内法律本质的一个真实写照。现代国际法的发展虽然有了很大进步,而且在某些领域具有较之于国内法更为先进之处,但是与目前国内法完善的理论和制度仍无法相提并论。

众多主权国家同时并存,并且彼此进行交往与协作,从而形成各种国际关系和整个国际社会。"国际法的理论和实践,无不与国际社会的存在密切联系在一起。"国际社会是一个高度分权的社会,它的主要成员是拥有主权的国家。国际社会的基本结构显示,它是一种横向的"平行式"社会,在其成员之上不可能有一个超国家的世界政府存在。反观国内社会,我们可以看到,国内社会是在一定领土上,以服从国家管辖的自然人和法人为成员而构成的一种纵向的"宝塔式"社会,其权力集中于一个政府,国家有中央的立法机关、司法机关和行政机

---

〔1〕 凯尔森语。转引自李龙主编:《法理学》,武汉大学出版社1996年版,第101~102页。

〔2〕 笔者提示,这句话不应当被推至极端。国际法的价值中并不排除正义,只是国际法的价值更偏重秩序。

〔3〕 [美]E. 博登海默:《法理学:法律哲学与法律方法》,邓正来译,中国政法大学出版社1999年版,第6页。

关。因此,国际社会是平等成员间的社会,各主权国家在相互协议的基础上逐渐形成国际法。国家间的平等决定了国际法的实施很大程度上还是依靠国家自身的行动。国家既是自己应遵守的国际法规范的制定者,在一定程度上又是这些约束它们自己的规范的解释者和执行者。国际法所建立的不是一种以统治权为基础的秩序,基本上是一种以主权者“平等协作”为条件的法律体系,是一种国家之间的法律体系。这与国内法具有超于当事者的最高权威显然不同。国际法的这一“弱法”表现,恰恰是国际法最本质的属性和特征。[1] 国际法价值的特殊性就是由其自身所具有的特殊性决定的。

国际法以主权国家为主体,无论是在从前还是在现在,直至可预见的未来范围内,国际社会中的主权国家和国内社会中的自然人、法人始终都无法处于相同的法律地位,国内法中所追求的正义、自由、平等、公平等价值常难以同样地纳入国际法律体系中来。我们知道,利益对法的产生和发展起着决定性作用,而各国利益方面的差异以及各国在实现自己的国家利益方面的决心和能力,令各国对国际法产生不同的期望,并且这些期望正以国家主权为依据积极地加以实现,由此导致国际法很大程度上是在经历合作与斗争的过程后,各种利益和力量妥协、平衡的结果。因此,国际法很难完全体现某个国家或某些国家,甚至是绝大多数国家所希求的“正义”。即使是最基本的正义也常常是在秩序的背影里委曲求全地发挥一定作用,这曾经是国际法价值的真实写照。例如,第一次世界大战以前,国际法上允许为求秩序而使用战争作为推行国家政策的工具,在国家间关系上,大国、强国凭借其绝对优势而有权对他国予以占领,通过时效、兼并、征服等方式取得领土,可以对外扩张建立殖民地,甚至使原本独立的主权国家沦为殖民地。在这种残酷的、缺乏

〔1〕 参见梁西主编:《国际法》,武汉大学出版社 1993 年版,第 5 ~ 13 页。

正义的秩序里,人道主义规则只是对正义和良知的一种补救。

应该说,现代国际法对正义的价值追求已经取得了一些进展,如体现正义的"全人类共同利益"这一重要价值得到越来越多的关注和认可。但是,现代国际法与国内法的价值追求还不能够做到齐头并进,国际法对秩序的追求仍然占据重要地位,而且从实践角度来看也最具有可行性,因为秩序能表明各国在它们的相互关系中最起码的稳定性和可预见性。与秩序相比,"正义"在现实可行性和操作性方面则要差很多。

3. 国际法价值的普遍性

法理学通说认为:"法律价值具有普遍性。尽管人们的法律价值观念和主张作为一个整体有鲜明的差异或对立,但生活在同一时代、同一社会的人们也会有某种共同的价值标准。即使不承认在同一时代、一个社会有共同的法律价值,也必须承认在同一群体、阶段内部存在着共同的法律价值观念和主张。"[1]对于国内法来说,这是一个毋庸置疑的理论,但是当涉及国际法时,人们会发现这是一个大大的难题。

由于国家、民族、群体的不同,它们的利益也体现出差别性和多样性。第二次世界大战结束以后,国际社会中形成了社会主义阵营和资本主义阵营的"东西方对立"。随着 20 世纪 60 年代以来亚非拉民族独立解放运动高潮的出现,国际社会中又发生了最不发达国家、发展中国家与发达国家间的"南北矛盾"。鉴于不同类型国家之间存在的意识形态、社会制度、经济发展程度等方面的重大差异,国际社会中似乎难以形成共同的国际法价值。苏联国际法学家童金(Tunkin)"以一切法律都受阶级的束缚而不可能有中立的法律理念作为论证,来否认法律的理念",[2]当然他也反对国际法价值的普遍

〔1〕 李龙主编:《法理学》,武汉大学出版社 1996 年版,第 94 页。

〔2〕 [奥]阿·菲德罗斯等:《国际法》(上册),李浩培译,商务印书馆 1981 年版,第 20 页。

性。我国也有学者认为:“作为国际社会的成员的国家有各种不同社会经济制度,不可能有一种‘一般法律意识’或‘共同法律意识’。”〔1〕还有学者指出,目前,世界各国还很难找到不同阶级、不同国家利益的共同支点,已形成的全球性法律规范不过是国家利益取舍、国家间又合作又斗争的结果。〔2〕从这些学者的观点看,现在把普遍性视为国际法价值的既有性质似乎并不准确。但是我们不能忽略的是,国际法价值的普遍性既是人类社会发展的必然趋势,也是人类社会发展的客观要求。

“冷战”结束以来,至少从表面上看,基于意识形态、社会制度和经济发展程度的不同而产生的不同国家间的严重对立有弱化的趋势。世界各国纷纷将注意力集中于经济发展和建设方面,经济全球化正在如火如荼地展开,经济已成为国际关系中的最重要、最活跃的因素。国际社会组织化程度也在增强。从联合国、世界贸易组织等全球性国际组织到欧洲联盟等区域性国际组织,接纳的成员数量越来越多,成员的性质也呈现多样化趋势。国际组织成员数量和性质的变化从一个侧面反映了世界各国间日益紧密的联系,也为世界各国在法律意识的沟通、交流和融合方面提供了良好的氛围。对于经济全球化引发的对法律的影响,米海伊尔·戴尔玛斯-马蒂(Mireille Delmas-Marty)教授有一个非常乐观的回答:“在世界上最强大的经济的影响下,用不着几十年的工夫,法律就有可能世界化。”〔3〕即使退一步说她的态度过于乐观,从最基本的意义上讲,世界各国对于和平秩序这一最低限度的国际法价值的公认已是毋庸置疑的。由此,我们应当已经可以得出国际法价值具有普遍性这一必然结论。

---

〔1〕王铁崖主编:《国际法》,法律出版社1995年版,第16页。

〔2〕刘锦:《二十一世纪法律研究的一个新课题:法律全球化》,载《中国法学》1999年第6期。

〔3〕[法]米海伊尔·戴尔玛斯-马蒂:《世界法的三个挑战》,罗结珍、郑爱青、赵海峰译,法律出版社2001年版,第5页。

目前,人类社会面临的共同危机和需要共同承担的义务也是国际法的价值具有普遍性的重要现实依据。“二战”结束以来,人类的科技经历了前所未有的大发展时期。然而,今天的人类社会却面临着种种问题,例如,严重传染性疾病的跨境传播、国际恐怖主义、核武器和大规模杀伤性武器的扩散、人口爆炸、资源耗竭、环境污染、毒品以及跨国犯罪等问题。尤尔根·哈贝马斯(Jurgen Habermas)曾经说过:“长期以来,各种危险的全球化,客观上将世界连接起来,使之变成了一个建立在所有人都面临之危险基础上的非本意所愿的共同体。”〔1〕在这个共同体中,各国对于国家之间的合作充满疑虑,于是建立各种各样的国际法律制度以增加行为的可预期性和稳定性。虽然各国在达成国际条约或形成国际惯例的过程中,常常需要双方或多方的相互妥协,但是只要不是在强迫、欺骗等条件下接受的条约或惯例,国家始终会在其价值观念许可范围内作出妥协,主权是它维护自己价值观的坚强后盾。国际社会中已经达成的众多的国际条约和形成的大量的国际惯例非常清晰地表明,各国价值观念中有着用以制定和评价国际法律规范的共同标准。

如果说国际法价值的普遍性似乎仍然令人怀疑,那么我想借用米海伊尔·戴尔玛斯－马蒂教授的一句话来完善上述观点,即“当务之急,是不等到那种形而上学的争论看来毫无把握地终结之后才来考虑构建一种多元的共同法之途径”。她曾以此使一位要求各种文化具有同一“幸福”概念的伊朗毛拉“默不作声”。〔2〕

4. 国际法价值的时代性

国际法价值的时代性,是指国际法的价值随时代的发展而不断

〔1〕 [法]米海伊尔·戴尔玛斯－马蒂:《世界法的三个挑战》,罗结珍、郑爱青、赵海峰译,法律出版社2001年版,第3页。

〔2〕 参见[法]米海伊尔·戴尔玛斯－马蒂:《世界法的三个挑战》,罗结珍、郑爱青、赵海峰译,法律出版社2001年版,第4~5页。

地发生变化这一特质。国际法的价值既不是自古以来就存在的客观事实,也不是一成不变的思维意识。庞德曾经指出,法律的评判准则只能通过经验的方法取得,它是“通过经验来发现并通过理性来发展调整关系和安排行为的各种方式,使其在最小的阻碍和浪费的情况下给予整个利益方案以最大的效果”。[1] 由于很多的时光已经无法重现,我们只能根据经验来对国际法曾经存在的价值及其具体内容进行分析。

“上古世界出现过一些国际法原则、规则和制度,或者说有国际法的遗迹,可是很难说有国际法这门学问,或者说有涉及国际法的著作。如果中世纪有国际法,中世纪却没有国际法学,最多只能说有神学著作或哲学著作涉及一点国际法,或者对后来的国际法学的形成有些影响。一般公认,国际法学的建立应该说从格劳秀斯的著作开始。”[2] 从格劳秀斯(Grotius)的著作开始产生的国际法学,曾经经历了自然法学、实证法学、综合法学等几个发展阶段。[3] 这个发展过程与哲学的发展历史有着非常密切的联系。下面仅从哲学发展的角度分析国际法价值的时代性。

雅斯贝尔斯(Jaspers)曾指出,哲学有三种主要根源,即惊异、怀疑和震撼。相应地,哲学有三个基本领域:本体论、认识论和存在哲学。每一分支有自己特殊的立场和对世界独特的见解,它们各自开辟了一个时代。本体论是一种立于惊异和存在信赖之上的哲学,它缘于存在者外在于我们的思维而存在。本体论关注的是存在而不是意识,一般而言,存在是不可把握的,只是当人尊重蕴含于存在中的规律时,它才听命于人。自然法之花只是盛开在基本的存在信赖

---

〔1〕 [美]庞德:《通过法律的社会控制:法律的任务》,沈宗灵、董世忠译,商务印书馆1984年版,第71页。

〔2〕 王铁崖:《国际法引论》,北京大学出版社1998年版,第305页。

〔3〕 国际法价值只是国际法学庞杂的内容之一。我国国际法教科书中常常只关注自然法学和实证法学以及将两者结合的折衷法学在国际法学中的重要地位。

之沃土上。皈依自然法的人必须是信赖自己、信赖世界的人。当人们从怀疑入手去探究感觉到的和自以为识得的一切,人们的目光对准的不是存在的物,而是思维着的主体。作为本源的不是存在,而是认识。于是,法之独立的存在属性被否定了,法只是一个名义上的概念,一个由立法者绝对权力创立的(实证主义)法律的总称而已,人们根本不再去理会自然法理念。当人被置于"边缘状态"之前时,存在性震撼侵袭着他。这是人既不能逾越也不能改变和依傍的情势。人在这时感悟着自身时刻牵挂着的世界的非定局性,意识到这种边缘状态,发觉自身软弱无力。存在哲学探求的,是呼吁人们去抗拒那种溺入并只是苦苦挣扎于这种非本真的冲动,而是要在这种抗拒中自己决定自己的前途命运,并实现自我。在法学中,也存在对世俗法不可避免的抗拒的情形,以及用绝对价值衡量所带来的法的可疑性这种边缘状态意识。所有以上思潮中没有哪一个是纯而又纯的,不同时代强调的重点是不同的。[1]

自近代以来直至1928年的《巴黎非战公约》签署之前,国际社会以国家为唯一的国际法主体,国际法赋予国家在国际社会中的绝对权力,国家可以为推行国家的政策而采取包括战争在内的手段。基于此等纵容,西方学者指出,国内法律体系追求的是正义,而国际法律体系却不能追求正义,只能寻求秩序与妥协。然而,随着社会的发展,世界正在发生变化,这一观点已经不能满足今天世界发展的要求。"新的时代呼唤一个崭新的概念的和伦理的观点""一个更自由的世界需要更自由的国际法理论"。[2] 随着国际人权法、国际人道主义法、国际环境法的产生及它们的长足发展,国际法从单一

---

〔1〕 参见[德]阿图尔·考夫曼、温弗里德·哈斯默尔主编:《当代法哲学和法律理论导论》,郑永流译,法律出版社2002年版,第14~19页。

〔2〕 See Fernando R. Teson, *A Philosophy of International Law*, Boulder, Westview Press, 1998, p. 1.

的国家本位向国家、个人、人类社会“三位一体”的融合过渡，国际法价值的时代性可见一斑。

在阐述国际法价值时代性的时候，我们还必须注意到国际法价值的历史传承性。毕竟，法是人类社会的产物，是人类生活的调节器，人类在不同时代当然会具有一定的共同的价值追求。对和平秩序的追求就是一个典型的例子。人们从来不曾把战争当作目的来追求，即使是在战争具有合法性的时代，人们也只是把战争当作寻求和平的手段。国际法的价值体现出的时代进步迄今并未否定，而且可以相信永远不会否定和平秩序价值，只是在实现和平秩序的手段和方式方面发生了重大变化，如以和平方式解决国际争端、禁止使用武力或以武力相威胁。国际法价值的传承性与其时代性之间并不矛盾。事物总是在不断地发展，然而发展永远不会是“空中楼阁”式的存在。

5. 小结

由于现代国际社会的存在以国家拥有独立主权为基础，与具有最高国家权威的国内社会明显不同，因此人们对于国际法价值的存在疑虑重重。但是，国际法的法律性质既然无法否认，它就与国内法一样具有法律价值。那么，接下来的一个问题被提出来了：国际法是否也以正义作为价值取向呢？仅仅回答“是”或“不是”，无疑是犯了将问题简单化的错误。

我们知道，正义与法律有着密切的关系。古罗马的法谚对法与正义的关系有大量辨析，例如，“法学是关于神道和人事的知识，是关于正义和非正义的学问”（Jurisprudentia est divinarum atque humanarum rerum notitia，justi atque injusti scientia），“非正义的法律不是法律”（Lex injusta non est lex），“在分配正义时，法律必须有所作为”（Lex deficere non potest in Justin exhibenda），“法律总能显示正义的力量”（Lex non deficit in justitia exibenda），等等。然而，正义究竟是什么？

西方法的价值理论给我们提供了客观正义论、主观正义论、理性正义论、神学正义论、相对正义论、社会正义论、形式正义论、程序正义论等诸多回答。[1] 正义这一观念是从人类有道德上的是非观念以来就已经存在的，而且普遍存在于道德和法律等社会的各个领域，所以约翰·罗尔斯(John Rawls)说："正义是社会制度的首要价值，正像真理是思想体系的首要价值一样。一种理论，无论多么精致和简洁，只要它不真实，就必须加以拒绝或修正；同样，某些法律和制度，不管它们如何有效率和有条理，只要它们不正义，就必须加以改造或废除。"[2] 正义的应然和实然的广泛存在领域昭示着它是人类活动的首要价值，那么，作为法律一部分的国际法也当然要遵循这一价值导向。也许是国际法与国内法相比较所具有的特征，尤其是其所反映出的弱势之处，令人们对此有所怀疑，但是这种怀疑可以通过对国际法法律性质的确信获得解释。而且，国际法律实践也已经给予或者正在给予我们更多的例证，证明正义作为国际法价值取向所发挥的重要作用。

总之，国际法的价值是存在的，而且法的价值也是国际法价值的内容。但是，国际法的价值与国内法的价值相比较，有其独特性。各国国家利益虽然不同，却并不妨碍共同价值取向的产生。随着人类社会的发展，国际法的价值也在不断地发展变化。

(三) 国际法价值的意义

1. 国际法的价值是校正恶法的准则

"恶法本身就是对法的价值的反对。恶法一旦产生，人们就面临着如何认定和对待恶法，如何校正恶法的问题。……人类究竟依靠什么来校正恶法，使法回归其发展的正道？回答是，必须依赖法

---

〔1〕 参见卓泽渊：《法的价值论》，法律出版社1999年版，第495～506页。

〔2〕 [美]约翰·罗尔斯：《正义论》，何怀宏、何包钢、廖申白译，中国社会科学出版社1988年版，第3页。

的价值来评判,依赖法的价值来校正。”[1]换言之,良好的法的价值驱使法成为良法——正义之法。

国际社会中存在大量的国际法律规则,所谓“恶法”可能是一个整体性的法典,但更可能是一个恶性的法律条款。这样的法典或法条无论是源自立法的失误,还是源自认识的错误或是真实的故意,都会带给国际社会乃至于整个人类或大或小的灾难。法律良性发展需要以界定恶法、否定恶法、制裁以恶法为据的恶行为手段。对于既存的国际法律规则,我们只有以国际法的价值为标准予以衡量和评判,才能校正恶法和矫正以恶法为根据的恶行。第二次世界大战结束后,对法西斯战犯、间谍、告密者的惩办是国际法律实践的一次创新。纽伦堡审判、东京审判真正地否定了国家元首和国家高级官员可以以其行为符合国内法的规定,以及其享有豁免权为理由逃避国际法律责任,从而确立了个人承担国际法律责任的先例。纽伦堡审判、东京审判都充分运用了国际法的价值来对恶法加以批判和校正。如果没有对体现正义的国际法价值的追求,就不会有今天仍为人们所认同的纽伦堡审判和东京审判。[2] 英国学者阿库斯特说:“谁要是以为正义竟然要求在纽伦堡被定罪的人应该无罪释放,那么,这个人的正义观念实在太古怪了。”[3]

---

〔1〕 卓泽渊:《论法的价值》,载《中国法学》2000年第6期。

〔2〕 在纽伦堡国际法庭的审判中,律师的主要辩护意见之一就是,被告们参加侵略战争的时候,纵使当时的国际法已认为其行为构成犯罪,但是被告们自己并不知晓当时的国际法,所以他们主观上缺乏“犯罪的意思”,因而不能构成犯罪。法庭对于这种诡辩的答复是:第一,人人有知晓和遵守一切现行法(包括国际法)的义务;对于现行法的愚昧无知,绝不能作为免除罪责的辩护理由。第二,被告们在侵略的时候,纵使不能精确地了解侵略在国际法上是何等严重的罪行,但是以他们的知识和地位来说,他们在破坏条约或协定去攻占邻国的时候,绝不会不明白或者感觉不到他们的行为是错的,是有罪的。纽伦堡判决书上说,对于这种人“加以惩罚,非但不是不公平;反之,如果让他们逍遥法外,那倒是不公平的了”。参见梅汝璈:《远东国际军事法庭》,法律出版社1988年版,第23页。

〔3〕 [英]M. 阿库斯特:《现代国际法概论》,汪瑄、朱奇武等译,中国社会科学出版社1981年版,第317页。

现行国际法律制度中还存在许多不尽如人意的地方。西方国家一直以来是国际舞台上的主角，而且以它们的经济、政治、军事等各方面的实力为依据掌握着国际法制定与修改的主导权。中国作为一个负责任的大国，应该以国际法价值为指导，对国际法律规则进行的合理解释或者修改纠正来促进国际法的发展，推动国际法律秩序的建设。

2. 国际法的价值是国际法进一步发展的动因

古代分散居住在广阔地区中的人可以没有系统的成文立法，仅以习惯作为约束已经足以满足维持生存秩序的需要，而在拥挤的城市中则形成了早期的成文立法。可以说，成文的系统的立法在拥挤的城市中有着更大的需求。国际法也是这样。“人类已经进入一个高度文明与发展的时代。”[1]今天的国际社会由于科学技术的进步而联系得更加紧密，国际社会中的主要主体——国家的数量也大大增加。行为体的增加，使地球上的空间变得拥挤和狭窄，而国家交往和个体交往的增加进一步加剧了这种拥挤和狭窄。随着国际交往的增加，各国家共同关切的事项越来越多，国际上需要新的国际成文立法对国际习惯法未能涉及的广泛事项加以规定，国际条约逐渐成为国际法的主要渊源。

和国内法与合同的关系不同，国际法与国际条约的关系相对复杂。国际法以国际条约为渊源，国际条约又以国际法为依据。正因如此，很多国际法学者认为国际法效力的根据是各国统治阶级的意志，即体现在国际习惯和条约中的“各国的协调意志”。对国家间协议的注重使人们容易忽略国际法作为一种法律应该具有的价值追求。而且，国际条约在发挥其国际立法作用时，常常滞后于国际社

〔1〕 梁西：《国际法律秩序的呼唤——“9·11”事件后的理性反思》，载《法学评论》2002年第1期。

会现实情况的发展,要想具有超前性更是难上加难。

回顾国际法发展历程,我们可以发现,国际成文立法除了对已经经过了长期发展历程的、较成熟的国际习惯予以法典化之外,主要是针对一些特殊领域发生的特殊事件进行的,例如,危害民用航空安全行为。通过分析现有的国际条约我们还可以发现,在并非所有国家都有能力从事研究、开发、利用的领域和空间范围内,成文的国际立法似乎也比较容易形成。但是,当科学技术进一步发展和普及之后,这些国际立法的可被接受性就要画一个大大的问号了。拥有强大实力的国家更有可能利用国际立法的不完善,强行突破国际条约的束缚。

国际法的被动立法模式将逐渐发生改变,积极主动的国际立法模式是客观世界发展的要求。法理学研究表明,“任何法在创制、实施时,乃至在创制、实施前都已经存在了价值问题,确定了相应的价值目标,并要接受一定的价值准则的指引”。[1] 当然,国际法具有其特殊性,但是国际法的价值仍是国际立法的指引,是国际立法的特殊的理性追求。

3. 国际法的价值对国家行为的意义

由于价值缺失、道德上不受约束,导致政府拥有以国内法上不容许的方式行事的权力,并从事各种残酷的行为。[2] 国际法的价值是国际法的追求目标,是国际法的合理性与道德性的体现,它当然就是国家从事国际交往中的最高行为准则。

与具有完备的组织体系和控制体系的“宝塔式”的国内社会不同,国际社会是一个由具有平等主权的独立国家构成的平行分权结构。在这样的社会中,国家可以以其自身的行为对某个国际行为规

---

〔1〕 卓泽渊:《法的价值论》,法律出版社 1999 年版,第 65 页。

〔2〕 See B. Simma, *From Bilateralism to Community Interest in International Law*, Hague Academy of International Law, 1994, p. 233.

则予以认可或否认，并使之逐渐发展成为具有法律确信的国际习惯或一个截然相反的结果，这对国际法的发展起着重要作用。同时，国家以其自身的行为表示对国际法的尊重，又是国际法得以执行的主要途径。因而，国家行为是国际法制定和实施过程中的一个非常重要的因素。

国家行为本应以国际法规则为根据，但是必须承认，国际法至今为止仍然没有得到充分发展，距离一个成熟系统的法律体制要求还很遥远。现实的国际社会中还经常会出现一些国际法律规则根本未加以规范或未能加以详细规范的情势。这时的国家行为不为国际法制所规制。梁西先生说过，国际社会中的各国对国家利益的谋求，使国际社会出现一种颇为复杂、敏感的微妙形势，从而使国际法必须“像一艘潜入海洋的潜艇”，“蛇形地绕过种种暗礁，才有可能达到目的地”。[1] 由于国际法需要绕过由国家利益形成的种种暗礁，国际社会中尴尬的局面是常常可以见到的。

国际法的发展日益迫切，它不能再像潜水艇那样蛇形地绕过暗礁。国际法的发展需要一面高扬的旗帜作为指引。国际法的价值就是这面旗帜。与国内社会相比，国际社会中的主要成员是拥有独立主权的国家这样的集合体，它们的决策机构由国家内部具有相应的文化素质和其他素质的人构成，“经过国家知识分子精英的共同协作而产生的，与一个国家大多数民众的伦理价值判断相联系的，国家本身也肯定乐于遵守的国家意志，为国家做出明智和正确决断提供了个人意志在决断上所没有的保障”。[2] 对国际法价值的尊重，将避免国家之间发生类似于“无数怀有敌意和不可理喻的个人之间”发生的事情。

---

〔1〕 梁西主编：《国际法》，武汉大学出版社 1993 年版，第 7 页。

〔2〕 [德]拉德布鲁赫：《法学导论》，米健、朱林译，中国大百科全书出版社 1997 年版，第 153 页。

## 二、以国家为主体的国际法基本价值诉求——和平秩序

和平秩序包括“和平”与“安全”两个方面的内容。关于和平与安全究竟是一个单独的价值体现还是两个不同的价值体现，似乎仍是一个可以商榷的问题。但从《联合国宪章》来看，把它们视为一个单独的价值体现似乎更为可行。通观宪章全文，“和平”有时单独出现，但是“安全”却没有被单独使用过。“和平与安全”作为一个词组则更经常地出现在宪章条款中。“和平”一词本身就有广义和狭义的分别。有西方学者指出，如果从狭义上，把“和平”定义为仅仅是不存在破坏任何国家的领土完整和政治独立地使用武力或以武力相威胁之情势，那么我们也可以称之为“消极和平”（negative peace）。相应地，“安全”就包含了“积极和平”（positive peace）的内容，即达到并保持和平状态所必要的行动。[1] 从这个角度来讲，和平与安全是一对相互联系，甚至部分重叠的概念。即使仅从这个意义上来说，把它们作为和平秩序的内容也并不唐突。

### （一）和平

在汉语词典中，对“和平”有三个解释，其中能够体现国际关系中的和平含义的解释只有一个，即“指没有战争的状态”。[2] 显然，在通常意义上，“和平”是一个与“战争”相对应的名词。然而，这一解释只能是一种文字意义上的解释，不是国际法意义上的应有解释。在现代国际法律环境下，和平不能仅限于“无战争”或“无武装冲突”，否则投降将成为达到和平的最重要途径。现代国际法上的和平是法律上的和平，更是符合正义的和平。

---

〔1〕 Bruno Simma, *The Charter of the United Nations: A Commentary*, Oxford, Oxford University Press, 1995, p. 50.

〔2〕 中国社会科学院语言研究所词典编辑室编：《现代汉语词典》（修订本），商务印书馆 1978 年版，第 510 页。

1. 国际法意义上的和平

按照霍布斯(Hobbes)的观点,主权者所应关注的基本自然法乃是在任何能够实现和平的地方维护和平,在和平遭受危险的时候组织防御。[1] 和平是国际法的价值已经是一个不争的事实,它得到了无论是发达国家还是发展中国家以及不发达国家政府和学者的一致认同。美国著名国际法学者亨金教授说过,国际法所追求的秩序是以国际和平为起点的。[2] 作为国际法律秩序起点的和平当然不是国际法的目的性价值,它是实现国际法目的性价值的一个工具。那么,作为国际法价值体现的"和平"拥有什么样的内涵呢?

人们通常把和平理解为一种无战争状态,或者更准确地说,是一种无武力冲突的状态。但这还不是真正的和平。简言之,和平的内涵建立在和平的一般意义之上,进一步要求和平具有正义性。和平的正义性,意味着和平状态的缔造手段和目的必须具有正当性。这种正义性要求使和平不可能成为单一的国际法价值的体现,它必须与其他价值相适应。国际社会中,曾经和正在存在一些非常脆弱的或变异的和平,如强制下的和平、两强对峙下的和平、核威慑下的恐怖和平等。这些和平只是表面上的,表面的平静掩盖着躁动的暗流,对真正的国际和平形成潜在的威胁。

历史上曾有无数个国家依靠强大的武力对其他国家进行占领、兼并,进而达成和平之状态。今天的美国实质上仍是这类和平的支持者和积极实行者。美国认为,在一个没有世界政府管辖的国际社会中,这种无政府状态是导致战争连续不断的根本原因。要解决这一问题,在建设一个世界政府之前,一个"很好"的途径是有一个"世

---

[1] [美]E. 博登海默:《法理学:法律哲学与法律方法》,邓正来译,中国政法大学出版社1999年版,第256页。

[2] See L. Henkin, *International Law: Politics and Values*, Boston, Martinus Nijhoff Publishers, 1995, p. 101.

界警察”的存在。这个“世界警察”只能由世界上实力最为强大的国家担任。“冷战”结束之后,美国除了在一些热点地区强制介入、“维持和平”外,最主要的方式就是对有可能挑战其霸权地位的国家或国家集团进行政治孤立、军事威胁和经济遏制。在形成霸权治下的“和平”后,在美国看来,国际和平的目的就转为维持美国霸权。按照美国战略家的解释,任何真正追求和平的努力,尽管可能造成局部的和平与稳定,但危及地区的或全球性的国际稳定,也就是说,它直接或间接地挑战了美国霸权。美国要尽最大可能防止这种事态的进一步发展。〔1〕 美国这种所谓的“和平”源自以暴力对暴力的强制约束,利用了人们对于战争的恐惧心理,强暴了人们渴望和平的意愿。人类社会已经不满于类似的强权制约下的、表面上表现为无武力冲突的所谓“和平”。

和平与国际法之间的关系具有双重性。康德在其著作《论永久和平》中写道,只有当我们把一步一步地逐渐建立起国际法视为自己的义务和正当的希望时,永久和平才不至于停留在纯粹的理想上。〔2〕 作为一种价值体现,和平对国际法立法具有指导意义,但是与此同时,和平的缔造手段和目的行为又必须符合国际法的实体规则和程序规则的要求,不能具有任意性。

2. 和平的人性角度分析

和平与战争的矛盾一直困扰着人类。人类为什么发动战争,又为什么渴望和平? 对人性进行研究的学者对此的解释主要分为两类:〔3〕

---

〔1〕 参见俞正梁等:《全球化时代的国际关系》,复旦大学出版社 2000 年版,第 229 ~ 232 页。

〔2〕 参见[德]赫尔穆特·施密特:《全球化与道德重建》,柴方国译,社会科学文献出版社 2001 年版,第 262 页。

〔3〕 参见[美]E. 博登海默:《法理学:法律哲学与法律方法》,邓正来译,中国政法大学出版社 1999 年版,第 396 ~ 397 页。

其一，和平并非人的本性。西格蒙德·弗洛伊德(Sigmund Freud)确信，人所具有的社交冲动和创造冲动完全受着一种否定性力量的抗衡，这种否定性力量便是“死亡本能”(death instinct)，其发泄点之一就寓于人的侵略性和毁灭性欲望之中。弗洛伊德认为，这种强大的欲望构成了人们消除战争的障碍，但他并不排除这样一种希望，即文化的进步以及人们“对未来战争的后果所产生的正当恐惧”会在一定时间内使战争绝迹。德国研究人的性格的学者康拉德·洛伦茨(Konrad Lorenz)近期也得出结论认为，“种内斗争”(intraspecific fighting)是动物与人类的共性，但他同样也没有完全排除人能设计出一些控制其好战冲动的有效方法的可能性。

其二，和平是人的本性所致。埃里希·弗洛姆(Erich Fromm)对弗洛伊德的观点有所质疑，他认为，人性中的破坏力量并不是一种原始性或本能性的欲望，它只是在人受挫时才会表现出来的一种东西。弗洛姆提出了一个清楚的论断，即“毁灭乃是生活无以为继的结果”。当国家在周遭世界中遭遇到强大的敌意，意味着它们面临着挫折，战争便可能爆发。布罗尼斯劳·马林诺斯基(Bronislaw Malinowski)在研究有关战争本能是否植根于人之遗传系统这一问题后指出，战争并不是人类的原始状态或自然状态，当一个有组织的群体觉得其集体单位的利益和安全受到其他单位实际干预或可能干预时，战争便会爆发。这种战争是在恐惧、愤怒或绝望的冲动下爆发的。而征服性战争之所以发生，乃是因为它们在经济上和政治上有利可图。

这些理论观点究竟哪一个是完全正确的，目前尚无定论，或许不论哪一种都有其合理的一面和不合理的另一面。[1] 但我们从中

---

〔1〕 博登海默对此评价说：“但是需要指出的是，当下似乎还没有一种占优势的心理学证据可以表明，侵略性暴力是绝大多数人的一种原始的根深蒂固的特性，以及誓死进行你死我活的斗争必定是人类不可避免的命运。”[美]E. 博登海默：《法理学：法律哲学与法律方法》，邓正来译，中国政法大学出版社 1999 年版，第 397 ~ 398 页。

却可以发现所有这些观点的共同之处，它们都向人们表明，战争是一个客观存在，战争并不是无法避免、无法抗拒的，人类至少可以通过后天努力去追求和平。这也是一种人性。因此，和平不是镜花水月，它是一种人类可以自行选择的生活方式，也是人类可以努力追求得到的美好图景。

3. 和平的现实动力因素

战争日益残酷的本质是人类追求和平的最初的现实动力因素。以伊拉克战争为例。据《世界知识》2006 年统计，至 2005 年 12 月 13 日，即伊拉克战争爆发 1000 天时，平均每月有 5 名外国平民被绑架；8% 的伊拉克儿童严重营养不良；未排除的地雷每月造成 20 人死亡；已经有 66 名记者在伊拉克身亡；67% 的伊拉克人感到不安全；70% 伊拉克人的下水管道损坏；2005 年 11 月每天发生 90 起袭击；已有 251 名外国人被绑架；已有 1.6 万美国士兵受伤；已有 5.347 万名伊拉克武装人员被打死；美国已为这场战争花费 2044 亿美元。而世界银行估计，伊拉克重建需要 358.19 亿美元。然而，伊拉克战争真正意义上的结束还远未达到。

英国思想家、法学家霍布斯（Hobbes）在他的代表作《利维坦》中，从人类太古的"自然状态"这一古老概念出发，描写人类社会的原始状态。霍布斯认为，在这一状态中，人们按照原始的内存品质的作用而活动。当时人们仅仅是为了夺取更多的权力，便进行人人为敌、彼此厮杀的战争。不过，自我保存的基本冲动提示人——什么场合动武才合算？这是导致和平与安全的开始，也是人类最深刻的愿望。[1] 即使我们假设在每个人的本性之中存在敌视、争夺乃至于毁灭的倾向性，实际上这种本性也难以完全地移至国际社会当中

〔1〕 正是这一个人主义和社会的本能，形成了"自然法"。但是，值得注意的是，霍布斯由此得出的结论是，"自保"的本能推动人类的全部活动，并凌驾于人类道德之上。道德不过是有意识的"自保"，人类的自然条件是人人为敌，这就是国际社会的"自然法"。

的国家身上来。通常情况下,由众多的人组成的国家拥有个人所无法拥有的更多的理性。德国法学家拉德布鲁赫(Radbruch)曾经说过:"那种在无数怀有敌意和不可理喻的个人之间不可思议的事情,却很可能在极少数的国家团体之间成为现实:经过国家知识分子精英的共同协作而产生的,与一个国家大多数民众的伦理价值判断相联系的,国家本身也肯定乐于遵守的国家意志,为国家作出明智和正确决断提供了个人意志在决断上所没有的保障。"〔1〕

国际实践给我们提供了一幅这样的图景:当国际社会因面临危机而需要共同采取对策时,各国就会建立国家间体制来寻求和平,最起码也要有事实上的组织来维持国际和平秩序。历史上曾有过许多强国自发地通过团体行动解决问题的事例,最早出现在19世纪初拿破仑战争(Napoleon War)时期,那些国家为对抗拿破仑而形成"欧洲协调"(the Concert of Europe),以"维持欧洲和平"为己任。因此,这样一种观点是值得赞同的:"自从有了战争,也就有人类追求和平的努力。战争的残酷性和破坏性在不时启迪人类的理性和良知,教育人类在战争与和平的问题上意识自己、解放自己。"〔2〕

人类追求和平的另一动力因素是国家间相互依赖程度的加深。晚近的国际关系中出现了令人瞩目的变化。由于科学技术的高度发展,世界正变得越来越小,人类世代居住的地球被越来越多的人称为"地球村"。"全球化""一体化"已经成为人们熟悉的名词,全球化、一体化的范围也从单一的经济领域扩展到法律、政治等诸多领域。人们不得不承认,国际连带性日益加强,今天的国际社会从单纯的国家间体制转变为包含了国家间体制和国际共同体的双重

〔1〕 [德]拉德布鲁赫:《法学导论》,米健、朱林译,中国大百科全书出版社1997年版,第153页。

〔2〕 黄惠康:《禁止在国际关系中使用武力或武力威胁原则》,载《中国国际法年刊》,法律出版社1999年版,第288页。

因素。[1] 在科学技术的高度发达带来的种种进步面前,人们同样不得不承认,人类变得更加脆弱了。

仅以经济为例。在经济全球化和经济相互依存的时代,各国的经济发展已经水乳交融,息息相关。一方面,发展中国家离不开发达国家,发达国家的经济健康发展是世界经济发展的龙头,发达国家是发展中国家的主要市场和投资者。另一方面,对于发达国家来说,它们也不能离开发展中国家,发展中国家为发达国家提供重要的原材料、廉价的劳动力和重要的经济环境。发达国家的每一次经济危机都引发了世界性的经济危机,而发展中国家的金融危机、石油危机、债务危机同样可以震动西方的经济体系,甚至导致其经济衰退。1982 年的墨西哥债务危机、1997 年的亚洲金融危机等,都是从发展中国家和地区开始,最后波及了美国、日本等发达国家和地区。这从一个侧面表明,现代国际社会中的国家在追求它的利益时,需要国际社会中的相互合作和团体努力。即使世界上最强大的国家也无法摆脱国际社会而独立存在。虽然武力至今仍是各国政府实现其对外政策的重要手段之一,但国家间相互依赖程度的加深,尤其是经济领域内相互依赖程度的加深,无疑使国家在发动战争或意欲使用武力时有“投鼠忌器”之感,发动战争的代价变得更加高昂。

4. 和平的历史悖论

人类对于和平的追求历史久远。早在公元前 250 年,古印度的阿育王(Asoka)就提出了和平共存学说。它见诸阿育王统治时期著名的 14 条岩石敕令。阿育王认为,普遍和平的要旨不仅表现在口头上,或者派遣使者到国外传播佛教,也要把和平共存学说刻在岩石

---

〔1〕 参见[韩]柳炳华:《国际法》(上),朴国哲、朴永姬译,中国政法大学出版社 1997 年版,第 43 ~ 47 页。

和柱子上供所有人诵读，直至万世。他对公元前261年卡林格战争（Kanlinga War）中的残酷杀戮深感震惊。他说："神圣的阿育王陛下希望所有人能够安居乐业，男人应该自控，不抢劫他人财物。人人能够和平共存，而不相互干涉、互相指责。"[1]中世纪的欧洲，曾出现过"上帝的和平"的规则，也有人提出过具体而详细的和平计划。[2]然而，在20世纪之前的国际社会中，和平并未像今天这样成为人们非常确定的一种国际法律价值取向。

人类社会的现实表明，战争古已有之，国际法的产生和发展与战争有着密切的联系。古老的国际法可以说是从战争中产生的。中世纪的战争非常残酷，战争法规也随之发展。19世纪以前的国际法十分强调国家的基本权利——独立、平等、自保及尊严，强权政治因此留下了深刻的烙印。到19世纪末，在列强疯狂争夺世界的战争威胁下，世界和平运动兴起，但1899年和1907年的两次海牙和平会议，虽名义上为"和平"而召开，其进步却仅体现在形成了战中之法，并发展了和平解决纠纷的程序。为减轻战争中残酷的杀伤后果，各国开始为战争制定各种规则，于是20世纪以前的国际法中战争法规的比重较大。但是这些规则并未从根本上限制战争，只是使战争更有"秩序"和比较"人道"，同时为主权国家保留了诉诸战争的绝对权利。第一次世界大战的事实证明了仅仅限制武器使用和改善伤病员待遇是无济于事的。人们对战争的认识有了新的突破，希望进一步从根本上否定战争。首先做出这种尝试的是《国际联盟规约》，继之以1928年的《巴黎非战公约》、1945年的《联合国宪章》等国际条约和文件。

然而，迄今为止，战争对于人类而言仍不陌生。2003年爆发的伊

---

〔1〕 杨泽伟：《宏观国际法史》，武汉大学出版社2001年版，第21页。

〔2〕 参见王铁崖：《国际法引论》，北京大学出版社1998年版，第268～269页。

拉克战争表面上已经由美国宣布结束,但是美军至今仍驻留伊拉克,伊拉克局势依然动荡,伊拉克战争带来的深刻影响仍是全世界共同关注的重要问题之一。纵观人类历史的长河,与和平截然对立的战争曾无数次地发生并危害着人类,人类对和平的追求却日益强烈。〔1〕 这是和平的悖论,也是精神和实践的悖论。和平作为国际法价值的一种体现与这种悖论交织在一起,具有了更加重要的意义。

(二)安全

在任何社会中,维护其主体安全是该社会秩序的首要任务。霍布斯(Hobbes)认为,保护生命、财产和契约的安全,构成了法律有序化的最为重要的任务;自由和平等则应当服从安全的需要。边沁(Bentham)也以同样的方法将安全宣称为通过法律的社会控制的"主要而且的确是首要的目的",自由和平等在他的思想方案中则被分配到一个从属的地位。〔2〕 可以想象,如果主体安全得不到保障,该社会秩序所追求的其他价值,如稳定、效率、发展、公平等,当然无从谈起。

在任何国家的战略目标选择中,安全都是首要的乃至于最高的诉求。国际法的价值之一,就在于通过界定其主体间权利义务和协助解决争端来维持和平、保障安全。〔3〕《现代汉语词典》对安全的解释是:"没有危险;不受威胁;不出事故。"〔4〕在现代国际关系中,安全的概念已经发生了重大变化,它正成为"高于和平的一种秩序,等同于'积极的和平',它不仅指清除混乱,还包括使国家和全球利益达

〔1〕 被费正清誉为"天才史学家"的入江昭(Akira Iriye)教授感叹:"不管怎么说,在谈到'21世纪的战争与和平'这个题目的时候,确实几乎在所有时期,战争与和平相比都占了优势地位。但是在另一方面,正因为如此才有了人们对于和平的拼命的努力。"[日]入江昭:《20世纪的战争与和平》,李静阁等译,世界知识出版社2005年版,第170页。

〔2〕 参见[美]E.博登海默:《法理学:法律哲学与法律方法》,邓正来译,中国政法大学出版社1999年版,第256~257页。

〔3〕 曾令良、黄志雄:《论21世纪国际法与国际秩序的应有建构》,载《珞珈法学论坛》,武汉大学出版社2000年版,第111页。

〔4〕 中国社会科学院语言研究所词典编辑室:《现代汉语词典》(修订本),商务印书馆1978年版,第7页。

致和谐,促进国家之间的合作。"[1]如果说和平是人类追求的一种客观状态,安全对于人类而言,则倾向于是一种主观上的心理需求。安全问题因此而变得十分复杂。

1. 安全的具体内容

安全的价值内涵是不断发展和变化的。用近年来国外学者所提出的一个概念来概括,国家所维护的安全,乃是一种"综合安全"(comprehensive security)。[2] 具体地讲,它应该包括国家在国际体系中的存在,包括政治、经济、军事、文化、科技、生态等方面。

自主权国家出现以后,在几个世纪中军事安全一直是安全问题的核心,面对始终存在战争危险的世界,各国都不得不把军事安全放在首要地位,没有哪一个国家敢于解除自己的武装或忽视自己的国防建设。有学者在论述两次世界大战之间的危机时指出,一个国家所进行的最重大的战争是为了自身军事更强大,或者更经常的,是为了防止其他国家军事上更强大。在使用军事力量一直具有现实性和必要性的时代,人们谈论安全问题必然也必须首先考虑军事问题。[3] 军事安全几乎是传统安全理论的唯一内容。但是,对于今天的世界各国来说,安全的非军事方面已经成为安全的一个不容忽视的组成部分。甚至有学者认为:"经济安全比军事安全具有不断上升的重要性。"[4]

"经济安全不仅是整个国家安全的重要组成部分,而且还是它的基础,国家安全的方方面面都与经济密切相关,都离不开经济这

[1] Vladimir Petrovsky, *A Strategic Triad for the New Era*, in The Dumbarton Oaks Conversations and the United Nations, 1944 – 1994, by Ernest R. May and Angeliki E. Laiou (eds.), Washington, Harvard University Press, 1998, p. 17.

[2] 王逸舟主编:《全球化时代的国际安全》,上海人民出版社 1999 年版,第 45 页。

[3] 参见王逸舟主编:《全球化时代的国际安全》,上海人民出版社 1999 年版,第 46 页。

[4] [美]熊玠:《无政府状态与世界秩序》,余逊达、张铁军译,浙江人民出版社 2001 年版,第 251 页。

个基础。"[1]随着开始于20世纪80年代中期的冷战的缓和,特别是随着世界各国经济相互依存进程的发展,人们更多地注意到了安全的非军事方面,如经济、健康、自然环境(或生态安全),安全的内容因此得到了大大地扩展。事实表明,安全已经不再仅限于军事方面,它还涉及其他诸多方面的问题,其中尤以经济为重。国际形势的缓和,促进了国际经济的发展,经济全球化趋势日趋明显。国家经济已经不再是从前的纯粹国内事项。几乎所有国家的经济都与世界市场密切联系。任何国家的经济都不是独立的,它的运行要受到其他国家、国际组织、跨国公司以及国际金融力量的影响。国际经济形势成为国家经济发展的重要制约因素。各国拥有自然资源的不等和自然资源的有限性,导致为利用这些资源而增加了经济、政治斗争的潜在可能性。

此外,恐怖主义、毒品交易、各种环境上的危险、资源的枯竭、国家内部的人口爆炸以及大规模的移民等威胁,都是要由国际社会中的各国共同承受的。这些灾难一旦发生,会导致国际冲突或严重的物质损失或物质匮乏,这些都已经成了安全问题。2020年年初发生的新冠肺炎疫情,席卷整个世界,时至今日仍然未能得到彻底控制,此类国际关注的紧急公共卫生事件(Public Health Emergency of International Concern)不是(或者至少无法证明是)人为主观造成的安全威胁,也没有明确的威胁对象,因此有别于传统的安全问题。

可见,安全的内涵是不断发展变化而且内涵日益丰富的。随着人类能力的扩展、科学技术的发达,科学技术的使用也可能会偏离预定的目标,也许还会有很多目前尚不可预期的问题出现,给世界

---

[1] 陆南泉:《经济安全是整个国家安全的基础》,载《世界知识》2003年第10期。这篇文章是对俄罗斯自然科学院院士B.K.先恰戈夫主编的《经济安全——生产·财政·银行》一书的介绍。

带来安全危机。即使是最强大的国家也永远不可能得到完全的、绝对的安全。只能通过不懈的努力，尽量达到一种相对的安全状态或者无限接近于绝对安全状态。国际法自身就是人类这种努力的一个组成部分。

2. 安全的具体模式

传统安全理论认为，边境不被敌人侵犯是民族或国家安全的最重要方面，而保障安全的最有效手段就是军事力量的优势。这种"安全"是以每个国家为主体的国家安全。熊玠（James · C. Hsiung）教授也认为，安全过去主要指保护一个国家的领土完整和政治独立，基本的方式是军事手段。[1] 为了保障国家安全，各国"强者能其所事，弱者受其所难"。自助、结盟是追求国家安全的优先选择。[2] 国家安全理论仍有其市场，如美国布什政府追求的就是传统安全理论上的安全——国家安全。约翰 · 伊肯伯瑞（John Ikenberry）把布什政府实施的国家安全战略总结为以单边主义为核心的"新帝国大战略"，其主要内容是：维护单极世界，彻底消灭恐怖主义，实施先发制人，随意裁定别国主权，轻视国际条约、国际组织和国际准则。欧洲国家也认为，美国越来越喜欢在国际事务中奉行单边主义，它不再寻求与其他国家合作来实现共同目标，对国际法持怀疑甚至蔑视的态度。美国人仍然将军事威胁、恐吓和战争视为外交的基本手段。[3] 如果国际社会任由这种追求各自安全与控制最大化的国家组成的现状发展，那么不安全就是一个无时无处不在的因素。

与国家安全相对应的，还有集体安全、全球安全、合作安全等概

---

〔1〕［美］熊玠：《无政府状态与世界秩序》，余逊达、张铁军译，浙江人民出版社 2001 年版，第 267 页。

〔2〕参见门洪华：《和平的纬度：联合国集体安全机制研究》，上海人民出版社 2002 年版，第 2 页。

〔3〕参见辛本健：《美欧裂痕在加深》，载《环球时报》2003 年 1 月 17 日，第 10 版。

念。这些概念的含义相互交织,我们无法将它们截然区分开来。它们的共同点在于对国际安全的强调,亦即对超越一个单一国家主体的安全的强调。[1] 从较宽泛的意义上说,集体安全可以包含全球安全、合作安全等具体含义,是国际安全的最典型的模式体现。从狭义上讲,集体安全和全球安全的不同主要在于主体数量的不同。前者是关于一定数量的国家间的安全反映,后者是从整个世界的角度反映出的安全问题。而合作安全则是从安全的缔造模式上所作的分类。在国际法律制度中,通常不需作这种狭义的理解,而是从广义上把集体安全视为国际安全的具体体现。

集体安全源自理想主义者的一个设想。因为他们认为单个主权国家在国际范围内不能实现自身的安全,于是他们寄希望于某种类型的国际组织和国际规范,并且寄希望于人类的理性与正义。集体安全的主要内容是,由一批国家构成一定的安全共同体,诸如同盟、条约组织、国际组织等。在这个共同体中,所有成员国放弃相互使用武力,并承诺共同行动,援助受到侵犯的成员国,对破坏和平的国家实施强制性措施,诸如经济制裁乃至必要时实施军事制裁。集体安全涉及的是由多个国家组成的共同体,这种共同体的基本特点是大国拥有一定的决策权。这造就了集体安全的最大局限性,即作为存在前提的所有国家的一致难以达成。而且集体安全组织规模越大,这种一致就越难以达成。在成员国数量较大的共同体中,小国在维护自己的安全利益方面则相对困难得多。如果各大国对解决某小国的安全问题意见产生分歧,那么这个小国尽管身处集体安全体系之中,也根本得不到集体安全的保护。由若干国家组成的区域性集团的情况可能与普遍性组织有很大的不同,其成员国所得到

〔1〕“冷战”后世界的国际政治讨论中,国际安全取得了与国家安全近乎同样显要的地位。目前在全球范围内,国际安全受到普遍的关注,并被作为理论研究、实际观察和努力追求的对象,这是前所未有的。时殷弘:《国际安全的基本哲理范式》,载《中国社会科学》2000 年第 5 期。

的安全利益现实得多。但是,人们也必须看到,区域性集团得到的安全只是局部的安全,它仍然时时受到国际性的不安全因素的困扰。[1]

集体安全的缺陷即使如此明显,但是人们也不能放弃这个设想本身,因为相对于单个国家对纯粹国家安全的追求而言,集体安全的优势对人们更有诱惑力。集体安全中,多国实力的集结能够给各成员国家带来事实上的安全效果和心理上更大的安全感。从人类的长远发展来看,尽管集体安全体制亟待改进,它仍然是有益的选择。2004 年 5 月 1 日,欧洲联盟实现了历史上第 5 次,也是规模最大的一次扩大。中东欧 8 个国家,即波兰、匈牙利、捷克、斯洛伐克、爱沙尼亚、拉脱维亚、立陶宛与斯洛文尼亚,加上地中海的塞浦路斯和马耳他,正式加入欧盟。扩大后的欧盟拥有 25 个成员国,共有 4.5 亿人口,面积增加了 23%,生产总值和贸易额分别占世界的 30%,从而在事实上形成了一个大欧洲。这是人们偏爱集体安全的一个重要例证。

(三)小结

和平秩序是国际社会秩序中最基本也是最重要的内容。但是这里应该强调的是,作为国际法价值的和平秩序是指存在于国家之间的一种秩序表现。近来的研究成果表明,安全还应包含"人的安全"(human safety),如人的健康安全、食品安全、环境安全等。这种"人的安全"扩大了安全的内涵,已经不再属于作为国际法价值体现的和平秩序中的"安全",而成为人本秩序中应有的内容了。

世界和平需要共同的国际安全,没有共同的安全,则难以保证稳定、持久的和平。保证国家安全是每个主权国家不可剥夺的权

---

〔1〕 参见李少军:《国际安全模式与国家的安全战略选择》,载《世界经济与政治》1999 年第 6 期。

利,但一国的安全不应损害他国的安全。世界各国都可以安心地从事经济和社会发展,才是共同的安全。维护国家安全,固然需要军事力量,但不应无限扩大,永无止境。否则,不仅不会带来安全,反而会更加的不安全。"冷战"时期,两个超级大国发起和参加的军备竞赛使它们的军事力量大大超过本国安全的需要,彼此都缺少安全感,也使世界感到不安宁。核威慑主导下的和平给世界人民带来的是死亡的恐怖威胁而不是安全感。

以和平与安全为内容的和平秩序是国际法价值中最基本的,亦即最低限度的,也是最具有可执行性的和最重要的部分。无论国际法发展到何种程度,和平秩序都不会被废弃,因为只要有人类存在的地方,就永远会有对于和平与安全的强烈需求,它是亘古不变的真理。虽然"超常的人很可能通过侵略而收获颇丰,在与其他人的相互克制或妥协中却所得甚少",[1]但他们也只是在短暂的非和平状态中获得欲望的利益,把非和平状态作为一种获益的手段而已,之后仍然将为建成和平秩序而行动。作为一种结果性价值,和平要求的更多是一种不作为状态。因此,国际法的主体可以通过很多的消极不作为方式来保障和平秩序的实现,而和平秩序一旦被打破,其结果会非常鲜明地展现于世人的眼前,人们在判断和平秩序遭到破坏问题上完全不存在困难,比如2022年2月24日俄罗斯与乌克兰的开战,对于和平秩序遭到破坏这件事本身人们不存在分歧,没有人能否定它。

## 三、以国家中的人为主体的国际法较高级别价值——人本秩序

美国法学家埃德加·博登海默说过:"国内法力图保护一国内

〔1〕[英]哈特:《法律的概念》,张文显、郑成良等译,中国大百科全书出版社1996年版,第191页。

部的和谐与合作,而国际法则力图在跨国或全世界的范围内实现和谐与合作。”[1]国际法所极力达致的和平与安全无疑是一种秩序的体现,我们从这个意义上将其称为“和平秩序”。和平秩序是国际社会的共同追求,但不是唯一的追求,也不是国际法的全部价值。国际法存在的目的应在于形成一种发展国际关系的结构,提供一种便于国际交往的规则体系,从而发挥法律体制的作用。[2] 历史上的无数实践已经表明,一个不具坚固的正义基础的法律秩序所依赖的只能是一个岌岌可危的基础。国际法的正义性除了要求在和平秩序取得方式或手段上应具有正当性外,还进一步要求在实体内涵上体现正义。因此,国际社会中的法律秩序不仅应是和平的和安全的,还应该是以人为本的。

(一)人本秩序的含义

秩序是人类和谐生存的条件,是安全的、有序的、可预见的、合法的、有组织的世界得以形成的前提。对秩序的要求,是人的内在本能的欲望之一。我们不能设想一种没有秩序的人类生活。然而,正如美国法学家埃德加·博登海默所指出的那样,尽管规则(秩序)的存在有助于在处理人际关系中消灭人性与偏见的极端表现形式,但它在内容与作用方面仍然可能是苛刻的、非理性的、无人道的,其本身并不足以保障社会秩序中的正义。通过暴力方式可以很轻易地获得秩序,但哲学家奥古斯丁(Aurelius Augustinus)曾经说过,国家一旦没有了正义,就会成为一个巨大的匪帮。在一国内部,秩序的产生和维持并不特别困难,真正的困难在于寻找秩序实现的合法性及正当性途径。[3] 其实,真正的困难还在于如何把握秩序本身的

[1] [美]E. 博登海默:《法理学:法律哲学与法律方法》,邓正来译,中国政法大学出版社1999年版,第395页。

[2] 参见[英]J. G. 斯塔克:《国际法导论》,赵维田译,法律出版社1984年版,第18页。

[3] 参见舒国滢:《在法律的边缘》,中国法制出版社2000年版,第20~23页。

正义内涵。

人本秩序,是指以人为本、服务于人的社会秩序。这里的"人"是指作为生命个体存在的自然人。管子说:"夫霸王之所始也,以人为本。本理则国固,本乱则国危。"这是"以人为本"的语源。西方思想中的humanism在我国被译为"人本主义"或"人文主义"等,但对其确切所指,国内外学者见仁见智。它源自拉丁文的*humanitas*,最早出现在古罗马西塞罗和格利乌斯的著作中,意思是指"人性""人情""万物之灵",也指一种能促使个人的才能得到最大限度的发展的教育制度。[1] 西塞罗(Cicero)有一句名言:"为了自由,我们作了法的奴隶。"法国思想家卢梭(Rousseau)说:"我要这样地服从法律:不论是我或任何人都不能摆脱法律的光荣的束缚。这是一种温和而有益的束缚,即使是最骄傲的人,也同样会驯顺地受这种束缚,因为他不是为了受任何其他束缚而生的。"[2] 它们都流露出对人本秩序的深切关注。

在国内法律研究中,人本秩序理论已经建立起来,这主要归功于以下两个因素:国内的人文科学发展时间较长,从学理上论证了人的保护的重要性,在主观上得到了人们的认可;国内社会形成的历史悠久,国内法律制度已经经历了较长的发展历程,相对来说比较完善,国家政府组织机构更是相当完善,能充分发挥作用,对人的保护客观上易于实现。国际社会与国内社会相比所具有的"无政府状态"特点,使在国际社会中创建人本秩序变得异常艰难。

虽然作为法律价值之一的秩序是人类生活所必需的,但它本身不能独立地体现法律的最终目的性价值。对于国际法律秩序而言,一个重要的前提是,它必须是以人为本的。康德曾对国际秩序提出

[1] 参见徐亚文:《"以人为本"的法哲学解读》,载《中国法学》2004年第4期。

[2] [法]卢梭:《论人类不平等的起源和基础》,李常山译,商务印书馆1982年版,第51页。

了自己的见解,他认为民主自由和尊重人权是公正的国际秩序的基本要求。[1] 实际上这也是从广泛意义上说明建立国际秩序与生活在国际社会之中的“人”之间具有重要关系。与传统国际法相比,现代国际法呈现越来越重视个人的尊严和权利的倾向。但是,由于国际社会与国内社会的明显不同,当“人本秩序”被国际法律体制作为价值取向时,这里的“人”的含义已经拓展了它的范围,从而包含作为生命个体的自然人和由个人组成的集合体两大部分。在解读国际法所意欲建立的国际秩序与“人”之间的关系时,我们必须明确,不是人为了秩序而存在,而是秩序为了人而存在。而且,我们还要明确这样一个问题,即人本秩序不是人权保护的同义词,保护人权是建设人本秩序的手段之一,但它只能是一种手段,不能等同于国际法的价值取向。

在国际法的价值中,人本秩序建立在和平秩序的基础之上,体现着更高级别的正义。实现人本秩序将为国际法的目的性价值——全人类共同利益的实现提供重要的基础。因此,相对于国际法的目的性价值来说,人本秩序是一种工具性价值。

(二)人本秩序价值观念的形成

传统国际法已经体现出较强的人道性,主要体现在要求交战国家在战争中对战俘、伤病员、战争受难者等进行保护以及限制战争中使用的作战手段和作战方法等。这种人道性是人本秩序在国际法发展早期的一个萌芽。“各国在人权意识和道德感悟程度上的提高,是至关重要的新的体系价值兴起的一个明显的标志。”[2] 人本秩序属于国际法价值体系中的新内容,它的产生和发展与国际法的重

[1] Fernando R. Teson, *A Philosophy of International Law*, Boulder, Westview Press, 1998, p. 9.

[2] [美]熊玠:《无政府状态与世界秩序》,余逊达、张铁军译,浙江人民出版社 2001 年版,第 155 页。

要组成部分——国际人权法的产生和发展有着非常密切的联系。国际人权理论和制度是国际法上人本秩序建构的重要内容。保护个人的价值观念的形成和保护个人的价值观念在国际社会中得到认可是人本秩序价值形成的基本条件。

人本秩序作为价值追求的一个重要标志是国际人权领域各种原则与规则的迅速发展。许多世纪以来,有关人权的早期思想在许多地方一直受到珍视。人类为人权而抗争的历史和人类历史一样久远,它总是涉及保护个人不受君主、独裁者和国家权力的奴役。保护个人价值的观念可以从不同国家的圣贤、哲人、先知和诗人的作品及多种文明观念中找到,包括中国、印度、日本、波斯、俄罗斯、土耳其、以色列和非洲许多国家,以及哥伦布发现新大陆之前的南美文明在内。但早期的人权思想大部分源于西欧的自由民主传统,这一传统本身就是希腊哲学、罗马法、新教传统、宗教改革中的人文主义和理性时代的产物。

国际法上对人权的关注既不像国际法的人道主义内容那样具有悠久的历史,也远远落后于国内人权理论和制度的发展。国内人权保护可以追溯至 1215 年的大宪章,即早期的自由宪章,以及 17、18 世纪的《英国权利法案》《美国独立宣言》《法国人权和公民权宣言》等。但在第二次世界大战以前,“人权”一词一直没有进入国际法学的词汇之中,对此的一个很好的证明就是《国际联盟盟约》。从整体上看,《国际联盟盟约》对人权问题保持了沉默,只是在第 23 条中很笼统地承认各成员国有责任在某些领域内提高其公民的社会福利。[1] 这一规定非常简单,既未能触及人权的根本性内容,也未

〔1〕《国际联盟盟约》第 23 条规定:“除按照现行及将来订立之国际公约所规定外,联盟会员国应:(甲)勉力设法为男女及儿童在其本国及其工商关系所及之各国确保公平、人道之劳动条件,并为此项目的设立与维持必要之国际机构。(乙)承允对委任统治地内之土人保持公平之待遇。(丙)关于贩卖妇女、儿童,贩卖鸦片及危害药品等各种协定之实行,概以监督之权授给联盟。……(己)努力采取措施,以便在国际范围内预防及扑灭各种疾病。”

能体现人权保护的重要性。

人本秩序价值开始得到国际社会的承认，直接源自第二次世界大战中德国纳粹和日本军国主义者令人发指的暴行对人类产生的震撼。1941 年，美国已经认识到，它不可能再置身于世界大战之外。为了让美国人民对他们将要面临的苦难有所准备，罗斯福(Roosevelt)总统发表了他著名的四大自由的演说。在这篇演说中，他勾画了建立在四大自由基础上的世界图景，这四项自由是：表达自由、宗教信仰自由、免受贫困和免遭恐惧的自由。所有四个方面都是从对个人的尊重和支持角度提出来的，这幅以人为主体构成的未来世界图景吹响了“二战”中各国与轴心国集团作战的号角。

1945 年后，人权开始兴起。在《联合国宪章》中，对人权的最基本的关注被表达出来，其创造了一套国际规则，旨在约束国家在对待所有的人，包括它们自己的公民时，遵守某些特定的标准。这时人权全面进入国际法领域的起因主要有两个：首先，第二次世界大战中，法西斯、军国主义统治的国家对内践踏人权的野蛮行为和对外侵略扩张的残暴行径，特别是纳粹德国对犹太人的种族灭绝行为，践踏了人类的良知，不仅激起了全世界人民的义愤，而且至少在当时也向人们证明了这样一个事实：一个政府对其国民的野蛮行为与对其他国家的侵略是密切相关的，尊重人权与维护世界和平也是密切相关的。因此，对第二次世界大战的深刻反省，成为人权问题受到国际社会普遍关注的基本起因。其次，自 18 世纪中叶起一直到 20 世纪上半叶，国际法中有关个人权利的问题逐渐改变，例如，19 世纪保障个人权利的运动(如保护战争中的受害者与奴隶)，在获得各国的认可方面取得了成功。之后的一些运动在将人们的视线转向保护劳工、难民、少数民族和其他人群方面也较成功。这为人权全面进入国际领域奠定了基础。[1]

第二次世界大战后,国际社会中产生了大量的人权文件,主要包括《联合国宪章》《世界人权宣言》《公民权利和政治权利国际公约》《经济、社会和文化权利国际公约》《维也纳宣言和行动纲领》《保护人权与基本自由公约》《美洲人权公约》《非洲人权和民族权宪章》等。其中,既包括没有法律约束力但是具有重要权威性的宣言,也包括有法律约束力的条约;既包括具有普遍性的条约,也包括区域性条约。它们的共同点是对国际社会中的人权予以关注,要求或倡导在国际社会中保护人权。而且,随着国际人权法、国际经济法和国际刑法的形成与发展,个人在某种程度上可以作为国际法的主体已经成为国际社会的共识。英国国际法学家伊恩·布朗利(Ian Brownlie)认为,在国际法的渊源之中,人性考虑也是一个重要因素。"人性考虑依赖于法官的主观判断,但是,更客观地说,人性考虑与实在法原则所已经保护的人类价值有关,它们交织在一起……此等标准显然与一般法律原则和衡平法有联系,但是这些标准无需特殊的论证。"[2]

在近年来的国际实践中,对处于国家管辖范围内的人的考虑得到了超乎寻常的关注。这是人本秩序在国际实践中地位上升的重要信号。细心的人们会发现,在2003年年初的伊拉克危机的整个过程中,联合国中几乎听不到"国家主权不可侵犯""各国有权自主选择其政体和领导人"等传统国际法准则和国际惯例,争论的只是"如何干涉"和"何时干涉"的问题。时任联合国及其秘书长安南(Annam)虽然不赞成美国对伊拉克发动的战争,但反对的只是美国

---

〔1〕 参见[美]熊玠:《无政府状态与世界秩序》,余逊达、张铁军译,浙江人民出版社2001年版,第135页;国际人权法教程项目组编写:《国际人权法教程》(第1卷),中国政法大学出版社2002年版,第18页。

〔2〕 Ian Brownlie, *Principles of Public International Law*, Oxford, Clarendon Press, 1998, p. 27.

撇开安理会的“先发制人”方式,而不是反对萨达姆政权存在必要性的质疑。这是“冷战”结束以后以联合国为中心的国际体系出现的一种值得注意的氛围。

(三)人本秩序的价值内涵

在康德的道德哲学绝对命令中有一个著名的人性原则:“永远把人类——无论你亲自所为还是代表他人——当作目的,而绝不仅仅当作手段来对待。”〔1〕罗尔斯(John Rawls)继承并发展了康德的绝对命令观念,其主张:“每个人都拥有基于正义的不可侵犯性,这种不可侵犯性即使以社会整体利益之名也不能逾越。因此,正义否认了一些人分享更大利益而剥夺另一些人的自由是正当的,不承认许多人享受的较大利益能够绰绰有余的补偿强加于少数人的牺牲。”〔2〕这实际上是用另一种语言说明,应将所有人视为目的而不仅仅是手段。

传统国际法理论中,国家是唯一的主体,个人不具有国家那样的直接享受国际法上的权利和承担国际法上的义务的能力。很多国际法学者都在国际法的定义中指出国际法的规定对象是国家之间的关系。美国国际法学者说:“国际法是支配国家之间关系的规则的总体。”英国国际法学者阿库斯特(Akehurst)简单扼要地说:“国际法(或称国际公法或万国法)是支配国家之间关系的法律体系。”凯尔森(Kelsen)也承认,至少从创造国际法的程序来看,国际法是国家间的法律。〔3〕 传统国际法排除个人作为国际法主体,只调整国家间的关系,为国家设定权利、义务和责任,人是国家管辖权实施的对象。国际法的作用是在国际社会中形成以维持国家权

〔1〕 转引自陈瑞华:《程序正义的理论基础——评马修的“尊严价值理论”》,载《中国法学》2000 年第 3 期。

〔2〕 [美]约翰·罗尔斯:《正义论》,何怀宏、何包钢、廖申白译,中国社会科学出版社 1988 年版,第 3 ~4 页。

〔3〕 参见王铁崖:《国际法引论》,北京大学出版社 1998 年版,第 19 页。

利不被侵犯为中心的和平秩序。于是,人权在传统国际法中被视为国内法管辖范围内的事项,这使人本秩序难以成为国际法的价值体现。

国际法上人本秩序的产生和存在与国家主权之间有着重要关系。国家主权,是一个国家独立自主地处理自己国家的对内、对外事务的最高权和独立权。国家的这种固有权力对于人类的每个组成分子——"人"来说,具有至高无上的地位。由于人性的弱点和利益冲突的必然性,要实现有秩序的生活就必须要有一定的社会管理和国家管理,而管理就要求拥有权力。主权是国家权力中最重要也是最具根本性的,同时也是最高的,国家的各项具体权力无不源自体现为独立权、平等权、自卫权和管辖权的国家主权。由于国家要担负起维护社会正常秩序、保障社会主体的利益、自由和平等的权利、实施其管理职能等任务,因此,它的主权就具有了存在的合理性和合法性。

自威斯特伐利亚公会以来,国家至高无上的主权已经得到了国际法的认可。这种权力是一种组织性支配力,具有把国家的意志强加于个人行为的可能性。国家中的掌权者可能会运用手中掌握的权力任意支配个人,随意支配社会资源,甚至发动对抗或战争。主权的滥用会表现出侵略性、扩张性、残酷性。孟德斯鸠(Montesquieu)说:"一切有权力的人都容易滥用权力,这是万古不易的一条经验。有权力的人们使用权力一直到遇有界限的地方才休止。"〔1〕自然人与国家是永远无法相对抗的。于是,人类文明程度的发展,要求把这种寄生于社会的权力控制在社会需要其发挥作用和功能的范围之内。

在1789年法国的《人权和公民权宣言》第2条中写道:"所有政

〔1〕 [法]孟德斯鸠:《论法的精神》(上册),张雁深译,商务印书馆1961年版,第154页。

治结合的目的都在于保存人的自然的和不可动摇的人权。”宣言中没有讨论为什么人权是“自然的和不可动摇的”，显然，起草者认为这是不言而喻的。我们可以从不同的角度来理解它，许多人认为这可以从人是有感情、有智慧的生物这一本质特征中演绎出来。自然法理论认为人类制定的实在法之上还有自然之法或上帝之法，也可以辅证这一观点。哲学家约翰·洛克(John Locke)明确地提出“天赋人权”的主张。他说，主权不在君主，而在全体人民，政府是一个保障人民生命、财产及福利的机构，它不得以任何方式奴役人民。政府不是人民的主宰，而是由人民自发组成和维护以保障其自身利益的机构。个人把自己的一部分权力移交给社会以实现某些功能，但他们保留着一些天赋的权利。天赋人权的理念是维护基本自由的基石，这些自由天然地属于每个人，不屈从于任何群体，因此也不能受国家的限制和否决。

从国家理论而言，在当代工业社会，无论是资本主义还是社会主义，国家都要控制、引导和干预每个公民的日常生活，其程度之深是一百年前难以想象的。由此导致的问题涉及的不是个人和抽象的国家之间的关系，而是个人和代表国家并实施法律和法规(包括警察和狱吏)的官员之间的关系，这些法律和法规是以国家名义制定的，但其制定者并非完美无缺。在理论上，国家不会做任何错事，但在实践中以国家之名出现的错误，从微观调控的失职到集中营、战俘营的罪恶却是层出不穷，因此保护个人是必需的。这不仅适用于某个国家，也适用于整个国际社会。从这个角度来说，不仅国内法的制定要体现以人为本，国际法亦然。

庞德通过法律历史的研究发现了这样的记载：法律通过社会控制的方式而不断扩大对人的需求、需要和欲望的承认和满足；对社会利益进行日益广泛和有效的保护；更彻底和更有效地杜绝浪费并防止人们在享受生活中发生冲突。他指出，19 世纪的法律历史，在很大程度上是一部有关日趋承认个人权利——这些权利常常被视为是“自然的”(或“天赋的”)和“绝对的”的记录,20世纪应该以更加广泛地承认人的需要、要求和社会利益这方面的发展的方式来重写法律历史。[1] 国内法中对个人权利的态度会不可避免地影响国际社会中的法律,因为国际法始终是在国内法理论的基础上产生和发展的。

第二次世界大战中发生的一些血腥事实是人本秩序得到普遍支持的客观原因。“只有本来是人而又完全不被当作人的阶级,才可能主张彻底的、纯粹的、人之作为人的平等,主张人之作为人所应有的权利。历史的法则确乎有些奇特:对人道主义的强烈追求总是与道德败坏、人心堕落同时出现;要求自由的强烈程度总是与压抑自由的酷烈程度成正比。”[2]残酷的“二战”培育了对普遍性人权的迫切需要和追求。人权问题第一次不再是一个国家或一个地区范围内的问题,不再是一个少数人集团或阶级范围内的问题,不再是某一个人权原则的问题,而是世界范围内的、彻底的每个人的问题。1942年1月,同盟国宣布:抵抗轴心国的最终目的是出于人道主义,而不是出于军事。他们宣称:“彻底的胜利,对于全世界范围内保卫生命、自由、独立和宗教自由,对于维护人权和正义,是至关重要的。”[3]为防止大规模的侵犯人权的国际罪行发生,国际开始联合起来共筑人权的“防波堤”。国际法对于人的关注,通过规定保护自然人的权利以帮助自然人对抗在国际社会中具有最完全的独立法律人格的国家来实现,较之于第二次世界大战前的国际法价值对和平秩序的青睐,这显示出国际法的价值追求中在某种程度上融入了更

[1] 参见[美]E.博登海默:《法理学:法律哲学与法律方法》,邓正来译,中国政法大学出版社1999年版,第147页。

[2] 夏勇:《人权概念起源》,中国政法大学出版社1992年版,第100页。

[3] 徐显明、曲相霏:《人权主体界说》,载《中国法学》2001年第2期。

多的正义因素。

当人们对人本秩序的主体作了扩大性解释之后,国际法的价值追求中增加正义因素的意义更加凸显出来。西方国家及其学者在看待人的时候,常常是把“人”作为一个独立的个体对待的,人权也是针对人类中的每一个组成分子——自然人而言的。但是,发展中国家和不发达以及最不发达国家更关注作为人的集合体的“人”。这是两类截然不同的生存境遇下的国家的选择。人权理想是美好的,但处于不同境况的人对人权的理解可能完全不同。忙于应付迫在眉睫的生存和发展问题的人们相信:如果他们不首先在经济上富裕起来,给予人的其他权利就是空话。正如一个急需填饱肚子的人,在一块面包和一张选票之间肯定会选择前者,对他来说,面包是他的人权的优先选择。[1] 发展中国家和不发达以及最不发达国家的选择得到了国际社会,包括发达国家以及它们的学者的认同。

1945 年《联合国宪章》第 1 条规定,“发展国际间以尊重人民平等权利及自决原则为根据之友好关系”。这里已经把“人民”这个集体而不是单个的自然人作为“平等权利”和“自决”这两项重要人权的主体。1955 年联合国大会作出的一项决议明确提出,自决权是一项“属于所有人民和国家的集体权利,是个人享有任何权利与自由的先决条件”。1966 年联合国大会通过的《经济、社会和文化权利国际公约》和《公民权利和政治权利国际公约》均规定所有人民都有自决权,所有人民得为他们自己的目的自由处置他们的天然财富和资源。英国学者斯塔克(Stark)也承认,“若干重要人权问题所涉及的并非个人权利而是集体权利,即属于团体或人民的权利。就自决权来说,这是很清楚的。”[2] 随着自决权被普遍接受,集体人权也得到

〔1〕 参见国际人权法教程项目组编写:《国际人权法教程》(第 1 卷),中国政法大学出版社 2002 年版,第 20 ~ 33 页。

〔2〕 [英]J. G. 斯塔克:《国际法导论》,赵维田译,法律出版社 1984 年版,第 299 页。

迅速发展,如自然资源主权、发展权、环境权等都成为集体人权的内容,人们将它们称为"第三代人权"。虽然第三代人权是不是现行法的一部分尚存在争议,但它们确实是"正在形成"的法律。[1]

集体人权是为保障个人人权而从个人人权中推导出来的,它只是实现个人人权的一种工具性权利,集体并不是集体人权所包含的利益最终指向的对象。真正的受益者,作为目标而存在的人权主体永远是而且只能是自然人。集体人权是实现个人人权的基础和前提,也是实现个人人权的手段和保障。在社会尚未发展到"每个人的自由发展是一切人的自由发展的条件"的自由人的"联合体"阶段时,大多数的自然人都要以属于某个政治实体的方式存在和发展。自然人若从属于一个国家、一个民族或一个种族而存在,则该集体的福利将对其个人的福利产生重要作用。集体作为一个抽象的组织,只不过是人类历史发展阶段的产物,它终究是人的异化物。当集体作为一种历史产物消亡时,集体人群也就消亡了,但个人人权却会得到更充分的发展。[2] 我们必须认识到,强调集体人权意在保障个体人权,而且只有在保障个体人权的意义上,集体人权才具有合理性。

(四)人本秩序的约章体现

前已述及,联合国成立以来,国际社会中已经产生了不少涉及对人的保护的国际条约和国际文件。这些条约是人本秩序的重要体现,但是其中具有根本重要性的是《联合国宪章》和《世界人权宣言》。下面分别对这两个公约予以阐释。

1.《联合国宪章》对人本秩序的阐释

《联合国宪章》是一个有法律约束力的国际条约,其中对各成员

---

〔1〕 See Ian Brownlie, *Principles of Public International Law*, Oxford, Clarendon Press, 1998, p. 583.

〔2〕 参见徐显明、曲相霏:《人权主体界说》,载《中国法学》2001 年第 2 期。

国和联合国自身提出了保护“人”的要求,这体现在该宪章的序言和7个不同内容和性质的条款中。

该宪章序言第3段指出:“(我联合国人民)重申基本人权,人格尊严与价值,以及男女与大小各国平等权利之信念”。隶属于第一章“宗旨及原则”的第1条第3款规定:“促成国际合作,以解决国际间属于经济、社会、文化及人类福利性质之国际问题,且不分种族、性别、语言或宗教,增进并激励对于全体人类之人权及基本自由之尊重。”隶属于第四章“大会”的第13条第1款之(丑)项规定:“(大会应发动研究并作成建议)以促进经济、社会、文化、教育及卫生各部门之国际合作,且不分种族、性别、语言或宗教,助成全体人类之人权及基本自由之实现。”隶属于第九章的“国际经济及社会合作”的第55条规定:“为造成国际间以尊重人民平等权利及自决原则为根据之和平友好关系所必要之安定及福利条件起见,联合国应促进:(子)较高之生活程度,全民就业,及经济与社会进展。(丑)国际间经济、社会、卫生及有关问题之解决;国际间文化及教育合作。(寅)全体人类之人权及基本自由之普遍尊重与遵守,不分种族、性别、语言或宗教。”隶属于第十章“经济及社会理事会”的第62条第2款规定:“本理事会为增进全体人类之人权及基本自由之尊重及维护起见,得作成建议案。”隶属于第十二章“国际托管制度”的第76条之(丑)款和(寅)款规定:“(托管制度之基本目的应为)(丑)增进托管领土居民之政治、经济、社会及教育之进展;并以适合各领土及其人民之特殊情形及关系人民自由表示之愿望为原则,且按照各托管协定之条款,增进其趋向自治或独立之逐渐发展。(寅)不分种族、性别、语言或宗教,提倡全体人类之人权及基本自由之尊重,并激发世界人民互相维系之意识。”

2.《世界人权宣言》对人本秩序的阐释

《世界人权宣言》于1948年11月10日在联合国大会上以48票

赞成、0 票反对、8 票弃权获得通过。宣言序言中明确,宣言是“所有人民所有国家共同努力之标的”。[1] 在宣言的主体部分,规定了公民权利和政治权利,包括生命权、不受奴役权、免受酷刑权、法律平等保护权、正当法律程序保障权、言论自由权、集会和迁徙权、隐私权等;[2]还规定了经济、社会和文化权利,包括拥有财产的权利、工作权、受教育权、享受医疗保健和各种社会服务权、参加社区文化生活权等。[3] 从严格意义上讲,作为一个决议通过的宣言是没有法律约束力的,但该宣言给出了《联合国宪章》中人权义务的权威解释,因而得到了全世界各国的广泛承认。“……多年以来,宣言已经被当作对《联合国宪章》第 55 条和第 56 条所涉及的权利的权威解释和定义,而联合国及其会员国都有促进这些权利的义务。”[4]

该宣言迄今也已经成为区域性组织及联合国在人权领域内进一步进行国际立法的基础,国际人权条约经常在序言中引用该宣言。例如,《禁止酷刑和其他残忍、不人道或有辱人格的待遇或处罚公约》指出:“注意到世界人权宣言第五条……兹协议如下……”《消除对妇女一切形式歧视公约》把世界人权宣言中“申明不容歧视的原则,并宣布人人生而自由,在尊严和权利上一律平等,且人人都有资格享受该宣言所载的一切权利和自由,不得有任何区别,包括基于性别的区别”作为制定该公约基础。欧洲理事会《保护人权和基本自由公约》在序言中明确指出,“考虑到 1948 年 12 月 10 日联合国大会宣示的《世界人权宣言》;考虑到该宣言的目的在于使所宣示的权利获得普遍和有效的承认和遵守……”1993 年通过的《维也纳宣言和行动纲领》更明确地表示:“强调《世界人权宣言》是各国人民

---

〔1〕 参见《世界人权宣言》序言最后一段。

〔2〕 参见《世界人权宣言》第 3 ~ 21 条。

〔3〕 参见《世界人权宣言》第 22 ~ 27 条。

〔4〕 [美]托马斯·伯根索尔、肖恩·D. 墨菲:《国际公法》(第 3 版),黎作恒译,法律出版社 2005 年版,第 91 页。

和所有国家所争取事项的共同标准,是启迪的源泉,是联合国据之以推进现有国际人权文书,特别是《公民权利和政治权利国际公约》《经济、社会、文化权利国际公约》所载标准的制订工作的基础。”

实践中各国家对宣言的支持已经至少使其中的一些条款成为了国际习惯法。例如,宣言第3条(人人有权享有生命、自由与人身安全)、第4条(任何人不容使为奴役;奴隶制度及奴隶贩卖,不论出于何种方式,悉应予禁止)等,均已由被广泛接受和赞同的国际公约加以具体化。而且,“许多国家在制定宪法和其他立法活动中,都引用或吸收了《世界人权宣言》,将其视为范本。国际法院和许多国内法院都把《世界人权宣言》作为解释依据或者国际习惯来进行判决。……可能最为重要的是,《世界人权宣言》为在联合国系统建立各种监督机制奠定了基础。……人权委员会特别报告员在调查过程中,当条约法不能适用于罪犯时,也可以运用《世界人权宣言》”。[1]

除了《联合国宪章》和《世界人权宣言》之外,还有很多国际条约反映出对人本秩序的追求。例如,在乌拉圭回合多边贸易谈判最后达成的《马拉喀什宣言》(1994年4月15日)中,各国部长一致确认:“世界贸易组织(WTO)的建立开创了全球经济合作的新纪元,反映了各国为其人民的利益和幸福而在更加公平和开放的多边贸易体制中运作的普遍愿望。”《马拉喀什建立世界贸易组织协定》序言明确:“本协定各参加方认识到在处理它们在贸易和经济领域的关系时,应以提高生活水平、保证充分就业、保证实际收入和有效需求的大幅稳定增长以及扩大货物和服务的生产和贸易为目的。”[2]

---

〔1〕 国际人权法教程项目组编写:《国际人权法教程》(第1卷),中国政法大学出版社2002年版,第53页。

〔2〕 《乌拉圭回合多边贸易谈判结果法律文本:汉英对照》,法律出版社2000年版,第4页。

从而表明,世界贸易组织作为一个世界性的经济组织,它所关注的终极目的是每个协定方管辖范围内的人的利益和幸福,而并非仅仅是每个协定方的利益。

## 四、以全人类整体为主体的国际法最高价值诉求——全人类共同利益

随着人类在控制其难以理解的自然力方面、在发展一种更为强有力的道德意识方面和在获得更高的相互理解力等方面的进步,人类的正义感也会变得更为精致。[1]

(一)全人类共同利益理论的历史沿革

人类历史上曾经出现过众多的思想家,他们的思想硕果使今天几乎每一种理论都可以追根溯源。全人类共同利益理论也不例外。法学理论中很早就有关注人类整体的思想萌芽,例如,早期的基督教哲学家相信,神授予不同的地区有限和不同的产品,是为了让人类进行贸易,这样,通过世界经济使他们变成统一的世界社会,变成统一的神的孩子,学会互爱。[2]

在斯多葛派(Stoa)时代,哲学思想渐渐从狭小的城邦国家走出,进入世界理性。斯多葛派学者认为,存在一种基于理性的普遍的自然法,它在整个宇宙中都是普遍有效的。它的要求对世界各地的任何人都有约束力。而且,斯多葛派哲学家还教导说,人类世界不应当因其正义体系不同而建立不同的城邦国家。他们创立了一种以人人平等的原则和自然法的普遍性为基础的世界主义哲学(cosmopolitan philosophy),其终极理想就是建立一个所有的人都在

---

〔1〕[美]E. 博登海默:《法理学:法律哲学与法律方法》,邓正来译,中国政法大学出版社1999年版,第12页。

〔2〕[美]大卫·A. 鲍德温主编:《新现实主义和新自由主义》,肖欢容译,浙江人民出版社2001年版,第12页。

神圣的理性指引下和谐共处的世界国家(a world-state)。西塞罗(Cicero)认为,理性人的特征是按照理性给予每个人以应得的东西,并指这种态度最初也许仅限于家庭、亲戚和朋友;然而随着文明的扩展,这种态度必定会扩大适用于同胞和政治同盟,最后还会扩展至全人类。正义是人类集体幸福的一个必要条件。塞涅卡(Seneca)强调,基于共同的本性,一切人都是亲戚,邻人之爱的信条由此产生。与之相似,爱比克泰德(Epikte)宣扬基于理性之上的人爱和世界公民学说,人不再仅仅作为组成国家的生物,且还是社会的"慈善的"生物。[1] 古代的斯多葛派学者把自己当作世界公民的观念,可以看作是对世界上国家中心论的最早挑战。

然而,萌芽终究只是萌芽,古代学者的全人类观念并没有得到广泛的认可。限于当时科学技术等方面的客观情况,当时的"全人类"所包括的范围也非常有限,不能与今天同日而语。但是,这一思想萌芽在人类思想史上的重要意义却不容忽略,它为后来人类整体观念的发展奠定了基础。

16 世纪的西班牙著名神学家维多利亚(Vitoria)通过对国际法适用范围的论述,从法律的角度对整个人类社会予以关注。1557年,他在萨拉曼卡(Salamanca)大学公开讲授的特别讲义出版,书名为《神学随感录》。其中有两篇讲义,即《晚近发现的印第安人》和《关于西班牙人对野蛮人的战争法》,均提出了当时的重大政治问题和社会问题,即保护印第安人免受那些在哥伦布发现美洲大陆后迁去的西班牙殖民者的极端惨无人道的迫害问题。维多利亚在讲义中根据自然法肯定了西班牙人在美洲访问、居留和通商的权利,但否定了屠杀无辜、奴役和占有的权利。他说,不论是美洲印第安人

[1] 参见[美]E. 博登海默:《法理学:法律哲学与法律方法》,邓正来译,中国政法大学出版社 1999 年版,第 13 ~ 15 页;[德]阿图尔·考夫曼、温弗里德·哈斯默尔主编:《当代法哲学和法律理论导论》,郑永流译,法律出版社 2002 年版,第 67 页。

那样的异教徒也好，或是欧洲的基督教徒也好，都是根据所有的人都是人这一共同本性而构成普遍的人类社会，这种社会受适用于一切人的共同法（万民法）的支配，此法律保障一切人都享有人的基本权利。因此，西班牙人对印第安人进行的战争，也应该受到在普遍的人类社会中通用的战争法的约束，不能允许以异教徒或野蛮人为借口而对他们施加惨无人道的迫害。[1] 维多利亚所论述的普遍人类社会和这种社会为共同法所支配的根本思想，使国际法突破了欧洲区域的局限，而演变为适用于全球人类社会，具有真正"国际"含义的国家间规则。同时，也从法律的角度体现了应该对整个人类社会予以重新审视。

接下来，资本主义在西方国家中的盛行导致西方国家国内法律制度理论研究有了重大的发展和进步。贝卡里亚（Beccaria）在他的名著《论犯罪与刑罚》的引言中说："我们翻开历史发现，作为或者本应作为自由人之间公约的法律，往往只是少数人欲望的工具，或者成了某种偶然或临时需要的产物。这种法律已不是由冷静地考察人类本质的人所制定得了的，这种考察者把人的繁多行为加以综合，并仅仅根据这个观点进行研究：最大多数人分享最大幸福。"[2] 虽然贝卡里亚当时所思所想可能更多的是在考虑国内法，或者更进一步地说是刑法问题，但是对于包括国际法在内的法律整体而言，"最大多数人分享最大幸福"仍不失为一个重要的立法准则。如果把"最大多数人分享最大幸福"引入国际社会中，似乎暗含着尊重全人类共同利益的意思。

从国际法律制度产生的实践角度来看，早期的人类共同利益理论更多的是源于一国对争取本国家权益的支持。在关于公海自由

---

〔1〕 杨泽伟：《宏观国际法史》，武汉大学出版社2001年版，第56页。

〔2〕 [意]贝卡里亚：《论犯罪与刑罚》，黄风译，中国大百科全书出版社1993年版，第5页。

原则的论述中,我们可以发现早期的关于人类共同利益的观点。中世纪后半期,国际社会就开始由国家对于公海的某些部分主张主权,到了近代国际法逐渐产生之时,各国通常认为它们能够推广它们的主权到公海的某些部分。因此,葡萄牙主张对于印度洋全部以及在摩洛哥以南的大西洋的主权,西班牙主张对于太平洋以及墨西哥湾的主权,瑞典和丹麦主张对于波罗的海的主权,英国也相应地提出了自己的要求。1580 年,时任西班牙大使的门多萨(Mendoza)就德雷克(Drake)在太平洋所作的有名的航行向伊丽莎白(Elizabeth)女王提出抗议。伊丽莎白答复称,海洋和空气的使用是一切人类所共有的,海洋不能属于任何国家所有,基于自然和公共使用的考虑都不允许某一国家对海洋加以占有,因此一切国家的船舶都可以在太平洋上航行。[1] 在法国,1795 年格列高利(Gregoire)曾正向国民议会提出一份《国际法宣言》,其中第 8 条规定:"凡属使用而不致罄竭、消失之物,例如海洋,应属于所有国家,不得成为任何国家的私有财产。"[2] 在这个时期,人类共有的真正含义实际上是指所有国家的共有。这是国际社会中国家中心论的另一种隐蔽的体现。

全人类共同利益价值初步形成的重要标志是"人类共同继承财产"概念和原则的提出。19 世纪末拉丁美洲国际法学家 A. 贝洛(Andres Bello)在其《国际法原理》一书中指出,海洋中的货物可以属于人类的承袭财产,而不标上个人所有的记号。1958 年,联合国的文件中正式出现"人类共同继承财产"(common heritage of mankind)的概念。当时联合国第一次海洋法会议主席、泰国代表在其致词中提到"海洋是人类的共同继承财产"。1967 年马耳他常驻

[1] [英]詹宁斯、瓦茨修订:《奥本海国际法》(第 1 卷)(第 2 分册),王铁崖、陈公绰等译,中国大百科全书出版社 1995 年版,第 154 页。

[2] 李家善:《国际法学史新论》,法律出版社 1987 年版,第 132 页。

联合国代表帕多(Avid Pardo)在其提交的建议和备忘录中,正式提出了"人类共同继承财产"的概念,这被许多国际法学者引证为该概念的正式渊源。

人类共同继承财产原则有其自己的法律内涵,但是各国学者、专家基于不同的意识形态对其含义有不同的理解。帕多的建议与备忘录认为该原则应包含四个因素:(1)任何国家不得将国际区域的任何部分据为己有。(2)国际区域的资源开发应遵照联合国的原则和目的进行。(3)国际区域应为全人类的利益而使用,特别要促进贫穷国家的发展。(4)国际区域应专门保留用于和平目的。还有其他学者提出自己的观点,如卡塞斯(Cases)的五要素说[1]等。不过,这些学者的观点至少在以下两个方面具有一致性:第一,国际区域及其资源由全人类所共有,任何国家不得对之主张排他性权利。第二,绝对保障国际区域的和平与安全,使其成为永久性的非军事区和无核区。[2] "人类共同继承财产"概念是在认识到存在于不同的民族和国家之间的系统的不平等后建立起来的,是用来监控该土地及其上之财富和自然资源的分配、占有与开发的方法。它主要目的在于防止国家或私人对某些资源的占有权,但允许这些资源在特定情况下,在考虑到环境保护的代价的前提下,为了全人类利益加以开发利用。

1979年12月5日联合国大会通过的《指导各国在月球和其他天体上活动的协定》第一次将"人类共同继承财产"原则写进国际公约,该协定第11条宣告:"月球及其自然资源均为全体人类的共同财产……"而更有影响力的是1982年的《海洋法公约》,其第136条

---

〔1〕 五要素分别为:(1)国际区域不得由个别国家据为己有。(2)由国际组织机构管理区域的资源开发活动,开发所得到利益应为全人类的利益服务。(3)国际区域不得用于军事目的。(4)采取措施保护区域的环境,防止污染。(5)促进"区域"科学研究。

〔2〕 参见万鄂湘:《国际强行法与国际公共政策》,武汉大学出版社1991年版,第127~130页。

宣布:“(国际海底)‘区域’及其资源是人类共同继承财产。”

《海洋法公约》“最具有历史意义的,也许是公约第十一部分(国际海底区域)所确认的‘人类共同继承财产’概念和以这一原则为核心的一整套国际海底区域开发、管理制度。人类共同继承财产原则明确要求:任何国家或个人都不能把国际海底区域及其资源的任何部分占为己有,这一区域的开发要为全人类谋福利;各国都有公平地享受海底资源收益的权利,发展中国家和未取得独立国家的人民的利益应得到特殊照顾。这一原则否定了少数发达国家企图将公海自由原则适用于国际海底区域,从而其资源由各国自由开采的主张。事实上,海洋法公约的很多条款都蕴含着这样一种思想:只有那些考虑到整个国际社会利益的国家行动才能够进行”。[1]

人类共同继承财产概念的最大贡献是开始把全人类作为一个单独的主体,它引导着人们对国际法的价值观作新的探索。

(二)全人类共同利益的价值内涵

世界已经发生和正在发生的变化是追求全人类共同利益的现实背景。这些变化主要表现为:科学技术发生了飞跃性进步,由此导致人类活动范围扩大,人们的视野也相应地扩大,人们所面临的威胁同时大大增加。随着国家间的联系日益紧密,人类生活的相互依存程度日益加深,这个时代产生的很多问题已经不再是对某个国家或某些国家构成威胁或造成影响,也不再是某个国家或某些国家有能力自行应付和解决的,于是就有了人类共同面对这些重大问题的必要性。“全人类共同利益”的中心词表面上看应是利益,但是在国际法学上具有重要意义的却是“全人类”这个概念。全人类共同利益的重要意义在于把人类作为一个整体,以国家或其他集合体为代表的人类活动应为人类整体谋求福利,或至少应限制有碍于全人

〔1〕 曾令良主编:《21世纪初的国际法与中国》,武汉大学出版社2005年版,第25页。

类整体利益的人类活动，以全人类整体的利益为国际法的目的性价值取向。

1. 全人类共同利益的范畴界定

全人类共同利益的含义应该有一般含义和特殊含义之分。从一般意义上讲，所有人类追求的美好事物，如和平、安全、自由、平等、生命、健康、发展等，都是大而化之的概念，其实质是把全人类利益作为人生存与发展的代名词，由于包含的内容过于宽泛，其不再是拥有特殊含义的概念和名词。在从国际法价值的角度来使用“全人类共同利益”概念这样一种特殊情形下，我们可以将其特定为，人类整体的生存与发展而不是单个人或民族、种族、国家的生存与发展所必需的利益。

全人类共同利益既不是某个单一国家的利益，也不是国际社会中各国利益的简单相加。关于人类社会有高于各自国家利益的利益，以及人类社会的利益可能高于各国利益之和的信念，已得到越来越广泛的传播。[1] 有很多问题，如外层空间和海洋的和平利用、臭氧层的保护、生态的保护、非殖民化等，如果离开了全人类共同利益这个概念，是无法得到正确的理解和解决的。

加勒特·哈丁(Garret Hardin)提出的“公地悲剧”的隐喻，是揭示全人类共同利益的极好例证。它描绘了一个开放的、属于一个群体中所有成员的牧场，这就是公地。作为一个理性人，每一个牧人都寻求他的以放养牲畜数量增加量来衡量的收益的最大化。把各部分效用加在一起，理性的牧人得出的结论是，唯一对他合理的事就是争取增加放养牲畜的数量——多加一头，再多加一头。这是分享公地的每一位理性牧人都会得出的结论。“悲剧就在这里”，哈丁

[1] [美]熊玠:《无政府状态与世界秩序》，余逊达、张铁军译，浙江人民出版社 2001 年版，第 187 页。

写道,“每个人都被锁定在一个体制中,这个体制迫使他在一个有限的世界中无限制地增加他的放养(即利己主义)。在一个信仰公地自由使用的社会中,每一个人都追求他的最佳利益,毁灭是所有人趋之若鹜的目的地。公地的自由使用为所有人带来了毁灭”。〔1〕以国家代替牧人,我们会发现同样的结局会出现在国际社会中。受竞争性的自我主义的利益驱动,个别国家可能因为开发利用、生态污染或仅仅是忽视,而摧毁现有的公地,如大气层中的臭氧层、动物和鱼类、森林和表土,并进而影响其他的非公地资源。除了出于全人类共同利益考虑的共同行动,不存在保护这些公用资源的任何可能。

然而,正如国际法与国家不能完全割裂一样,作为国际法价值的全人类共同利益也无法与国家相割裂。

“整个来说,目前的国际法通过各国内法律秩序的中介,间接地使个人承担义务并授予其权利。国际法规范大多是不完全的规范,它们需要国内法规范来完成。国际法律秩序预定要有国内法律秩序的存在。没有国内法律秩序,国际法律秩序就会是法律秩序的不能适用的断片。因此,参照国内法是国际法规范意义中所固有的。在这一意义上,国际法律秩序‘委托’国内法律秩序来完成自己的规范。”〔2〕在21世纪的国际社会中,国家主权原则仍应是至高无上的处理国际关系的基本原则,但是我们不应仅仅强调国家主权,而且还必须看到全人类的整体利益。由于主权对外是独立的,因而具有屏障外部力量对国家内政的干涉的重要作用。这种屏障作用使主权也可成为抵制全人类共同利益的理由,从而妨碍全人类共同利益

〔1〕 转引自[美]熊玠:《无政府状态与世界秩序》,余逊达、张铁军译,浙江人民出版社2001年版,第189页。

〔2〕 [奥]凯尔森:《法与国家的一般理论》,沈宗灵译,中国大百科全书出版社1995年版,第382页。

保护协调一致的形成。主权对于国家独立的积极作用同时也可成为追求全人类共同利益过程中的消极因素。

关注国际社会的整体利益，为了全人类的共同未来携手进行国际合作、协调乃至必要的让步或牺牲一定的自我利益，而不是进行“你死我活”的斗争，是处理现实国际关系时必须予以考虑的因素，因为这样可能更有利于实现各国的根本利益。以欧洲一体化为例，虽然欧盟成员国间存在差异、矛盾，甚至冲突，但由于经济全球化的趋势及欧盟各国经济相互依赖程度的不断加深，特别是仅靠各国的力量已无法应对它们各自所面临的竞争与挑战，实行更高层次的联合或合作成了各国的共同需要，以致各国为此不惜作出一些让步和牺牲。〔1〕 国家在国际社会中常常体现出的“合群性”，是全人类共同利益得到保障的关键因素。

既然全人类共同利益的主体是全人类，接下来就必须解决以下两个相关问题：谁有权代表全人类共同利益？谁有权对损害全人类共同利益的国家实施制裁？如果这两个问题不能得到公正合理的解决，个别国家就可能自封为全人类共同利益的代表者，假借维护全人类共同利益的名义，将其国内法或国家意志强加于其他国家之上，对其他国家的内政外交事务进行粗暴干涉，滥用全人类共同利益之名。

2. 全人类共同利益的方法论依据

全人类共同利益可以通过采用一种新的国际法学研究方法——系统方法进行论证。换言之，系统方法是倡导全人类共同利益的重要方法论依据。所谓系统方法，是20 世纪下半叶在现代生物学和物理学重大发现的基础上而产生的一种科学研究方法。

20 世纪下半叶现代生物学和物理学的发现表明，世界不能分解

---

〔1〕 郭玉军：《把握21 世纪国际私法的发展趋势——评〈国际民商新秩序的理论建构〉》，载《法学研究》1999 年第 3 期。

为独立存在的最小单位,它是一个复杂的关系网,同时也是一个统一的整体,因此对世界的了解只能通过把握其各部分之间的相互关系来进行,而不能孤立地看待问题。在这一认识的基础上,系统方法主张将研究对象作为系统加以综合考察,强调整体与部分、系统内各个部分之间的相互联系、相互作用。所谓系统,既可以是生命的,也可以是非生命的,它是一个内在统一的整体;系统通常表现为多层次的结构,每一层次由子系统组成,每个子系统相对于其他部分而言都是一个整体,相对于大的整体而言又是部分。以生命系统为例,从分子到细胞、器官、消化或神经等系统,到人,到家庭、部落、社会乃至民族,所有这些实体都可以被视为内在统一的整体,而相对于较高层次的实体而言又可以被视为部分。[1]

长期以来,人们一直把国际社会作为一个分裂为一个个独立主权国家的集合体而不是一个单一的整体来看待,国家是国际社会的基本组成部分,各国家之间建立横向的平等关系。国际法的形成条件中有一个重要因素,就是平等主权国家间体制的建立。从历史上看,国际法形成之初的国际社会还只包含有限的国家主体,并非世界上所有国家都能成为国际法的主体,因而当时以“文明国家”标准来确定国家的国际法主体地位。最早形成“社会”的欧洲国家只承认欧洲基督教文明各国为国际团体(family of nations)的成员。后来,国际团体的概念逐步适用到欧洲之外,至19世纪末和20世纪初的两次海牙和会后,“国际团体”一词才扩大为“国际社会”(society of nations)。经过两次世界大战之后,世界上相距甚远的各个地区性社会逐渐联结成了一个包括所有国家在内的普遍性的国际社会。[2]但是,国际社会的产生没能打破以国家主权为基本原则的国际社会

〔1〕 参见张若思:《系统方法与国际法》,载《环球法律评论》2001年第4期。

〔2〕 邵沙平、余敏友主编:《国际法问题专论》,武汉大学出版社2002年版,第2页。

秩序的建构。

正如亚当·斯密(Adam Smith)告诉人们的,政治生活的第一要旨是其地域性。从根本上说,很难说服人们对身处的地域之外的所谓全球性问题施以多大关注。[1] 由于国家享有最高权力,国际法成为一套最低限度的共同标准,一种给各国提供基本秩序和可预见性的最低限度的保障。这是长期以来国际社会中存在的实际状况,其与人类的正常需要一样被视为是理所当然的,并得到了广泛的认可。传统国际法的实质是保障国家-社会作为一个个内在的封闭体系和相互关系中的领土所有者运转的最低法律必要,体现出明显的双边特征。应该说,在人类社会科学技术尚不发达的时代里,把一个个单一的国家分别视为一个整体来对待,在国家主权原则的基础上仅在必要的如外交、军事、经济等领域里考虑整个国际社会的联系,是很有其合理性的,从实践中看也确实取得了不错的效果。与以前相比,现代国际法在数量和质量上都发生了很大的变化,但是,它仍未摆脱国家不干涉国际法上的国家主权范围内事项、以条约形式从事法律事务等互惠特征为表现的基本框架。

在科技高度发达的今天,以国际社会(society of nations)为基础的共存时代的国际法或共处的国际法已经不再能满足新形势下的要求。如前所述,在很多领域产生的问题,已经不再是一个国家或一些国家自己的问题,也不再是一个国家(即使是世界上最强大的国家)能够独立解决的问题;即使是在某一个国家中发生的问题也不是必然只与该国家有关系,反而可能对其他国家具有重大影响,如一国国内武装冲突可能对本地区和邻国(地区)产生经济、社会、生态等影响。人类科学技术能力的迅速发展,使地球变得越来

---

〔1〕[英]约翰·迈克斯威特、爱德瑞恩·伍德里奇:《现在与未来——全球化的机遇与挑战》,盛健、孙海玉译,经济日报出版社2001年版,第23页。

越小，也使越来越多的人在这个日益狭小的空间中生活，国家间产生日益复杂的相互依赖关系，国家不再是一个个完全封闭的系统。于是有了一个新的“国际共同体”（international community），与通常的“国际社会”（international society）相区别。国际共同体观念是从一个新的视角来看待国际体系，要求国际体系的焦点由国家转向全人类，把人类整体作为一个系统对待，把国家视为有着千丝万缕的联系和日益紧密的相互依存性的人类整体之下的子系统。强调整体，强调其内在的相互关系，如存在于国家间的、民族间的、种族间的和它们相互间的，以及人类与自然环境间的各种复杂关系，这有助于重新确定国际法在新形势下的作用。

仅以环境问题为例。在国内层面上，由于环境资源权力配置不当而产生的成本外部化，企业作为“经济人”多单纯追求利润，而不顾环境后果；很多法律制度得不到贯彻执行，大多数依赖环境的普通民众无能为力；同时，国内一些地方实行经济保护主义，有些政府部门不是在改良环境，而是短视地鼓励企业破坏环境的生产。类似地，在国际层面上，有的国家片面地追求经济增长，使人民健康受到直接的威胁，未来的发展潜力受到严重的破坏。在国际社会中，由于一些国家的不理性行为，而经常出现国家只重视现在和强化某些国家集团的利益，却忽略全人类共同利益的情况。由于从国内到国际，大量的有责主体都将片面的、局部的经济利益放到第一位，优先考虑本部分的利益，所以造成了经济效益未得到实质改善，环境效益却又大幅下降的后果。[1] 这是生态系统的完整性与全球的主权分割之间的矛盾，它给我们提出了一个调整“整体与部分”间关系的问题。

3. 全人类共同利益体现新的国际法本位观

法律的本位原是民法学的一种观念。在民法由近代自由资本

---

〔1〕 张乃根主编：《21 世纪的中国与国际法》，上海人民出版社 2002 年版，第 468 页。

主义民法向现代垄断资本主义民法的演进过程中，出现了从个人本位向社会本位的转变，国家加强了对个人的绝对自由的干预。社会本位的特点在于国家通过强调社会利益，对个人权利作出适度限制。20世纪以来，社会本位已经成为世界各国立法的主导思想和法律规范的主流。当然，这种意义上的社会本位虽然十分强调社会公共利益或准则，但仍只是从一个国家自身的利益、需要和传统出发，是限于某一特定国家的“社会本位”。李双元教授把它称为“国家本位”以区别于“国际社会本位”，并指出，21世纪法律具有从国家本位向国际社会本位转化的趋势。〔1〕

国际社会本位观点的客观基础及其产生的必然性在于，21世纪国际政治、经济关系的变革及科学技术的迅猛发展，使人类面临许多共同问题。在许多问题不能由一国国内法自行解决的情形下，人类社会的国际合作与协调势必加强；面对问题孤军奋战可能力量绵薄，无异于杯水车薪，必须借助国际社会的通力合作与共同努力。所以国家主权观念将会有新的发展，国家行为应受到基于维持全人类共同利益而产生的国际法规范的制约，而在各国国内立法中必须采取一些共同的准则和共同的价值标准，不能仅仅基于本国、本民族的利益而肆意妄为。个人私权利的行使也必须遵守不损害第三人、不损害社会和国家利益、不损害全人类和整个人类生存环境的共同利益这一原则。〔2〕 我们可以注意到，上述观点都是在国际民商新秩序理论建构中提出来的，国际民商新秩序无疑是国际秩序的一个方面，若仅以在这个特殊领域中产生的理论或原则去推出国际法本位观的变化，似乎难逃以偏概全之嫌，但把它作为国际法本位观

〔1〕 参见李双元、徐国建主编：《国际民商新秩序的理论建构：国际私法的重新定位与功能转换》，武汉大学出版社1998年版，第12页。

〔2〕 郭玉军：《把握21世纪国际私法的发展趋势——评〈国际民商新秩序的理论建构〉》，载《法学研究》1999年第3期。

产生变化的证明之一却是未尝不可的。

国际社会本位提出了一个新思路,但它在含义上不是非常清晰,而且中文意义上的国际社会与哪一个英文词组相对应是个复杂问题。从近年来的一些国际法学者的研究看,很多人认为国际社会应当是体现一种较之以前的"society of nations"或者"international society"紧密得多的"international community",即"国际共同体"。对于所谓"共同体",凯尔森(Kelsen)说它"不过是调整个人相互行为的那个规范性秩序而已。'共同体'一词所指的只是某些个人的相互行为为一个规范性秩序所调整这一事实。认为个人是共同体成员这一陈述,只是一个隐喻性的说法、一个形象化的描绘,说明这些个人之间的各种特别的关系,即为规范性秩序所构成的关系"。[1]由此来看,共同体是基于规范性秩序的存在而形成的,它尚且不能说是一个规范性秩序形成的前提。

国际社会中主权国家的存在,是长期以来存在的一个现实,也是在可预见的时间和空间中不太可能泯灭的一种现象。那么,"international community",即国际共同体,它体现的是怎样的一种利益呢？对这一问题的回答,是见仁见智的。人们既可以把它视为由国家构成的国际社会的利益体现,也可以视为由所有的自然人构成的全人类整体的利益体现。历史和现实已经表明,主权国家为了维护自己的国家利益,拥有迄今为止的所有个人、法人、机构、国际组织都不曾拥有的巨大的权力,而它们非但没有能够解决人类的所有困难,反而在当代发生了越来越多的主权国家无法独立应对的严重问题。主权者在统治、管理和建设国家中仅为当代人谋福利的指导思想,主权者所遵循的简化论的治国方式,地球完整的生态系统与

〔1〕 [奥]凯尔森:《法与国家的一般理论》,沈宗灵译,中国大百科全书出版社1995年版,第205页。

政治上“国家林立”的人类社会“分而治之”的对立,都导致了第二次世界大战以后环境恶化状况日益明显,这使人们不得不日益对“国家”这个利益主体感到怀疑。[1] 这也反映出,人们在应对这些问题的时候,仅强调构成国际社会的国家的利益已经远远不够。

第二次世界大战后累积起来的全球性变迁,已经改变了以国家为中心的现实,要求在国际关系上提供一种新的视野。[2] 也许跨越国界的阻碍,把地球上的最高级生物——人作为国际社会的构成者,将有助于这些问题的真正解决。作为万物之灵的人,因其高超的智慧而在地球上甚至在外空中发挥着举足轻重的作用,我们不能说人独力创造了这个世界,但是我们可以肯定地说人能独力毁灭这个世界。人类的发展与地球存亡息息相关。把全人类整体作为一个利益主体来对待,已经成为人类生存发展和人类文明演进的迫切需要。全人类共同利益的外延已经超过了人类利益本身,人类被要求与其他生物共存。现行的建立在国家之间或当事方之间的关系上,并以国家间或当事方间的权利义务的平衡和对等为基础的现代国际法体系,不能满足国际社会对于调整超越国家间或当事方间利益的更高层次的利益的需要。“我们已经进入一个国际法的时代。在这个时代,国际法不仅促进单个国家的利益,而且超越它们和它们的地方性利益,着眼于更大的人类的和行星的福利。”[3] 具有历史意义的改变在静悄悄地发生:国际社会逐渐向共同社会、人类社会过渡,国际法逐渐向共同体法或世界法过渡。或许我们可以猜测,《联合国宪章》中开篇即将“我联合国人民”作为主语并不是无意

---

〔1〕 参见王曦:《环境与主权》,载邵沙平、余敏友主编:《国际法问题专论》,武汉大学出版社2002年版,第304~305页。

〔2〕 [美]熊玠:《无政府状态与世界秩序》,余逊达、张铁军译,浙江人民出版社2001年版,第187页。

〔3〕 《国际法院盖巴斯科夫-拉基玛洛工程案卫拉曼特雷副院长的个别意见书》(中译文),载王曦主编:《国际环境法资料选编》,民主与建设出版社1999年版,第664页。

之功。

总之，全人类共同利益体现的是国际共同体（international community）本位思想。

4. 全人类共同利益的目的性价值属性

和平秩序、人本秩序和全人类共同利益三者共同构成国际法价值的重要内容。由于客观世界的复杂性及人的需要的多样性，法律价值也就呈现多样性。依据法律价值之间关系，法律价值可以划分为目的性法律价值和工具性法律价值。人们的法律价值追求多种多样，每一种价值目标之间并不是同等重要的，有些法律价值是用以说明和体现某一法律价值的要求的，这时前者被称为工具性价值，后者被称为目的性价值。[1] 和平秩序、人本秩序和全人类共同利益在产生时间、存在的历史、具体含义等各个方面都很不相同，它们各自的重要意义也是不同的。当然，它们彼此之间存在千丝万缕的内在联系。因此，全人类共同利益的目的性价值属性，是与国际法的其他价值相比较而言的。

我们知道，利益对法的产生和发展起着决定性作用，而各国利益方面的差异令不同国家对国际法有不同的期望，由此产生的国际法很大程度上是在经历合作与斗争的过程后，各种利益和力量妥协、平衡的结果。因此，国际法很难完全体现出某个国家或某些国家，甚至是绝大多数国家所要求的“正义”。

然而，世界正在发生变化，虽然法学家们很难抛弃传统国际法律理论中的国家主权论，但是必须看到，时代的发展变化必然会深刻地影响国际法理论的发展变化。正义是法律的最高追求。国际法发展的不完善以及它的弱法和软法特征决定了国际法的价值具有特殊性，但从总体上看，国际法具有法律属性，所以它的价值也应

〔1〕 参见李龙主编：《法理学》，武汉大学出版社 1996 年版，第 94 页。

表现为正义。

由于秩序能表明各国在它们的相互关系中最起码的稳定性和可预见性,一直以来,和平秩序得到了各种发展形态中的人类社会的认可,即使是从事大规模对外战争或灭绝种族行为的国家,也无不对它表示赞同。但是,和平秩序只是国际社会中的最低限度秩序要求。对于世界上各国家来说,和平秩序更似一种客观结果。以第一次世界大战结束前的国际法为例,当时国际法允许为求秩序而使用战争作为推行国家政策的工具,在国家间关系上,国家可以凭借其绝对优势对他国予以占领,通过时效、兼并、征服等方式取得领土,可以对外扩张建立殖民地,甚至使原本独立的主权国家沦为殖民地。这种以强权为本质的和平鲜有正义性可言。

在第二次世界大战后兴起的对人权的尊重和保护为国际法增加了正义的砝码,使国际社会关注在国内法中受到保护和尊重的自然人和自然人的集合体,例如种族、民族。人本秩序使国际法的正义色彩大为增加。

然而,无论和平秩序和人本秩序多么的重要,21 世纪的国际法如果没有全人类共同利益的价值追求,其正义性和时代的进步性无疑是残缺的。在新世纪里,由于人类科学技术的高度发达造成的全人类相互依赖性的增强和全人类共同面临的客观困境要求:所有的国际法规则均必须受到全人类共同利益的制约,必须为全人类共同利益服务。全人类共同利益由此成为国际法的最终目的性价值,对和平秩序和人本秩序的追求能够很好地体现对全人类共同利益的维护。从某种意义上讲,全人类共同利益自身包含有和平秩序和人本秩序的内容。

## 五、国际法价值的实现之:义务先定论的引入

国际法的最终目的是实现全人类的共同利益。在这样一个没

有明确和具体答案的问题面前,人们也许只能小心谨慎地渐近于它。可是,在日趋复杂的国际实践面前,人们已经没有充分的时间去形成一个美轮美奂、无可挑剔的构想。笔者希望能够提供一种理论方法或者途径,使国际法所追寻的价值能够在最基本的程度上得以实现。于是,有了把义务先定论[1]纳入国际法律秩序中来的想法。

(一)义务先定论的内容

任何由无序状态转变为有序状态的系统都要依靠一定的约束条件。国际社会也是如此。简单地说,国际背景下的义务先定论,就是要求国际社会中的行为主体遵守有关的行为规则,把按照既定的行为规则去行事视为它们在现实国际社会中的义务。对每一个行为主体在现实国际社会中所享有的权利和自由而言,这种义务具有先在性,而它们所享有的自由和权利相对这个义务而言则具有逻辑上的后生性。

法律是以权利为本位还是以义务为重心,归根结底是由时代的法律精神和法律的价值取向所决定的。[2] 人们很难在未设定任何前提和背景的情况下,以抽象的理论论证解决权利本位和义务本位的争执,但法理学上确实一直存在权利重心和义务重心的争执。义务重心说是义务先定论在法理学上的依据。义务重心说的含义是,法作为社会控制、规范手段,主要通过义务性规范来实现自己试图达到的目的。也就是说,当法的价值目标确定之后。或者说,在阶级社会里,统治阶级意志明确之后,立法者应将侧重点、注意力放在法的义务规范以及违反这些义务规范所要导致的不利后果的精心

---

〔1〕“义务先定论”这一概念源自张恒山先生所著之《义务先定论》,该书1999年由山东人民出版社出版,但是在具体含义上已经脱离了原文。

〔2〕刘旺红、张智灵:《论法理学的核心范畴和基本范畴——兼与童之伟教授商榷》,载《南京大学法律评论》2000年第1期。

设定上,使法具有可操作性。当法律意图保护的社会关系受到妨碍、侵害时,司法机关可以根据法律的规定追究妨碍者的责任,使该社会关系得到保护。义务重心说以这样一些客观事实为依据:在不考虑任何约束条件的情况下,社会的基本成员是倾向于任意行为的人。这些倾向于任意行为的人有着生存、生产、发展自身的共同需要,并由此而结成人类社会,即各种关系的有机组合体。这是一个庞大的自控系统。其自控的目的是安定、发展;其自控的形式一方面表现为由社会产生出的管理组织控制社会,另一方面表现为社会成员通过一定的方式对管理组织加以控制。前者为原控机制,后者为反控机制。于是,人类社会又成为这种原控与反控机制并存的互控系统。[1] 这个自控系统中的控制机制主要通过人们履行义务以实现管理。如果把"倾向于任意行为的人"换成倾向于任意行为的国家和其他行为体,就会呈现一个更加错综复杂的国际社会,在这里原控机制缺乏,将导致反控机制的极端不成熟。这时,尤其需要强调的是国家履行其义务,而不是无限地、积极地行使权利。

义务先定论的可行性还可以从义务论与目的论相比较所具有的特点和优势中得出。所谓义务论,就是把针对人的行为而作出的道德义务判断看作更基本的、更优先的。义务论认为,对人及其品质的评价最终要依赖于对他的一系列行为的评价;善恶的价值判断最终要归结为行为的正当与否;而行为的正当与否,则要看该行为本身所固有的特性或者行为准则的性质是什么。目的论则认为,人的一切行为都是有目的的,都是要达到某种结果的。如果我们可以确定某种(或几种)"好"为最根本的"好",为最高或最终的价值;那么,我们就可以根据这一根本的"好"来规范我们的行为,来确定什么行为是正当的,什么行为是不正当的。有评价认为,与目的论相

〔1〕 参见张恒山:《义务先定论》,山东人民出版社1999年版,第11~12页。

比较,义务论显然对人们的行为构成了比目的论更为严格的限制,有些行为(如利他动机的说谎,帮助穷人的盗窃,保障多数人利益的对少数人权利的侵犯)也许能通过目的论的道德关卡,但却不能通过义务论的道德关卡。因此,义务论表现出对道德更为有力和纯正的弘扬,它强调道德的崇高性、绝对性和纯洁性,但它有可能忽视人的需要、目标和所尊重的价值,道德生活并非人生的全部内容,尤其在社会的层面更是如此。义务论如果走向极端,道德与人生的联系可能彻底被割断,道德将成为完全枯燥、空洞和生硬的东西。而反过来,目的论虽然使道德与人类全面的追求发生积极的联系,但其若走向极端,可能表现为完全"以目的证明手段"的非道德主义。我们也许可以仿效亚里士多德说,真理就是中道,真理就在中间,然而,如何在确定两端中把握中道却是一件困难的事情。

人类的科学技术日益进步,但至今仍未发明能够精确衡量真理的仪器或试剂。人们为了尽最大可能地寻求真理,不得不在要求严格遵守规则的义务论和追求符合规则价值取向之结果的目的论之间徘徊,由此也形成了法学界的各种思潮。但在今天的国际社会中,事实已经表明,义务论所具有的特点,与目的论相比有更明显的优越性,这是义务先定论引入国际法律秩序中来的理论前提。

(二)将义务先定论引入国际法的可行性

权利与义务是一对紧密相关的概念。在国际层面上,一个国家的权利构成另一国家或多个国家甚至所有其他国家的义务。国际法的重要作用之一就是以法律形式把国家在国际交往中的权利和义务确定下来,并以此来评价国家的行为。至于国家权利和国家义务孰为国际法之重心,则难以一言以蔽之。国际社会的发展形态与背景、国际法价值观的发展对国际法的重心转换有重大的影响。

回顾国际法的形成时期,可以看到,当时国际法主要是由禁止性规定构成,如要求交战双方必须进行宣战、战争中禁止使用某些种类的武器、禁止杀害特定情形的人。古代国际法就对国家义务予以关注,强调国家在国际社会和国际关系中应该恪守来自于自然法的禁止性规定,与当时国家间松散的联系和国家之间战争的残酷性相适应,相对简单的禁止性规定已经足够。

在以威斯特伐利亚公会为标志的近代国际法阶段,随着新兴资本主义的兴起,为了摆脱本国的和外国的封建势力和神权统治并在全世界追逐最大利润,西方国家开始强调国家拥有主权,要求国家拥有非常广泛的权利。国家主权概念盛行于18世纪,这也是当时自然法理论所承认的。因为人格化的国家被认为跟人一样享有自然权利,而国际法的主要任务是保护这些权利。特别是鼎兴于19世纪的实在法观点,更是以纯粹的国家主权观念为前提的。当时国际法的区域性特征为此提供了宽容的便利条件。可以看到,当时人们提出了国家主权原则主导下的独立权、平等权、战争权、公海自由权、领土先占权、拥有殖民地的权利等权利。当欧洲资本主义国家进入垄断资本主义阶段,伴随着对国家至上、国家利益、民族利益的强调,强国的绝对主权观开始恶性膨胀。可以说,这一时期是以国家争取权利为特征的阶段。

两次世界大战对国家权利领域和范畴提出了疑问。现代国际法规定国家拥有主权,即处理自己对内对外事务的独立权和最高权。国家主权的最高性和独立性使国家产生任意行为的倾向性。国家的行为可能性因这种任意行为的倾向性而变得纷繁复杂。辅之以国家行为能力的极度增强和提高,世界各国尤其是西方发达国家提出更多权利要求的可能和实践都在日益增长。在国家的各种要求中,有的可以成为国家权利的要求,有的则不能成为国家权利的要求。鉴于国家行为的可能性之多是不可预知和纷繁复杂的,国际法很难以肯定方式从正面逐一列举国家的正当行为并予以授权。比较切合实际的是与其相反的一种方式,即在承认主权国家可以凭借主权自由选择行为的前提下，规定主权国家必须作为或禁止作为的义务。在国际关系中，国家义务包括两个部分，即国家对其他国家承担的和对国际社会整体承担的。前者如不干涉内政、互不侵犯等，对于国际社会来说并不陌生；后者如禁止侵略、禁止种族歧视和种族灭绝等，则是在 1970 年国际法院对“巴塞罗那牵引公司案”所作的判决中第一次出现于正式的国际法律文件中的。

选择对国家义务进行明确具体规定的方式与国家主权虚无观是绝不相同的。在第一次世界大战结束以后和第二次世界大战结束之后的 20 世纪 50、60 年代，国际社会中都曾出现过否定主权的思潮，认为国家主权是造成国际社会无政府状态和国际法无法发挥作用的根源，是“危险的、陈腐的、荒谬绝伦的、具有破坏力的政治教条”。“冷战”结束以来，西方出版物上不时出现“主权终结或主权消亡”之类惊世骇俗的“高论”。之后，美国“新干涉主义”的出现及其在前南斯拉夫等地区的表现，地区性金融危机对世界各国经济的冲击，联合国大会上发展中国家与发达国家之间围绕主权与人权的大辩论，西方学者与传播媒介正在广泛炒作的“自由国际主义秩序”和“全球市民社会”的新概念，以及信息与网络的全球化，等等，都不同程度地从各个不同的角度涉及对国家及其主权的冲击与挑战。[1]

周鲠生先生说：“在国际社会里所需要的不是各个国家更多的自由，而是加强它们之间的联系；不是强调它们的权利，而是多着重它们相互之间的义务。”不可否认，现代国际法中，国家主权作为国家权利之总和在表现形式和内容等方面发生了变化。但是，国家主权是对国家在其相互关系中主张某些权利和不受限制的行动自由的客观事实的抽象化。作为一个国际法律术语，它并非国际法所赋予，而是作为国家行使主权的结果得到了国际法的接受。国家义务

---

〔1〕 余敏友：《以新主权观迎接新世纪的国际法学》，载《法学评论》2000 年第 2 期。

与国家主权之间并不矛盾。义务先定论之引入国际法并不是要否认国家拥有主权,而是强调国家主权的内容和行使方式等须以遵守国际义务为基础,国家义务约束着国家主权的适用范围,制约国家将其主权行使到极致。

(三)义务先定论的国际实践——国家的自我克制或国家履行义务重要性的重申

国际社会中国家间的相互依存性决定了国家主权的相对性,全人类共同利益更要求适当限制国家的主权。义务先定论重申国家履行义务的重要性,能够使限制国家主权、追求全人类共同利益具有更好的操作性。在国际实践中,义务先定论的重要体现就是国家的自我控制。

国家本身是一个有着任意行为倾向性的主体,在国内社会中得到称赞和支持的道德和道义约束在国际社会中却通常被忽视,因为有太多的国家利益、民族利益充斥于国家意识之中,对各国家政府来说,国家至上、国家利益至上、民族利益至上的理论和实践都是获得国内选票、取悦于国内民众的重要筹码。"冷战"结束以来,国际社会中虽然发生了主权过时论、主权危机论、主权多元论等重新考虑主权概念的思潮,但是无论是民族自决权的频繁使用、国际组织通过对国家主权的"硬碰撞"和"软侵蚀"表现出来的职权异常膨胀,还是国际法其他方面的新发展,都未能从根本上动摇国家主权构成国际关系的基础和国际法的核心之神圣地位。国家主权的神圣性是国内社会和国际社会的基本结构所决定的。只要这个世界还是"国际"的社会,只要调整这个社会的法还属于"国际"的法,主权将永远与国家联系在一起,但是国家主权却不可推至极端。[1] 于是,产生了限制国家主权的需要。

---

〔1〕 参见曾令良:《论冷战后时代的国家主权》,载《中国法学》1998年第1期。

限制国家主权是全人类共同利益所必需的,也是国际法律制度存在的前提。法律保持国际社会的运转,使国际社会具有秩序和稳定性。法律通过限制其他政府的行为从而提升各国家的独立性与安全性,而且国家可以由此而达到使其他国家按其设想的那样去行为这一结果。不过,所有这些由法律和协定而得到的利益都是有其代价的。为了提升自身的独立性与安全性以及领土的不可侵犯性,也为了制约其他国家政府的行为,一国必须接受对其自身行为的相应限制。那么,应以什么样的方式来限制国家主权呢?这是人们评价国家主权相对性的重要依据。西方发达国家和发展中国家的理论和实践对限制国家主权有着截然不同的看法。发达国家比发展中国家更热衷于"主权终结""主权消亡"之类的说法,尤其热衷于以实力为背景的对他国主权的干扰。处于弱势地位的国家则希望国家主权成为它的最后一道防线。即使西方发达国家希望在其他非同类国家中复制西方的意识形态和其他特征以期改变它们,却没有多少国家愿意成为它们的复制品。所以限制国家主权的方式必须以尊重国家主权为前提。

进入21世纪以来,积极奉行单边主义的超级大国美国的种种行为,尤其是发动阿富汗战争和伊拉克战争,都显示出其改变既存国际法律秩序的意图。美国的战略构思,对自第二次世界大战以来就已经得到明白确认的许多基本原则,如国家主权原则、不使用武力或以武力相威胁原则、不干涉内政原则等,带来了严重的冲击。改变国际立法的意图本身并不违反法律,但是以违反现存法律的方式去改变法律,在国际社会中导致的后果的严重程度将远远超过国内的"改朝换代"引发的暂时无序,尤其是在国际社会越来越强的全球化趋势下,以及主权国家在国际社会中占据着无与伦比的主导地位的情况下。国际立法是国际社会全体国家协调意志的体现。1969年《维也纳条约法公约》第53条支持了这种观点,该条规定:"条约在缔结时与一般国际法强制规律抵触者无效。就适用本公约而言,一般国际法强制规律指国家之国际社会全体接受并公认为不许损抑且仅有以后具有同等性质之一般国际法规律始得更改之规律。”不论多么强大的国家,它自行改变国际立法的结局只能是因其违反国际法而受到谴责甚至惩罚。美国发动伊拉克战争引发的反战浪潮和德国、法国、俄国等国家的反对即是一例。对“冷战”后此起彼伏的民族自决要求,美国学者也曾发出这样的呼声:“世界社会的目标应该是防止国家的分裂;如果这不可能,也应以对公共秩序造成最低破坏的方式来处理。”[1]从这个意义上说,国家,尤其是世界强国,应把国际义务放在第一位,严格克制自己的行为,这一点非常重要。

当人们说国际法是“原始的”“不完善的”的时候,他们并不仅仅是针对国际法的制定而言的,更多的是指向国际法的实施方面。国际法的实施与国内法的实施同样包括这样两个途径,即法律主体的自觉遵守和权威机构以强力监督执行。国际社会中统一最高立法、行政和司法权威的缺乏,使法律主体的自觉遵守成为国际法实施的最重要途径,权威机构以强力监督执行则会因其“权威”与“强力”的欠缺而演变成为国际社会中的强权统治。国际社会的干预理论和实践对此给予了强有力的阐释。谁来干预,谁有权干预,谁有力量干预?这是关于干预合法性的重要问题。西方学者对此径直回答说,有权进行干预的是“负责任的”有实力的国家。人们无法不怀疑这个国家只可能是那个所谓的“超级大国”,或者至少在那个“超级大国”的主导之下。“历史证明,干涉,即使是依据联合国宪章的国际干预,少成功事例。‘不干涉’才是国际法的原则,也是对国家主权的限制。”[2]以强力监督执行的不确定性让国际法主体自觉遵守

〔1〕 The ASIL Proceedings,1994,p.43.

〔2〕 程晓霞:《干涉与“国际干预”国际法的变与不变》,载《法学家》2002年第5期。

国际法律规则的优势显现出来。

国家遵守国际法，尤其是履行国际法所规定的国际义务，对于国家来说，可能意味着对国家实力许可范围内可获得利益的主动放弃。然而，由于“超常的人很可能通过侵略而收获颇丰，在与其他人的相互克制或妥协中却所得甚少”，[1]国家通常都具有突破国际法律义务的冲动，而强大的国家则具有付诸实践的更大冲动和实力。因此，我们常常看到国家违反国际义务的现象似乎也就不足为怪了。国际社会的平行式结构决定了只有彼此尊重国家主权，才能使国际社会少一些战争与冲突，多一些和平与安全；才能少一些强权与敌意，多一些平等与合作。当全球化如火如荼地展开之际，很多学者都已经发现，各国家之间众多协议和条约的达成恰是建立在国家之间平等、容恕的基础之上，国际组织所拥有得越来越充分的权利恰是源自成员方对本国主权的自主限制。

实践证明，即使在相互极端对立的情形下，国家仍然可以通过自我克制实现国际合作与和谐。1972 年美苏两国签署的《反弹道导弹条约》中规定了许多为双方所同意的自我克制举措。例如，美苏双方同意，除非基于第 3 条的规定，双方将不为保卫任何地区而布置反弹道导弹系统。在第 3 条中，双方保证各自只能设立两个反弹道导弹系统；并且对这两个发射场及其组成部分的规模也作了限制。另一个双方同意的自我克制举措是，在开发或试验核武器中，对什么是被允许的和什么是不被允许的，作了具体说明。还有一项双方同意的自我克制举措是，宣称在将反弹道导弹系统或其部件转让给其他国家时不超过事先设定的限制。这里，两大国用自我克制举措来消除转向“囚犯困境”中“背叛”的诱惑，双方保证以某种指定的方

[1] [英]哈特：《法律的概念》，中国大百科全书出版社 1996 年版，第 191 页。

式合作,以及约定有关双方今后继续合作的内容。[1]

西方学者提出了对未来国际秩序的三个预想方案:增强目前的集体安全体制,建立具有超国家权威和广泛责任的世界联邦,或建立有预防冲突功能的新国际组织。但是,他们认为其中第一种是危险而且没有希望的。[2] 这个观点难以令人信服。人类历史上曾经有过多次对国际秩序的安排,这种安排不是一蹴而就的,新秩序的出现常常与国际社会中的重大转折有密切联系。第一次世界大战和第二次世界大战的经验教训是形成以《联合国宪章》为基础的现代国际法律秩序的重要原因。目前以《联合国宪章》为基础的国际法律框架,虽然确实存在诸多弊端,但是完全抛弃它是不现实的。建立具有超国家权威和广泛责任的世界联邦以及有预防冲突功能的新国际组织意味着国际社会的重新洗牌,这将导致国际社会中新的无序状态。虽然也许经过变革之后可能带来更好的社会结构,可能更好地带给人们以福祉,但这仅仅是一种可能。

从人道主义的角度讲,任何人都没有权利为了一部分人获得幸福而命令其余少部分人付出痛苦的代价。强国打破现行法律体制的冲动和实践将给世界带来的恶劣影响在阿富汗、伊拉克、叙利亚等国已经初露端倪。尊重既有国际法律框架并对国家行为进行自我克制,重申履行国际法律义务的重要性,才是现实且具有可操作性的。

---

〔1〕 [美]熊玠:《无政府状态与世界秩序》,浙江人民出版社 2001 年版,第 49 页。

〔2〕 Maurice Bertrand and Daniel Warner, *A New Charter for A Worldwide Organization*, Kluwar Law International, 1997, p. 9.

# 区域开放、安全、区域化规则与国际法研究*

任　际**

全球化之后，即使多边经济贸易之外的经济贸易活动很多，基本的国际经济贸易关系仍然是共存合作，同时提倡和强调合作共赢理念和精神，尤其是如果强调和坚持多边的经济贸易，则更加需要强调加强区域经济贸易合作条件，形成不同的区域开放情况。所以，实际上，区域经济贸易是因多边的经济合作而被推动开放，其也伴随多边的贸易进程

---

* 笔者对区域非歧视开放、多边贸易体制与区域规范关系的研究和观点，陆续发表在《国际经济贸易法律理论与实务》(1996 年)、《国际经济法专论》(2001 年)、《全球化与国际经济法专题研究》(2006 年)上，以及 2007 年、2009 年、2010 年、2015 年、2019 年的《论多边与区域贸易体制的相互影响》《多边贸易体制对区域开放的影响》《一带一路法律合作理念》等论文(分别发表在《辽宁大学学报》《亚洲问题研究论丛》《盛京法律评论》等刊物)，并在中国国际法、国际经济法年会交流。当时提出的区域非歧视开放和区域规范化，目前已经成为贸易与贸易规范形态。笔者认为，它们现在仍然是重要的问题，因而继续论证观点并进行补充。本文是笔者对"区域化规则"研究的部分内容。

** 辽宁大学教授，博士研究生导师。

而不断发展。这表现在，近年来区域经济的范围进一步扩大，不仅包括货物贸易、服务贸易、知识产权，而且包括了环境、投资、农业、竞争政策等领域的各种内容，此外，还产生了区域化规则。由此，笔者提出在国际法中区域化规则的影响力将不断加大的观点。

一般认为，多边经济合作与区域经济开放，是要求公平地解决多边的贸易与区域的贸易体制问题，但基本现实表明，在多边的经济贸易法律体制中，即使是多边的贸易体制提倡公平竞争，实际情况反映出的仍然有两大类情况：其一，发达国家与发达国家之间的对外经济贸易开放的开放程度，超出了发达国家与发展中国家的对外经济贸易开放程度；其二，经济贸易以外的各种影响因素也可能干扰经济贸易的开放和安全，特别是多边贸易规则的改革，如WTO法的改革经历了多个回合的谈判却仍然面临相当多的规则困境。这也是国际法的一个研究领域。

## 一、经济贸易体制对区域开放的影响

从全球化之后的主要经济贸易表现来看，经济贸易活动并未离开全球经济的发展过程，甚至在不同的贸易交流中，这种经济的全球问题更加明显。全球化长期的进程和变化，也许包括其中发生的某些弱化特质，仍然影响着全球经济贸易。在对全球化产生的各种影响因素中，全球经济贸易是其中的主导因素，影响程度最高。事实是，全球经济还是以经济贸易开放作为基础，这种经济状态表明商品、服务、生产要素与信息在跨国流动，并在全球范围内改变着资源配置，而且各国经济对经济规模与形式的依赖日益加深。更为重要的是，作为世界经济发展的主流，全球经济贸易已经影响着与之相适应的法律规则体系的重构。[1] 当前也如此。

〔1〕 任际：《全球化与国际法律意识》，载《法学研究》2003年第1期。

在这一经济贸易进程或发展过程中,法律规则体系的作用主要是将参与经济贸易的国家和地区纳入多边的贸易法律规则体系之中,当然也包括双边的合作,可以说,这是建立和健全经济贸易法律秩序的主要任务。众所周知,世界贸易组织(WTO)以贸易自由化为宗旨,这事实上也是全球多边经济贸易的基本宗旨和目标,WTO针对不同的国际经济贸易问题确立一些多边的经济贸易安排,成为带有全球特点的多边经济贸易体制的内容。

但现实表明,即使在多边贸易体制中提倡公平竞争,发达国家与发达国家之间的对外经济贸易的开放程度,还是超出了发达国家与发展中国家的经济贸易的开放程度。多边经济贸易实践中,即使是防范贸易保护主义,各国也多会采取其他各种不同的措施,规避于己不利的贸易制度,目的也许是在于脱离多边的贸易体制的约束,实际上,这等同于采取新的贸易保护主义手段。例如,作为经济贸易发达国家的美国,其所实施的战略贸易政策,正在走向一个突出的转折点,即改变其所谓的"自由贸易"政策,而形成所谓的"公平贸易"政策,从而突出美国利益。

事实上,发达国家如果期望拉开与发展中国家经济贸易水平的距离,长期保持大国优势地位,也会向广大发展中国家推行新贸易保护主义。发达国家期望发展中国家开放经济,但对发展中国家产品进入本国市场却有不同措施。

如上所言,WTO以贸易自由化为宗旨,这也在规则上成为普遍的、多边的经济贸易基本宗旨,WTO针对不同的国际经济贸易问题确立了一些多边的经济贸易安排,因而它有最著名的多边经济贸易体制内容。但存在以下几个问题。

1. WTO只是确立一些多边的经济贸易安排,很多经济贸易争议也很难在多边的经济贸易体系中得以尽快地解决。此外,发达国家与发展中国家有着不同的经济发展领域,具体如,在技术贸易方面,国际技术转让领域为少数国家控制,发达国家向发展中国家提供的技术援助尤其是高新技术微不足道,而且发展中国家也主要通过贸易途径高价购买技术。不仅如此,发达国家在高价出售技术的同时,往往规定一些苛刻的限制性条款和一些不合理条件,使发展中国家与其在技术转让领域中地位极不平等。[1] 现在,情况仍然如此。

2. 多边经济贸易规则的改革也因多边谈判而面临不同程度的困难。最典型的是,针对有利于发展中国家的协议,主要集中在《农产品协议》和《纺织品与服装协议》中,经济发达的国家并没有加以有效实施。现在基本的现实是,农产品、纺织品,特别是一般服装生产,是发展中国家具有比较优势的劳动密集型产品或行业,也是发展中国家获取外汇的主要来源,上述两个协议的妥善实施与否直接关系到发展中国家的出口利益。然而,在过去几十年,一贯强调所谓"贸易自由化"的发达国家,在农产品贸易开放方面却进展缓慢。

3. 在现实中,多边贸易体制内的利益平衡机制被削弱了,许多国家,无论是发达国家还是发展中国家,都会在各个不同的区域内采取各种形式的经济贸易保护措施,这种贸易保护实际上可能造成经济贸易的歧视问题。而针对这种贸易保护或贸易歧视问题,虽然作为世界贸易组织(WTO)规则的 WTO 法有一些"不断的行动",如《新加坡部长宣言》、《多哈部长宣言》[2]、肯尼亚会议专门规定或讨论"对实施 WTO 协议的重视及促进实施措施",然而,导致 WTO 法这类多边规则无法有效实施的根本原因仍然存在,因此它并不是在短期内就可以解决的,而且多边的贸易制度也还不可能摆脱其面临的制定、实施、完善的困境。

---

〔1〕 参见任际:《国际经济法专论》,社会科学文献出版社 2001 年版。

〔2〕 WT/MIN(01)/DEC/1. 20 November 2001.

4. 在具体程序问题上,很多的多边区域组织在经济贸易问题协议的制定上经历了复杂的过程,如 WTO 的贸易谈判在议题设定、进展过程和具体结果上都十分困难和复杂,坎昆会议、多哈发展议程等都出现了议题众多、谈判艰难、多方对立的情形,反映出一些多边的困难和区域的问题,在这方面,WTO 谈判机制是面临大量困难的。而经济贸易利益的巨大分歧,注定了在短期内达成共识以及解决 WTO 中的各种矛盾并非易事。

尽管世界贸易组织(WTO)贸易谈判长期停滞,但是一些其他的带有区域特点的合作机制,可以弥补 WTO 多边贸易体制失效带来的机制问题以及由此带来的谈判不确定问题,[1] 而且,很多的经济贸易问题在区域开放中已经由于一些区域化规则的形成而得以解决,因而笔者还认为,区域化规则可以说为国际经济贸易问题的解决提供了一些解决方案。具体如下。

第一,现实中,区域的经济贸易进程也是与多边贸易进程相伴相随的,区域的经济贸易开放实际上也被开放的多边经济贸易合作所推动。近年来,区域经济贸易的范围进一步扩大,涵盖了货物贸易、服务贸易、技术贸易以及知识产权等领域;也包括了环境保护、投资、农业、竞争政策等领域的各种内容。当区域经济贸易具有了一定的开放程度,国家和地区之间的经济贸易交往就往往处于正常规范的条件下,而保护主义贸易是被防范和制止的,至少在理论上如此。

第二,即使是在各个经济贸易区域的利益存在明显突出的情形下,维持区域或地区共同繁荣和稳定仍是区域开放和区域化的基本目标。这一目标与多边贸易体制应有的调整全球资源优化配置的

〔1〕 Mie Oba, *Further Development of Asian Regionalism: Institutional Hedging in An Uncertain Era*, Journal of Contemporary East Asia Studies, Vol. 8, No. 2, 2019, p. 125 – 140.

最佳状态需要，在很多情况下是一致的。在上述多边的贸易体制内的利益平衡机制被削弱的形势下，WTO 法的这类多边的各种机制，虽然是一种最有代表性的世界多边贸易制度，是多边贸易体制的一种基本内容，但是它也开始借助区域开放和区域化规则手段，兼顾不同国际法主体，如发达国家和发展中国家的各自利益。于是，各个国家或地区在经济贸易方式的规范要求中，开始不断形成本区域的法律保护规范。当然，值得一提的是，这也导致了大量多边贸易体制与其他贸易制度的冲突。

第三，世界贸易组织仍然没有全面地规范区域经济开放与合作，但是其在该贸易组织框架中（WTO 法）承认经济贸易规则区域化的现实，就直接影响了多边贸易的体制运作，同时也使区域开放和合作有了基本依据和发展空间。关贸总协定（c）第 24 条第 8 项就规定了区域安排——“成员方取消关于成员方之间产品的关税与限制自由贸易的其他贸易壁垒规定，实现自由贸易的是两个以上的国家或地区”。这在某种程度上为区域经济贸易开放合作联盟、组织或机制提供了一定的法律支持。

在区域开放的基本法律技术可以得到解决之后，区域开放随着区域组织的增多，程度不断深化，而且在不同的区域有所实现。在这些区域中，不同的国家和地区往往就需要按照国际条约和国际惯例调整本国、本地区的对外体制，包括完善现行的立法与政策，减少其体制、政策、法律中对国际经济贸易规则的不协调之处；改变经济贸易领域中的规范运作状态；加强区域和对等国家之间的合作，提高区域群体发展能力。实际上，各国在区域合作的条件下，区域开放可以开拓出更多的国际合作机会和更完善的国际合作条件。

在区域规则化的框架中，提高发展中国家个别和集体发展的能力，也是更为可行的手段，这样利用区域的保护规则，能加速其贸易增长率。而发展中国家实际上可以更好地利用区域经济贸易的内部交易规范取得更多的利益。

## 二、区域开放的非歧视问题

对于区域开放的问题，我们提出区域非歧视开放的理念，因为在多边经济贸易实践中，各国之间因自然和生产成本的差异，比如在具体贸易活动中因此形成的价格差异，往往不能或者很难在多边的经济贸易规则中被解决或者协调，虽然这类多边经济贸易体系试图公平解决发展中国家公平贸易问题，但就现实而言，传统贸易规则也可凸显一些国家的经济利益，例如，WTO 在确定成员资格中可以设定苛刻条件，而这些条件也许只体现少数国家的利益。

一个基本的规则事实是，在《关税及贸易总协定》（GATT）第 24 条的有关内容得到了 WTO 法的进一步确认之后，WTO 的成员方，参加区域经济组织的不同国家和地区，区域经济贸易联盟都具有了所谓的“合法性”。这一点也决定了不同国家和地区也可以从其国家利益或地区利益出发，转向参与区域经济贸易组织，并更多考虑区域内的经济贸易开放，这也直接导致了许多国家对区域外贸易的“超然”态度。

非歧视开放，是强调逐步减少或全面取消经济贸易主体之间实质上的经济贸易的关税和非关税壁垒，并在实现服务贸易自由化过程中，逐步减少或取消区域的歧视措施，从而促进贸易投资便利化。简言之，在经济贸易中，要逐步减少或取消针对货物上的关税和非关税壁垒，增加服务贸易上（包括技术上）的非歧视措施，从而促进贸易投资便利化。因此，我们可以进一步认为，区域非歧视开放是指，针对区域经济贸易采取开放的经济贸易措施，逐步减少甚至全面消除任何形式的贸易壁垒，实现经济贸易区域开放一体化，从而形成区域开放的经济贸易关系。

区域开放，主要表现为区域经济贸易合作，在这方面较早出现的典型是欧洲经济共同体的建立,它最初只是为了加强当时欧洲西方国家之间的经济合作,但之后则形成了国家之间的政治经济联盟。在当代,欧洲经济共同体已经发展为欧洲联盟,其还成为发达国家同发展中国家交往的合作组织,这种开放的区域组织结构决定了它是一个很有效的区域经济贸易合作组织,并为其他区域的经济贸易合作创设了一个范例。与欧洲经济共同体建立的时代相同的另一个组织是 1949 年成立的经济互助委员会(以下简称经互会),经互会作为当时东欧社会主义国家的区域经济组织,在一定时期内促进了其成员的经济贸易开放和合作(该组织目前已经不存在)。20 世纪 40 年代至 60 年代有较多此类区域组织成立,比如较有影响的安第斯条约组织(1969 年成立)、东南亚国家联盟(1967 年成立)等,这些区域经济贸易合作组织至今对经济贸易开放和合作有重要作用。20 世纪 90 年代以后,区域经济联盟进一步深化和扩大,欧洲联盟、北美自由贸易区等组织相继诞生,但这是不同的两个区域各自的经济协作与保护关系,它们都是根据传统的经济一体化理论建立的,呈现着较强的闭锁特征。如"欧盟曾经是全球最大出口补贴使用者,但近年来其开始逐步减低这类补贴"。这种特征会造成对区域外经济体的歧视或者形成本区域的经济贸易保护主义,因而往往造成区域内的经济联盟以及区域内各国利益的增长高于区域外,这样可能形成区域内的自由贸易和共同市场,如给予区域内各国以关税优惠。

当前有更多的超越地缘的经济合作组织,21 世纪以后,特别是当前,新的区域经济贸易联盟有了更多的变化。区域开放的合作方式也随之有了一定变化,主要体现在区域全面合作的伙伴关系上有了更大的跨越地缘特征,如 RCEP、TPP、TTIP、CPTPP 等。[1] 当然,

---

〔1〕 RCEP,即《区域全面经济伙伴关系协定》;TPP,即《跨太平洋伙伴关系协定》;TTIP,即《跨大西洋贸易与投资伙伴协议》;CPTPP,即《全面与进步跨太平洋伙伴关系协定》。

区域内部经济贸易联系会不断加强,而且一些区域还建立和安排了特别的机构或者机制,作为直接解决争端的方法,负责处理区域内的成员方之间的关于经济贸易政策规则的争端。这种解决机制通常是有效的,它有助于推动区域经济贸易的开放,以及协调经济贸易合作,减少歧视。所以某一区域具有区域化规则,就可以改变区域经济贸易的开放条件,即在区域条件下进行了开放结构的改变。[1]

针对这一现状,多边的经济贸易法律的规范体系实际已经吸收了区域化的平衡利益,最明显的即是世界贸易组织的规则,世界贸易组织在不同场合不断维护其基本措施,《新加坡部长宣言》第10段,《多哈部长宣言》第12段,《内罗毕部长宣言》序言都专门规定"对实施WTO法的重视及促进实施措施"。[2] 但实施协议方面的困境却导致协议不能有效实施,WTO法也不可能在短期内解决这类区域开放问题。

笔者提出,这种区域开放与合作所依托的主要法律基础是区域化规则。它有两个新动因:①在区域化规则中,利用区域保护规则,可以加速区域贸易增长,即可以更好地利用区域贸易的内部交易规范取得更多的利益或边际增长,实际上也提高了单个国家和集体发展的能力;②现今大多数区域经济组织都采取了域内优惠的联盟方式,非成员对其受到的差别待遇并没有积极的应对措施,同时区域经济合作中可能会存在某种贸易封闭状态。

目前,这种现象对全球化和经济贸易开放具有很大的主导作用,特别是这些区域规则对经济贸易有很明显的约束力。当然也会

---

〔1〕 See Peter A. Petri and Michael G. Plummer, *East Asia Decouples from the United States: Trade Wars, COVID - 19 and East Asia's New Trade Blocs*, Peterson Institute for International Economics, Wroking Paper 20 - 9, June 2020, https://www.piie.com/system/files/documents/wp20 - 9.

〔2〕 See WT/MIN(15)/W/45.

出现一些与多边贸易体制相矛盾的问题。因此,一些新的区域经济合作组织从建立之时,就开始提倡区域非歧视开放,以支持全球的、多边的贸易自由的发展。比如,内地与香港特别行政区遵循“一国两制”的方针以及 WTO 有关贸易协定的规则,并就货物贸易、服务贸易和贸易投资便利化等内容进行了充分的讨论和多轮磋商,早于 2003 年 6 月 29 日就在香港特别行政区达成了《内地与香港关于建立更紧密经贸关系的安排》(the Closer Economic Partnership Agreement,CEPA),CEPA 第 1 条规定了其目的,并通过其他条文取消了一些歧视的、专门的贸易条款,同时宣布中国加入世界贸易组织法律文件中特定条款的不予适用,包括《中国加入世界贸易组织议定书》第 15 条和第 16 条,以及《中国加入世界贸易组织工作组报告书》第 242 段的内容。2003 年 9 月 29 日,内地与香港特别行政区正式签署了 CEPA 的 6 个附件,CEPA 于 2004 年 1 月开始实施。[1]

以上提出的一个基本法律事实是,GATT 第 24 条规定尽管得到了 WTO 法的进一步确认,使得 WTO 的成员方(包括参加区域经济组织的不同国家和地区)具有合法性,但是笔者认为,这一规定和 WTO 法的确认,不仅是对不同国家和地区参加区域经济组织以及区域经济组织法律地位的确定,而且,还是对其适用 WTO 法等这样的多边经济贸易规则的要求。具体而言,在非歧视开放中,WTO 法将非歧视原则作为基本原则,这一非歧视原则规定:一成员方在实施某种限制或禁止措施时,不得对其他成员方实施歧视待遇。它是指成员一方对另一方不应采用对其他任何成员方所同样不适用的限制或禁止措施。这一原则充分体现了国家平等交往的精神。所以区域经济合作的基本宗旨实质上应该是非歧视开放,包括消除或

〔1〕 为了促进澳门特别行政区经济的发展,同时也适当保持港澳之间的平衡,内地与澳门特别行政区也就相应内容达成了一致意见。

减少区域内外的经济贸易壁垒。

应当说,平等互利仍是现当代经济贸易开放与交往中一项最基本的规则。它不仅强调国家之间经济交往的平等,而且强调经济的互惠互利。由于平等互利原则在指导国家关系方面,突出强调各国经济上的互利内容,[1]因此,这项原则被越来越多的经济贸易协定,如双边或多边条约,所承认并采纳,成为具有普遍约束力的国际法基本原则。就区域经济开放与合作的相互经济利益而言,平等互利原则要求国家在参与区域经济贸易合作中处于完全平等地位,彼此权利义务对等。这一原则对于区域非歧视开放是重要的法律基础。

但是,我们发现在区域开放中,还有以下一些情况:(1)这种平等地位以及彼此的权利义务对等所针对的主要是区域内的不同国家,涉及该原则的具体适用方面,特别是关于区域之内相互给予互利互惠待遇等方面,它首先考虑的是区域内各国经济发展的实际情况,并据此制定出具体的区域经济规则。(2)早期的关贸总协定(GATT)也允许关税同盟和自由贸易区作为平等原则的例外,这实质上又成为现在的区域贸易保护的某种手段,这里要强调的是,如果在区域内仅仅坚持关税同盟和自由贸易是不符合世界贸易组织非歧视的基本原则的,但这也许可以成为国家或经济实体推行本区域贸易方式的一个"理由"。(3)早在关贸总协定(GATT)中,就有不发达国家成员在贸易与发展方面的特殊规定,例如,其允许不发达国家成员可以采取特殊措施促进本国贸易发展,发达国家应优先考虑减少或消除对不发达国家具有重大意义的出口产品的关税及其他贸易壁垒。现在,诸如 WTO 法等多边的经济贸易法,都接受了这种规则。

由此,区域开放合作的基本走向是否与多边的贸易体制要求全

---

〔1〕 参见任际:《国际经济法专论》,社会科学文献出版社 2001 年版。

面契合尚不能确定,但可以肯定的是:第一,任何形式的歧视待遇或差别待遇都会导致经济贸易竞争中相对地位的变化,各国为了自身的经济利益必然会对歧视待遇或差别待遇采取不同的贸易措施。第二,多边贸易体制的很多规则会受到一定影响,区域化规则也许会发挥很大的作用,而多边的贸易体制和区域经济合作体制可以并存。第三,更为重要的是,运用区域化规则进行协调合作。运用区域化规则是经济贸易发展的动态,区域化规则的运用有利于防止区域歧视、加强区域合作,尤其是有益于区域安全,这已不断地促成了区域开放和区域规范化的影响和互动,而且成为目前重要的区域经济贸易规范形态。主张和实行区域贸易开放的国家与地区,需要针对不平衡的多边贸易体制寻求更多的合作机会。在区域环境中确立非歧视开放和区域化规则,对于经济贸易合作具有深刻影响。这也是国际法中的新问题。

区域开放应当对世界贸易组织(WTO)规则中的非歧视基本原则加以贯彻,这种开放原则的目标是消除经济贸易壁垒。也就是说,应当实现区域非歧视开放。而笔者对它的进一步界说是:其一,允许域内成员根据本国、本地区的具体情况采取经济贸易规则和方案;其二,对区域内或经济贸易同盟中的成员予以经济贸易优惠,在区域内建立经济贸易开放方案;其三,提倡区域非歧视开放,并不应当对区域之外的非成员加以经济贸易歧视,而应当允许非成员进行贸易选择。总之,在这种进程中应提倡区域非歧视开放,即不对区域内外成员加以经济贸易歧视,并且允许非成员进行选择,实现区域内的平等互利及与区域外的有关国家分享互惠,从而减少国家或地区对外经济交流与发展不利的障碍。目前,东亚的非歧视开放合作不仅符合亚太地区实际情况,而且能够贯彻世贸组织的非歧视原则。这实质上有利于实现多边贸易原则。而多边贸易的规则目标从本质上讲,就是减少或取消一切妨碍和阻止贸易开展的障碍,包括法律、法规、政策和各种措施等,主要有关税减让、互惠互利和取消关税壁垒等手段。

虽然带有区域保护的区域化规则,在多边经济贸易开放进程缓慢的时候,在一定空间的范围推动了区域开放,这也有利于区域各成员经济贸易发展,但在多边贸易开放进程加快的情况下,区域经济壁垒或同盟一般会成为多边贸易体制发展的障碍。

此外,以WTO法规则中的透明度原则为例,多边的贸易体制确立透明度原则的目的,在于防止成员之间进行不公开贸易,以免对外的歧视存在。具体而言,关于海外对产品的分类或估价标准,关于税捐或其他费用的征收率,关于对进出口货物及其支付转账的规定、限制和禁止,关于影响进出口货物的销售等情形,或使用法令、条例与一般援用的司法判决及行政命令,都应当迅速公布,以使各国政府及贸易商对它们熟悉。一个成员方政府或政府机构与另一个成员方政府或政府机构之间缔结的影响国际经济贸易政策的现行规定,也必须公布。[1]

落实透明度原则的具体方法可以是实现区域内保护规则的透明可预测,在非歧视基础上公平分配关税配额,并根据市场需求确定市场标准。因为,如果仅仅制定区域内的规则和标准,而没有公开可预测的操作体系,很可能会发生恶意排斥非区域成员的歧视现象。亚太经济合作组织曾经提出所谓“与国际标准接轨的状况”的基本方案。在这些方面,欧盟以及北美自由贸易区等发达国家,其所设立的区域经济合作组织,尚缺乏这类开放协调机制。而在多边的贸易法律体系内容中,最主要是世界贸易组织规则的内容,不过,它也缺乏在区域化经济条件下对域外成员经济贸易交往的歧视行为的制约,这是当前非常值得注意的一个现象。

---

〔1〕 参见《世界贸易组织协定》。

有鉴于此,实行区域非歧视开放将有助于实现多边贸易宗旨,推动多边贸易开放和现代化进程,由此,也必须解决非歧视区域开放与多边贸易进程中的一些具体问题。

## 三、区域化规则与区域非歧视开放目标

笔者认为,多边的经济贸易进程中的一个重大趋向,是更广泛地运用区域化规则来解决贸易差异和进行多边的合作,因而本文提出了区域化规则以及发展动态问题,并认为区域化规则与区域非歧视开放有契合之处。以上提及的区域非歧视开放,强调的是针对区域的经济贸易采取开放的经济贸易措施或安排,逐步减少和全面消除贸易的任何形式的壁垒,实现经济贸易的开放合作,从而形成区域开放的经济贸易关系。它的核心方式是在经济贸易中解除和消除经济贸易限制,如解除和消除货物上的关税和非关税壁垒、服务贸易上的非歧视措施以及促进投资便利化。区域非歧视开放也提供区域和多边贸易开放化的目标,实际上这将推动多边贸易合作进程。

多边经济贸易规则很难反映出不同国家或地区的具体利益内容,但这些内容可以在一些区域经济贸易开放合作中予以实现,区域非歧视开放更是区域经济贸易合作的基本进路和目的,其实现有赖于区域化规则。左右这种区域联系的重要因素是不同的国家利益与经济利益,通过区域开放合作促进经济贸易增长,可以保证增强市场竞争力的空间、获得该地区经济的主导权、形成限制他国利益的条件。当然,也有政治、文化等因素的影响。

非歧视区域开放目标与世界贸易组织基本原则是一致的,但在实际发展中,的确存在一些消极问题,其中最主要的是在权利与义务不对等情况下从他国、他地区相应地“获得好处”。如欧盟作为最大区域联盟,很少强调非歧视原则,欧盟被视作亚太经合组织推行

非歧视区域开放的最大受益者,在享受亚太联盟有利条件的情况下,却并没有或很少给予经济交流的对方以实质优惠待遇,很多规则与条件是另外谈判的,这是经济合作不对等的具体问题。而东盟、北美自由贸易区、亚太经合组织都或多或少实行非歧视区域合作。[1] 从多边贸易合作的发展进程和发展积极目标来看,像欧盟这样大型区域合作组织,应当提倡非歧视区域开放,以实现多边贸易开放目标。

也即是说,强调区域联盟必须注意避免对非区域方的歧视,如非域内经济贸易主体失去原有市场,区域内外歧视待遇会对多边贸易造成很多不利影响,这些不利影响主要可归为:

第一,在各区域成员内减少或消除壁垒,但区域内外贸易条件有所不同,多边贸易制度的非歧视原则范围有时有局限,甚至会影响国民待遇原则和最惠国待遇原则。不同国家,主要是发达国家一般都希望从区域内的发展中国家那里,得到比在全球多边贸易体制中更优惠的条件。

第二,基于多边贸易体制,各个区域开放程度并不一致,贸易待遇并不相同。例如,在市场准入方面,对产品的技术壁垒和非技术壁垒的要求往往会成为区域成员方的保护工具,其中,最明显是发展中国家对于《实施卫生与植物卫生措施协议》(SPS 协议)、《技术性贸易壁垒协议》(TBT 协议)等一系列技术性协议的实施问题。此外,在美洲自由贸易协定,以及美国和中美洲自由贸易的谈判中,美国正在设法使谈判对手接受投资、政府采购和竞争政策等更严格的议题。与此同时,美国也在推进更严格的知识产权保护规则,却对农业补贴和国内支持等避而不谈。

第三,区域开放以区域经济组织为主,借助区域组织以及区域

〔1〕 需要指出的是,东亚实现区域化还有诸多历史的、现实的局限。

组织形成的区域经济格局,经济贸易发达国家能加强市场控制。例如,欧美在服务贸易领域,已经发展到成熟的服务贸易阶段,世界贸易组织有关的服务贸易协定,诸如金融服务、电信服务等协定均顺利通过,发展中国家则因相关条件劣势而作出让步。近来以环境问题为调整目标的做法也开始出现,如美国与澳大利亚的双边自由贸易协定专门对环境问题作了规定。[1]

综上可知,区域非歧视开放有利于不同国家和地区在全球化的多边贸易体制中生存与发展。

其一,在当今不完全竞争的世界市场内,多边经济贸易格局呈现多元化形式,而且多边的经济贸易体制规则内容并非来自谈判本身,多边经济贸易地位不只是通过一定市场竞争就得以维持的,区域策略和行为也可以影响一国的经济贸易利益。[2]

其二,随着多边经济贸易体制发展以及发达国家新的贸易保护主义的产生,在区域互惠、对等原则基础之上,通过在具体谈判与协定中选择利益,区域非歧视开放可以实现本地区利益合作共享。

其三,在多边经济贸易合作进程中,越来越多的国家的经济活动在全球范围内联系在一起,各国、各地区经济活动相互依存得更紧密,区域的经济合作组织发挥着重大作用,建立区域经济合作的非歧视标准,有利于区域化规则有效实施。

其四,区域非歧视开放有利于消除区域组织中一些成员的内部利益保护,区域非歧视开放在一定程度上运用透明和公开方式,至少在区域成员之间取消了一些贸易限制,实质上进一步推进了多边贸易体系的发展。

因此,区域非歧视开放还意味着:(1)区域开放选择规则平等与

---

〔1〕 US-Australia Free Trade Agreement(draft),Article 19.1,19.2.

〔2〕 但国内立法以及贸易政策受相关利益集团影响,可能阻碍多边贸易。

公开，区域优惠制度不应当只对区域内有利，开放的主要目标是实现经济贸易的公平交往。（2）区域基本优惠制度是多边经济贸易法律规则的一类补充。非歧视，无疑是区域开放的核心问题，也是区域化规则的基础内容。从发展趋势上，我们不能仅仅关注单一的区域经济贸易，区域非歧视开放才能保证区域合作与多边贸易体制共同目标的实现；在法律保障上，区域化规则与多边贸易规则的法律目标基本一致。强调区域非歧视开放规则是主张：①针对区域经济贸易采取开放的经济贸易措施，逐步减少或全面取消所有壁垒规则。②在非歧视开放中不能将区域问题与多边问题相互排斥或分割，区域经济贸易规则应当顺应全球经济贸易趋势，这对各国经济贸易也是有利的。③区域非歧视开放涉及的规则，应当是区域非歧视开放与区域化规则的融合，因两者具有相容的基本标准、内容、目标和其他内容。④多边经济贸易一类的法律规则可以解决大部分全球化的经济贸易问题，目前 WTO 体制的有效性是任何区域经济贸易开放体制都无法替代的。

总之，从目前来看，区域非歧视开放仍然是多边经济贸易发展的阶段和形式，从长远来看，因其发展而形成的区域化规则也为多边经济贸易提供了一些国际法的规则。

## 四、区域安全的国际法因素

就全球而言，大多数区域还没有形成区域的国际安全机制，但由于区域经济贸易问题的重大影响，经济贸易问题可以先成为区域地区安全合作的内容。区域经济贸易环境的平衡与发展，因为具有了区域化以及非歧视的现实背景，需要国际法制度约束，所以国际法因素在其中非常重要。

对于安全的概念人们有着不同的解释，并且不同范畴的“安全”的意义也不同。本文并非对安全本身进行探讨，而是认为在区域经济贸易领域中存在安全问题。因此,应当采取相应的防范措施,从这一点出发,安全是指区域经济贸易环境的平衡与发展。这种“安全”,超出了传统的安全观,是非静止的、具有广泛内容的安全理念。在这种安全理念下,因为具有了全区域化的现实背景,无论依赖何种相应的措施,国际法因素在其中都有非常重要的作用。区域经济贸易环境安全需要国际合作,而区域经济贸易环境安全问题也有赖于国际法以合作的方式解决,这应当是一种很可行的方式。

涉及区域经济贸易环境安全的区域合作,通常由国家之间的双边合作主导,但随着环境安全问题的扩大,区域经济贸易环境安全的双边关系也开始演变为区域制度安排。而无论是双边关系还是区域关系,都包含国际法因素。双边关系的主要体现在于国家之间达成双边协议或协定,区域(或地区)关系的体现则是以区域合作机制或区域性条约解决地区性问题,因而从区域关系的角度看,国际法因素是非常明显的,最明显的是国际条约与国际协定,在此都发挥着重要作用。

现在,区域经济贸易尚缺乏有效的、统一的区域组织的协定,即使存在一些多边合作协定,也很难将其视为具有区域经济贸易一体化的区域组织,在不同的区域,统一区域组织作为国际法主体的现象似乎并不存在。但是,这并不意味着区域和国家关系中缺乏国际法约束因素,实质上国际法给国家的生存,给国家之间的双边关系和多边关系,以及区域内的国家与非区域内的国家、地区之间的关系,提供了法律行为依据。国际法对于区域经济贸易安全也有具体的影响。

首先,是国际法原则的指导作用。国家主权原则是国际法原则的重要内容。尽管学界对于国家主权存在争论,但国家主权在当下仍然发挥着重大作用。国家主权是国家最重要的属性,是国家固有的对内的最高权力和国家在国际关系中独立的权力。一方面,这种权力在国内往往被视为是不可分割、至高无上的；另一方面，国家主权在国际关系中应当是不从属于或不屈从于任何外来的意志和干预，是完全独立的。因此，国家主权从本质上说，就是国家独立自主处理本国内外事务、管理国家的权力，并且国家主权所包含的内容是广泛的，其涉及政治、经济、文化等方面，现代意义上的国家主权，在内容上有了更多的变化。[1]

如果区域贸易开放是区域合作的基本条件，那么，在区域贸易开放中，即使针对不平衡的多边的经济贸易体制，各国所坚持的应当是在区域环境中，确立开放经济的基本制度原则。由于在当代，国际主权仍然是被国际社会普遍接受的基本原则，国家主权原则在处理国家关系时，具体地指导国家和国家之间的双边关系往来和多边关系往来，包括不同区域的国家之间的交往，也仍然没有背离这一基本原则。

其次，是国际法制度的影响，即它的约束作用。在现代国际社会中，国际司法机构的作用日渐明显，其代表有，解决国际贸易争端的 WTO 争端解决机制、解决投资争端的国际中心、联合国的国际法院、一些国际刑事法庭，还有在区域国际组织中存在的争端解决机构。这些机构的产生、存在或发展，对于国际交往也产生了重大影响。而在国家交往的制度中，其所遵守的国际法条约、习惯，尤其是那些针对具体区域经济贸易环境问题的合作保护协定等，甚至可以直接约束国家和其他国际法主体行为。因此，国际法可以直接为区域安全提供法律依据，尽管关于这些法律依据的作用，在国际法理论中存在不同的看法。

现实中，不同的国家和地区存在大量双边协定、多边协定，这些协定依赖于国际法，问题是，针对区域经济贸易安全的特定制度，并

---

〔1〕 参见任际：《国际经济法专论》，社会科学文献出版社 2001 年版。

不存在涉及地区性的国际协定,而且也并未建立有地区特色的安全体系。显然,这与地区各国企望本地区区域经济贸易安全的共同利益并不同步。所以,不妨有意识地建立切实可行的区域经济贸易环境机制。

那么,这种一体化方式是否可行?21 世纪以后的经济贸易问题,已经不能在一个国家的范围内解决,对安全的理论研究,也会超出一国的范畴。要解决区域经济贸易安全问题,主要是要解决国家之间、地区之间的合作问题,包括一体化问题。关于一体化的概念是极有争议的问题,并且大多数的一体化概念都是针对经济一体化而言的,实际上"至今对经济一体化尚未有明确一致的定义……美国经济学家巴拉萨定义为消除各国政府对商品、资本和劳动力在国际间流动的所有限制。经济学家金德尔伯格等又在此基础上加上了生产要素价格均等化",一体化与全球化直接相关,"经济全球化主要是表明商品、服务、生产要素与信息的跨国流动并在全球范围内改变资源配置,且各国经济日益加深依赖的经济规模与形式"。在全球经济贸易进程中,一体化趋势明显,在区域经济贸易发展中,区域安全才涉及一体化方式。因而笔者认为,一体化是指减少或消除区域经济贸易合作的障碍,扩大区域经济贸易合作范围,包括依据国际法建立常设性国际合作组织与非常设性国际合作组织。而且,要看到全球化的后续影响,正如有专家指出,由于"全球化背景为国际组织创造了许多条件,无论是在立法、行政、司法等方面;国际组织在国际秩序中起到了更大的作用"。[1]

不过法律的实施也表明,如果单用一体化方式解决区域经济贸易问题,必须要历经某种或某些艰难的发展过程,而安全问题又应当是亟须解决的、紧迫的现实性问题,地区性合作机制在此也许可

[1] Philippe Sands and Pierre Bowett's Law of International Institutions.

以扮演更重要的角色。现在的区域合作机制无论在组织机构、合作范围等方面都更加广泛,一方面,是这种合作机制有外在的背景;另一方面,区域合作机制有内在的合作推动力。因此,区域合作机制有一定解决问题的能力。例如,欧盟在解决环境问题上就有突出的表现,随着它的内部市场的不断扩大,问题也日益突出,尤其是跨国问题不断发生,1974 年,欧盟通过了一项有意思的政策,这项政策规定:为了让居住区、商业区和公共场所的供热系统达到更好的隔离和再利用效果,相关规章和技术必须不断地进行改进。例如,德国的"建筑物中的隔热系统,必须保证每年在取暖季节或降温季节的能量消耗,可以控制在每平方米面积 100 千瓦以内",这保证了欧盟政策的实施。在欧洲这种合作的表现是比较突出的,区域经济贸易合作机制在区域安全中应当发挥更大的作用。

无论是全球性还是区域性的合作机制,在解决涉及国家间关系的问题上,都可以发挥重要的作用,事实上,这种作用在某些领域会表现得会更突出,最明显的就是在经济贸易合作领域。但是在国际方式推行艰难的情况下,区域合作机制由于具有内在推动力与条件,也许是一种十分切实的合作方法。不过,尽管环境问题的合作,从长远看应当是国际的或全球范围的,[1]但是,问题的具体解决方法通常更容易产生在不同的国家和地区。比如在当前,大量国际条约的过渡问题仍未解决,并且也不容易解决,如果在某一区域范围内进行合作,可能更有利于问题解决。主要在于发挥地区合作机制的特长,从而解决地区矛盾。

所以,尽管在全球经济贸易进程中,会出现经济贸易快速发展、经济危机以及发展的不平衡等状态,多边贸易体制也还仍然是稳定的贸易秩序的一个调整方式,也是国际社会的多边的以及多边之外

---

〔1〕 这里的国际性主要是针对跨地区或跨区域而言的。

的经济贸易的法律条件。现时,区域经济贸易开放与多边贸易进程相伴随,值得注意的是:在这种互动中,以区域化规则实现经济贸易多样化的趋向也已经形成;全球性的经济合作与区域性的经济开放,在基本形态上有着某种一致性,同时,体制化必然要求公平地解决经济贸易体制与区域开放问题。区域开放的多边性,并不排斥,反而需要不同的经济贸易体制调整。

本文认为,区域经济贸易开放的基础是利益共识与和谐合作,在具体实现上,除了有政治、经济的方法以外,必然不能缺少国际法的方法,即以国际法为根据加以解决。在国际法条件下,由于参加区域贸易经济组织具有合法性,所以国家从本国的利益出发,可以转向区域经济组织,也可以更多地考虑区域内的经济贸易发展。

现在,即使是多边贸易体制正在制约着国际经济贸易关系,但是,区域性经济贸易合作还在进一步深化和扩大。如欧盟是全球最大的出口补贴使用者,用早期出口补贴最明显的几年统计说明:欧盟年均出口补贴支出约60 亿美元,特别是给予区域内各国的普遍优惠,占全球出口补贴的 91% ,现在这种情况没有太大的改变。这种现象会造成区域内的经济联盟以及区域内各国利益的增长高于区域之外,也会促进形成区域内的、安全的经济贸易和共同市场。当然,其区域内部经济贸易联系会不断加强。同时,这种多边经济贸易法律的规范体系,无形中被融进区域的平衡利益。

对于区域经济联盟的出现与发展,理论上有不同的预期与评价,但事实是,无论是区域经济的联盟,还是区域经济的迅速发展,都不影响新的法律制度随着经济变化而产生,如出现约束区域经济的基本法律形式,这也是针对区域经济贸易行为而制定的国际法意义上的规则或者准则,是双边或是区域内谈判的结果。世界经济条件下,这类区域性经济贸易的联盟,约束着本区域内的经济贸易活动,因此,产生了其与多边贸易体制的关系问题。

区域合作的保护贸易未来走向如何，其是否有利于多边贸易体制的自由贸易要求，现在尚没有结论，但可以肯定，任何法律形式的差别待遇，都会导致经济贸易竞争中相对地位的变化，各国为了自身的经济利益和经济贸易安全，必然会对差别待遇作出反应，采取贸易保护措施也就不可避免，如此一来，多边的贸易体制的规则将会受到一定冲击。

现在，大多数区域的经济组织采取了域内优惠的联盟方式，非成员对其受到的差别待遇反应并不强烈。所以应当承认，区域经济合作中可能会存在某种相对封闭的发展模式。目前，这种模式对贸易自由化的正面作用将占主导地位，但是这种发展模式与多边的贸易体制的矛盾并没有消除。因而，区域经济贸易合作的基本条件，是建立一种非歧视的贸易开放机制。

国际经济贸易的现实表明，一旦贸易保护主义没有了市场，各国大多会采取各种措施，规避于己不利的经济贸易制度，例如技术贸易壁垒等措施，目的是可以脱离多边的贸易体制的约束，采取新的贸易保护主义手段。这里特别值得注意的是，发达国家是期望拉开与发展中国家的经济发展的距离的，以便长期保持其优势地位。

一般情况下，当区域的经济贸易具有了一定的开放化程度，国家之间的经济交往在正常的条件下，保护主义贸易就没有交易市场。因此，目前纯粹的贸易保护主义似乎并没有更多的活动空间，但许多国家，无论发达国家还是发展中国家，也无论是位于哪个区域的国家，都会在现实中采取各种形式的贸易保护措施，这并不是在短期内就可以或者能够解决的问题，这将使得全球多边的贸易制度，暂时还不可能摆脱其面临的制定、实施的国际法困境。

在此种情形之下，维持共同繁荣和稳定的经济贸易秩序，的确需要不同的经济贸易规则，包括多边的经济贸易体制，来优化全球资源配置状态，但由于现实中存在各经济贸易区域利益突出明显的形势,所以诸如 WTO 这样的多边的贸易体制,其利益调整平衡机制也被削弱了,贸易制度的调整方向逐渐向不同利益区域内的国家各自利益的方向发展。最明显的是,世界贸易组织的各种"一揽子"协议机制,该机制虽是最有代表性的世界多边贸易机制,也是对多边贸易体制的一种强化机制,但是目前仍然是被不同利益影响甚至操纵的,比如,经济发达国家,可以利用其现有实力优势,推行新的贸易保护措施,或者维持其已经享有的保护利益。

于是各国不断寻求本区域经济贸易的法律保护规范,这将导致多边贸易体制与不同区域的贸易制度的大量冲突,因此,各国除了需要按照国际惯例,建立本国的对外经济贸易规则,还要视本国情况完善现行立法与政策,减少其体制、政策、法律中与国际经济贸易规则的不协调之处;同时也需要加强区域和对等国家之间的合作,提高区域的群体发展能力,开拓更多的合作机会和合作条件,以解决有效的实施问题。就现实而言,在区域规则框架中,提高区域贸易经济中的国家的个别和集体发展的能力,会被认为是更可行的手段。各国可以在区域合作的条件下,利用区域保护规则,加速其贸易增长。而发展中国家实际上可以更好地利用区域贸易的内部交易规范与法则,取得更多的利益。

关于区域规则化,首先,其主要是对相邻国家的边境关税设计的特殊的优惠制度,是在区域中采取的偏离普遍最惠国待遇的特殊制度[1],多边的贸易制度为这种区域机制提供了制度条件。这种设计强调了经济贸易联系的地理位置内容。其次,现在的区域经济贸易模式迅速发展,我们并不能只得出区域地理位置相近的结论。关于区域内相互给予互利互惠待遇方面,首先被考虑到的往往是区域

〔1〕 各方尽管对于区域优惠待遇有不同的认识,但是它对最惠国待遇的偏离是被一致认定的,所谓的争论只是针对适用范围而言。关于不同的认识可以参见 WTO secretariat Synopsis of Systemic Issues Related to Regional Trade Agreements。

内各国经济发展的实际情况，据此制定出的具体的区域经济规则，实质上又成为区域贸易保护的手段，这一传统为WTO所确认，从而形成了现在这种特殊的局面，即多边贸易体制和区域经济合作体制并存。

在区域经济发展的初始阶段，由于其重视和解决的是因市场资源封闭而产生的经济联系上的困难，区域经济发展便会得益于相邻国家或地区间具有交通运输条件的优势。但是当今世界的区域自由贸易并不是由于相邻的国家关系。相邻国家或相邻地区的自由贸易区或关税同盟只是形式之一，跨地缘关系的自由贸易区的不断出现，例如，美国与东盟、欧盟的贸易关系，美日韩经济贸易关系，以及欧盟与墨西哥贸易关系，等等，都充分说明区域开放的格局已经超出了相邻的地理概念，这就使区域经济贸易方式发生了重要变化，同时也为区域贸易开放提供了基本条件。

就经济意义而言，左右这种区域联系的重要因素是不同的国家利益与经济利益。通过区域开放合作促进经济贸易增长，区域可以保证增强市场竞争力的空间；可以成为限制他国利益的条件；可以获得地区经济的主导权。当然，政治、文化等其他因素，应当关注这种超越地理位置意义的区域联盟或合作，虽然这可能会对多边贸易体制产生一些特殊的影响，但地缘政治也许是政府签订自由贸易协议更重要的考虑因素，区域性贸易协定是可以作为保护国家利益的全球战略与区域战略工具的。虽然不能因此就否认区域开放在这种法律制度中一定会发生各种与多年贸易体制的冲突，但是在区域经济主导权又趋于自由贸易协定保护的基础之上，矛盾是存在的。

必须明确，应当解决区域开放与多边贸易体制进程中的一些具体的问题。

其一，虽然区域开放的目标与多边贸易体制的基本原则基本一致，但在实际发展过程中的确存在消极问题，其中最主要的就是在不付任何代价的情况下从他国、他地区获得利益的行为。例如,欧盟作为最大的区域联盟,一向被视作亚太经合组织推行区域开放的最大受益者,在享受亚太联盟区域开放的有利条件的情况下,却并没有给经济贸易的对方以任何实质上的对等待遇条件,这是经济合作中不对等的一种具体体现。法律对此并没有更完善的解决措施。实质上,亚洲地区,如东盟、亚太经合组织,甚至北美自由贸易区都或多或少地实行了区域的开放,但是欧盟却很少针对多边贸易合作的发展进程和发展积极目标提倡区域开放。

其二,经济贸易进程和发展使越来越多国家的经济活动在全球范围内具有密切联系,各国、各地区经济活动相互依存得更为紧密。同时,在一些国家,国内立法者的贸易政策取向会受到相关利益集团的影响,这可能会阻碍多边贸易的发展,全球多边贸易体制的规范的贸易合作内容并非来自贸易谈判本身。此外,经济贸易的发展及新的贸易保护,使不同国家在经济贸易中的地位不是只靠一定的市场竞争就能够维持,而且在不完全的世界市场上,区域内确立经济合作标准是可以有所作为的。例如,美国正在设法使贸易谈判对手接受投资、政府采购和竞争政策等更严格的议题。

其三,一些国家可能以区域经济组织作为加强其对全球市场控制的主要工具,即借助区域组织以及区域组织形成的区域经济,操纵经济贸易规则。例如,在电信、金融等方面有的国家就具有优势,区域联盟可以通过扩大对方的市场准入条件,来提高本区域产品的竞争力。

其四,具体国际法合作如何解决区域经济贸易合作机制的主体角色定位和不同国家的基本态度,在区域之内的国家和地区之间对待合作的法律方式,以及在区域之外的国家和地区之间对待合作的法律方式,等等问题。的确,由于不同的原因,在地区或全球范围还没有形成统一的经济贸易安全的国际法机制,但是由于经济贸易对于各国发展有重大影响,国际法合作可以先成为法律机制合作的内容。

事实上,区域经济贸易正在如火如荼地展开,多边的经济贸易实际上也被开放的区域经济所推动。尤其近年来,区域经济活动的范围进一步扩大,无论发达国家还是发展中国家都更加注重针对不同区域的开放,并且不仅关注单一的区域经济贸易,还开始注重区域的开放原则与制度问题。最不能忽视的是,区域经济贸易体制不应当完全脱离多边的经济贸易基本制度,因而也有观点认为,多边贸易体制与区域贸易应当遵从的原则是——在多边规则限制下进行。[1]

本文认为,在多边或者多边之外的不同的经济贸易体制下,都需要以法律规则、国际法规则解决全球的经济贸易自由问题。尽管目前 WTO 体制的有效性是任何区域经济贸易开放体制都无法替代的,但是区域经济贸易规则,能促进区域合作与多边贸易体制以及其他经济贸易方式更具有一致性。当然,区域经济以及经济的区域体制的确立,的确分散了以 WTO 为标志的多边贸易的经济全球化局面;不过,如果简单地将区域合作或联盟视为与多边贸易体制完全对抗的法律机制似乎并不客观。从长远来看,区域经济贸易合作、规则、安全与体制,也许是经济贸易的发展阶段和过渡形式进程,可以为全球经济提供某种经济与法律积累;但是,它也许是多边的经济贸易的另一种发展方式,区域贸易开放协调,可能比全球协调更有利于经济互惠与体制建设。从当前多边的贸易发展的现实来看,区域经济与全球经济不应该是完全对立的发展趋势,而应当共同发展,多边的贸易体制仍然会影响或约束区域贸易体制。同时,区域的贸易合作与贸易机制,会更符合与多边贸易协调发展的制度目标。

---

〔1〕 F. J. Garcia, *American Agreement : An Interim Stage in Building the Free Trade Area*, The Americas Journal of Columbia Transnational Law, Vol. 35, 1997, p. 63 – 66.

# 国际金融法治研究

# 全球金融治理及其法律秩序问题研究

杨　松

## 序　言

金融是现代经济的血脉和核心,“金融活,经济活;金融稳,经济稳”。作为全球经济治理在国际金融领域的重要体现,全球金融治理是全球经济治理的源头。进入 21 世纪以来,全球金融危机的频繁爆发削弱了传统金融强国的经济实力,现行的国际金融秩序暴露出深刻的制度性问题,新兴经济体的崛起打破了原有以美国霸权为主导的国际金融体系格局,世界各国逐渐意识到现行国际金融秩序的缺陷,改革现有国际金融秩序已成为各国的共识。

2016 年 9 月 5 日,习近平主席在二十国集团领导人杭州峰会上提出要“完善全球经济金融治理,提高世界经济抗风险能力”。有效的全球金融治理体系,是构建人类命运共同体的重要一环。完善全球金融治理是一个系统性的复杂工程,需要多方主体共同参与、共治共建。自2018年国际金融危机以来，中国陆续主导推进的亚洲基础设施投资银行、金砖国家开发银行、丝路基金、上海合作组织金融合作机制等，正悄然改变着全球金融治理的格局，这充分彰显了中国秉持积极维护本国利益和广大发展中国家的诉求、推动全球金融治理体系朝着更加公平公正方向发展的立场，推动建立多层次、多元化治理的金融体系，为全球金融治理的转型贡献中国智慧和中国力量。

在全球金融治理转型的大背景下，本文初衷在于对全球金融治理及其法律秩序相关问题作系统性、综合性的论述和总结，一方面，尝试从国际金融法律秩序的源头，即全球金融治理制度性话语权问题着手，揭示中国制度性话语权的代表性问题、话语权的参与度与透明度问题，确定制度性话语权建构的逻辑脉络，制定作为中国制度性话语权建构的路径；另一方面，分别针对国际货币秩序、国际金融秩序、国际投资金融、国际贸易金融及人民币区域化等具体金融领域的秩序规则构建或重构展开具体论述，既回应全球金融治理改革的实践需求，又立足国际法理论前沿，全面考察全球金融治理中的问题症结，明确中国参与全球金融治理的角色定位及立场，以期为完善全球金融治理体系提供理论支撑和指引。

## 一、全球金融治理制度性话语权问题——国际金融法律秩序的源头和基础

进入21世纪以来，国际金融秩序正在经历着全面而深刻的调整和变革。2008年肇始于美国并蔓延于全球的金融危机，加剧了全球范围内国别金融力量的分化，推动了国际金融结构的重新划分。全球经济的整体低迷和国别金融稳定发展的需求，促使国际社会愈加

关注全球金融治理问题,[1]2017年7月习近平主席在汉堡二十国集团峰会上,再一次提出“共同构建公正高效的全球金融治理格局”是二十国集团未来的发展目标和战略。基于全球金融治理理念、规范和制度创新需要,构建和发展适应新常态的国际金融制度性话语权成为国际金融新秩序的核心内容。

21世纪,正是中国转型发展的新时期。党的十八届五中全会公报在阐述中国开放战略时,明确提出,坚持改革开放,发展更高层次的开放型经济,积极参与全球经济治理和公共产品供给,提高我国在全球经济治理中的制度性话语权,构建广泛的利益共同体。公报进一步明晰了更高层次的开放型经济的核心要素,体现为三点,即全球经济治理的公共产品供给、制度性话语权和利益共同体。2017年7月召开的第五次全国金融工作会议上,习近平主席再一次强调了要扩大金融对外开放,在推进“一带一路”倡议建设的金融支持上,要搞好相关制度设计。应当说,这也是未来中国经济新常态的重要指征。其中,制度性话语权,恰恰是引领国际金融新秩序向着“公正高效的全球金融治理格局”[2]推进的权力要素和国家金融竞争力的核心指标。

对于国家和社会组织而言,话语权是一种权力,是国家的稀缺资源,是国家占有全球影响力的资源要素,是国家软实力的核心要素。所以,话语权已经成为国家、组织、个人的资源性权力。

有学者从话语来源、影响范围、持续时间以及可接受性等维度,对话语权作了划分,即个体性话语权、情境性话语权和制度性话语

---

〔1〕 本文认为,国际金融秩序具有相对稳定性,当下的国际金融发展与演变,尚没有对产生于布雷顿森林体系的国际金融秩序形成颠覆性影响,但是,现有秩序之下的全球金融治理方兴未艾,应该成为当下研究国际金融问题的关注重点。

〔2〕《习近平在二十国集团工商峰会开幕式上的主旨演讲》,载新华网:http://news.xinhuanet.com/world/2016-09/03/c_1119506216.htm,最后访问日期:2017年9月11日。

权。[1] 其中制度性话语权是指在国际社会里，国家拥有的规范和引导国际政策的制定、国际机制的运行、国际制度的采纳的能力和权力，重点在于特定话语对特定制度形成和实施的决定力，以及特定话语成为制度的执行力，它反映了国家利益分配的话语权力对国际秩序中的基础架构和国际制度的影响。制度性话语权关注的国际制度和国别制度，正是国际秩序的权力分配架构层面，它直接影响国际秩序的确立原则和基础规范，因此制度性话语权是构建国际秩序、实现全球治理的权力配置和权力结构的核心范畴。可以说，制度性话语权在研究国别制度差异、国家治理结构、国际制度竞争力上具有特别重要的意义。

（一）制度性话语权在全球金融治理中的功能

全球金融治理中的制度性话语权是指国际（区域）经济组织、国家、非政府组织及其跨国公司等主体在国际金融制度形成、发展、变革中的主导作用与影响能力。具体而言，是这些国家及其他主体处理国际金融关系、解决国际金融问题时设定议题或者议程；创设、制定、解释、适用和修正规则；确立权利责任结构、制度框架、争议解决途径的决定力和执行力。制度性话语权是一个国家在全球金融治理中的理论定义权、规则制定权、制度解释权、组织建构权和秩序评判权，可以表现为理论、观点、议题、走向的主导、推动和控制。

全球金融治理中制度性话语权是国际金融秩序的源头和基础，制度性话语权所体现出来的国家权力的本质，在全球金融治理格局中体现得尤为突出。回顾历史，我们不能否认，国际金融秩序的形成，正是金融强国制度性话语权作用的结果，金融弱国在形成国际金融秩序的过程中不能起到主导和引领作用。所以，国际金融历史就是金融强国主导制度性话语权的历史，不同金融强国制度性话语

〔1〕 高奇琦：《制度性话语权与指数评估学》，载《探索》2016 年第 1 期。

权的不断更替,形成了不同阶段的国际金融秩序。

最早的国际金融秩序,可以追溯到西方国家普遍采用金本位时期。18 世纪至 19 世纪末,金本位已经在当时的资本主义制度国家普遍实行,具有了跨国性。但是,金本位制国际化并非国际协议的结果,而是由当时各国的交易制度、交易习惯和国内法缓慢发展而形成的结果。[1] 当时英国经济的强大导致它非常依赖国际贸易,其因在全球国际贸易中居于主导地位,所以率先在国际流通中使用黄金,这直接导致了英镑的国际化和英国金融市场的国际化,由此形成了以黄金为基础、以英镑为中心的国际金本位制度。虽然该制度后来逐步被金汇兑本位制代替,但是当时黄金发挥了国际储备和保障外汇行市稳定的作用,英国以其经济金融优势,推动的以黄金为基础、以金本位为国际交易基准的规则,正是英国制度性话语权实施的结果。

第二次世界大战之后建立的布雷顿森林体系,是 20 世纪 40 年代至 70 年代国际金融秩序的代表。以美国为首的金融大国因为对布雷顿森林体系的组织及其规范把控,成为当时国际金融秩序的建构者和规范的主导者,美国自然是执当时国际金融秩序下制度性话语权之牛耳,通过国际货币基金协定、世界银行协定、关贸总协定及其建立的三大国际组织,以美元与黄金相挂钩的固定汇率、国际贷款安排、关税减让的要求等制度,为全球经济发展勾勒了一个维系二十余年的制度范本。20 世纪 70 年代之后,殖民国家的陆续独立和资本主义国家的经济变化,带来了布雷顿森林体系的解体,以及浮动汇率制风行、特别提款权的发明、黄金与美元“脱钩”。伴随着民族国家的崛起,联合国提出了建立国际经济新秩序的主张,使得国际金融领域美国一国独大的制度性话语权受到了挑战。

---

〔1〕 董安生:《国际货币金融法》,中国人民大学出版社 1999 年版,第 11 页。

2008 年的全球金融危机加速了全球进入新金融时代的步伐。长期统领国际金融市场的自由主义理念以及保护私有财产权为圭臬的法律理念受到质疑和挑战，国家主义和社会共治理论开始风行，各个国家转向加强金融领域的国内治理，从而在客观上削弱了美欧各国在现行国际金融秩序上的影响力和牵引力。以金砖国家为代表的新兴国家的兴起，特别是二十国集团和金融稳定理事会的出手，更是加大了新兴国家在全球金融治理和复苏中的作用，不同国家在国际金融秩序中的优势地位出现明显变化，但是，还远没有达到拥有制度性话语权的地位。国际社会开始寻求多元治理方式，1992 年成立了全球治理委员会，全球治理理论应运而生。全球治理理论的核心观点是以全球治理机制为基础，存在民族国家、正式的国际政府间组织、非正式的全球公民社会组织以及跨国公司为主体的不同层次运动构成的复杂结构，强调行为者的多元化和多样性。行为主体既要服从正式制度和规则，也要遵循各种人们协商的非正式的制度安排。治理的途径包括机制和法律两种方式，治理的方式是参与、谈判和协调，强调程序的基本原则与实质的基本原则同等重要。全球治理可以分为全球层次治理和区域层次治理两个层面。全球治理与国际秩序之间存在着紧密的联系，是秩序形成的路径和结果。

全球金融治理是后金融危机时代国际金融秩序变革受阻背景下不同国际金融主体权力运行的结果，是国际社会寻找解决全球化背景下国际金融问题的尝试，其治理目标是通过不同类型主体共同参与的国际金融制度和机制的变化，来最终构建符合全球各国利益的国际金融新秩序。治理主体要求各国政府的共治、国际经济和金融组织的合作治理、全球性和区域性金融机构与产品的平台的协商治理、跨国公司及其国际企业作为市场运行主体的利益相关性治理。治理目的是在金融全球化背景下，维护金融稳定，纠正金融失衡,缩小金融收入差距。治理结构与治理机制体现为国家组织层面、国家之间、非政府组织、跨国公司和企业层面的治理。它丰富了国际金融秩序形式,包括在对话与协商层面、非制度性的规范层面、制度层面、秩序层面的阶梯形结构,都是由软及硬,逐步升级。非主权国家,诸如非政府组织、跨国公司、民间机构等都参与到治理当中。这样的变化弱化了制度性要素在国际金融秩序中的作用,但是,它丰富了制度性要素的社会基础和规范范畴,在一个新的层面强化了制度性要素对国际金融秩序的影响和功能。

梳理制度性话语权的演进历程,可以看到,作为国家金融权力,它具有这样几个特点:其一,话语主体的主导性和支配性,这并不是每一个主权国家都拥有的权力。其二,话语受体的接受性,金融弱国对于这样的制度安排无论主动或被动都必须接受,只有这样其才能参与到国际金融活动中。其三,话语内容的主观性,国际金融秩序的内容都是由金融强国制定的,更多考虑的是本国利益。上述特征,体现了国家金融权力的主导性和控制性,完全区别于国家金融权利。

(二)后金融危机时代全球金融制度性话语权功能转变

制度性话语权的表现,原来是以霸权力量为核心的国际金融秩序——布雷顿森林体系。该体系秩序结构单一,体现的是零和博弈的陈旧秩序理念,国际规则运行不能有效治理全球金融乱象,导致全球层面秩序失衡和弱化。2008 年全球金融危机的爆发充分暴露了传统金融制度的失效和金融秩序的紊乱,新兴经济体,特别是金砖国家在拯救金融危机、推进国际金融秩序的稳定方面起到了关键的作用,而主宰当时秩序架构的发达国家的制度性话语权出现了集体失灵。这说明金融强国的单边优势在削减,制度性话语权开始在传统金融强国和新兴市场国家之间平移,虽然新兴经济体不能够完全取代金融强国,但是单一类型的制度性话语权被多元的主体和多层次的规范结构所取代,国别金融力量对比的变化直接影响了国家金融权力的分配,形成了全球化与区域化、法治化与行政化、公权主导与私权扩张并行的趋势。全球金融制度性话语权的变化表现在以下方面。

首先,制度性话语权主体的多元化。金融危机之后,二十国集团、联合国、国际货币基金组织(IMF)、世界银行、欧盟等国际组织已相继成立专门委员会,进行有关国际金融体系的调查和研究。欧洲与美国争夺全球金融主导权,要求重建全球金融体系,危机后进行了金融监管体系的全面改革。以金砖国家为代表的新兴经济体国家对全球经济增长的贡献度大幅提升,这些新兴经济体国家提出在多极化、法治化和考虑各方利益等原则基础上,共同建立公正的国际经济金融新体系,以巩固金融体系的稳定和可持续发展,新兴经济体正在成为世界经济的主导力量。[1]

制度性话语权主体的变化还表现在非国家行为体,比如政府间组织(IMF、世界银行、亚开行、欧开行)、国家间集团(七国集团、二十国集团)、跨行政机构组织(巴塞尔委员会)、民间机构(各种智库)、社会团体、甚至跨国公司等,通过倡议立法、评议草案、院外影响等间接途径参与国际金融事务的讨论和立法活动中。

新兴国际交流平台出现并发挥作用最为明显的表现就是二十国集团的出现,以及金融稳定理事会的影响。二十国集团对原来七国集团的取代,不仅表现在参与的国家数目增多,而且表现在讨论的议题更加丰富,涉及的领域更加广泛,包括了发达国家和新兴国家关注的不同问题;不仅表现在参加的国家的代表性具有差异,而且更为突出地表现在参与国家讨论的议题更加期待达成共识,而不

〔1〕 江涌、张茂荣、倪建军:《金融危机启示:重建国际金融新秩序》,载《今日中国论坛》2008年第12期。

是被排挤或者操纵。与此相伴的是,一些区域性的金融组织和金融协商平台在不断出现,比如亚投行、欧开行、非洲发展银行,以及2016年3月成立的亚洲金融协会等,以上都为国际以及区域金融治理的话语权实施提供了越来越丰富的平台和领域。

其次,立法程序的层次化。国际金融立法不再是仅仅关注国家之间的立法,国家往往根据不同金融领域特色、交易需要、利益偏好等因素,结合立法成本、立法可行性等选择不同的立法程序和方式。所以,国家之间的条约缔结做法、政府之间的备忘录、意向书方式、职能部门的示范法、示范原则等都成为国际金融治理的立法程序,涉及国际收支、银行、证券、保险、洗钱、融资、会计等领域。

最后,国际金融规范呈现明显的包容性趋势。2008年金融危机之后,国际金融制度和规范出现全面的变革和调整,改变了第二次世界大战以来所形成的仅仅是国际货币基金组织、巴塞尔委员会、世界贸易组织为核心的国际金融法律制度,出现了区域性的金融组织、行政法性质的国际规范、体现私法特征的金融治理规制,丰富的国际金融治理的实践推动了国际金融秩序的包容性发展。一是以国际货币基金组织协定为核心的国际货币法接纳人民币入篮,在成员份额、成员表决制、国际货币基金组织的资金使用和贷款机制、国际汇率制度等规定上都有相应的修改,这推动了国际货币法、国际汇率法、国际储备法的发展。二是以世界银行集团为核心的国际投资与融资机制,也对国际投资争端解决中心(ICSID)的适用、世界银行对各成员贷款条件等方面作出了一系列修订,推动了国际及其政府间贷款融资法的发展。三是在以巴塞尔委员会为统领的跨国银行监管规制中,出现了对从核心原则、资本协议等诸多领域规范的修订,以支持各国规避国际金融风险的需求。四是出现了国际金融领域的软法之治现象。国际金融立法中软法的非正式性、灵活性以及前瞻性特点,目前已经被公认为是解决国际金融治理难题的有效途径。国际金融软法主要是指由巴塞尔委员会、国际证券组织、国际保险监督官协会、国际会计准则理事会、国际会计师联合会、金融行动特别工作组以及金融稳定委员会等非政府组织在促进国际金融善治中,形成的各种宣言、建议、意见、指南、标准、原则、最佳做法、谅解备忘录、监管报告等,[1]它们存在于银行业、证券业、保险业、支付体系等领域,虽然不具有法律拘束力,但是在实践中具有明显效果的规范性文件。

可以说,全球金融治理的出现,带动着国际金融秩序进入了调整、变革、重构的新时期,相应地,在变革重构中发挥作用的重要金融国家,其制度性话语权也呈现多元化、多层次、包容性的特点。

(三)中国全球金融治埋中制度性话语权的既有进展

2008年全球金融危机之后,中国在处理金融危机的危害与损失方面所付出的努力,不但受到国际社会的关注,而且得到国际社会的赞赏。习近平主席在2016年杭州二十国集团峰会和2017年汉堡二十国集团峰会上,始终强调完善全球经济治理,首先要完善国际货币金融体系、优化国际金融机构治理结构、完善国际金融监管等措施。周小川在2016年3月31日法国巴黎召开的二十国集团"国际金融架构高级别研讨会"后,主张国际金融架构包括五个方面的内容,即基金组织份额与治理改革、特别提款权(SDR)的作用、主权债务重组和债务可持续性、资本流动和全球金融安全网、全球金融监管。而中国在这五个方面均表现出积极参与的姿态,成为国际金融制度性话语权发展的重要表征。

1. 从规则和体制的参与者转变为规则的制定者和主导者

中国积极参与国际金融和区域金融会议、组织及其各种活动,

---

〔1〕 Chris Brummers, *Why Soft Law Dominates International Finance-and not Trade*, Journal of International Economic Law 13,2010,p. 623－640.

代表发展中国家和新兴国家利益发表观点，引起关注，这充分发挥了中国在全球金融治理中的作用。从国际货币基金组织和世界银行集团改革，到巴塞尔委员会的金融监管制度改革，再到二十国集团的金融稳定理事会和亚开行等区域金融会议，中国都积极参与。特别是 2016 年 9 月的二十国集团峰会，中国发挥了组织协调国际金融议题和议程的作用。2013 年以来，中国先后主导建立亚投行、金砖银行、丝路基金，2016 年 3 月在博鳌亚洲论坛上倡议筹建亚洲金融合作协会，以增强亚洲国家在欧美主导的国际金融管理中的话语权，这些都表明中国正在积极参与国际金融规则的制定，并且不断提出修改国际金融规则的中国主张。

2. 人民币入篮带来中国国家货币权功能的全球领域提升

人民币纳入 SDR 篮子，标志着人民币国际法律地位的提高，这直接带来了与其他发达国家货币竞争国际市场的变化，会大大加速人民币国际化的进程。第一，人民币成为国际货币基金组织 180 余个成员方的官方使用货币；第二，作为 SDR 计价货币，人民币是国际货币基金组织与成员方交易的官方货币，任何成员方均可以运用人民币计价、兑换和持有相当于 SRD 的价值。第三，人民币要承担汇率波动和资本兑换风险，会直接带来对中国境内资本市场的冲击。第四，还会引起国际汇率制度的变化，以往美元作为国际货币，主导各国货币比价法律关系；现在，这种单一的国际比价关系出现了多元化变化，人民币可以直接形成与他国货币的比价法律关系，有利于人民币的国际法律地位提升和国家货币权力的拓展。第五，人民币国际化进程带来了国际储备制度的变化，增加了各个国家储备中持有人民币的额度；带来了外汇管制制度的放开，使中国资本市场与国际资本市场实现了低成本对接，提升了人民币的信用级别和全球价值，进一步增强了人民币的制度性话语权，从而提高了中国货币权的影响力。

3. 国际货币基金组织份额和治理改革带来中国的国际金融法律地位的提升

自金融危机之后,国际货币基金组织投票权和治理机制的改革一直备受关注。在二十国集团的支持与呼吁下,2010 年国际货币基金组织通过了“国际货币基金组织份额和治理改革方案”,却由于美国国会的阻挠始终没有付诸实施,从而延缓了国际金融体制改革的进程。2015 年 12 月 18 日,美国国会通过新财年预算案,其中包括了上述方案,美国总统奥巴马当天签署预算案,标志着国际货币基金组织份额和治理改革方案将正式实施。根据该方案,成员方的基础份额(也代表着投票权)将扩大 1 倍,从 2385 亿 SDR,增加到 4770 亿 SDR,约 6% 的份额将向新兴市场和代表性不足的发展中国家转移。其中,中国的份额将从原来的 3. 996% 上升到 6. 394% ,成为仅次于美国和日本的第三大成员方。印度、俄罗斯和巴西的份额也跻身前十。[1] 此次改革反映出中国已经走进了国际金融治理的中心,已经开始冲击国际金融治理中的制度性话语权。

4. 牵头运行的亚投行和金砖银行推动国际金融组织和机构法的发展

2013 年,中国在提出“一带一路”倡议之前,就提出了建立亚洲基础设施投资银行(以下简称亚投行)的倡议,并与来自五大洲的 57 个意向创始成员方一同签署了协议,亚投行在 2016 年 1 月正式开业,其首批项目涵盖电力、交通、供水三大领域。同时,金砖国家本着团结合作、互谅互让的精神,也于 2013 年就成立金砖国家开发银行的协议达成共识。根据协议,该银行初始核定资本为 1000 亿美元,初始认缴资本为 500 亿美元并由各创始成员均摊。银行资金将

---

〔1〕 王永利:《IMF 改革后是谁的 IMF?》,载新浪财经网:http//finance. sina. com. cn/zl/bank/20151221/205024053306,最后访问日期,2017 年 8 月 5 日。

主要用于支持金砖国家和其他新兴经济体及发展中国家的基础设施建设。[1] 中国成立了新开发银行非洲区域中心,2017 年 9 月,在厦门"金砖五国"会议上,中国提出设立首期 5 亿元人民币金砖国家经济技术合作交流计划。[2]

亚投行和金砖银行为金砖国家参与全球经济治理提供了合作平台,改变了国际金融组织体系长期被发达国家主导的现状,在国际金融组织的建立、投票权、决策机制、成员方权利义务等方面,均作出了代表新兴国家的探索。提高金砖国家和其他新兴市场国家在国际金融事务中的影响力和话语权,有助于推动全球金融治理体系朝着公正合理的方向发展。[3]

(四)中国全球金融治理中制度性话语权的前置性问题

中国在 2008 年全球金融危机以来的国际贡献及其国内金融制度的逐步完善,提升了中国在全球金融治理中的作用和国际法律地位。中国能否在未来全球金融治理中发挥应有的制度性话语权作用,取决于很多因素,包括国际政治、国际关系、国际法等多方制约,也与国内政治、外交、经济、社会、文化等诸多领域的发展密切相关。在对中国未来发展进行定位之前,我们必须首先厘清两个关系:一是中国与当下国际金融秩序的关系;二是中国在全球金融治理中制度性话语权的可接受性。然后,我们才能够有效地进行路径设计。

中国在国际金融制度性话语权上的上述实践,已经让国际社会

---

〔1〕 财政部:《金砖国家开发银行成立具有里程碑意义》,载凤凰新闻网:http://3g.ifeng.com/finance/fnews/huanqiucaijing/news? vt = 5&aid = 86250702&mid = 1jfoxx,最后访问日期:2017 年 8 月 5 日。

〔2〕 《金砖国家领导人会晤开幕,五国通过厦门宣言》,载凤凰新闻网:https://ishare.ifeng.com/c/s/v002liWJye4DE4RLayroiwCi939qAHoz—wU3kKz2u4rXnXHucGmVZvpPtZWaL1R55Nu0,最后访问日期:2017 年 9 月 11 日。

〔3〕 财政部:《金砖国家开发银行成立具有里程碑意义》,载凤凰新闻网:http://3g.ifeng.com/finance/fnews/huanqiucaijing/news? vt = 5&aid = 86250702&mid = 1jfoxx,最后访问日期:2017 年 8 月 5 日。

看到,在现存的国际金融法律关系中,中国正在从金融权利国向金融权力国转变,这样的转变自然会对国际金融秩序产生影响,国际金融制度的权力主体出现了发达国家之外的新兴经济体国家,但是,这并没有对现行国际金融秩序构成颠覆性影响。现行的国际金融秩序,尽管经历了不同阶段的调整,但仍然保留着第二次世界大战后的布雷顿森林体制建立起来的制度框架,中国虽然于20世纪80年代才加入该国际体制,但是,中国是该体制的受益者。中国与现行国际金融秩序有着明显的契合性,所以,中国不是现存国际金融秩序的颠覆者,而是现行国际金融秩序的改革者,中国有义务也有意愿维护现行国际金融秩序的正常运转,也有需要推动国际金融秩序的新发展。

中国制度性话语权的可接受性,就是它在全球金融治理中的正当性与合法性问题,这是构建中国制度性话语权的前置性问题。国际社会关于合法性与正当性的讨论虽不够激烈,但是已经形成了几个有影响的观点,其中,沙尔夫(Scharf)教授1995年提出的输入合法性与输出合法性的标准,得到多数学者的援引和适用。[1] 输入合法性(input legitimacy)关注的是成员参与,从参与主体的代表性、包容性和参与程序来佐证;输出合法性(output legitimacy)则以规范是否被遵守和达到预期效果来衡量。[2] 参考这样一些公认的标准,可以分析出下列指标应该是构建制度性话语权的前置性问题。

首先,特定国家制度性话语权在全球金融立法过程中的代表性

〔1〕 Clarie R. Kelly, *Financial Crisis and Civil Society*, Chicago Journal of International Law 11, 2011, p. 535; Steven Bernstein, *Legitimacy in Global Environmental Governance*, Journal of International Law & International Relations 1, 2004 – 2005, p. 157; Chris Brummer, *Soft Law and the Global Financial System-Rule Making in the 21st Century*, Cambridge, Cambridge University Press, 2012, p. 179.

〔2〕 Clair R. Kelly, *Institutional Alliance & Derivative Legitimacy*, Michigan Journal of International Law 29, 2007 – 2008, p. 613.

问题,这直接关系到特定立法的相关利益主体是否承认和遵守该立法。代表性问题就是国际立法的民主性问题,在立法的形成、商议和决策阶段,如何让每一个利益集团和公民的利益得到体现,需要有不同的程序和机制来反映不同观点和倾向。所以,当一个国家主导特定金融立法时,就需要进行相关设计和规划,当你的立法得到大家关注和建议时,你的制度性话语权就体现出来。被大家普遍关注的份额制和投票制问题、决策民主化问题,都反映了金融治理立法的代表性问题。

其次,立法主体的参与度,这是立法过程的程序要件。在国际金融立法中,不同国家或者相应政府部门、利益集团对该立法程序的积极参与,可以体现为其组织章程、业务规范的修改,变更时磋商过程和决策过程中不同权力的博弈、交锋,也可以体现为不具有决策权的私营机构、市民社会等关注、参与立法提议的形成、决策磋商的观察等过程中。

最后,金融治理主体的立法过程透明度,这要求立法主体及时向其他成员或者市民社会披露有关的立法信息、立法进程、争议焦点等,保证利益相关者的信息知情权。

(五)中国参与全球金融治理的制度性话语权构建路径

中国在全球金融治理中如何构建制度性话语权,能否对全球金融治理下的新秩序产生实质性影响和作用?是否真正代表了新兴国家和发展中国家的制度贡献?这是我们当下的国际法建设面临的历史机遇。我们需要站在全球金融治理角度对制度性话语权内涵与范畴设计出可行的路径。

第一,中国提出的人类命运共同体的理念,发展了“二战”之后的国际法理念,为制度性话语权推进奠定了理念的正当性基础。2011 年《中国的和平发展》白皮书提出,以人类命运共同体的新视角,寻求人类共同利益和共同价值的新内涵。此后,习近平主席在不同的国际场合多次重申,"在追求本国利益时兼顾他国合理关切,在谋求本国发展中促进各国共同发展"。[1] 2017 年 1 月习近平主席在出席联合国大会时,再次重申我们要推进国际关系民主化,"世界命运应该由各国共同掌握,国际规则应该由各国共同书写,全球事务应该由各国共同治理,发展成果应该由各国共同分享"的命运共同体思想。[2] 人类命运共同体的理念是中国对国际法的重要贡献,随着中国"一带一路"倡议的实施,这一理念得到联合国和越来越多的国家的认可与支持。共同体的命运需要我们共同建设制度性话语权,无论金融强弱,都应该具有全球金融治理的制度性话语权,才能够纠正以往国际金融秩序的偏差和不公,顺应国际金融新秩序的发展趋势。随着 2008 年金融危机的爆发,新自由主义理论的合理性受到明显质疑。整体主义的观点得到关注,全球利益共同体的观念开始深入人心。这恰恰契合了中国传统文化的"和谐共赢"观。国际社会所面临的困境,恰恰是个人主义的结果。而中国的传统文化主张和谐、合作、协商,这正是当下国际社会所提倡的。特别是从中国传统文化中形成的处理周边国家"亲诚惠容""互利共赢"的思想,恰恰符合共同发展、开放发展、创新发展、联动发展的新理念。这样的文化和文明的确为全球金融治理的有效性和安全性提供了全新理念和基点。

第二,推动后金融危机时代金融治理的"中国模式"成为全球金融治理的一种范式。所谓范式,是指某一学科的共同信念,这种信念规定了人们共同的基本理论、观点和方法,为人们提供了基本的模型和解决问题的框架,从而成为该学科的共同传统,规定了共同

[1] 杨俊峰:《人类命运共同体　国际秩序新选择》,载人民网:http://world.people.com.cn/n1/2017/0709/c1002-29392215.html,最后访问日期:2017 年 8 月 5 日。

[2] 《习近平出席"共筑共商人类命运共同体"高级别会议并发表主旨演讲》,载环球网:http://world.huanqiu.com/article/2017-01/9971472.html,最后访问日期:2017 年 8 月 5 日。

发展方向。[1] 简言之,就是共同体成员们借以指导其活动的"一种公认的模型或模式",它决定了"什么样的问题有待解决,规定了一个研究领域的合理问题和方法"。[2] "北京共识"的提出,让学界开始关注"中国模式","中国模式"是一条东方化的现代化道路,表现为以公有制为主体、多种所有制共同发展作为经济制度,以市场调节为基础、国家调节为主导的双重调节机制的经济治理模式。中国模式强调集中力量办大事,坚持政府和它制定的规划、计划和产业政策在经济发展中的主导作用;充分利用市场在增强企业活力和资源配置中的决定性作用,[3]这样的模式使得中国对世界经济的贡献度与日俱增,中国已经成为世界第二大经济体。特别是中国金融的稳定增长不但阻止了国际金融的下滑,而且成为拉动全球金融攀升的主导力量。中国金融治理中的经验,即多种形式共存发展、双重调节的治理模式,应该成为全球金融治理的有效路径之一。这种治理方式的输出,是中国制度性话语权建立的基础。

第三,区域性合作和区域性条约路径。这是当下中国形成对全球金融治理的制度性话语权的首选路径。亚投行、金砖银行、丝路基金、上合组织等一系列区域合作的实践,充分证明了中国在区域性金融合作中具有较强的制度性话语权。尤其值得关注的是,中国主导的区域性金融组织立足于发展中国家资金需求的实际,以服务于"一带一路"倡议战略为目标,在《亚洲基础设施投资银行协定》中,形成的投票权的双层化制度和内部治理的三级表决制、非常驻理事会的改革举措,都是与传统国际金融组织不同之处,是中国对

---

〔1〕 谢俊:《关于马克思主义哲学中国化研究范式的思考》,载《哲学研究》2008 年第 5 期;邹应猛:《国际体系转型与中国国际话语权提升战略》,载《东南亚纵横》2010 年第 10 期。

〔2〕 [美]托马斯·库恩:《科学革命的结构》,金吾伦、胡新和译,北京大学出版社 2004 年版,第 24~25 页。

〔3〕 胡昀等:《"中国模式"的实质、特点和面临的挑战》,载《政治经济学评论》2010 年第 4 期。

全球金融治理的创新之处,体现了中国的制度性话语权的影响。中国需要通过保持亚投行、金砖银行、丝路基金的增长势头,进一步扩大中国在国际金融领域制度性话语权的范围和影响力。所以,通过区域性金融条约和金融组织的建立,逐步巩固中国对区域金融合作的作用,并随着亚投行等金融组织参与国家的逐步增多,逐步扩大中国对全球金融治理的影响,应该是目前非常可行的路径安排。

第四,软法实施路径。如前所述,国际金融软法目前已经是解决全球金融治理难题的主要途径,它们存在于银行业、证券业、保险业、支付体系等领域,虽然不具有法律拘束力,但是在实践中具有明显效果的规范性文件。中国应该积极介入软法的形成过程,通过倡议国际金融立法、设置国际金融会议与峰会的议题、条约起草之前的共识建设、协定草案的制定与评议、协定草案的定稿等,充分发挥在软法形成中的积极作用。

发达国家长期主导国际金融秩序的建设,很大的原因在于他们始终把控着国际金融会议和论坛的议题的设定,并以此左右着国际金融秩序的走向,而发展中国家则常常是议题的追随者和旁观者。随着新兴国家和其他发展中国家在国际金融组织地位的变化,他们积极关注国际会议议题,其实就是关注未来立法走向和立法磋商的具体内容。中国是2016年二十国集团领导人杭州峰会的轮值主席国,这已经为中国等新兴国家提供了主导议题设定的契机。在2016年二十国集团峰会议程安排和议题设置上,一直被发展中国家高度关注和呼吁的国际金融架构的改革与完善问题被纳入其中,已经取得很好的效果。所以,利用二十国集团平台将世界的目光聚焦在与发展中国家利益相关的议题中,中国可以和其他新兴国家一道,提出解决方案和路径,拟定适宜发展中国家需要的行动计划,再推动其获得国际社会的认可,展示中国积极参与全球治理的能力和担当,峰会大大提高了中国在全球金融治理中的制度性话语权力量。

第五，国际金融标准的修改与制定。在国际金融领域法律制度极为有限的背景下，全球金融治理工具就呈现出一系列非法律层面的设计。如前所述，软法的作用越来越突出，而国际金融标准也和其他软法一样，虽不具有明确的法律效力，但是却在金融实践中发挥着实际效力。所谓的国际金融标准，就是国际金融业务的具体规则，主要体现为金融技术规范，如大家熟知的世界银行和国际货币基金组织发布的《关于遵守标准和守则的报告》，其以国际财务报告准则和国际审计准则为基准，对相关国家会计准则和审计准则与国际准则的一致性进行评估，并重点关注监管会计和审计实务的制度框架，发布了一系列国别评估项目报告，总结了许多有益的成果和经验，同时提出了许多政策性建议，对于推进国际准则在各国和地区的一致应用起到了重要作用。[1] 国际会计师联合会对于会计准则国际标准的建立起到了重要作用，它们鼓励各国政府采用和实施统一的全球标准，包括会计、审计和独立性准则，以提高资本市场在全球的运作能力，使投资能够有效地跨国流动，减少资本市场的风险和不确定性。[2] 像这样的准则和标准在跨国银行业、证券业、保险业、跨国收支体系、反洗钱、反恐融资等领域都有实践，对于中国金融发展具有直接影响，因此，中国应该立足于国家金融安全需要，想办法实质性地参与到这些技术规范和准则的起草、制定、磋商和评估中，要从一般参与成员方逐步向实施组织和协调的角色转变。中国要把握可能主导的金融业务标准的制定，注重动员其他具有同样需求的国家，学会联合其他新兴经济体国家在全球金融治理中建构适合发展中国家的治理准则和规范。

---

〔1〕 杨志国：《中国审计准则国际趋同的实践》，载中国会计视野网：http://www.esnai.com/news/showdoc.asp? newsid = 48456&unchecked = true，最后访问日期：2017 年 8 月 5 日。

〔2〕 陈毓圭：《修订完善审计准则 保持持续全面国际趋同》，载《中国注册会计师》2010 年第 10 期。

(六)结论

2008年全球金融危机及其后来的发展改变了世界经济的发展和进程,它验证了几十年的国际金融体制和秩序的成败优劣,也引发了世界经济结构的深刻调整。传统的发达国家与新兴经济体国家都在重新矫正自己的位置,在经济总量、技术创新、金融支持、社会发展等方面,都存在新的竞争。在这样的经济变革中,拥有制度性话语权是未来主导国际经济新秩序走向的关键要素。中国无论在融入世界经济的实践中,抑或是变革国际经济规范的进程中,都尝试着走出了具有中国特色的道路。现在评判中国模式和中国道路的利弊优劣还为时尚早,我们需要观察、考验,但是,世界发展的大潮无法停歇,任何国家都在被裹挟着前行。至少,我们看到了中国在全球金融治理中制度性话语权建构的机遇,以及全球金融治理对中国模式的需求。那么,无论是理念和价值观、中国模式的范式化、中国对国际金融秩序困境的破解,还是中国的区域化努力、对金融软法的运用,都表明中国的制度性话语权正在建构过程中。它告诉我们,中国在全球金融治理中的制度性话语权,是中国在政治、经济、文化、社会领域话语权的反映,是中国内生的金融治理范式形成国际影响力的结果,是中国国际法律地位提升的必由之路。

## 二、国际货币新秩序的构建

党的十六大提出了构建社会主义和谐社会的目标,中国的和谐社会的建设,需要有和谐的外部环境,需要有对我们公平、合理、和谐的国际政治经济新秩序。

在国际经济新秩序的构建中,以国际收支储备、汇率制度和外汇管制为主体的国际货币金融秩序是国际经济秩序存在的基础和决定因素。从理论上说,国际经济秩序可以表现为国际贸易秩序、国际投资秩序、国际金融秩序;但贸易秩序依赖于国际收支制度和经常项目的外汇管制,国际投资秩序直接受制于国际储备制度,国际金融中的银行、证券、融资借贷等制度必须以资本项目的外汇制度为前提,从这个意义上说,国际货币秩序是基础与核心,它决定了国际经济秩序的性质和功能。

(一)国际货币新秩序的确定及其问题

国际货币秩序发端于19世纪70年代的国际金本位制度,后又经历了布雷顿森林体系(1944年提出)、牙买加协定体系(1976年修改)和WTO金融服务体系这样几个发展阶段,而以牙买加协定和WTO金融服务规则为核心制度形成的国际货币格局就是我们所称的国际货币新秩序。布雷顿森林协定建立了IMF,确定了固定汇率制和美元、黄金双挂钩的国际储备制度,稀缺货币制度体现了法律对国际货币关系的强干预;牙买加协定体系是对布雷顿森林协定的修改,其取消了美元黄金双挂钩,使黄金非货币化、浮动汇率合法化,它不是通过国际间有效金融合作与协调形成,而是国际社会对各国特别是成熟市场经济国家放弃固定汇率、选择浮动汇率的被动承认。1995年WTO建立,对国际经济新秩序的发展具有里程碑的作用,特别是服务贸易总协定(GATS)及金融服务的"一揽子"协定的形成。对国际货币秩序具有重构、示范作用,使WTO金融服务规则与牙买加协定一起成为当下国际货币秩序的重要国际法律构成。

在21世纪的今天,以WTO金融服务规则与IMF的牙买加协定所形成的国际货币秩序和体系面临着一系列的问题,刚刚出现的"全球经济失衡"就是明证。全球经济失衡是指亚洲新兴市场国家与美国的矛盾,美国贸易赤字(经常项目赤字)在2005年达到了7260亿美元,对其他国家的净负债2005年达2.5亿美元,而亚洲主要国家如中国、日本、韩国有大量贸易盈余,贸易顺差近7000亿美元,外汇储备达到2.2万亿美元。这种状况反映了当前世界经济发展的基本轮廓和运行态势，它影响国际政治、经济、社会等各个层面。国际社会的恐怖主义、极端民族主义、极端宗教主义、贸易保护主义等无不与全球经济失衡有关。

美国贸易赤字、外债积累如此规模，但仍保持着高消费、低储蓄的经济结构，而东亚地区又甘心为美国的过度消费买单。这种全球经济失衡的出现，其重要原因就是以美元为主导的国际货币体系和秩序存在问题。国际货币金融法律制度存在这样几个问题：

1. 各国参与国际金融事务的权限不同直接背离了国家主权平等这一国际法准则。国家主权平等是国际社会交往的基准，它包括政治主权、经济主权、司法主权等。长期以来，主权平等原则受到不同程度的侵蚀。其中直接体现在法律上的对主权平等的破坏就是在国际金融组织中的加权表决制。比如，在 IMF 的决策机制中，美国的投票权占 IMF 总投票权 17%，IMF 规定重大事项必须 85% 多数票通过才行。这就意味着在表决国际货币金融领域的重大事项时，美国一家就有一票否决效果。这种表决规则使得各国参与国际金融规则制定的谈判能力不平等，所以现行的国际货币秩序体现了金融强国的意志。

2. 一个秩序和法律体系的效力直接体现于责任制度中，货币金融领域的国际责任制度不健全弱化了国际经济秩序的效力。经济全球化的发展趋势放大了一个主权国家金融货币立法和行为的国际责任，使国与国之间的相互依存日益加强，没有哪个国家可以说国内金融业务与他国无关。IMF 中的国际货币责任制度把各成员方分为使用普通提款权和使用 SDR 的国家，两类国家适用不同的责任体系，SDR 多为发展中国家使用，而责任制度就严格些。此外，还有责任上的自动适用与非自动适用、明示权力与默示权力的差异等，使国际金融组织所设计的责任制度体系对金融强国（发达国家）不适用，而发展中国家因责任上的严苛而不使用或规避国际组织提供的救济措施,那国际货币秩序的效力何在呢?

3. 汇率领域的"无制度"与资本项目的开放造成金融强国对金融资本交易权的垄断。汇率制度直接反映国际货币关系,进而体现国际金融关系,是国际货币秩序的核心。1976 年牙买加协定取消了布雷顿森林协定的固定汇率制,承认浮动汇率制合法化,这不是国际社会对金融主权协调的主观意志的结果,而是国际社会对各国自行其是实施浮动汇率的承认。浮动汇率是没有干预的汇率制度,缺少法律的政府管制,所以,以牙买加协定体系为代表的国际货币秩序被认为是"没有制度"的状况。

IMF 的牙买加协定没有把资本项目纳入外汇管制的规定。世界知识产权组织(WITO)金融服务协议规定国民待遇是各国的具体承诺,而国民待遇对银行、证券等行业的约束直接反映在资本项目的开放上。资本项目的开放符合具有成熟的金融市场国家的要求,随着 WTO 这一规则的实施,金融的资本大量流入发达国家,造成经济强国对金融资本交易权的垄断现象。

4. 国际经济监管制度在货币金融领域的不协调和低效率导致全球经济失衡。国际货币金融秩序的重要特点是自律性,比如国际银行监管,国际借贷关系、国际债券市场秩序等大多采用自律性规范和行业规则,缺乏明确的规则制度来约束国际金融市场。比如,缺乏在市场准入、信息交流、市场退出、危机预警等方面的法律。牙买加协定的"无制度"化使各国合法干预国际货币金融关系失去了国际法效力和国际法保障,各国在非明确的货币安排中行使金融调控权力,这种法律规则的弱化加速了资本的跨境流动,从而加速了经济全球化的进程。

(二)解决上述问题的国际法功能与完善

一方面,应该清楚是什么样的理念在主导着国际货币金融秩序的构建。由于金融大国在国际货币秩序中具有主导作用,所以他们的理念直接影响着国际货币秩序,体现为自由化、私有化、市场化的新自由主义已成为金融大国的国家意识形态和主流价值观,它非但没有推动自由竞争体系,反而由于世界经济被垄断资本所控制,削弱了国际金融合作的基础,削弱了国际货币秩序的效力。所以要转变构建国际货币秩序的法律观念,中国提出的和谐世界的发展观就成为可选择的价值目标。发展中国家应用自己的理念去影响和推动国际经济秩序的法律构建。为此,首先应在国际法基本原则上作重大调整:

1. 努力修正货币主权原则的内涵及与此相关的国家责任制度,因为 IMF 的不平等与 WTO 原则是有冲突的。应以"公平履行国际货币义务原则"取代"国际货币事务中的平等要求",允许各国基于本国经济发展状况而采取不同的货币政策,正视国家在相互依存基础上的多极化,允许和谐发展。

2. 在强调各国自主发展的同时,把合作提升为国际货币秩序的基本义务,因为合作已经成为国际货币秩序建立的基本途径。以金融安全为核心的经济安全,必须成为国际货币秩序的基本原则,从而成为各国的基本义务。

另一方面,在国际货币金融法律体系上应有具体突破,具体而言:

1. 正视 WTO 金融服务法的指导性。要认识到 WTO 对国际货币新秩序的发展具有示范和重构作用,表现在:(1)国民待遇的具体承诺使资本项目的开放成为众多成员方的基本义务,对于中国而言,人民币的完全自由兑换必须提上日程,以为人民币的区域化和国际化创造制度条件。(2)WTO 的贸易与投资的关系直接影响成员方国际收支和国际储备的法律构建,从而影响国际货币秩序。(3)WTO 的争端解决机制使国际货币领域的国家责任制度司法化,提升了秩序的效力。

2. IMF组织及协定要作出有利于发展中国家的调整。比如,投票权问题,经济合作与发展组织(OECD)国家对IMF的经济援助问题,基金份额调整问题,等等。因为这不仅是发展中国家的要求,同时也是发达国家的必须选择。

3. 关注区域合作金融组织法律制度的构建。因为它已经成为国际金融发展的重要趋势之一。

4. 加强各国货币立法与财政政策的开放性。

(三)中国货币金融法的发展

中国的和平发展需要和谐的外部环境,那么我们应该支持什么样的国际经济秩序,是值得深入思考的。频繁出现的金融危机显示了世界经济内在的动荡和无序,国际资本的流动和跨国银行并购,对关乎国家经济命脉的国内金融业冲击很大。国际货币秩序的种种缺欠,使外部金融安全无法保证。为此,中国的国内金融立法要注意:

1. 建立维护国家经济安全的金融安全法。以往的立法从金融稳定出发,侧重于对金融机构、市场运行、行业监管进行立法。现在,要从宏观层面,从国家整体利益出发制定金融安全法。比如,在重大金融政策出台、国有金融资产发生重大变化时,都需要经过人大听证,通过法律程序,确保决策的正确性。

2. 在宏观调控层面,丰富金融调控法律规范。如存款准备金、基准利率、再贴现、再贷款、公开市场操作等货币政策独立性的保障机制要依法建立和依法运行。

3. 在市场交易层面,加强金融组织产权制度改革立法。它关系到金融主体的独立性和自主性,金融机构的产权问题症结不在所有权,而在支配权和收益权,它们决定了金融主体努力状况和收益的关系。

4. 在金融监管层面,要加快央行独立性及各金融监管部门的协调。要保证金融业健康发展,更好地奠定中国和谐社会的经济基础,进而对世界和平作出贡献。

## 三、国际金融秩序变革问题——亚投行对国际金融秩序改革的影响

2015 年 6 月 29 日,《亚洲基础设施投资银行协定》(以下简称《协定》)在北京正式签署,《协定》的签署为亚投行的成立及运营提供了基本的法律依据。作为中国第一次主导筹建的多边国际金融机构,亚投行在其倡议筹建之初就受到了国际社会广泛的关注。随着英国、法国、德国、意大利等几个西方主要国家的申请加入,亚投行对国际社会政治、经济及外交等方面的影响进一步引起了国内外智库和学者们的热议。以下主要从法律的视角,分析国际金融秩序变革的法律现状及亚投行的基本法律问题,进而探讨亚投行对国际金融秩序变革的影响。

### (一)国际金融秩序现状及其变革

#### 1. 现行国际金融秩序及其缺陷

现行国际金融秩序是在布雷顿森林体系崩溃后形成的牙买加体系基础之上建立的秩序。1944 年 7 月,为重建战后国际金融秩序,44 个国家在美国布雷顿森林召开国际金融会议,通过了《国际货币基金协定》,建立了布雷顿森林体系,并先后成立了两个重要的布雷顿森林机构——国际货币基金组织和世界银行。在该体系下,各成员方取消经常项目下货币兑换的限制,将美元直接与黄金挂钩,其他国家货币与美元保持浮动不超过 1% 的固定汇率。这种以美元为中心的固定汇率制虽然在最初的近 20 年里运行良好,然而这种制度本身是存在致命缺陷的,即美元的清偿能力与信心之间矛盾的特里芬难题。1968 年黄金危机爆发,美国国际收支逆差不断增大;1971 年 8 月美国宣布停止美元兑换黄金,布雷顿森林体系正式解

体;1976 年 1 月《牙买加协定》和 4 月《国际货币基金组织协定第二次修正案》的通过,标志着国际货币体系进入了牙买加体系时期。[1]牙买加体系下,黄金与货币完全脱离关系,各成员方可自行选择汇率制度,整个国际货币体系处于自由放任的状态。现行的国际金融秩序就是在这样的“无体系”的体系下建立起来的包括国际货币体系、国际金融组织体系及国际金融监管体系等在内的秩序。

现行国际金融秩序存在的缺陷主要有以下两点:

(1)构建国际金融秩序法律理念的缺陷

布雷顿森林体系的建立事实上是在美国的“怀特方案”和英国的“凯恩斯方案”之间衡量的结果。美国和英国作为经济大国,在规划战后国际金融制度时都不可避免地以其自身国家利益为出发点,因此,布雷顿森林体系在构建之初就体现了为少数发达国家谋求经济利益的价值理念,缺乏公平性和民主性。作为捍卫布雷顿森林体系的关键制度工具,国际货币基金组织和世界银行这两个国际金融机构在投票权分配设计、决策权的设定、高管遴选机制设计、运营原则等方面都体现了维护少数发达国家利益的理念,国际金融规则的制定权被牢牢掌握在少数发达国家手中,其还借国际金融机构的平台大力推行经济自由的理论和价值观,从而忽视发展中国家和最不发达国家的利益。诚然,国家利益是国家对外政策的基本动因。在当时的世界背景下,只有美国、英国等这样的发达国家具有建设国际金融秩序的政治及经济实力,国际金融秩序的最初构建由少数发达国家主导并无不妥。然而,少数发达国家在对国际金融规则的制定过程中忽视了布雷顿森林机构的全球公共职能,没有从全球公共利益的视角考虑,提供对全球金融稳定及全球经济发展有利的相对公平和民主的国际金融规则,也没有以前瞻的眼光,考虑全球经济

---

〔1〕 李仁真:《国际金融法新视野》,武汉大学出版社 2013 年版,第 115 页。

的迅速发展和不同经济体可能的发展潜力,来制定可以与国家经济发展相适应的金融资源配置规则。

(2)国际金融制度设计存在缺陷

国际金融秩序构建的法律理念的缺陷导致了国际金融制度设计的缺陷。第一,国际金融规则制定权由大国主导。国际金融规则的制定权取决于国家在重要国际金融组织的决策权。作为国际金融秩序的核心机构,国际货币基金组织和世界银行均是由美国主导,少数发达国家占据着重要的份额,其中美国更是一股独大,分别拥有国际货币基金组织和世界银行的16.77%和16.21%的投票权,而两个机构重要决议需获得85%的投票权,这实际上赋予了美国在重大事项上的一票否决权。可见,在现有的国际金融秩序中,少数发达国家控制着国际金融秩序规则的制定权和决策权,发展中国家则只能充当旁观者角色。然而,随着新兴市场国家和发展中国家在世界经济中地位的日渐上升,少数发达国家在国际金融体系中拥有的规则制定权与决策权,与其自身经济的发展及对世界经济的贡献和影响力不相符的情形也日益显现,原有的国际金融秩序已经无法满足世界经济发展的需求,特别是无法满足新兴经济体国家的需求。2008年全球金融危机的爆发进一步证明了国际金融秩序的缺陷与不足。新的重要经济力量崛起以后,总会伴随着全球性危机,对这个问题的概括性回答是生产率的快速进步与既有的全球经济治理规则严重冲突,[1]国际金融规则的制定权由少数发达国家主导的制度设计背离了国际经济发展的规律。

第二,国际金融组织制度设计存在缺陷。首先,国际金融组织的决策机制不尽合理。布雷顿森林机构的投票权均由基本投票权

[1] 张斌、胡志浩:《世界需要建立新的全球金融规则》,载《国际经济评论》2013年第4期。

和加权投票权组成,基本投票权是每个成员固定的权利,体现了国家主权平等的原则,然而基本投票权在全部投票权中的占比却可能被稀释,因为加权投票权会因股份份额的增加而变化。这变相降低了基本投票权的作用,使发展中国家的实际发言权相对下降。[1] 虽然 2012 年世界银行章程进行了修订,将原来的每个成员固定 250 票变为所有成员的基本投票权占总投票权的 5.55%。这个比例限制虽然可以阻止世界银行的基本投票权继续被稀释,但基本投票权较低的占比依然使得世界银行的投票权取决于成员的股份份额的占比,这充分保障了发达国家在机构中的主导地位。国际货币基金组织同样面临着基本投票权比例过低、发达国家占据绝对优势的情况。此外,股份份额的分配也存在不合理性。股份份额主要是由成员的 GDP、开放程度、波动度及储备等参数决定,然而相关参数和权重缺乏应有的科学性,由此计算出的发达国家的投票权份额与其全球经济力量已明显不相符。其次,国际金融组织的治理结构存在缺陷。作为国际金融秩序的监管者,布雷顿森林机构并没有起到早期预警并高效应对危机的作用,还存在机构臃肿、官僚主义、效率低下等问题,严重削弱了其履职的能力。最后,国际金融组织在运营原则方面存在缺陷。西方发达国家把"人权、民主"作为其价值观,因此,由西方发达国家主导的国际金融机构"把发展融资与发展中国家的社会发展和民主化进程相结合,在为发展项目提供贷款时附加种种政治条件,强调人权、民主及自由市场经济秩序"。[2] 正如有学者指出:"布雷顿森林机构已经对经济发展起到阻碍作用,确实需要对布雷顿森林机构内包含政策的修订、投票权制度及治理机构方面

---

〔1〕 廖凡:《国际货币金融体制改革的法律问题》,社会科学文献出版社 2012 年版,第 20 页。

〔2〕 黄梅波、陈娜:《AIIB 的运营空间及竞争力分析》,载《东北亚论坛》2015 年第 4 期。

进行根本性的变革。"[1]

第三,国际金融监管的缺失。现行国际金融秩序存在以自由经济理论为基础的价值理念。布雷顿森林体系的谈判最终形成了倾向于美国利益的折中方案,而美国模式强调尽量减少政府干预,更注重自由竞争。因此,国际金融秩序在美国的主导下,长期以来以"华盛顿共识"为指导思想,片面强调市场化、自由化、私有化的政策取向,[2]鼓励金融创新,忽视金融监管制度。

2. 国际金融秩序的变革

2008 年国际金融危机爆发后,国际社会充分认识到现行的国际金融秩序存在缺陷,并对国际金融秩序亟须变革达成共识。但各经济体基于自身利益对国际金融秩序改革的思路存在分歧。

美国是现行国际金融秩序的主导者,也是最大的受益者,因此美国提出的国际金融秩序改革的方案必将是在维持其金融霸权地位基础上的。在 2008 年全球金融危机爆发后,美国始终强调国际货币基金组织和世界银行在国际金融秩序中的重大作用,并认为其能够把自己带出危机,以此捍卫美元在国际金融体系中的主导地位。美国同意对国际金融组织进行改革,增加新兴市场和发展中国家在国际货币基金组织中的股权配额。美国曾建议减少国际货币基金组织的执行董事会席位,并主张由欧洲国家承担这种负担,理由是欧洲国家近些年国际经济影响力在下降。在国际金融监管领域,美国并不想承担起加大金融监管的责任,例如,对于欧盟国家提出的金融业高管人员"限薪"方案,美国是极力反对的。

欧盟一直是国际金融秩序改革的主要倡导者。2008 年的国际

---

〔1〕 Mark J. Wolff, *Failure of the International Monetary Fund & Word Bank to achieve integral development: A Critical Historical Assessment of Bretton Woods Institutions' Policies, Structures & Governance*, Syracuse Journal of International Law & Commerce, Vol. 41, 2013, p. 76.

〔2〕 朱光耀:《国际金融体系改革由共识进入实践》,载《理论视野》2009 年第 11 期。

金融危机,欧盟损失惨重,欧盟领导人认为,美国是此次危机的源头。随后,欧洲国家又经历了欧洲债务危机。欧盟力推国际金融秩序的改革,这种改革是针对美元的霸权地位,旨在建立新的世界经济秩序。其改革的一个重要思路就是加强国际金融监管,特别强调加强对对冲基金、评级机构和"避税天堂"等的监管,以消除监管死角。同时,欧盟还主张对金融业高管人员"限薪"。然而,这种政府主导的理念与美国长期的市场主导理念在监管的某些方面存在较大冲突,因此会受到美国的阻碍。此外,欧盟也主张对国际金融组织进行改革,给予新兴经济体更多的投票权,主张取消美国在国际货币基金组织重大事项中的一票否决权。欧盟对国际金融秩序改革的实质是,"欧盟欲趁金融海啸的历史机会,借用发展中国家的力量,近期目标是实现与美国'平起平坐',摆脱历史上被美国支配与控制的地位,远期目标是取代美国的历史性地位"。〔1〕

目前,新兴市场国家及发展中国家在全球经济中有相当的分量,具有全球一半以上的外汇储量,其对世界经济增长的贡献已高于少数发达国家。随着新兴市场国家及发展中国家经济力量的增强,其要求对国际金融秩序改革的呼声也越来越强烈。其改革的思路主要是:"要改变20世纪以来富国俱乐部(以美国为核心)主导整个国际金融市场利益格局的状况,让更多的发展中国家、新兴市场经济国家参与到新国际金融秩序重建的对话和谈判中,从而在平等互利等国际经济法原则下共同制定国际金融市场新秩序的游戏规则。"〔2〕以中国为代表的发展中国家在G20华盛顿峰会上明确提出要推动国际金融组织改革,改革国际金融组织决策层产生机制,提

〔1〕 漆彤、王惠:《试论次贷危机背景下的国际金融秩序改革——国际调节机制的加强与完善》,载《经济法论丛》2009年(第16卷)第1期。

〔2〕 黎四奇:《美国金融危机全球化对国际金融秩序的影响及对策分析》,载《国际经济法学刊》2010年(第17卷)第4期。

高发展中国家在国际金融组织中的代表性和发言权。此外,还提出了加强国际金融监管合作、推进国际货币体系多元化等主张。这与欧盟的某些主张有相似之处。

虽然各经济体对国际金融秩序需要改革达成了一定的共识,但对具体的改革思路存在分歧。分歧的根本原因应当是各经济体在国际金融秩序中应处何种地位的立场不同。美国想继续维持金融霸权地位;欧盟试图从根本上打破美国的霸权地位,建立新的国际经济秩序;而新兴经济体及发展中国家希望更多地参与国际金融规则的制定,提升其在国际金融体系中的地位。新兴经济体及发展中国家的改革思路更切实际,更为美国和欧盟支持。2010 年 G20 通过将国际货币基金组织中发达国家将部分投票权让渡给新兴市场国家的投票权改革方案就是一个很好的例子。而美国与欧盟分歧的实质是争夺国际金融主导权,这种根本性的分歧很难得到对方的支持。总之,国际金融秩序改革的顺利推进任重而道远。

(二)亚洲基础设施投资银行概述

1. 亚投行的法律性质

第一,亚投行是政府间的国际组织。根据《协定》第 3 条的规定,亚投行成员资格向国际复兴开发银行和亚洲开发银行成员开放。而国际复兴开发银行和亚洲开发银行的成员主要是主权国家,因此亚投行首先是一个政府间的国际组织。但它又不是一个纯粹主权国家政府间的国际组织,《协定》允许“不享有主权或无法对自身国际关系行为负责的申请方,应由对其国际关系行为负责的银行成员同意或代其向银行提出加入申请”。[1] 准确地说,亚投行是一个包容非主权政府的政府间国际组织。

第二,亚投行是一个兼具援助与投资性质的国际金融组织。亚

〔1〕 参见《亚洲基础设施投资银行协定》第 3 条。

投行作为一个政府间的国际金融机构,具有援助性质。从《协定》的宗旨中我们可以看出,亚投行首先应该考虑的是如何满足亚洲地区公共品的提供,即基础设施的投资建设。然而它又不同于纯粹的政策性银行,除了援助性质外,它还应该具有投资的性质。也就是说,亚投行的投资应该是有一定收益的,但它又不能像普通商业银行一样仅仅按照营利性选择投资项目,而更应看重区域整体经济进一步发展后所有成员都可以从中受益这样的间接效益。

第三,亚投行是一个开放的区域性国际金融机构。亚投行宗旨之一是,"通过在基础设施及其他生产性领域的投资,促进亚洲经济可持续发展、创造财富并改善基础设施互联互通",[1]其服务的主要区域是亚洲国家及地区,因此它属于区域性国际金融机构。然而其又不同于泛美开发银行等完全局限于区域内成员参加的国际金融机构,它与亚洲开发银行相似,其是开放的而不是封闭的,符合条件的区域外国家均可申请成员资格,并欢迎其他区域性或世界性的金融机构和投资者共同合作,共享亚洲地区发展的成果。目前,亚投行的 57 个意向创始成员中,20 个属于区域外成员,足见其开放、包容的态度。

值得一提的是,亚投行虽属于区域性国际金融机构,但并不排除其将来发展成为全球性的国际金融机构的可能性。随着其投资领域及投资地域范围的扩展,以及新兴国家和发展中国家对世界经济贡献的不断增大,亚投行对国际金融体系的影响力将会不断提升,其在国际金融体系中可能会处于与世界银行、国际货币基金组织相并列的法律地位,并最终发展成为一个全球性的国际金融机构。

2. 亚投行的功能定位

第一,亚投行的设立旨在推动区域互联互通和一体化。亚洲是

---

〔1〕 参见《亚洲基础设施投资银行协定》第 1 条。

全球面积最大、人口最多的大洲。然而，受地理区位、历史文化以及地缘政治等多种因素的影响，亚洲国家的经济发展水平普遍较低且差异巨大，经济多样化程度高、一体化程度低。[1] 在经济全球化的大背景下，亚洲国家之间缺乏互联互通，这将会束缚亚洲各国的经济发展。通过亚投行的投资，亚洲国家的基础设施建设将有重大进展，进而会促进投资所在国的经济发展，提高其经济效率。亚洲国家的互联互通对促进亚洲经济融合和一体化的发展将起到关键的作用。

第二，亚投行的设立旨在为亚洲地区长期的巨额基础设施建设融资缺口提供资金支持，补充完善现行的国际融资体系。对于亚洲来说，现有国际融资体系主要是以世界银行和亚洲开发银行为主。世界银行以全球扶贫减贫为目标，其援助的对象是全球性的。例如，2013 年世界银行的贷款总额为 315 亿美元，其中投向亚太地区（中亚除外）的贷款占比总计 34%。亚洲开发银行贷款的对象虽然主要是区域内成员，但投资的部门较分散。虽然基础设施投资占亚洲开发银行投资的比重较大，但亚洲地区仍然存在巨大的基础设施建设的资金需求。根据亚洲开发银行研究所的估测，在 2010 年到 2020 年，亚洲开发银行 32 个发展中成员非跨境基础设施投资需求总计约 8.22 万亿美元。根据世界银行及亚洲开发银行这些多边国际融资机构的现有投资资金、地域及部门分布，它们不能充分满足亚洲地区的基础设施资金需求，依然存在极大的融资缺口。亚投行的设立可以弥补这一缺口，补充完善现行的国际融资体系。世界银行、亚洲开发银行与亚投行将是合作与竞争并存的关系。

第三，亚投行的设立旨在推进亚洲乃至全球的经济发展。正如国际货币基金组织原全球副总裁朱民所说："全球实体经济走软很

---

〔1〕 王达：《亚投行的中国考量与世界意义》，载《东北亚论坛》2015 年第 3 期。

重要的原因是对基础设施投资不够,用基础设施投资推动经济增长是全球经济增长的当务之急。"[1]亚投行生逢其时。基础设施的薄弱和滞后制约众多国家和地区经济、社会的发展,亚投行将通过在基础设施及其他生产性领域的投资,加强同各国的互联互通,以创造财富,促进亚洲经济可持续发展。而对于发达国家来说,亚投行能够通过扩大投资需求,拉动其经济复苏。

3. 亚投行的决策机制和治理结构

相对于全球性的国际金融组织和某些区域性国际金融组织来说,亚投行的决策机制及治理结构有着独特之处。

亚投行决策机制的特别之处体现在投票权的分配制度。每个成员的投票权由基本投票权、股份投票权及创始成员投票权组成。吸取了国际货币基金组织和世界银行的经验,亚投行针对基本投票权直接采取固定比例的做法。基本投票权在全体成员中平均分配,全体成员基本投票权总和占据所有投票权的12%。相较于国际货币基金组织和世界银行5.5%左右的基本投票权,亚投行的12%的基本投票权能加大认缴数额较小的国家的发言权。但同样应当看到,随着成员的增加,每个成员得到的基本投票权数将会有所稀释。此外,亚投行每个创始成员均享有固定的600票创始成员投票权,这也有助于吸引国家申请成为创始成员。目前创始成员投票权约占总投票权的3%,但银行股份的增加将使这一比例逐渐降低。每个成员的股份投票权与该成员持有的银行股份数相当。亚投行的法定股本为1000亿美元,区域内成员与区域外成员认缴比例为75:25,且根据《协定》的规定,非经理事会超级多数票的同意,域内成员的股份比例不得低于75%。[2] 这是保持银行区域性的重要体现,能

---

[1] 丛刚:《亚洲是全球经济火车头　亚投行生逢其时》,载每日经济新闻网:http://www.nbd.com.cn/articles/2015-04-09/908296.html,最后访问日期:2015年7月10日。

[2] 参见《亚洲基础设施投资银行协定》第5条。

保证区域内成员保持对银行事项一定范围内的决定权。而成员股本分配的基本参数为成员经济体量在全球经济总量中的相对比重，并在域内和域外两个类别中按照此原则分别进行计算。成员在全球经济中的比重按照国内生产总值(GDP)计算，且该指标对于域外成员仅具有参考意义。[1]

在治理结构方面，与世界银行和其他多边开发银行相似，亚投行设立理事会、董事会、管理层三层管理架构。理事会是亚投行的最高决策机构，董事会负责亚投行的总体运营。与世界银行和其他多边开发银行不同的是，《协定》要求董事会应在非常驻基础上运作，除非理事会经超级多数投票通过另行作出决定。这是亚投行在治理结构中的一个重要探索和进步。

(三)亚投行对国际金融秩序变革的影响

除了国际货币基金组织和世界银行这种全球性国际金融机构外，现有区域性开发银行主要包括欧洲投资银行、亚洲开发银行、非洲开发银行、泛美开发银行及安第斯开发集团等，这些多边开发银行的成立并未对国际金融秩序造成巨大冲击和影响。然而，亚投行是第一个由发展中国家主导并具有主要投票权的国际金融机构，中国及其他新兴国家的全球经济影响力使得其必然将对现有国际金融的秩序产生一定影响，这也是美国最初反对其成立并施加压力阻止美国的盟友们加入的原因之一。

1. 亚投行对国际金融秩序法律理念变革的影响

虽然布雷顿森林体系已经解体，但在美国主导下建立的国际货币基金组织和世界银行依然是国际金融体系的重要支柱，美元也仍然是世界范围内影响力最大的世界货币，美国掌握着全球金融体系的主导权。然而，金融危机的爆发充分体现了现有国际金融秩序存

[1] 参见《〈亚洲基础设施投资银行协定〉的报告》。

在的问题,国际金融秩序的改革需要新的法律理念。胡锦涛同志在出席二十国集团领导人第四次峰会时曾指出:“加快建立公平、公正、包容、有序的国际金融新秩序是推动世界经济实现强劲、可持续、平衡增长的需要。”亚投行的筹建过程和功能定位充分体现了这些国际金融秩序改革法律理念的变化。

第一,公平公正理念。美国通过“一股独大”的份额始终掌握着对国际货币基金组织和世界银行的主导权,并拥有一票否决的特权,进而主导着国际货币金融规则的制定,实现对国际金融秩序的控制。2010 年 G20 决定的国际货币基金组织中发达国家将部分投票权让渡给新兴市场国家的投票权改革方案一直未得到美国国会的批准,表明美国始终不愿放弃对重大事项的决策权,只愿意这些机构为美国的利益最大化服务。而在亚投行中,中国投票权占总投票权的 26.06%,为现阶段投票权占比最高的国家,同样拥有一票否决权。不过,根据《协定》的规定,今后随着新成员的加入,中国和其他创始成员的股份和投票权比例均可能被逐步稀释。中国“第一股东”的地位不是特权,而是银行成立初期的责任与担当。这表明了中国本着公平、公正的法律理念,遵守国际通行准则,平等待人,以达成一致的方式决策。

第二,包容性发展理念。当今世界是一个多样化的世界,包容性发展的理念可以克服多样化带来的挑战。包容性发展就是要使全球化、地区经济一体化带来的利益和好处惠及所有国家,使经济增长所产生的效益和财富惠及所有人群。亚投行秉承开放包容的态度,符合条件的区域外国家均可申请成员资格。其意向创始成员为 57 个,其中包含区域内国家 37 个、区域外国家 20 个,涵盖了除美日和加拿大之外的主要西方国家,以及亚欧区域的大部分国家,成员遍及五大洲。同时,亚投行欢迎其他区域性或世界性的金融机构和投资者共同合作,共享亚洲地区发展的成果。其包容发展的理念既兼顾到了发达国家与发展中国家的利益平衡,又考虑到了国际金融秩序既得利益主体与新兴市场国家各方的利益平衡。亚投行的筹建不是对现有国际金融秩序的推翻,而是对现有国际金融秩序的修正和补充。

第三,合作发展理念。合作发展是国际经济法的一项基本原则和指导理念。在国际金融法领域,在国际金融秩序改革的过程中,我们也同样需要合作发展的理念以消除差异、弥补分歧、取得共识。亚投行是一种"新南南合作",它同时也强调南北合作及与金融机构的合作。亚投行的第二项宗旨就是:"与其他多边和双边开发机构紧密合作,推进区域合作和伙伴关系,应对发展挑战。"〔1〕这充分体现了合作发展的理念。世界银行、国际货币基金组织及亚洲开发银行等国际金融组织也都表示愿意与其密切合作,促进区域合作与伙伴关系,共同解决发展领域面临的挑战。国际货币基金组织原总裁克里斯蒂娜·拉加德在北京"中国发展高层论坛 2015 年会"上曾明确表态,"IMF 将很乐于同亚投行展开合作,世界银行也是"。亚洲开发银行原行长中尾武彦也曾表示:"亚洲开发银行与亚投行是合作关系,不是竞争关系。中国是亚开行非常重要的合作伙伴,通过和亚投行合作,可以做很多有利于亚洲的事情。"〔2〕

2. 亚投行对国际金融制度改革的影响

(1)亚投行的成立推动国际金融秩序参与主体的变化

现有的国际金融秩序中,少数发达国家控制着国际金融秩序规则的制定权,发展中国家被边缘化了。在国际金融秩序改革中,新兴市场国家和发展中国家应当拥有与其全球经济地位相匹配的国际金融规则的制定权及决策权,应当成为国际金融秩序的重要参与

〔1〕 参见《亚洲基础设施投资银行协定》第 1 条。

〔2〕 《亚洲开发银行行长谈亚投行:是合作关系,不是竞争关系》,载中国新闻网:http://www.chinanews.com/cj/2015/03-22/7148331.shtml,最后访问日期:2015 年 7 月 10 日。

主体。国际货币金融体系的变革,实质上是国家权力,特别是国家货币与金融权力在国际社会的再分配过程。[1]

相对于之前的主要国际金融机构,亚投行在新兴市场国家及发展中国家参与的数量比例、持有股份及投票权等方面有着重要的变化,其推动着国际金融秩序参与主体的变化。根据《协定》,亚洲基础设施投资银行的前三大股东分别是中国、印度及俄罗斯,都属于发展中国家。其中,中国认缴股本297.804亿美元,拥有26.06%的投票权;印度和俄罗斯认缴股本分别为83.67亿美元和65.36亿美元,投票权分别为7.5%和5.92%。此外,其他两个金砖国家——巴西和南非也全部加入,发展中国家整体的投票权在亚投行中占70%以上,这在现有的多边开发机构中绝无仅有。相对于传统的多边开发金融机构,亚投行充分反映了新兴市场国家和发展中国家的整体话语权,这是顺应世界经济发展趋势的新思维和新规则。

(2)亚投行的成立推动国际金融机构的改革

自中国在2013年10月倡议筹建亚投行之后的一年多时间里,亚投行已有57个意向创始会员方加入,其中包括英国、德国、意大利、法国等西方发达国家。这些域外发达国家不顾美国施加的压力申请加入亚投行,本身就表明了他们对现有国际金融秩序的不满,现有国际金融秩序亟待完善。亚投行的成立将促进构成国际金融体系核心支柱的国际货币基金组织及世界银行等国际金融机构的改革。

在国际金融机构决策机制改革方面,新兴市场国家和其他发展中国家曾多次要求对国际货币基金组织和世界银行进行改革,然而改革路程困难重重。亚投行的投票权制度在基本投票权占较高比例及主要按照世界经济量分配股份等方面值得国际金融机构的借

[1] 杨松等:《国际金融新秩序的法律问题》,法律出版社2014年版,第24页。

鉴，亚投行的成立也对国际金融机构决策机制的改革施加了一定影响。在2015年9月22日至25日中国国家主席习近平应邀访美期间，中国和美国达成了一系列共识，其中就包括美方承诺尽快落实2010年IMF份额和治理改革方案，并再次确认份额的分配应继续向具有活力的新兴市场和发展中国家转移。少数发达国家如果想维持布雷顿森林机构的作用，必须对机构的决策机制进行改革，否则新兴市场国家只能在原有国际金融秩序之外另寻他路了。

在国际金融机构治理结构方面，亚投行的非常驻董事会是在国际金融机构治理结构中的一个重要探索和进步。常驻董事会历来是国际机构的必要设置，其固然会起到监督管理的作用，但设置常驻董事会每年所需的费用及其导致的银行运行效率低下也经常为人诟病。尤其是在交通和通信条件大为便利的今天，出于行政效率和精简机构的考虑，亚投行决定不设置常驻董事会。高效、精简的行政范式也许会传导至其他金融机构，进而会倒逼世界银行、亚洲开发银行等金融机构重新考虑其治理结构问题。

在国际金融机构业务运营原则方面，亚投行的贷款政策充分借鉴了世界银行、亚洲开发银行等多边开发银行的经验和教训，其大部分成员属于发展中国家，能够从受援助国家的客观实际情况出发，因此承诺不会对贷款附加政治条件。但这不影响其在项目评估、环境、当地文化等方面遵循的高标准。亚投行的成立将促进世界银行、亚洲开发银行等金融机构在业务运营中从受援国家的实际情况出发，改革现有的规则，制定出更具灵活性和针对性的规则。

3. 亚投行对国际金融法律规则的影响

就国际法律层面而言，亚投行必将推动国际金融机构之间国际条约的增加。亚投行宗旨之一就是与其他多边和双边开发机构紧密合作，世界银行、亚洲开发银行等国际金融机构也都表达了与之进行联合融资的合作愿望。2015年7月17日，世界银行行长在北京记者会上表示:“亚投行是一个重要的新合作伙伴。”世行会晤了亚投行多边临时秘书处领导班子,商定未来几个月探讨联合融资的可选方案。[1] 此外,当今世界对互联网高度依赖,现代经济已离不开互联网。亚投行在建设自己的支付平台时,应注意尽量减少金融漏洞,建设一个高质量的互联网支付平台,搭建亚投行与各国银行对接的渠道。因此电子支付的国际法律规则在这个过程中也可能进一步完善。

就涉外国内金融立法层面而言,首先,亚投行的成立将对国家涉外金融风险的监管法律再次提出挑战。基础设施的建设往往需要大量的资金,投资的周期又比较长,再加之政治、军事、安全等非经济因素的风险,基础设施投资的风险较大。尤其是亚洲和东盟各国经济发展状况不同,他们期望得到比世界银行和亚洲开发银行等更为灵活、快捷、便利的投资,这进一步加大了亚投行投资的风险。而在经济全球化的今天,投资的风险早已不是一个多边开发银行或一个国家这么简单,风险的迅速传导性将对所有国家都提出挑战,这就要求国家必须进一步完善国内的涉外金融风险的监管法律。其次,亚投行的成立可能影响国家外汇资产配置结构的法律变化。目前中国的 GDP 总量已经排到全球第二位,中国的主权货币具有成为国际货币的可能性,中国也一直在努力加速人民币的国际化进程。然而主权国家货币的国际化是一个长期的过程,人民币要走向国际化,首先必须完成“地区化”的过程,以中国为主导的亚投行将是人民币地区化的关键所在。鉴于人民币具有成为国际货币的巨大潜能,其他国家可能会调整其外汇资产配置结构,增加人民币储备的比例。

---

〔1〕《世行行长金墉称亚投行为“重要的新合作伙伴”》,载中华人民共和国中央人民政府官网:http://www.gov.cn/xinwen/2015-07/17/content_2899176.htm,最后访问日期:2015 年 7 月 20 日。

（四）结论

亚投行的成立将对国际金融秩序产生多大的影响一直是学者们讨论的热点。有学者认为："中国赢得了欧洲国家初始加入亚投行的支持，与其他多边开发银行共同构成对布雷顿森林机构，即国际货币基金组织和世界银行影响力的直接挑战。"[1]但事实上，亚投行的成立虽然对国际金融秩序理念、国际金融制度及国际金融法律规则都会产生一定的影响，但从其本质上看，亚投行的建立并未动摇现有国际金融秩序。或者说，并没有对现有以美国主导的国际金融秩序构成严重挑战。中国一直认可国际货币基金组织和世界银行在国际金融体系中的重要地位，并一直呼吁对这些国际金融机构进行改革，可见中国并不想脱离现有国际金融体系。亚投行的成立只是体现了国际社会对现有国际金融秩序的不满及试图去对现有国际金融秩序作出改良的努力。

## 四、国际投资金融规则的重构——"一带一路"下国际投资争议协同治理机制的构建

现有国际投资争议解决机制存在制度碎片、非协作化、矛盾集中、投资仲裁高成本等诸多缺陷，在价值理念、应用领域方面完全不能适应"一带一路"发展需求。重塑"一带一路"下国际投资争议解决机制，以协同治理理念化解投资争议"解而不决"的困境，是中国服务"一带一路"建设和致力于国际经贸规则再造涅槃的新思路。新机制应兼顾协同治理的三大理念提升、协同治理的三大制度重构、协同治理的三大机构创新，体现协作、互利、共通、共治特征，以满足"一带一路"沿线国家解决投资诉求的问题。中国应以发展中

〔1〕 Kenneth Rapoza, *With New Bank, China Shows U. S. It's Got Soft Power*, Accessed July 10, 2015. http://www. forbes. com/sites/kenrapoza/2015/03/23/with-new-bank-china-shows-u-s-its-got-soft-power/.

立视角积极推动国际投资争议协同治理新机制的构建,并在新机制的建设中发挥重要作用。

(一)现有国际投资争议解决机制的问题

国际投资是继国际贸易之后全球经济纵深发展的主要方式。但是,各个国家由于主权利益的分歧与冲突,一个多世纪以来,始终没有达成全球范围的多边国际投资条约,而是以众多的双边条约和区域性投资协定为主体形成了国际投资条约群,并在这一条约群中,建构了目前国际投资争议解决的主要方式和机制保障。这里有以外交保护、谈判、和解、调解、斡旋为形式的政治方式解决途径;也有以诉讼为代表的司法方式;以及以仲裁为核心,磋商、调解手段为互补的非司法解决手段。就国际投资争议解决平台建设而言,既有在一国效力之内的解决机制,比如诉讼、仲裁、行政复议、调解等;也有区域性解决机制,比如欧盟投资法庭、区域协定中投资者 - 国家争端解决(Investor-State Dispute Settlement,ISDS)等;还有全球性投资争议解决机制,比如国际投资争端解决中心(International Center for Settlement of Investment Disputes,ICSID)、世界贸易组织(World Trade Organization,WTO)等。但是,目前的国际投资争议解决的国际投资条约群仍然面临着很大的问题。

第一,国际投资争议解决制度碎片化倾向越来越明显。据统计,目前全球有 2946 个双边投资协定和 376 个区域性的投资协定,有逾 3300 个国际投资协定,但是,它们在投资主体、投资待遇、投资领域、经营模式、争议解决等方面的规定差异非常大。不同投资协定之间衔接性差,能够得到不同发展阶段国家都认可的规则不多,所以,国际投资领域规则碎片化倾向明显。以 ISDS 机制为例,以传统的外交保护和东道国救济来解决投资争议的方式被资本输出国认为对保护投资者不利,因此催生了允许投资者直接启动国际法律程序——尤其是国际仲裁——的主张。[1] 随着经济全球化的发展，东道国为改善投资环境，在双边投资协定和自由贸易协定中渐渐支持通过第三方仲裁的方式解决争议，即ISDS的采用已成为惯例。[2] ISDS机制一方面使投资者能直接提起仲裁以获得有效的救济，另一方面使东道国排除了资本输出国外交保护等程序的适用。但是，ISDS从诞生时起，就一直被批评。[3] 学者针对ISDS仲裁员的选择具有主观性、仲裁员与仲裁案件具有财政和经济上的依赖性等问题，直接指出ISDS裁判独立性和公正性的缺失之弊；针对投资仲裁程序的公开性不足以及第三方的介入和参与性不足，直接指出投资仲裁缺乏透明度；针对很多仲裁庭在裁决时没有充分考虑东道国利益，为国家监管权力造成“寒蝉效应”，直接指出投资者与国家权利和义务的分配失衡的问题；针对ISDS缺乏正式有效的上诉机制以及对于投资条约的解释具有不确定性从而导致裁决不一致，直接指出ISDS效力不足的问题；等等。

随着国家间缔结的双边投资条约数量及ISDS机制受理的案件数量的增加，ISDS机制在解决外国私人投资者与国家之间的投资争议方面暴露的问题也越来越多。玻利维亚、尼加拉瓜、委内瑞拉及阿根廷相继退出《解决国家与他国国民投资争端公约》（以下简称ICSID公约）。澳大利亚政府把本国未来签订的国际投资协定将排除ISDS条款的设想写在了其2011年《贸易政策声明》中。对现有ISDS进行制度化改革已成为发展趋势。近年来，联合国贸易和发展会议（UNCTAD）和专家会议、世界投资论坛等一系列非正式会议以

---

〔1〕［德］鲁道夫·多尔查、［奥］克里斯托弗·朔伊尔：《国际投资法原则》，祁欢、施进译，中国政法大学出版社2014年版，第248页。

〔2〕W. Michael Reisman, *International Investment Arbitration and ADR: Marries but Best Living Apart*, ICSID Review, Vol. 24, Issue 1, Spring 2009, p. 186.

〔3〕Himaloya Saha, A, *Critical Analysis of the Commonly Recommended Reforms of Investor-State Dispute Settlement (ISDS)*, Legal Issues, 2016, Vol. 4:2, p. 43 – 49.

及经济合作与发展组织(Organization for Economic Co-operation and Development,OECD)投资会议等对该问题都进行了深入的讨论。

第二,发达国家主导推动投资协定和规则向着"高水平、高标准、广覆盖"方向发展,发展中国家越来越难以融入日益高水准的国际投资规范体系,投资先进国家和投资落后国家之间的差距正在逐步拉开,导致不同国家之间在国际投资领域协作日益离散、各国矛盾加深。比如,ICSID 采用临时仲裁制度,没有上诉机制;过度关注投资者,忽视东道国国家主权与公共利益,导致争议双方利益失衡;仲裁裁决的承认与执行屡受阻力,适用率低。高昂的仲裁费用是贫穷的东道国承担不起的,据统计,ISDS 案件仲裁需要花费 400 万美元,[1]其中支付的法律顾问和专家费用是应诉费用中占比最高的部分,平均超过总费用的 82%。[2] 如此高昂的应诉成本,超出了许多"一带一路"沿线国家的承担能力,这将对东道国的财政造成沉重的负担。

现有的 ISDS 机制中,仲裁员和调解员的分布和挑选也完全不能满足"一带一路"沿线国家纠纷解决的需要。根据 ICSID 的统计,截至 2018 年 1 月 30 日,ICSID 共注册案件 676 件。其中,ICSID 公约仲裁案件 605 件,占 89.5%;ICSID 公约调解案件、ICSID 附加便利仲裁案件及附加便利调解案件共 71 件,占 10.5%。其中,东道国案件被诉比例最高的地区为东欧及中亚地区(26%)和南美(23%)。本国国民被委任为仲裁员、调解员及临时委员会成员的案件比例最高的地区为西欧(47%)和北美(21%)。"一带一路"倡议覆盖和辐

[1] 张晓君、陈喆:《"一带一路"区域投资争端解决机制的构建》,载《学术论坛》2017 年第 3 期。

[2] UNCTAD, *Investor-State Dispute Settlement: Review of Developments in* 2017, Issue 2, June 2018, p. 21, Accessed October 2, 2019. https://unctad.org/en/Publications Library/diaepcbinf2018d2_en.pdf.

射区域[1]中,被诉案件总量占比 44%,但这些国家国民被委任为仲裁员、调解员及临时委员会成员案件占比 17%。其中,东欧及中亚地区被诉案件比例在所有地区中占比最高,为 26%,这些国家国民被委任为仲裁员、调解员及临时委员会成员案件比例却最低,仅为 2%;东南亚及太平洋地区被诉案件比例为 7%,国民被委任为仲裁员、调解员及临时委员会成员案件比例为 11%;中东及北非地区被诉案件比例为 11%,国民被委任为仲裁员、调解员及临时委员会成员案件比例为 4%。以上数据表明,在国际投资仲裁中,西欧、北美等发达国家对国际投资规则运用得更为得心应手,相关法律人才的储备更为充足。而"一带一路"倡议覆盖和辐射的国家因投资者的仲裁申请而被迫加入投资仲裁案件的情形较多,主动运用国际投资规则的情形相对较少,相关法律人才的储备不足,从而导致大多数案件由西欧、北美等发达国家的国民处理。他们在处理案件中,不自觉地采用符合发达国家已经形成的裁决理念和逻辑思路,对于"一带一路"沿线国家的发展需求和实际情况没有充分了解,这样的协商、调解、仲裁效果可想而知,也直接影响了裁决的承认和执行。

第三,被各个国家和海外投资者广泛青睐的仲裁解决投资争议的方式也面临不适应"一带一路"沿线国家的难题。ISDS 规则设计更倾向于保护代表发达国家的投资者利益,忽视发展中国家公共利益。近些年来,受一些东道国地方保护主义、司法腐败等政治法律体系因素的影响,ISDS 规则的解释也都倾向于保护投资者利益。[2]"一带一路"倡议的目标是"在'一带一路'建设国际合作框架内,各

---

〔1〕 根据《推动共建丝绸之路经济带和 21 世纪海上丝绸之路的愿景与行动》,"一带一路"倡议辐射区域主要包括东欧及中亚地区、东南亚及太平洋地区、中东及北非地区。

〔2〕 Guillermo Aguilar Alvarez, William W. Park, *The New Face of Investment Arbitration: NAFTA Chapter* 11, Yale J. Int'l Law 28, 2003, p. 365.

方秉持共商、共建、共享原则,携手应对世界经济面临的挑战,开创发展新机遇,谋求发展新动力,拓展发展新空间,实现优势互补、互利共赢,不断朝着人类命运共同体方向迈进。”[1]其体现了开放包容、合作共赢、公平公正的价值理念。ISDS 过度保护投资者的做法易遭到东道国的抵制,反而不利于营造和谐的投资环境。

在 ISDS 机制中,投资者在提起仲裁时往往会申请巨额赔偿。而 ISDS 机制的设计及解释均倾向于保护投资者的利益,因此仲裁庭平均裁决的赔偿标准较高。例如,2001 年阿根廷因采取紧急经济救助政策导致被大量投资者申请仲裁,其中在 ICSID 被诉金额就高达 800 多亿美元;2004 年 7 月,ICSID 裁决俄罗斯联邦向尤科斯公司的股东赔偿 500 亿美元;2015 年 ICSID 对美国西方石油公司诉厄瓜多尔中央政府一案作出终审判决,厄政府对 OXY 公司予以赔偿,赔偿总额总计达 14 亿美元。

第四,就“一带一路”来说,沿线 65 个国家中超过半数没有区域性投资协定,已有的区域性投资协定中,也不全有投资争议解决条款,“一带一路”沿线国家使用现有投资争议解决机制的效率极低,亚洲国家不超过 26%,更不用说非洲等国家了。截至 2017 年年底,全球范围内存在 3322 个国际投资协定,[2]其中大部分双边投资协定中均赋予投资者可选择 ISDS 的方式解决投资争议。ISDS 机制的具体运行平台众多,包括 ICSID、联合国国际贸易法委员会特设法庭、国际商会、斯德哥尔摩商会仲裁院、开罗国际商事仲裁区域中心等。其中,最重要的平台是 ICSID,它承办了世界上超过 70% 的国际投资争端案件。截至 2019 年 1 月 27 日,ICSID 公约共有 162 个缔

---

〔1〕 习近平:《开辟合作新起点谋求发展新动力》,载人民网:http://politics.people.com.cn/GB/nl/2017/0516/c1001-29277113.html,最后访问日期:2019 年 10 月 1 日。

〔2〕 UNCTAD, *World Investment Report* 2018, Accessed October 1, 2019. https://unctad.org/en/PublicationsLibrary/wir2018_en.pdf.

约国(生效国154个),“一带一路”倡议的136个合作国家[1]中,没有加入ICSID公约的有23个国家,未生效的有5个国家。[2] “一带一路”参与国无法利用ICSID解决投资争议的国家比例为23%。此外,对于已经加入《华盛顿公约》的国家,还可能因在加入时对公约的某些条款作出保留,从而影响公约的适用。

(二)“一带一路”倡议下国际投资争议解决新思路:协同治理机制

1. 共建共治共享是构建新机制的出发点

“一带一路”沿线国家有着相似的历史文化。借用古代丝绸之路的历史符号,追溯着古代丝绸之路历史和民俗,“一带一路”沿线各国有着共同的历史文化记忆,在推进沿线国家发展战略的相互对接,实现优势互补、互利共赢的过程中,更加容易打造合作包容的经济平台,更有可能达到利益平衡点,更有希望成为利益共同体;在互联互通的支持下、共商共建的过程中,达到共享新机制红利的目标。

“一带一路”沿线国家有着相似的制度结构。它们多为发展中国家和转型经济体,经济后发优势明显,但是目前经济发展水平偏低,很多国内经济结构不合理,市场化程度较为落后,对全球经济贡献度偏低。以发达国家为主导建立的国际投资条约群完全不能适应这些国家的投资现状和需求,这些国家急需既能吸引外资、又能维护本国经济利益、促进经济高速发展的规范体系。

“一带一路”沿线国家有着交融相近的风险传播机制。沿线国

[1] 中国的“一带一路”建设面向所有国家开放,国家范围并没有、未来也不会设限,各国均可通过参与共建,为本国和区域经济的繁荣发展作出贡献。本文中,“136个国家”指已同中国签订共建“一带一路”合作文件的国家,具体名单见《已同中国签订共建“一带一路”合作文件的国家一览》,载中国“一带一路”网:https://www.yidaiyilu.gov.cn/xwzx/roll/77298.htm,最后访问日期:2019年10月1日。

[2] 数据根据ICSID官网及中国“一带一路”网统计计算。其中未加入《华盛顿公约》的国家包括:南非、科特迪瓦、安哥拉、吉布提、利比亚、缅甸、越南、老挝、文莱、马尔代夫、伊朗、塔吉克斯坦、希腊、波兰、纽埃、库克群岛、瓦努阿图、玻利维亚、委内瑞拉、苏里南、厄瓜多尔、安提瓜和巴布达、多米尼克;加入但未生效的国家包括:纳米比亚、埃塞俄比亚、吉尔吉斯斯坦、俄罗斯、多米尼加。

家发展阶段相近,发展面临的问题类似,沿线国家对彼此的认知和接纳程度相契合,都希望获得对自己国家更加有利的国际规范制度的保护和支持,所以,沿线国家对建立真正公平合理的国际投资法治秩序有着共同的立场。“一带一路”沿线国家希望对国际投资争议解决的方式选择、规则设计、法律适用等,由各国协商确定,而不是拿尚有争议的规则套用到这些国家的投资领域中。已有的ICSID、WTO、区域和双边投资争端解决机制,可以为“一带一路”投资争议解决新机制的建立提供参考。

2. 协同治理是处理国际投资争议“解而不决”的新机制

现行的投资争端解决机制发端于第二次世界大战后的布雷顿森林体系,均是由发达国家主导设立的,没有完全尊重“一带一路”沿线国家的文化、社会、传统习俗,不能很好适应“一带一路”沿线国家的需要。对于沿线国家的投资争议“解而不决”,不但影响了沿线国家在国际投资中的获得感和实际利益,而且也削弱了各国加强国际合作、融入全球经济发展的动机和积极性。俞可平对于国家治理现代化的研究为我们思考如何有效解决国际投资争议提供了新思路,即治理是通过合作、协商、伙伴关系,以确立认同和共同的目标等方式实施对公共事务的管理。我们关切地注意到治理有四个特征:体现在活动或者是过程中;协调而不是控制;私人部门的参与;持续的互动代替正式制度。[1] 联合国的全球治理委员会指出,治理是“使相互冲突的或不同的利益得以调和并且采取联合行动的持续的过程”。[2] 如果我们把当下国际投资争议始终不能有效解决所面临的问题放在治理的思路中去思考,我们会发现,采用协同治理的思路对于国际投资争议解决机制具有建设性意义。协同治理机制

---

〔1〕 俞可平:《论国家治理现代化》,社会科学文献出版社 2014 年版,第 21 页。

〔2〕 俞可平:《论国家治理现代化》,社会科学文献出版社 2014 年版,第 20 页。

注重主体的协作性、投资行为的互利性、投资环境与政策的共通性、收益保障措施的共治性、争议解决结果的互认性,这恰恰是现有碎片化的争议解决机制所不能做到的。国际投资争议解决时东道国与母国的矛盾、东道国与投资人的对立、裁决标准不一致、裁决结果不被执行等“解而不决”的困境和难题,恰恰可以通过协同治理机制化解。

“一带一路”投资争议解决的协同治理机制的本质在于建立以沿线国家为主导的投资争端解决机制,是一种代表发展中国家利益诉求和发展要求的解决方案。协同治理的机制强调过程的参与、解决纠纷时的互动、国家与投资者的协同共进,这些都体现了协同治理机制对当下国际投资争议解决机制的创新。协同治理机制并非要取代原有投资争端解决机制,而是对现有投资争端解决机制的有益补充。这种国际投资争议协同治理机制追求的特征是:以理念提升实现回归投资和发展本位;以机制重构平衡多方利益和化解矛盾诉求;以机构创新实现区际保障和全球普惠发展。

3. 协同治理新机制的内涵与建构

(1)协同治理的三大理念提升

没有一种方式和手段可以一劳永逸地消灭国际投资争议,争议与投资是相伴而生的,但是解决方式各有差异。实效性和便捷性是投资各方在选择解决争议方案时的基本依循。实效性(有效解决争议)取决于投资各方的认同,由换位思考促成的相互理解,争议各方都有收获,才能达成共识。因而,协同治理的合作发展,应该成为“一带一路”投资争议解决的新理念,它契合了“一带一路”沿线国家的共同利益。协同治理理念强调的是在承认沿线国家发展存在分歧的前提下,尊重各国发展阶段的不同,尊重各国发展的差异需求。遵循“共商、共建、共享”原则,实现治理秩序的公平有序及各个国家的合作共赢。在具体落实协同治理原则时,体现为自主选择、包容互谅、协作执行。便捷性是针对争议解决的程序顺畅而言，如何取得投资各方认同的方便性？中国法院近些年一贯倡导的“一站式”纠纷解决做法，为国际投资争议解决提供了便捷性的新思路。2018年最高人民法院设立了国际商事法庭，这是中国处理国际商事纠纷的常设审判机构，旨在推动诉讼、调解、仲裁有机衔接，形成便利、快捷、低成本的“一站式”争端解决平台。国际商事法庭的设立，为“一带一路”沿线国家平等主体间的国际商事纠纷的快速、便捷、有效解决提供了协同治理的方案。

①协同共进。

《说文解字》中提出：“协，众之同和也。同，合会也。”“协同”一词意味着和合共同，团结统一，协作会同，互相配合。“协同”一词本身就包含着合作之意，投资争议协同治理机制承认各国在投资争议处理中存在分歧，但各国可以在合作的基础上达成符合各方利益的解决方案，从而实现共赢。这符合“一带一路”沿线国家的发展现状，也契合各国的发展需求，是“一带一路”倡议的“共商、共建、共享”原则的落实。

②合作共赢。

合作发展的法律理念体现在《联合国宪章》《建立新的国际经济秩序宣言》《各国经济权利和义务宪章》等众多重要的国际性和区域性国际法文件中。在相互依赖的经济体系中，各国依然坚持的独立，已导致了经济的混乱和人们的贫穷。[1] 人类社会是一个相互依存的共同体，经济全球化背景下的国际合作应当是以和谐互助、共生共利理念为基础。“弱肉强食”的丛林法则不应再被当作理所应当的制度安排，权力驱动下的国际合作因其公平性和稳定性的欠缺

〔1〕［美］路易斯·亨金：《国际法：政治与价值》，张乃根等译，中国政法大学出版社2005年版，第223页。

而逐渐转向共同利益导向的国际合作。国际投资争议的协同治理机制是一种尊重各国发展的差异需求和制度、体现合作互利共赢的新机制。

③公平互利。

公平互利是国际经济法的一个基本理念,《各国经济权利和义务宪章》及《建立国际经济新秩序宣言》等重要国际法文件中均体现了公平互利的理念,将公平互利作为指导国际经济关系的基本原则。公平并不必然就是均等,[1]其强调实质上的平等。互利则强调各方互相有利,不能以损害他国的利益来满足单方利益。对于经济实力悬殊、实际地位不平等的不同类国家来说,公平互利落实于原有形式平等关系或虚假平等关系的纠正以及新的实质平等关系的创设。[2]"一带一路"投资争议协同治理机制目的在于在"一带一路"区域内,改变既有国际投资争议解决机制中体现的过分保护投资者利益的这种不公正现状,建立平衡投资者与东道国权益且真正符合"一带一路"参与国家利益的新机制。"一带一路"投资争议协同治理机制体现了公平互利的理念。

(2)协同治理的三大机制重构

针对"一带一路"下国际投资争议,应当以系统化的体制,促成协同治理。该体制应当包括国际投资争议的预防机制、国际投资争议的解决机制以及国际投资争议解决的保障机制。

①预防机制。

国际投资争议预防机制应当是一个包含国内制度与国际制度的综合性、多元性的机制。国内制度的预防主要体现在建立外资投诉体系、国内行政保护以及设立专门预防国际投资争议的机构。推

[1] [美]路易斯·亨金:《国际法:政治与价值》,张乃根等译,中国政法大学出版社2005年版,第153页。

[2] 陈安:《陈安论国际经济法学》(第1卷),复旦大学出版社2008年版,第446~447页。

动沿线国家建立和完善外资投诉体系,为外资反映和处理与东道国行政机关的冲突提供便利。目前,我国有三类处理外资投诉的平台,分别是外资企业投诉中心、外商投资企业协会及台商投诉协调中心,但遗憾的是,三大平台无任何联动机制,容易造成预防争议上的交叉重复或空白推诿,也存在投诉制度覆盖面窄、受理范围没有针对性、分工不清、体制混乱等问题。国内行政保护主要是针对涉及东道国政治风险的信息收集、公开与共享机制,投资者自身缺乏对于“一带一路”沿线国家的政治状况、投资环境、政府政策等政治风险分析能力,政府需要通过相关政策来解决“一带一路”海外投资政治风险的信息收集和信息分析问题,并积极探索与其他国家的合作机制,建设信息公开共享机制以及东道国风险预警机制。此外,政府还需要设立专门预防国际投资争议的机构,负责投资条约义务的国内实施和推广;负责对行政官员的培训;负责信息的收集、分析与公开;获得充分授权以同投资者谈判,提出替代性解决争端的方案;等等。

区际和国际制度的预防应当重视单边、双边及多边投资保险制度的建构,单边投资保险机制依靠用尽当地救济及外交途径来解决;双边投资保险机制依靠代位求偿权制度的完善;多边机制(比如多边投资担保机构)是针对投资者与东道国投资争议预防的有效机制,在“一带一路”背景下,可借鉴多边投资担保机制,构建区域投资保险机制。

②解决机制。

与“一带一路”倡议相匹配的国际投资争议解决机制应当采取结合“一带一路”沿线国家实际情况的系统的、多元化的措施。多元性主要体现在救济机制的多元化、救济主体的多元化、救济规范的多元化以及救济措施选择的多元化上。多元化的解决机制,可协调不同条约义务的冲突,解决可能出现的国内外“平行程序”问题,有效率地选择ISDS机制。“一带一路”替代性争端解决机制这种非司法手段,以合作共赢为理念,是解决争议的优先选择,应注重对该机制的完善。而“一带一路”沿线国家在强制磋商制度上尚无一致规则,亟须推进强制磋商规范化和前置性程序地位的认定。这样,以“一带一路”沿线国家为协同主体,推动各国已有协定的修改和新协定的协调,体现“一带一路”一致的理念和考量因素,可以高效并且可接受的方式解决投资者与国家争端的问题。

③保障机制。

国际投资争议保障机制在于投资者及东道国权益得到真正的保护。诉讼、投资仲裁裁决承认与执行机制是国际投资争议解决的保障。诉讼、投资仲裁的解决方式是否有效,关键取决于判决、仲裁裁决是否能够得到有效的执行。投资仲裁与商事仲裁的区别对裁决被承认与执行有着明显的影响,能否建立“一带一路”下仲裁裁决承认与执行的区域性公约,是值得探讨的。

总之,我国应从以上三个方面,推动构建协作、互利、共通、共治的投资争议治理体制。

(3)协同治理的三大机构创新

“一带一路”沿线政治高风险及投资争端的涌现,为我国牵头协商投资争端解决机制提供了契机。借助亚投行业已积累的共识,建议以亚投行为平台,在亚投行下设三个独立的机构:

一是“一带一路”投资保险(担保)机构。该机构的功能在于,一方面通过该机构的创设与运用,减少成员国部分政治风险,降低国际投资争议的发生或争议恶化的可能性;另一方面,该机构将私人投资者与国家之间的争端转化为区际组织与国家之间的法律关系,即国家对国际条约的履行问题。其可以被认为是对投资者与国家投资争端的有效预防机制,能为用尽当地救济的认同提供共识。

二是“一带一路”投资争端解决中心。该机构的功能在于，促进“一带一路”沿线国家投资争端的解决。国际投资仲裁机制面临正当性危机，“一带一路”沿线国家之间谈判修订或签订双边投资条约（BIT）也非易事。“一带一路”沿线国家之间存在较为紧密的贸易和投资往来，这些国家之间有共同解决贸易和投资争端的需求，将这些投资争议交由专门解决“一带一路”国家投资争议的机构，不仅符合这些国家的区域利益需求，在情感上也容易获得认同。[1]

三是“一带一路”投资信息共享与服务中心。考虑到“一带一路”沿线国家较高的政治风险、风险信息收集的专业性和较为广泛的行政部门覆盖面，设立“一带一路”投资信息共享与服务中心，能预防投资风险，避免投资争议的发生。该机构的功能在于解决“一带一路”海外投资政治风险的信息收集和信息分析问题，并承担信息公开与共享机制的建设。

中国要在“一带一路”下国际投资争议协同治理机制建构中发挥作用，须以国内法治改革和全球化治理为底色，以现有国际区际双边机制为参照，逐步形成制度特色和机制红利，以带动“一带一路”沿线国家尊重、尝试、接纳、接受、运用中国提出和推动的国际投资争议解决的主张和路径。

（三）推进协同治理机制面临的挑战与突破

1. 新机构创建及其与现有机构的协调难题

“一带一路”投资争议协同治理机制拟创设的三个新的机构中，难度较大的是“一带一路”投资保险（担保）机构及“一带一路”投资争端解决中心。二者都面临着创建困难及如何与现有机构协调的难题。

---

〔1〕 向磊：《论“一带一路”背景下国际投资争议的解决路径》，载《中国国际财经（中英文）》2018年第7期。

(1)“一带一路”投资保险(担保)机构创建正当性及制度突破

现有的单边、双边及多边投资保险机制各有优劣。单边投资保险机制依托国内机制,以用尽当地救济为前提,通过外交途径解决,对本国投资者的担保最为有效。双边投资保险机制以代位求偿制度将私人投资者与东道国间的争议转化为国内保险机构与东道国之间的双边赔偿关系。多边投资保险机制的代表性制度就是《多边投资担保机构公约》,多边投资担保机构(Multilateral Investment Guarantee Agency,MIGA)以中立的调停人角色将私人投资者与国家之间的争端转化为国际组织与国家之间的法律关系,即国家对国际条约的履行问题,促进成员国之间以和平方式解决投资争端。目前国际投资保险制度始终没有适用于“一带一路”沿线国家之间的投资风险预防。

首先,应该看到,“一带一路”沿线国的单边投资保险机制发展落后,受制于用尽当地救济规则、卡尔沃条款等,沿线国家基本没有在国内建立对外商投资保险的机构和制度。2001 年成立的中国出口信用保险公司(以下简称中信保)是依据国务院的相关通知等文件组建的,通知等文件中并未授权中信保作为海外投资保险的承保机构。数量有限的双边投资保护协定,多数不含有投资保险制度,即使有的双边协定规定了投资保险的内容,也没有全面覆盖“一带一路”区域国家,[1]所以,“一带一路”下投资保险制度的碎片化特征非常明显,关于征收、国有化、代位求偿等规定并不统一。其次,就多边投资担保机制的适用看,按照 MIGA 公约,MIGA 的担保容量主要依据各成员持股比例进行分配,MIGA 对承保的投资项目质量要求较高、手续繁琐且价格高昂,这就决定了其承保能力有限,没有针对“一带一路”沿线投资特点进行设计保险种类,MIGA 的担保缺

〔1〕 参见《我国对外签订双边投资协定一览表》,载商务部官网:http://tfs.mofcom.gov.cn/article/Nocategory/201111/20111107819474.shtml,最后访问日期:2019 年 2 月 10 日。

乏针对性,不能及时、全面、便捷地为“一带一路”沿线国境内的外国投资提供保险保证。最后,“一带一路”沿线国家多数都不是MIGA公约的成员方,如文莱、缅甸、巴勒斯坦等,它们自然不会运用MIGA机制保护外国投资者。“一带一路”建设的区域属于经济相对落后、市场化程度不高、投资的政治风险和商业风险都比较高的区域,严重影响私人投资者在“一带一路”沿线的投资,所以,尝试建立符合“一带一路”要求的投资保险制度,提升“一带一路”沿线投资的保障性,是必须思考的制度建设。

我们有必要专门针对“一带一路”沿线投资的风险特点和表现,以及“一带一路”沿线国家发展需要,建立一个区域性、开放型的投资担保机制,而亚投行的运行,为建立这样的区域投资保险机制提供了可行性平台。亚投行可以成为建立“一带一路”区域投资保险机构的重要载体。亚投行作为区域性政府间国际金融机构,为不同国家的基础设施建设提供不同类型的资金支持,其治理机制与世界银行类似。亚投行可以考虑借鉴世界银行下设多边投资担保机构的成功经验,设立区域性投资保险机制,为“一带一路”沿线私人投资基础设施建设提供多边保险支持和保障。

构建区域投资保险机制,关键和难度在于“一带一路”沿线国家是否达成愿意由国家出面解决投资风险的共识。如何保障私人投资者避免“一带一路”沿线的政治风险和与东道国发生的行政性纠纷,是私人投资者最为担心的地方,也是“一带一路”行稳致远的首要保障。“一带一路”沿线基础设施较为落后,加之一些沿线国家的法治和管理制度不够健全,私人投资者投资其基础设施建设除了要考虑时间长、投资大、回收慢等不利因素外,还可能会承担更加不确定的政治风险。沿线国家只有出面担保国内政治风险,并愿意与投资国一道,为投资者营造一个良好和可预期的国际投资环境,才能从根本上实现借助他国资金发展本国经济的目标。而现有的MIGA

又不能恰当适用于沿线东道国，当前只能针对沿线国家的投资风险特点，采用双边或者多边条约的方式，推动建立“一带一路”多边投资担保机制。这一机制要对 MIGA 机制有所扬弃，比如，对合格东道国、合格投资及代位求偿的范围应有所扩大；可以采用多样化、灵活性的赔偿方式，例如，除资金赔偿外，也可以采用期权、政策支持等赔偿方式；保险范围可以包括部分商业风险；可以考虑适当变更投保方式，允许在特殊情况下先行签订投保合同，而后才经东道国同意；或者可以对经过东道国同意的投资项目采取不同的保险费率，在承包险别中增加“一带一路”下东道国的新型风险；等等。依托亚投行建立“一带一路”国际投资保险机构，可建立起对“一带一路”下国际投资争议的预防机制，消解现有国际投资保险机制的缺欠，不但能服务于“一带一路”建设，而且能为国际投资保险制度的创新和改革提供可资借鉴的样本。

(2)“一带一路”投资争端解决机制创设挑战

及时有效解决投资争议是“一带一路”沿线投资面临的又一大难题。虽然目前国际社会已经有了诉讼、仲裁、调解等解决方式，但是，国际投资仲裁机制面临正当性危机，诉讼的司法方式仅限于一国司法主权之下，调解与磋商始终作为前置程序或者辅助机制的作用很有限。各个国家之间谈判修订或签订双边 BIT 也非易事。“一带一路”沿线国家之间较为紧密的贸易和投资往来，使它们有共同解决贸易和投资争端的需求，因此，有必要建立以条约为基础的解决“一带一路”投资争议的争端解决协调机制。世界银行下的 ICSID，依托于国际复兴开发银行的积极推进而创建，亚投行治理机制与世界银行类似，我们可以借鉴 ICSID 的成功经验，借助亚投行推动“一带一路”投资争端解决中心的建设，以保障“一带一路”投资争议的顺利解决。

“一带一路”投资争议协调中心，应该是一套相互衔接的工作机制，集谈判、协商、斡旋、强制磋商、复议、仲裁、诉讼解决等手段于一体。虽然当事方直接进入仲裁或者通过诉讼解决的效力和权威性，看似有利于尽快解决争议。但是，仲裁诉讼的成本高、持续时间长，对于一些认定性争议或者小份额的争议并不是首选方式。充分发挥协商、磋商、谈判等方式的作用，通过多边协议或者条约把这些方式制度化、规范化，约束各成员遵守它，从而提高非仲裁诉讼方式的适用效力和范围，这样的设计，应该是“一带一路”投资争议解决的特色和优势之处，应予以发扬。同时，应创设投资争议解决中心机构，用于仲裁和诉讼。这一中心的设立需要妥善解决如下问题：①相较于 ICSID，“一带一路”投资争端解决中心要有所创新和改进。比如，“一带一路”投资争端解决中心可考虑增加上诉机制、法庭之友制度、国内实施保障、加入机制等，以解决 ISDS 机制存在的饱受诟病的公正性、平衡性、裁决一致性缺失等问题。对于这些制度创新，沿线国家是否能够普遍接受，存在不确定的风险。②“一带一路”投资争端解决机构与 ICSID 的关系问题。“一带一路”投资争端解决机构与 ICSID 相似，均是实际解决投资者和东道国之间投资争议的机构，二者在受案范围上必然存在一定的交叉，如何协调二者的关系也是区域保险机制面临的挑战。

“一带一路”投资争端解决中心的创设不是一蹴而就的，国际社会对 ISDS 机制的改革存在共识和实践。欧盟投资法庭制度就是改革 ISDS 的典型代表，其突破了传统 ISDS 非常设仲裁庭及一裁终决的设置，通过常设投资法庭及上诉机制的建立，并通过增强东道国的规制权来试图建立全新的争端解决制度。[1] 在 ISDS 机制面临改革的背景下，只要“一带一路”投资争端解决中心引入的是平衡投资

---

〔1〕 Schwieder R. W., *TTIP and the Investment Court System: A New (and Improved?) Paradigm for Investor-State Adjudicate*, Columbia Journal of Transnational Law, Vol. 55, 2016, p. 194.

者与东道国权益的创新性机制，坚持“共商、共建、共享”原则，“一带一路”沿线国家是可以逐步接受的。就中心与ICSID关系而言，“一带一路”沿线国家中，由于不是ICSID公约缔约国而无法利用ICSID机制的国家比例高达23%，目前ICSID成员退出ICSID公约的情况时有发生，影响了该公约的广泛适用性和全球影响力。而“一带一路”投资争端解决中心属于区域性国际组织，仅受理因“一带一路”倡议而发生的投资争议；ICSID公约这一多边性和国际性的公约受理的投资争议也是全球范围的，两者存在很大差异。ICSID与“一带一路”投资争端解决中心应当是互相补充的关系，而非竞争的关系。

2. 当地救济原则的回归与“一带一路”投资争议的解决

20世纪90年代以来，随着投资自由化理念的勃兴及投资仲裁机制的建立，用尽当地救济原则在解决东道国与私人投资者的国际投资争议中作用式微，多数双边或多边投资协定对此内容均呈现弱化趋势。然而，近些年来，ISDS机制暴露出越来越多的问题，甚至面临合法性和正当性的质疑，以致一些国家相继退出ICSID公约。2011年，澳大利亚政府在其《贸易政策声明》中也宣布其未来签订的国际投资协定将排除ISDS条款。2015年，印度修改BIT范本，纳入了2003年BIT范本中没有要求的用尽当地救济规则。新的国际投资背景下，用尽当地救济规则出现了“回归”的新动向。[1]

用尽当地救济原则解决国际投资争议具有它的正当性。其一，它有利于维护东道国国家主权。该原则源于传统国际法的属地管辖优先惯例，强调东道国对投资争议的优先管辖权，尤其在涉及国

〔1〕 倪小璐：《投资者–东道国争端解决机制中用尽当地救济规则的“衰亡”与“复活”——兼评印度2015年BIT范本》，载《国际经贸探索》2018年第1期。

家安全或重大经济利益争议的案件中，各个国家都坚持本国管辖优先，所以，该原则一直被认为是维护国家主权的重要途径。一方面，它的适用可以避免投资者母国利用外交保护的手段干涉他国内政，有利于投资争端的和平解决，避免国际冲突。另一方面，因为依据东道国法律作出的行政与司法程序下的裁决和判决，更容易在东道国得到承认和执行，所以该原则能够更好地避免国际投资仲裁中部分裁决无法承认和执行的难题，反而更有利于保护投资者的权益。其二，该原则可以倒逼国内法治的完善，因为它在赋予国家对投资争议的管辖权的同时，也考验着本国的司法水平，可以在国际化的水平上更好地促进国内法治建设。

在“一带一路”投资争议解决中适用“用尽当地救济原则”更有其现实意义。中国进入“一带一路”沿线国家进行建设和资金投入，需要得到当局和当地的认可与支持，承认当地救济原则，直接表明了我们对东道国政府的高度信任和依赖，可以大大缓解东道国政府以及竞争的市场主体的疑虑和偏见，有利于我国投资者更好地融入当地文化与经济建设中，从而使“一带一路”倡议具有持久效力和作为。当然，为了有效防范东道国政治风险对我国投资人的影响，我国政府与东道国政府需要尽快达成协议，通过双边或者多边条约去化解我国投资人遵守和沿袭东道国法律和习惯带来的政治风险，在运用用尽当地救济原则时，需要注意：(1)“用尽”的标准问题。纠纷解决有协商、调解、仲裁、诉讼等多种方式，“用尽”的标准在理论上缺乏统一认识，国际实践中也不尽一致，需要作出明确确认。(2)“用尽当地救济”中的“期限”问题。因为司法制度的差异，各国对纠纷解决的时间规定不可能一致。(3)平行救济问题。当地救济和投资仲裁救济的冲突一直存在，虽然岔路口条款规定了在当地救济与投资仲裁救济之间选择一种救济方式，但也可能因为在当地正在审理的争端不满足“诉因一致、当事人一致、诉求一致”这三项条件而被仲裁庭确定其有管辖权。仲裁庭条约解释的不确定性增加了适用用尽当地救济原则的困难。(4)用尽当地救济中的当地化保护倾向问题。“一带一路”沿线国家大多为发展中国家,国际投资保护法治水平整体不高,在当地救济的过程中,容易倾向于保护东道国的利益,从而影响该原则在“一带一路”下投资争议解决的适用。

针对以上挑战,可以考虑如下应对建议:首先,东道国应当给予投资者明示的救济措施。东道国倾向于保护本国的投资安全是合情合理的,但是东道国应当对其当地性保护倾向予以法律化、透明化,以便投资者作出理性判断,应当杜绝没有规则的情形下的事后保护。其次,大多“一带一路”沿线国家法治不够健全,对其投资风险较大,过分依靠用尽当地救济可能会增加投资者的投资风险,故可采用逐步推进的措施,在双边或者多边投资协定中,附期限和附条件地适用“用尽当地救济原则”。再次,可以考虑有条件地平行适用“用尽当地救济”和非诉讼纠纷解决程序(ADR)的方式解决国际投资争议,以提高争议解决的效率。例如,可以考虑在双边或多边条约中要求“在解决国际投资争议时,东道国首先采用ADR的方式解决争议”。最后,可以提倡东道国加强对当地救济措施的专门化建设,提倡建立东道国当地救济措施的快速处理通道。

总之,在国际投资争议解决中,当地救济是效率更高、解决效果更好的一种措施,当地救济的有效适用有利于保护投资者。尤其在“一带一路”投资争议解决中,该规则有利于吸引更多国家加入“一带一路”倡议中来,倒逼东道国改善投资保护水平。从本质来看,其是一种“多赢”战略。因此,在用尽当地救济规则回归的趋势下,该规则不应被忽视,其至少应与国际投资仲裁制度并行发展,通过进一步完善规则,让其适用更为有效,从而被各个国家所接受。

(四)中国与“一带一路”国际投资争议协同治理机制构建

1. 发展中立视角(非发展中国家视角)下的构建理念

在构建“一带一路”国际投资争议协同治理机制中,中国应该如何发挥作用?近些年来,中国对外投资在全球外国直接投资中的影响力不断扩大,中国已经从原来的单纯资本输入国,成长为资本双向流动的国家。截至2017年年底,中国对外直接投资存量达到18,090.4亿美元,占全球外国直接投资流出存量份额的5.9%,分布全球189个国家和地区,对外投资存量规模升至全球第二,连续25年居于发展中国家首位。2014年以来,中国对外直接投资已经超过实际使用外资数额,成为全球第二大资本输出国。2017年,中国对外直接投资总额1582.9亿美元,虽然比2016年(1961.49亿美元)有所下降,但仍然位居全球第三位。根据官方统计数据,中国在与“一带一路”沿线国家的经济往来中,从2015年至2017年,中国连续三年均以资本输出为主,向“一带一路”沿线国家的投资分别为189.3亿美元、153.4亿美元、201.7亿美元,分别是实际使用“一带一路”沿线外资的2.24倍、2.17倍以及3.63倍。

整体来看,中国已经从传统的资本输入国发展成为资本双向流动的发展中国家,实际使用外资及对外直接投资相对均衡;而在与“一带一路”沿线国家的经济交往中,对外直接投资远超过输入外资数额,且这一趋势相对稳定,这是中国参与构建和推动国际投资法律机制的出发点。中国资本流动方向的改变直接影响着中国参与全球经济治理的立场和改革现有国际经济秩序的动力。中国作为一个双向投资大国,特别是在“一带一路”投资中处于主动地位的国家,在主导“一带一路”的国际投资争议解决新机制构建时应当秉持发展中立的立场和态度,既要考虑改革现有争议机制过分保护投资者权益的现状,又不能过分偏袒以发展中国家为代表的东道国利益,而应该高瞻远瞩,在秉持共商共建共享理念的同时,构建既保障海外投资者需要且符合东道国发展利益的新机制,使投资者与东道国在互相包容下实现互利共赢和利益平衡。要想做到"一带一路"投资争议解决机制能够顺应沿线国家需要和国际投资趋势,就要以公平为底色,创新性地引导各国坚持发展中立、利益中立、竞争中立,这才能够获得更多国家的支持和认可,从而吸引越来越多的国家和国际组织参与到"一带一路"倡议中来,实现有利于资本输入国和资本输出国共同发展、求同存异的协同治理机制。

2. 中国在构建协同治理机制中的主体作用

(1)中国在全球经济地位逐步提高

中国经济实力已经出现了质的变化。自2010年以来,中国超过日本,成为仅次于美国的世界第二大经济体。2013年至2017年的5年间,中国的国内生产总值(GDP)总量持续增长,分别为9.607万亿美元、10.482万亿美元、11.065万亿美元、11.191万亿美元、12.238万亿美元。中国的GDP占全球比重也在稳步增长,从2013年的12.46%,增长至2017年的15.16%。5年来,中国GDP增速始终在7%左右,高于世界GDP平均增速2.5倍左右。2017年中国对外贸易总额为41,045.02万亿美元,占世界贸易总额的12.8%,超过美国的3.956万亿美元,世界排名第一。2017年年底中国外汇储备达到3.14万亿美元,占全球外汇储备比重为27.5%。2018年年底中国的外汇储备为3.0727万亿美元,相较于2017年虽有小幅下降,但仍然远高于其他国家,增幅已连续13年居世界第一。中国经济总量的增加,有助于其经济实力的发展和影响力的增强,并在一些领域开始对全球经济的稳定与增长发挥重要作用,比如,中国国内的经济稳定态势给了国际社会以极大信心,国际上越来越多的发展中国家认可和效仿中国道路,这直接带动了中国对"一带一路"沿线国家的影响力。中国对"一带一路"沿线国家进出口贸易额也在稳步增长。2018 年中国与“一带一路”沿线国家货物贸易进出口总额达到 1.3 万亿美元，同比增长 16.3%。其中，中国对沿线国家出口 7047.3 亿美元；自沿线国家进口 5630.7 亿美元。[1] 从 2013 年至 2018 年，中国与“一带一路”国家进出口总额已经达到 82,434.23 亿美元。[2]

中国经济稳步增长的态势，及其在全球经济调整中的贡献度，特别是有条不紊地推进“一带一路”倡议的发展战略，都决定了中国有能力也有责任在“一带一路”投资争议解决新机制的创建中发挥重要作用。

(2) 中国的全球公共产品制度供给诉求

中国具有参与全球经济治理和公共产品供给，提高在全球经济治理中的制度性话语权的诉求。党的十八届五中全会工作报告提出“积极参与全球经济治理和公共产品供给，提高我国在全球经济治理中的制度性话语权，构建广泛的利益共同体”，“积极参与全球经济治理，促进国际经济秩序朝着平等公正、合作共赢的方向发展”。《中共中央关于制定国民经济和社会发展第十三个五年规划的建议》中明确提出，我们需要积极参与全球经济治理，坚定维护和推动经济全球化，全面参与全球国际经济金融规则及标准的调整和制定，积极引导全球经济议程，推动全球治理理念创新发展。2018 年第十三届全国人大明确把“构建人类命运共同体”纳入宪法，体现了中国同舟共济的全球观和共同发展的命运观，中国致力于通过“一带一路”倡议，与世界各国实现合作共赢。可见，中国具有积极

---

[1] 《中国去年与“一带一路”沿线国家进出口总额达 1.3 万亿美元》，载中国“一带一路”网：2019 年 1 月 25 日，https://www.yidaiyilu.gov.cn/xwzx/bwdt/78295.htm，最后访问日期：2019 年 2 月 10 日。

[2] 国家信息中心“一带一路”大数据中心编撰的《“一带一路”大数据报告（2018）》（商务印书馆 2018 年版）提供了 2013 年至 2017 年的数据；2018 年的数据来源于中国“一带一路”网：https://www.yidaiyilu.gov.cn/xwzx/bwdt/78295.htm，最后访问日期：2019 年 1 月 25 日。

参与国际经贸领域治理的强烈愿望。经济高速发展的中国是经济全球化的受益者，也应该是贡献者。中国的贡献之一就是对全球投资贸易规则和理念的创新。“一带一路”是中国参与全球治理、作出贡献的重要平台。中国应该积极广泛参与国际经贸治理规则的制定、设计和构建，依托“一带一路”倡议，积极参与全球规则的制定，进而推动全球秩序的重构，并在这个过程中，主动参与全球价值文化的建构。从规则参与，到秩序重构，再到价值提升，这应该是中国承担国际责任和全球战略的逻辑路径。[1] 所以，中国需要推动形成以发展中国家为主导的、多边的投资争议解决的新思路，推进国际投资规则向着符合“一带一路”倡议、体现“一带一路”沿线国家利益、有利于我国开放型经济的方向发展。

为积极参与全球经济治理和公共产品供给，中国一方面积极推动原有国际经济组织改革，比如国际货币基金组织、世界贸易组织等；另一方面先后主导或参与主导建立了亚投行、丝路基金及金砖国家新开发银行等区域性组织。2013 年中国提出建立亚投行倡议，迄今有 100 个成员国，[2] 法定注册资本达 1000 亿美元。2014 年中国推动成立金砖国家开发银行，并出资 400 亿美元成立丝路基金，为“一带一路”框架下的经贸合作提供融资支持。目前，亚投行、丝路基金及金砖国家新开发银行均根据机构的宗旨和规则正常运营，在“一带一路”倡议下，支持沿线国家的投资需求、国内经济改革的需要。这些新兴国际组织的建立为中国改革国际投资领域的制度提供了实践平台和机构保障。

(3) 中国在构建协同治理机制中的作用

中国在国际经济格局中的地位能够保障中国有能力在“一带一

---

〔1〕 俞可平：《论国家治理现代化》，社会科学文献出版社 2014 年版，第 146 页。

〔2〕 其中包括 74 个正式成员，26 个未走完国内法定程序的意向成员，载 AIIB 官网：https://www.aiib.org/en/index.html，最后访问日期：2019 年 10 月 2 日。

路”投资争议解决新机制的创建中发挥重要的作用,中国也有提供全球制度供给的诉求及相关实践,中国愿意也有责任承担起推进国际投资争议协同治理机制发展的义务。中国应以国内法治改革和全球化治理为底色,以现有国际区际双边机制为参照,以逐步形成的制度特色和机制红利,带动“一带一路”沿线国家尊重、尝试、接纳、接受、运用中国提出和推动的国际投资争议解决的主张和路径。“一带一路”投资争议协同治理机制的顺利推进需要国际法治与国内法治的良性互动。具体而言,一方面,中国应完善国内争端解决方式和机制。国内投资争议解决机制的完善是推进国际投资争议解决机制改革的重要基础,有利于推动国际社会对中国投资争议新机制的认可。《关于建立“一带一路”争端解决机制和机构的意见》[1]的出台表明了中国推动“一带一路”争议解决的意愿和决心。中国应完善国内争端解决方式和机制,尤其是关于管辖权、裁决的承认与执行、仲裁解决机制等方面的内容。中国还应扩展本土的仲裁机构的能力与职权,注重规则建设、国际仲裁案件解决能力的提高以及国际仲裁趋势的把握,探索对“一带一路”国家具有实效性和便捷性的制度和规则,吸引“一带一路”上越来越多的国家将中国作为仲裁地。[2] 2018 年中国在深圳和西安同时成立了国际商事法庭,直接把仲裁、调解、诉讼一体化的“一站式”解决方式运用到司法审判机构的业务中,并广泛吸收国际上商事争议处理的专家组成专家委员会和咨询委员会,这不但创新了国内的司法体制,也成为国际司法界和国际争端解决领域具有前瞻性的创举。另一方面,中国应在国际社会层面积极宣传“一带一路”投资争议协同治理机制设计

---

〔1〕 2018 年 1 月 23 日,中央全面深化改革领导小组第二次会议审议通过了《关于建立“一带一路”争端解决机制和机构的意见》。

〔2〕 《〈关于建立“一带一路”争端解决机制和机构的意见〉出台,看专家如何解读》,载《经济观察报》:https://baijiahao.baidu.com/s?id=1590709694777338430&wfr=spider&for=pc,最后访问日期:2019 年 1 月 28 日。

的新理念,争取得到更多国家和国际组织的认可和支持。以协同创新理念推动国际组织和国际法律实践的改革和发展,中国在与其他国家签订或变更双边贸易投资协定及区域性贸易投资协定中,也应当逐渐融入协同治理机制的内涵,为构建投资争议协调治理机制提供条法基础。

(五)结论

"一带一路"下国际投资争议的解决,需要一个系统化的机制,以促成协同治理。该体制应当包括国际投资争议的预防机制、国际投资争议的解决机制以及国际投资争议解决的保障机制。我国应从以上三个方面,推动构建协作、互利、共通、共治的投资争端治理体制。

协同治理机制的本质在于建立以"一带一路"沿线国家为主导的投资争议解决机制,这是一种代表沿线国家利益诉求和发展需要的制度机制。这一机制并非要取代原有投资争议解决机制,而是对国际上现有投资争议解决机制的补充。

国际投资争议协同治理机制的构成包括协同治理的三大理念创新、协同治理的三大机构创新、协同治理的三大机制推进。协同治理三大理念强调的是在承认各国互有分歧的前提下尊重各国发展阶段和发展权,遵循"共商、共建、共享"原则,实现治理秩序的公平有序及各个国家的合作共赢。协同治理三大机构创新是指以亚投行为平台,在其下设"一带一路"投资保险机构、"一带一路"投资争端解决中心、"一带一路"投资信息共享与服务中心。协同治理三大机制应当通过国际投资争议的预防机制、国际投资争议的解决机制、国际投资争议解决的保障机制以及促进沿线国家仲裁协助与司法协助机制推进。几种机制应当协同联动,共同为"一带一路"投资争议的解决发挥作用。

中国在与"一带一路"沿线国家进行双边、多边条约谈判时应将上述问题予以综合考量,提出综合性谈判与推进策略。在“一带一路”倡议的建设中,逐步实现共同繁荣、共同富裕的目标。

## 五、国际贸易金融规则的重构——全球金融治理的重要内容

### (一)SIFIs 跨境处置合作法律框架研究

跨境处置合作是跨国金融机构的母国与相关东道国之间,基于互惠、平等的原则,通过合意选择法律,并按照一定的程序对问题金融机构进行合作处置的法律制度。系统重要性金融机构(以下简称SIFIs)的跨境处置涉及国家利益,本国债权人利益,以及金融机构本身利益。在金融自由化和全球化的背景下,SIFIs 对全球金融市场的发展和稳定具有重要影响,成为各国政府关注的焦点。但由于各国规定的差异,各国在金融机构的相关处置问题上存在冲突,这使SIFIs 跨境处置合作法律框架构建成为具有争议性的问题。SIFIs 的跨境处置合作涉及金融机构的母国与多个东道国之间处置政策、破产程序、监管目标上的“求同存异”,需要各国有限度地“放弃”国家金融主权,以实现对 SIFIs 的有效处置。我国系统重要性银行在国际金融市场上的作用日益凸显。但是,我国关于 SIFIs 跨境处置合作法律制度的研究还不够。如何在 SIFIs 的跨境处置实践中构建合理的合作法律框架,[1]应该成为我国金融法律制度研究的重要领域,这能够为我国培育具有国际竞争力的大型金融机构提供制度保障。

---

〔1〕 佳利律师事务所(Cleary Gottlieb)合伙人乔纳森·M. 爱德华兹认为,应该为全球系统重要性金融机构(G-SIFIs)处置建立一个合适的法律框架,因为该类机构的失败将受到多个国家处置机制的管辖。该法律框架能够为跨境处置提供一个普遍性的方法,目的是为母国处置机构提供在东道国的处置权力。参见 Jonathan M. Edwards, *A Model Law Framework for the Resolution of G-SIFIs*, Capital Markets Law Journal 72, 2012, p. 122。所以,本文的核心内容和基本任务是为 SIFIs 跨境处置合作寻求一个合理的法律框架(law framework),为 SIFIs 跨境处置合作提供一套基本的方法、途径或相关法律与政策协调的安排。

1. 跨境处置合作的障碍

对于系统重要性金融机构的监管是整个金融系统监管的核心，而跨境处置的合作又是其中的难点和薄弱之处。究其根本，在于实行不同金融制度国家的制度差异及其市场需求。

(1)不同国家中央银行制度的差异性

2008 年金融危机之前，世界上主要经济体的中央银行几乎是专职各国的货币职能，但金融危机，特别是主权债务危机，使各国认识到货币政策与金融监管互动的重要性。通过分析金融危机中(不局限于 2008 年的危机)跨国金融机构(2008 年后称 SIFIs)处置的实际情况，可以发现中央银行制度在 SIFIs 的跨境处置及维护金融稳定中存在的问题。

目前，关于中央银行制度存在的问题主要包括以下几种观点。第一种观点是，中央银行权力行使不透明。理查德 · 贺林认为，很难确定中央银行在跨境处置中的地位和权力。1974 年赫斯塔特(Herstatt)银行的破产表明一家主要中央银行行为的不可预测性。在这个案例中，为了避免危机蔓延及扩大，德国中央银行和德国联邦银行监管当局决定在纽约结算日期间关闭赫斯塔特。这说明了中央银行有权选择关闭该银行。在该案中，美元和马克市场，在当时是世界上最大的外汇交易市场，停止了超过一个月之久，直到当局和纽约清算中心恢复信心。如果某一银行中断一个重要的清算和解决程序，那么就算是一个小银行的失败的影响都可能被放大。赫斯塔特案件说明了银行适用司法程序的困难，因为赫斯塔特案件的整个处置过程用了超过 35 年的时间。这也体现了跨境银行处置过程中适用司法程序的长期性。[1] 第二种观点是，中央银行职能发

〔1〕 Richard J. Herring, *The Central Role of Resolution Policy in Dealing with Systemically Important Financial Institutions*, IADI Research Conference, Basel, May 29, 2011.

生“异化”。詹姆斯·汤姆森(James B. Thomson)认为,中央银行越来越将金融稳定作为其关键的任务,然后才是货币政策。而金融稳定包括对金融机构和其他市场参与者提供持续性的激励。这种激励的获得要求监管者处理系统性风险,尤其是 SIFIs 的风险。同时,他认为仅仅建立一个独立的监管机构不足以维护金融稳定,关键在于主动地识别 SIFIs。[1] 因此,应该明确中央银行职能与金融监管目标之间的关系。第三种观点是,区域性中央银行职能的局限。吉丽安·加西亚(Gillian G. H. Garcia)、罗萨·拉斯特拉(Rosa M. Lastra)和玛丽亚·涅托(Maria J. Nieto)[2]认为,根据欧盟的经验,要对 SIFIs 跨境处置的合作问题进行深刻的理解。虽然欧盟委员会和国际货币基金组织多年来不断施加压力,但是欧盟成员国仍然没有就如何处理跨境银行危机达成共识。而在这些问题中,中央银行本身具有的最后贷款人和监管协调者的职能没有充分发挥作用,中央银行也没有积极地对处置合作进行协调,以促进一个值得信赖的跨境处置机制的研究。同时,虽然现在欧盟已经努力协调危机处置工具并取得成功,但它只适用于欧盟国家,即使大部分欧盟的系统重要性银行已经在欧盟境外持股。所以,欧盟的处置政策使欧洲中央银行在与欧盟之外的国家进行处置合作协调上存在困难。

因此,2008 年金融危机揭示了各国中央银行在各自金融体系中的地位与职能的变化,具体表现为中央银行在处理系统性风险和 SIFIs 时行使权力的不透明性,即中央银行缺少处理系统性风险和 SIFIs 的明确授权,其没有有效地执行货币监管权,从而导致了货币

---

〔1〕 James B. Thomson, *On Systemically Important Financial Institutions and Progressive Systemic Mitigation*, DePaul Business & Commercial Law Journal 8, 2010, p. 135.

〔2〕 Gillian G. H. Garcia, Rosa M. Lastra and Maria J. Nieto, *Bankruptcy and Reorganization Procedures for Cross-Border Banks in the EU: Towards an Integrated Approach to the Reform of the EU Safety net*, p. 3, Accessed May 17, 2013. https://doi.org/10.1111/j.1465-7287.2007.00040.x.

政策的失败。随着20世纪末各国金融监管制度的改革,许多国家都对银行类金融机构单独设立监管机构,以强调中央银行货币政策调控的职能,但本次金融危机说明了金融监管与货币政策监管之间的紧密关联性,单单拥有货币政策调控权难以保证货币政策的有效性。英国2011年开始重回“双峰式”监管模式,改组原先的“金融服务监管局”(FSA),新组建了“审慎监管局”(PRA)和“金融市场行为监管局”(FCA),目的是贯彻“栅栏原则”(ring-fencing)以隔离系统性风险。[1] 而欧盟SIFIs处置合作制度中对欧盟成员国监管待遇的统一和不适用欧盟外国家的情况实质上构成对其他国家的“歧视”。因此,目前各国都集中于系统性风险的监管,缺少对中央银行监管改革的关注,中央银行货币政策与金融监管关联性的研究比较匮乏,这就阻碍了对中央银行在实施货币政策、维护金融稳定方面的具体权力的界定和研究,不利于中央银行在金融监管和金融稳定中发挥作用。

(2)监管权协调上的困难

监管权协调问题主要包括对同一个金融机构有管辖权的国内监管者之间,以及母国与东道国监管当局之间进行合作的困难的两种情况。

①对同一个金融机构有管辖权的国内监管者之间的冲突

在美国《多德—弗兰克华尔街改革与消费者保护法案》(Dodd-Frank Wall Street Reform and Consumer Protection Act,以下简称《多德—弗兰克法案》)出台以前,一个“陷入”危机的美国金融控股公司将受到联邦存款保险公司(FDIC)的立即纠正措施的监管,以及美联储(FRB)、货币监理署(OCC)、相关州监管机构等机构的多重处置

---

〔1〕 See HM Treasury, *Sound Banking: Delivering Reform*, Accessed May 17, 2013. https://assets.publishing.service.gov.uk/government/uploads/system/uploads/attachment_data/file/211866/icb_banking_reform_bill.pdf.

程序,并且在该种复杂的监管体系中没有一个有效的方法来协调这种多重监管机构之间的行动。同时,一个系统重要性银行几乎一定是某一控股公司的一部分,它自身也会接受母公司的自我处置。有时,由于银行控股公司拥有20%至40%本集团的资产,所以会导致破产法院和联邦存款保险公司之间缺乏协调,并容易造成混乱。此外,如果这个SIFIs拥有一个证券子公司,那么经纪自营商将同时按照《美国破产法》第7章清算程序和证券投资者保护公司的特别决议程序进行处置,而其余的证券部门将由法院根据《美国破产法》第11章的破产程序进行处置。最后,如果某一关联保险公司面临破产,那么它会在各州的保险制度下被拆分。此外,除了美联储和联邦存款保险公司,没有任何其他监管机构或司法当局的决定考虑到了系统性风险的影响。[1]

《多德—弗兰克法案》在第2章扩大了联邦存款保险公司的权力,这使它具备了处置SIFIs的能力(不管该机构是银行还是非银行机构)。联邦存款保险公司被授权来完成处置程序的一些内容,包括停业时间的确定、重组的选择、清算等。联邦存款保险公司有权限制股东权利,分配损失,灵活对待债权人,以维护一个有序的处置程序。此外,联邦存款保险公司还有能力维护系统性服务,选择处置过程中的管理机构等。

《多德—弗兰克法案》出台后,虽然确定了金融稳定委员会和美联储对SIFIs监管的权力,但是存在两个方面的问题:一是依据该法案第119条“成员机构间监管管辖争议的解决”可以看出,当不同的监管机构出现监管争议时,他们可以向金融稳定委员会请求建议。但是根据该条(d)款的规定,委员会作出的建议不对争议方的联邦

〔1〕 Richard J. Herring, *The Central Role of Resolution Policy in Dealing with Systemically Important Financial Institutions*, IADI Research Conference, Basel, May 29, 2011, p. 3 – 4.

机构形成约束。[1] 因此,委员会在协调监管方面的权力的执行力会受到质疑。二是由于长期以来,美国法律对本国的金融消费者提供"特殊的待遇",所以美联储在 SIFIs 跨境处置中,与其他国家的处置合作还没有比较成功的案例。因此,本国监管权冲突的直接后果是跨境处置合作问题上难以设定一个"全局性代表"来进行跨境合作协调。因为 SIFIs 处置制度是以监管经验积累为基础的,所以包括监管信息、监管技术等在内的各种内容都是建立有效 SIFIs 处置制度的基础。如果同一个 SIFIs 的多个监管机构之间不能统一在一个"核心监管权"下,就会影响监管机构与处置机构、不同国家监管机构之间的合作与协调。

早在 2008 年金融危机爆发前,就已经有国家认识到问题银行处置过程中权力协调的重要性。与美国《多德—弗兰克法案》的处理相类似,瑞士也有相关的规定和做法。2007 年以前,瑞士的银行业由联邦银行委员会(the Federal Banking Commission, FBC)负责监管。FBC 有权撤销银行执照并强制其进行清算,但这不能排除银行向法院申请中止令或和解程序。这就会出现 FBC 任命的清算人与地区法院任命的管理人共同管理银行事务的局面。由于缺乏相关法律规定,就需要在实践中具体协调双方在管辖职责上的分工。在"Spar-und Leihkasse Thun"案中,银行监管机构与法院在共同管理问题银行时出现了协调上的困难,暴露了这种"双管辖"体制的弊端。[2] 为了纠正问题银行处置中行政权与司法权共同管理所产生

---

〔1〕 *Dodd-Frank Wall Street Reform and Consumer Protection Act*, Sec. 119. Resolution of Supervisory Jurisdictional Disputes among Member Agencies.

〔2〕 刘俊:《各国问题金融机构处理的比较法研究》,上海世纪出版集团 2008 年版,第 152 ~ 153 页。1991 年瑞士一个名为 Spar-und Leihkasse Thun 的储贷银行出现大规模抵押贷款风险。当时的 FBC 主席于 1991 年 10 月宣布关闭该银行,撤销其执照下令强制清算,并任命一名观察员。而与此同时,Berne 地区法院针对本案启动司法和解程序,中止任何针对银行的诉讼及执行程序,并任命一名专员。结果是,该银行的最终清算过程花费了十年之久。由此可见,问题银行处置过程中行政权与司法权的冲突导致了处置成本的攀升,并对债权人利益产生了不良影响。

的程序繁冗和高成本问题,2004 年瑞士《银行法》修正案将法院对问题银行处置的权力转移给了 FBC,由 FBC 主管银行重组和破产清算的整个程序。随着金融市场的发展,出于对金融系统整体风险的防范和信息共享的考虑,瑞士又对金融业实施了综合监管体制。2007 年 6 月,瑞士成立了金融市场监督管理局(Swiss Financial Markets Supervisory Authority,FINMA),由其负责金融业的统一监管,其属于瑞士政府部门。至此,FINMA 享有对瑞士所有银行、保险公司、证券交易所、证券交易商以及其他各类金融中介机构监管的权力。同时,欧盟委员会在 2012 年向欧盟议会提交的《信贷机构和投资公司恢复与处置框架》中也明确指出,恢复与处置框架最关键的问题之一就是解决不同处置工具和不同处置权力之间的分歧。[1]

②母国与东道国监管当局之间进行合作的困难

金融主权是一国经济主权的核心内容,也是国家主权的重要内容之一。国家主权的内涵极其丰富,通常情况下,它能够成为保护民族国家、国家权力机构免受批评或国家干预不合法的理由。在跨国金融机构监管合作框架下,母国与东道国监管机构之间合作的困难始终存在。这主要源于各国对本国金融资源的依赖和保护,以及金融调控和金融国家安全的需要。每个国家均从本国金融利益出发,在处理同一个问题时总是存在各种分歧,对于需要作出让步的金融合作始终存在掣肘。但是,金融危机发生后,在处置 SIFIs 时的国际合作却有它的特点。这在欧洲的富通案件处理中体现得较为明显。

[1] European Commission, Proposal for A Directive of The European Parliament and of The Council Establishing A Framework for The Recovery and Resolution of Credit Institutions and Investment Firms and Amending Council Directives 77/91/EEC and 82/891/EC, Directives2001/24/EC, 2002/47/EC, 2004/25/EC, 2005/56/EC, 2007/36/EC and 2011/35/EC and Regulation (EU) No 1093/2010, Commission Staff Working Document, Brussels (June 6, 2012), p. 13.

众所周知,富通集团在比利时、荷兰、卢森堡都具有系统重要性,[1]在对富通集团的管理中,协调的监管者是比利时银行金融与保险委员会,尽管富通的一些重要性活动是在荷兰,但该委员会仍然是富通的主要监管者。对于富通危机的管理,三个国家在大部分时间里都是在单独行动。三国政府分别单独地向各自国家内的富通机构注资,但三国没有对富通整体进行救助。这导致了富通危机的发生,并迫使比利时国家银行(富通的母国银行)向富通提供大量的紧急流动性救助。

富通荷兰被荷兰政府国有化,有偿债能力的富通比利时和富通卢森堡被卖给法国巴黎银行。富通的救助和分割是为了维持比利时和荷兰银行系统的稳定。然而,缺乏全面合作的监管增加了欧洲大型跨境银行处置的不确定性,并且增加了救助的成本。比荷卢当局合作的出发点是好的,但没有形成对整个机构的有效监管。三国政府愿意分担富通在各自国家的损失,但都不愿意对自己以外的其他控股公司承担风险。这个案例充分显示了在对跨国银行进行监管中,监管者协调的重要性。而恰恰是跨国协调监管的失败,导致富通问题的出现。如果监管者不能享有充分的超越股东权利的处置权力,那么监管者将面临巨大的难题。

哈尔·斯科特认为,美国在制定国内关于 SIFIs 的处置计划时,应当考虑国际影响。他指出,处置计划中一个重要的问题就是被处置机构存在多个方面的管辖权,而这些管辖权之间的协调与合作被证明是困难和费时的。但是,如果能够通过一个管理机制来进行合

〔1〕 富通集团(Fortis)是一个比利时的金融集团,它在阿姆斯特丹泛欧交易所和布鲁塞尔泛欧交易所都有登记,其大量的银行业务和保险活动发生在比利时、荷兰和卢森堡(比荷卢经济联盟)。因为它在这些国家有着大量的业务活动,同时它是几个交易所的清算会员,所以富通集团在三个国家具有系统重要性。受 2008 年全球金融危机影响,2008 年 9 月起三国政府决定对富通集团进行救助,并将其拆分。

作,这种管辖权的冲突是可以协调的。[1] 而母国与东道国监管当局之间未能实现合作的原因主要表现在监管目标不同、审慎监管的信息分享差异、监管责任差异、对一个情况恶化机构的监管矫正权力的差异等方面。

(3)处置程序与破产程序之间的差异性

处置程序和破产程序差异引发的主要问题在于市场参与者对政府行为的不可预期。许多市场参与者在抛售风险资产的同时,将更高质量、更具流动性的资产据为己有,置身局外地等待政府对问题金融机构的处理。政府通常会通过紧急救助以实现短期内市场的稳定,但长期的稳定是需要通过强化市场自律完成的。理查德·贺林认为,在危机中困扰当局的大部分问题能够从早期的银行危机中得到预测,包括相关监管机构之间不协调行动产生的危险,因为宣布破产而导致停止自救,处置一个结构复杂的跨国公司在本质上的复杂性,申请破产的机构为了利益而积极地进行交易以破坏破产清算,以及紧急处置程序和模式化的破产法之间存在的重大差异。[2] 美国政府责任办公室(U. S. Government Accountability Office)认为,不同国家之间破产和处置机制的差别限制了国家间的处置协调,这些限制包括概念的界定、信息共享、能够适用司法破产程序的金融机构的类型等。因此,政府应该促进概念界定、破产触发条件、司法和处置机制等方面的协调。[3]

---

〔1〕 Hal S. Scott, *The Reduction of Systemic Risk in the United States Financial System*, Harvard Journal of Law & Public Policy 33, 2010, p. 718.

〔2〕 Richard J. Herring, *International Financial Conglomerates: Implications for National Insolvency Regimes*, in George G. Kaufman (Ed.), Market Discipline in Banking: Theory and Evidence, Amsterdam, Elsevier JAI publishers, 2003, p. 99 – 129.

〔3〕 U. S. Government Accountability Office, *Bankruptey: Complex Financial Institutions and International Coordination Pose Challenges*, Report to Congressional Committes, July 2011, p. 50.

（4）处置制度与监管制度之间的冲突

金融监管是金融监管主体为实现监管目标而采用各种手段和措施，对监管对象采取的一种干预和调控活动。金融监管的范围应当包括监管对象的准入监管、运行监管和退出监管等，该制度是一种常态制度，应当具有稳定性特征。处置制度作为问题金融机构处理的一项特殊制度，其本质上应当属于金融机构退出监管的范畴，但其适用上常常因被处置主体的不同而具有临时性特征。所以，处置政策与监管政策结合是解决处置合作的根本问题。理查德·贺林认为，监管政策在一定程度上具有长期的适用性，而处置政策虽然也需要从长远考虑，但实践中多为紧急性的处置计划。而 SIFIs 的识别和分类上的许多本质上的细节却是监管政策的重要内容。所以，在制定处置计划的过程中必须充分地考虑监管政策。如果缺乏这些细节、分类以及两者之间的协调，是不能有效实施处置计划的，特别是母国处置政策与东道国监管目标、监管政策如果发生冲突，将会给处置合作造成极大的障碍。

（5）损失分担规定上的差异性

SIFIs 往往会存在多个附属机构（包括独立法人机构和非独立法人机构）。基于这种结构上的特殊性，当机构出现危机并需要处置时，就会产生机构损失的划分问题，也即如何划分风险责任。不同国家之间利益取向上的冲突决定了损失分担上的困难，特别是在跨境处置过程中，“国家金融主权至上”的观念，使得这种损失责任划分上的分歧表现得更为明显。不同国家间处置政策存在差异性的主要表现在于对问题机构损失分担和处置成本的分担规定不同。目前，无论是国际机构还是主要金融市场国家，对国内处置政策和跨国处置政策协调仍然没有取得重要进展。安德鲁·霍尔丹

(Andrew Haldane)[1]通过评估得出,美国、英国、欧元区对金融系统担保和补贴的支持数额已经占到世界 GDP 总量的 25%。这种巨大的成本不仅涉及全球输出,而且在一些国家,还远远超出政府为危机机构提供可靠支持的能力。例如,爱尔兰在金融危机中,因救助银行引发了主权债务危机。一些工业化国家认为不应该为金融危机救助提供如此高额的成本,因为现在还没有一个合理的重整改革和监管处置政策。这说明许多国家在危机机构救助问题上仍存在分歧,这势必会阻碍不同国家在机构损失分担上的协调与合作。

2. 跨境处置合作法律框架分析

针对实践中系统重要性机构处置合作遇到的诸多问题,各个国家还没有形成系统的处置合作框架,还缺乏一个具体的、可行的跨境破产处置合作计划。但 FSB 的跨境处置工作组已经研究了大量该方面的建议,以保证跨境破产处置合作的有序性。SIFIs 跨境处置合作制度主要包括两大方面的内容:一方面是 SIFIs 的识别体系,包括概念界定、识别方法和识别指标。SIFIs 识别体系的协调(一致性)是处置合作的基础,如母国和东道国概念界定不同会直接导致适用处置制度的差别(一般机构监管处置、特殊处置程序等)。另一方面是 SIFIs 跨境处置合作法律制度的构建,可以是双边的、多边的、区域的或全球性的。但无论选择哪种方式的合作框架,都要针对本国金融市场的实际情况,与相关的东道国建立合作处置框架,目的是遇到需要处置的 SIFIs 时,能够保证处置的有序性及给市场参与者一个可以预测的结果。

(1)系统重要性金融机构的识别

对 SIFIs 进行单独识别的主要原因在于其创造的负外部性在现行监管框架下得不到有效的处置,这些负外部性包括失败或损害造

[1] Andrew Haldane, *Bank of England Financial Stability Report*, June 2009.

成的大范围影响、全球金融机构关联性造成整个金融系统的动荡以及对实体经济的危害，同时道德风险的成本还会因此而增加。[1]

理查德·贺林从"隔离风险"的角度分析，认为 SIFIs 的识别是 SIFIs 处置法律制度的核心，通过识别可以实现两个层次的目的：一是确定需要处置的特殊主体，对其适用特殊的程序、特殊的工具、特殊的监管及特殊的法律条款等；二是确定"系统性"机构所具有的"重要功能"和"基础性金融服务"。[2] 但是，SIFIs 的识别仍然是一个具有争论性的问题。有些人认为，SIFIs 不能在事前被识别，因为不可能对危机的展开进行预测；有人认为，大部分 SIFIs 能够被识别，但是他们不应该在事前被识别，因为这会加剧道德风险。理查德·贺林认为，大部分 SIFIs 能够且应该在事前被识别，同时道德风

---

〔1〕 BCBS, *A Framework for Dealing with Domestic Systemically Important Banks*, Accessed May 17, 2013. https://www.bis.org/publ/bcbs233.pdf.

〔2〕 对于"基础性金融服务"(fundamental financial services)，至少国内还没有专门的文件或法律加以界定。夏志凌认为，基础性金融服务是指金融机构运用传统金融工具，不断满足普通投资者和消费者日常生活和生产金融服务需求的活动，是金融机构业务拓展和创新的基础。刘明康认为，目前我国的"基础性金融服务"问题主要是"农村金融服务问题"，包括乡镇银行业金融机构营业网点的覆盖、农村发展中融资贷款的支持等。Agnieszka Alinska 认为，基础性金融服务应当包括经常账户管理、信贷业务和存款业务。Celine Choulet 认为，基础性金融服务是非金融投资类客户，即普通的消费者。也有观点认为本次金融危机爆发的一个重要原因在于"金融市场基础设施"的脆弱，所以强健的金融市场基础设施有助于金融稳定。FSB 认为"核心金融基础设施"(core financial infrastructures)主要包括支付系统、结算系统和主要交易方。中国人民银行济南分行课题组认为"金融基础设施"包括支付、清算和结算体系。因此，基础性金融服务应当指普通存款、信贷业务，以满足基本生产、生活需要为目的的金融服务。金融危机处置中，各国的处置当局基本都要求维护发生危机的 SIFIs 基础性金融服务的持续性，该部分具体参考文献详见夏志凌：《基础性金融服务功能缺失及其矫正对策》，载《武汉金融》2009 年第 3 期；刘明康：《力争用三年左右时间实现全国各乡镇基础性金融服务全覆盖》，载《中国金融家》2009 年第 10 期；中国人民银行济南分行课题组：《国际金融监管体制改革比较研究及对我国的启示》，载《金融发展评论》2012 年第 9 期。Agnieszka Alinska, *Cooperative Banks and Credit Societies—Comparative Analysis of Regulations and Effects of Their Activities*, Warsaw School of Economics 83, 2007; Celine Choulet, *Dodd-Frank Act: US Vision on Financial Regulation*, Accessed May 17, 2013. https://economic-research.bnpparibas.com/Views/DisplayPublication.aspx? type = document&IdPdf = 19036; FSB, *Reducing The Moral Hazard Posed by Systemically Important Financial Institutions, FSB Recommendations and Time Lines*, Accessed May 17, 2013. https://www.fsb.org/wp-content/uploads/r_101111a.pdf? page_moved = 1.

险应该通过设定高额的代价来进行控制。而且,如果不能在事前对SIFIs进行识别,那么就不能对这些机构进行区别于其他类型机构的监管,也不能开发出有意义的处置计划。[1] 同时,他还认为系统重要性可以分为"政治上的系统重要性"和"经济上的系统重要性"。[2] 德克夏银行(Dexia Group)是通过比利时公共信贷和法国地方信贷合并组成的一家设立于比利时的控股公司,它在比利时具有系统重要性,然而在法国和卢森堡却不具有经济上的系统重要性,但它是法国和卢森堡地方的主要银行之一,其主要业务一直是支持地方当局的融资,这使它具有政治上的重要性。

①全球系统重要性金融机构(Global Systemically Important Financial Institutions, G-SIFIs)的界定

关于G-SIFIs的界定主要包括以下两种观点:第一种观点是普遍危机与风险传染的直接原因标准。根据2009年IMF、BIS和FSB联合发布的《评估系统重要性金融机构、市场和工具的指导》的初步意见第5条规定,根据20国成员的实践,如果一个金融机构、市场或工具的失败或经营出现问题引起普遍的危机或者成为广泛风险传染的直接原因或导火索时,该机构、市场或工具便被认定为具有系统重要性。第二种观点是关键功能加全球系统影响的标准。根据2011年巴塞尔委员会发布的《全球系统重要性银行:评估方法和额外损失吸收能力的要求》原则的规定,"根据巴塞尔银行业监管委员会(BCBS)的定义,G-SIFIs是指在金融市场中承担了关键功能,对全球金融市场具有重要影响的金融机构。这些机构一旦发生

---

〔1〕 Richard J. Herring, *International Financial Conglomerates: Implications for National Insolvency Regimes*, in George G. Kaufman (Ed.), Market Discipline in Banking: Theory and Evidence, Amsterdam, Elsevier JAI Publishers, 2003, p. 99 – 129.

〔2〕 IMF, BIS and FSB, *Guidance to Assess the Systemic Importance of Financial Institutions, Markets and Instruments: Initial Considerations*, October 2009, p. 5.

重大风险事件或经营失败,会对全球经济和金融体系带来系统性风险”。[1]《巴塞尔协议Ⅲ》提出的“系统重要性金融机构”,是指业务规模较大,业务复杂程度较高,发生重大风险事件或经营失败会对整个银行体系带来系统性风险的大银行。[2] 金融稳定理事会2012年在其11月《恢复与处置计划》的咨询文件的附件3中指出,[3]识别“关键功能和关键服务”是执行一个G-SIFIs恢复和处置计划的关键,其中,“关键功能”是指由于银行集团规模、市场占有率、内外关联性、复杂性、跨境活动等因素,包括机构在内的失败引起关键的实体经济的破坏,其结果影响金融稳定。“关键服务”是指其失败会导致无力实现关键功能,以至于对实体经济和金融稳定构成破坏。

②国内系统重要性金融机构(National Systemically Important Financial Institutions, N-SIFIs)的识别

2012年10月巴塞尔银行监管委员会发布了《国内系统重要性银行的处置框架》,制定该框架的背景源于2011年11月戛纳峰会上,G20领导人支持G-SIFIs的处置框架,同时金融稳定理事会也传达了通过定义G-SIFIs处置方式的形式,将处置计划迅速扩展到国内系统重要性银行的处置。因为,一个银行从国际视角看可能不具有系统重要性,但就国内的经济、金融实际情况来评估,其却具有系统重要性,应当要求其制定处置计划。[4] 该处置框架主要包括国内系统重要性银行的评估方法和高损失吸收能力(High Loss-absorbing

---

〔1〕 BCBS, *Global Systemically Important Banks: Assessment Methodology and the Additional loss Absorbency Requirement*, Accessed May 17, 2013. https://www.bis.org/publ/bcbs207.pdf.

〔2〕 黄珊珊、李伟平:《对系统重要性银行严格监管的要求及影响》,载《求索》2011年第9期。

〔3〕 FSB, *Recovery and Resolution Planning: Making the Key Attributes Requirements Operational*, November 2012, p. 29 – 30, Accessed May 17, 2013. https://pdf4pro.com/view/recovery-and-resolution-planning-making-the-key – 39f4.html.

〔4〕 FSB, *Extending the G-SIFI Framework to Domestic Systemically Important Banks*, Accessed May 17, 2013. https://www.fsb.org/wp-content/uploads/r_120420b.pdf.

Capacity,HLA)两个部分,共12个原则。[1]

詹姆斯认为,应当通过"系统重要性"来识别SIFIs。定义系统重要性的目的在于能够使监管者更好地监管SIFIs,理解系统重要性是创造监管规则、监管政策的基础,这有利于控制相互关联的系统性风险。他还认为,识别SIFIs是否具有系统重要性的标准包括规模、传染性、关联性和集中度四个指标。[2]

③识别的具体标准

第一种识别指标体系:根据FSB《评估原则》的要求,全球系统重要性的评估依据应当是一个银行的失败给全球金融系统和经济实体造成的影响,而不是一个失败可能产生的风险。同时,巴塞尔委员会选择了跨境活动、规模、关联性、可替代性和复杂程度五个指标来识别、评估一个银行是否为G-SIFIs,具体指标如表1所示。[3]

**表1 识别方法的基础指标**

| 类型及权重 | 具体各项的指标 | 权重/% |
|---|---|---|
| 跨境活动 | 跨境债权 | 10 |
| | 跨境债务 | 10 |
| 规模 | 巴塞尔三杠杆率定义下的总资产 | 20 |
| 关联性 | 金融体系内部的资产 | 6.67 |
| | 金融体系内部的负债 | 6.67 |
| | 批发融资的比率 | 6.67 |

[1] BCBS, *A Framework for Dealing with Domestic Systemically Important Banks*, Accessed May 17, 2013. https://www.bis.org/publ/bcbs233.pdf.

[2] James B. Thomson, *On Systemically Important Financial Institutions and Progressive Systemic Mitigation*, *DePaul Business & Commercial Law Journal* 8, 2010, p. 2.

[3] BCBS, *Global Systemically Important Banks: Assessment Methodology and the Additional loss Absorbency Requirement*, p. 5, Accessed May 17, 2013. https://www.bis.org/publ/bcbs207.pdf.

续表

| 类型及权重 | 具体各项的指标 | 权重/% |
|---|---|---|
| 可替代性(金融机构的基础结构) | 托管的资产 | 6.67 |
| | 通过支付系统结算和处理的支付额 | 6.67 |
| | 债务和产权交易市场中认购交易的价值 | 6.67 |
| 复杂性 | 场外衍生产品名义上的价值 | 6.67 |
| | Level 3 资产 | 6.67 |
| | 持有交易和可供出售资产的价值 | 6.67 |

第二种识别指标体系是根据詹姆斯 N-SIFIs 评估指标的标准:[1]

第一,规模(size)。一个金融机构满足下列条件之一将被识别为 SIFIs。条件 1:一个银行集团能够控制 10% 以上的全国范围内的银行资产,或拥有 10% 以上的全国范围内银行资产总额,或拥有 15% 以上的全国银行贷款总额;条件 2:在资产负债表外的活动转为资产负债表内的等价物之后,该机构能够控制 10% 以上的全国范围内银行资产总额;条件 3:该机构占 10% 以上的全国范围内人寿保险产品价值或数量总额;该机构占 15% 以上的全国范围内所有保险产品价值或数量总额;条件 4:非银行金融机构、传统保险公司、投资银行在以下几种情形下会被识别为系统重要性金融机构,即按照总资产被评级为全国 10 大银行之一、总资产被评级为全国 20 强之一且调整后的评级为 10 强、有价证券承销量超过总量的 20%。

第二,传染性(contagion)。如果一个金融机构的失败会导致以下后果,则该金融机构会被认为具有系统重要性。情况 1:机构的实质资本损害占金融系统资产总额的 30%;情况 2:导致国内或国际基本支付系统的实质性损害或关闭;情况 3:导致一个或更重要的金融

〔1〕 James B. Thomson, *On Systemically Important Financial Institutions and Progressive Systemic Mitigation*, DePaul Business & Commercial Law Journal 8, 2010, p. 2 – 5.

市场的倒塌或冻结。

第三,关联性(correlation)。一个金融机构在以下情况下会被认为具有系统相关性。情况 1:一个经济的或金融的震荡会导致抽逃资本的可能,这些抽逃资本的总和将达到整个金融系统资产的 35% 或银行资产的 20%;情况 2:可能发生抽逃的资本的股份总量达到以下几种情况,即占批发或零售支付额的 15%、占主要信贷活动的 35%、有价证券承销额的 30%、人寿保险产品总数或总价值的 20%、所有保险产品总数或总价值的 30%。

第四,集中度(concentration)。能够引起一个金融机构被识别为 SIFIs 的临界值的情况包括以下几种。情况 1:该机构贸易占据一个核心金融市场贸易的 25%;情况 2:该机构支付额占据一个基本支付系统日常支付额的 25%;情况 3:该机构能够对一个重要信贷活动 30% 的部分负责。

④识别的方法

SIFIs 的识别方法主要包括指标法和市场法两种。指标法是指根据 SIFIs 的核心特征确定相应的指标(关于评估方法的文件已有具体说明),再根据金融体系的实际情况为各项指标确定不同的分值,并以此确定 SIFIs 的具体名单。而市场法是以市场为基础,考察金融机构相关指标的市场波动情况,并通过数据整理,分析金融机构对整个金融体系的影响,进而确定该金融机构是否具有系统重要性。[1]

---

[1] 经济学界关于市场法的研究主要包括:Brownlees and Engle 的边际预期差额法(marginal expected shortfall)、Drehmann and Tarashev 的沙普利值法(shapley value)、Adrian and Brunnermeier 的在险值协方差法(CoVaR)、Acharya 等的信贷违约互换价差法(CDS spread)及 Zhou 的极端值法(extreme value theory)等。该部分文献参见 Chiristian T. Brownlees & Robert Engle, *Volatility, Correlation and Tails for Systemic Risk Measurement*, Accesed May 17, 2013. https://papers.ssrn.com/sol3/papers.cfm? abstract_id = 1611229; Tobias Adrian & Markus K. Brunnermeier, *Federal Reserve Bank of New York Staff Reports* 348, Accessed May 17, 2013. https://www.newyorkfed.org/medialibrary/media/research/staff_reports/sr348.pdf; Viral V. Acharya & Joao A. C. Santos & Tanju Yorulmazer, *Systemic Risk and Deposit Insurance Premiums*, Economic Policy Review 16, 2010, p. 89 – 99。

指标法主要是金融危机后IMF、BCBS、FSB等国际金融监管组织研究的重点，而市场法的研究主要是学界通过复杂的理论和模型来进行。从金融监管规则的发展趋势来看，指标法已经对各国识别SIFIs起到重要指导作用。如美国《多德—弗兰克法案》第121条和第123条规定，“减缓金融稳定面临的风险。合并资本在500亿美元及以上的银行控股公司或非银行金融公司即被认定为可能对金融稳定构成威胁，也即是具有系统重要性”；“研究金融机构的规模与复杂性对资本市场效率和经济增长的影响”。[1] 该法案主要倾向于通过规模性指标和复杂性指标来识别对金融稳定构成威胁的SIFIs，并对其进行严格监管。

在“BCBS国内系统重要性银行的评估方法”中，从原则1到原则7是评估方法。原则1是，国内监管机构应该建立系统重要性银行的评估方法，并以文本的方式保障。原则2是，评估方法应当反映银行失败的潜在影响和可能产生的外部性影响。原则3是，评估银行失败影响的参照系统应该为国内经济。原则4是，对系统重要性银行的全面评估，包括系统重要性银行母国的评估以及东道国依据管辖权对子公司的评估。原则5是，一个国内系统重要性银行的失败对国内经济的影响，从原则上讲，应该通过具有银行特性的因素来评估，包括规模、关联性、可替代性和复杂性。原则6是，国内监管当局应该持续地监管系统重要性银行的评估，以确保它们的评估能够反映相关金融系统的实际情况。原则7是，国内监管当局应该为评估方法提供一个在线平台，以便公开进行信息披露，这主要用于参照国内经济评估系统的重要性银行。

综上所述，在是否应该事前识别SIFIs的问题上，反对者从识别

---

〔1〕 *Dodd-Frank Wall Street Reform and Consumer Protection Act*, Sec. 121. Mitigation of risks to financial stability; Sec. 123. Study of the effects of size and complexity of financial institutions on capital market efficiency and economic growth.

后道德风险的角度进行论证，而大多数赞同者则认为道德风险可以通过制度设计加以限制。目前已有国家对 SIFIs 进行识别，如这主要是从整个金融系统稳定的角度考虑，即金融稳定受损成本大于道德风险成本。通过 G20 近年来的峰会可以看出，其已经将制度构建的重点转移到 N-SIFIs 识别与处置，因为什么是全球金融系统稳定还很难界定，先进行 N-SIFIs 识别与处置的构建是建立国际标准的前提。因此，无论是 G-SIFIs 还是 N-SIFIs，均指一个金融机构的行为能够对同类金融市场或整个金融市场造成的负面影响（破坏市场竞争），其经营失败或经营出现问题能够直接影响金融稳定或对一定关联国家的实体经济造成危害。

在识别指标体系方面，对于 G-SIFIs 识别的“五标”体系基本上得到了主要国际金融市场国家的认可（G20）。但在 N-SIFIs 识别上，詹姆斯提出了“四标法”（规模、传染性、关联性、集中度），而 BCBS 则在 2012 年提出了不同的“四标法”（规模、关联性、可替代性、复杂性）。其中，“可替代性”和“集中度”两者之间有重复的地方（支付系统影响）。从总体上讲，规模和关联性基本得到共识，但其他指标的界定还存在争议，这就会产生在不同的国家能否被识别为 SIFIs 的问题。所以，从根本上讲，识别方法的协调与统一有赖于相关概念的界定，在没有形成概念一致的情况下，规模识别是最有效的指标。评估指标中缺少“国内经济”的评价指标，因为从 BCBS 的识别中可以得出，被识别的机构应该对国内经济或相关国家经济产生影响。

无论是指标法还是市场法，最终都是为了给法律制度和处置计划提供可以适用的标准。从目前各国的实践来看，指标法占据“上风”，特别是“规模”标准能够直接、客观地判断一个机构是否属于 SIFIs。但是，其他方法是识别体系不断完善的保障。一个是从机构特征的角度考察，另一个是从市场的角度考察，两者是应该相互促进的,市场法能够使指标法更加准确。BCBS 的方法是为 N-SIFIs 识别提供方法指导,从本质上讲并非属于具体的识别方法。

(2)金融稳定理事会关于系统重要性金融机构跨境处置合作的法律框架

SIFIs 跨境处置合作法律框架是从总体上对金融机构的母国和相关东道国的处置责任和义务作出的指导性安排,旨在推动与促进各国在金融机构跨境处置上的有效合作。在 G20 的要求下,FSB 于 2011 年发布了《金融机构有效处置的关键属性》,作为实现 SIFIs 有效处置的重要参照标准。其中,处置法律框架的核心内容主要包括构建框架的总体要求、保障框架实施的条件以及合作协议的内容等。

①总体要求:法律救济与司法行动

第一,处置权力的法律保障。SIFIs 的处置机构应当在有效的法律救济和司法程序制度下有能力迅速、灵活地运用处置权力。在司法管辖权范围内,法院的指令仍然适用于处置程序,处置机构制定处置措施时应该考虑这种情况,以确保处置计划符合法定的时间要求。这是处置计划与管辖权国家司法程序的协调问题。

第二,司法程序与处置制度的协调。立法确立的处置制度不应该提供此类司法行为,即该类行为有可能限制处置机构基于合法权力和善意而作出的处置措施和执行行动。

第三,司法权行使的灵活性例外。为了维护市场自信,司法管辖权应该保持灵活性。其应当允许公司关于豁免和相关披露延期的临时性要求。因为,在市场条件下,如果接管条款和上市规则被迅速地公开披露,那么这种披露可能因为其他市场参与者的行为而影响整个处置执行的成功。[1]

---

〔1〕 FSB, *Recovery and Resolution Planning: Making the Key Attributes Requirements Operational*, p. 11 – 12, Accessed May 17, 2013. https://pdf4pro.com/view/recovery-and-resolution-planning-making-the-key – 39f4.html.

②构建跨境合作法律框架的条件

第一，应该给一个法定的处置机构赋予权力，并激励它尽可能地努力去实现与相关的外国处置机构有效的处置合作。理查德·贺林认为，问题的关键在于处置机构有权力在破产处置过程中迅速、果断地行动以保障系统重要性服务的持续。对于逐步上升的监管干预，破产前触发机制能够强化处置政策的有效性。他们为问题金融机构提供强有力的激励，目的是通过重组和资本调整或与良好机构合并的方式来解决它们自身的问题(自救)。

第二，在已有合作的基础上，如果官方干预或破产处置程序的启动在国外管辖权范围内，那么本国的法律和规则不应包含该启动自动救助行动的条款。然而，如果在缺乏有效的国际合作和信息共享的情况下，确实需要实现国内稳定，那么应该保留国内行动的自由裁量权。但是，当一个处置机构运用自由裁量权而采取行动时，它应该考虑其行动可能对相关管辖权国家的金融稳定造成的影响。

第三，处置当局应该有权处置外国公司在本地的分支机构，有能力运用它的权力来执行处置计划或通过获得境外母国处置当局的支持来继续处置的执行。例如，命令一个本国管辖范围内的机构将财产转让给境外母国当局建立的“桥机构”(bridge institution)。在特殊情况下，能够主动采取措施，即当母国管辖权不采取行动或采取的行动没有充分考虑保护本地金融稳定的情况下主动执行。[1]同时，当一个东道国处置当局决定采取任意性的处置行动时，其应该给予境外母国处置当局优先的通知和咨询。

第四，国家的法律和规则不应该以国籍、索赔所在地、支付能力地为理由对债权人采取歧视待遇。债权人的待遇和破产次序的确

---

〔1〕 FSB, *Recovery and Resolution Planning: Making the Key Attributes Requirements Operational*, p. 13, Accessed May 17, 2013. https://pdf4pro.com/view/recovery-and-resolution-planning-making-the-key-39f4.html.

定应该是透明的,且应该适当地向存款者、保单持有人、其他债权人充分揭露。

第五,管辖当局应该提供透明的、迅速的程序来执行国外的处置措施,或通过一个相互认可的程序来执行处置措施,或通过国内处置制度支持境外母国处置当局的处置措施,以此保持处置的一致性。这种承认和支持能够使一个境外母国处置当局迅速地控制公司分支机构或控制公司在东道国的资产。但这要视情况而定,上述承认和支持应该发生于这个公司通过境外母国的法律被处置之前。境外措施的承认和支持应该是临时性的,目的是确保在跨境处置中平等地对待债权人。

所以,应当集中关注 SIFIs 处置的政策,这些政策能够限制风险传染或者至少能够强化政策制定者组织紧急救助的政策及其过程的透明度。一个迅速而良好的处置计划对于 SIFIs 的处置有很大的说明指导作用,尤其是如果该种计划能够成功地识别和隔离每个 SIFIs 的“系统重要性”部分,那么即使该 SIFIs 破产,它们也将会继续存在。

第六,处置当局应该有能力在法律的约束下,遵循机密要求,保护敏感的信息数据,并能够合理地分享信息,这些信息包括恢复和处置计划(Recovery and Resolution Plans,RRPs)、作为整体金融机构的相关信息、作为个体的子公司或分支机构的相关信息及与之相关的外国当局的相关信息等。同时处置当局应在恢复和处置计划或处置执行的协调上实现信息共享。管辖权当局应当对机密要求和保护措施提供法律保障,为从境外处置当局获得的信息提供法律保护。

③跨境合作协议的内容

第一,跨境处置合作协议实现的平台。

所谓的“协调途径”就是为各国进行跨境处置合作提供一个可以

共同协商、讨论的空间,或建立一个组织相关协调的特殊机构。国际保险监督官协会(International Association of Insurance Supervisor, IAIS)提出了监管联席会议(supervisory college)的概念,该机制是金融集团的母国和东道国的监管机构之间为了实现政策协调、信息共享、执行合作而建立的一种监管合作机制,主要是为了完善国际集团的风险监管和危机处置。[1] 欧盟委员会工作组认为,为了促进跨境处置合作的有效性,处置当局之间应该建立"处置联席组"(resolution colleges),它能够确保跨境机构在发生危机时,不同国家的监管当局之间能够采取协调的行动。[2] FSB 提出,CMGs 是 FSB 处置框架下的"协调观察机构",即危机管理组。CMGs 要求 SIFIs 的母国和东道国建立系统重要性机构跨境处置合作的目标和程序。同时,要在处置框架中明确界定危机前(恢复与处置阶段)和危机后处置当局的作用和责任。它主要有三个任务:一是促进跨境处置合作的协调和信息共享;二是开发恢复和处置计划上的合作协议;三是 SIFIs 可拆分性的分析。SIFIs 的母国和核心东道国处置当局应维持 CMGs 的目标,促进其管理和处置一个受跨境金融危机影响的公司。CMGs 的结构由以下几部分组成:监管机构、中央银行、处置机构,财政部和负责管辖担保机制的公共部门。同时,应该强化 SIFIs 及其附属机构所在国家之间的紧密合作。[3] 肖恩·汉根和何塞·比尼亚尔斯在其 2010 年的文中提出了"跨境处置组"(CBRG),该组织隶属于 BCBS,最主要的作用是提供跨境银行处置信息的最新

---

〔1〕 IAIS, *Guidance Paper on the Use of Supervisory Colleges in Group-wide Supervision*, Guidance Paper No. 3.8(October 2009), Article 7, p. 6.

〔2〕 European Commission, *Establishing a Framework for the Recovery and Resolution of Credit Institutions and Investment Firms and Amending Council Directives*, Commission Staff Working Document(2012), p. 54.

〔3〕 FSB, *Recovery and Resolution Planning: Making the Key Attributes Requirements Operational*, p. 14, Accessed May 17, 2013. https://pdf4pro.com/view/recovery-and-resolution-planning-making-the-key-39f4.html.

数据,促进跨境处置协调与合作。

第二,母国与东道国之间信息的共享与协调。

在危机前和危机中设定信息共享程序,包括 CMGs 之外的任何东道国管辖区域的信息共享,明确分享信息的各个国家在保护信息上的法律依据,并对保护秘密信息作出必要的安排。无论是机构的母国还是东道国,都要设定系统重要性机构的恢复与处置计划和程序,要保证覆盖的全面性,包括母公司、持股公司、重要的子公司、分支机构、附属机构等都应当纳入设定的范围。目的是无论危机发生于哪个主体,都有可以迅速适用的处置计划。

第三,处置中实体法律内容的协调与预警告知。

在公司拆分的评估方面,设定母国与东道国当局的协调程序。当母国公司出现极其不利的情况,或当局将对其采取重要行动或危机措施前,母国处置当局应当同意履行对其他东道国的告知和建议程序。母国当局应向东道国当局提供一个关于特殊处置措施的跨境执行的细节情况,包括"桥机构"的使用和自救权力。

第四,召开周期性联席会议。

母国和东道国之间的高级别官方机构每年至少要举办一次会议,以评估、讨论 G-SIFIs 全部处置制度的稳健性。同时,每年至少要由执行处置制度的高级官员提供一次有关处置计划情况的规律性评论。[1]

跨境合作平台为相关国家协商处置计划提供了一个良好的机会,IMF、BCBS、FSB 等国际金融监管组织的指导和协调,能够促进各国之间的合作。在处置合作过程中,共享处置信息和尊重对方行为是形成跨境合作协议的基础,应在此基础上对处置过程中的核心法律内容进行协调,并辅之以周期性联席会议以加强沟通。

---

〔1〕 FSB, *Recovery and Resolution Planning: Making the Key Attributes Requirements Operational*, p. 15, Accessed May 17, 2013. https://pdf4pro. com/view/recovery-and-resolution-planning-making-the-key – 39f4. html.

(3)短期性的核心标准协调与合作法律框架

根据肖恩·汉根和何塞·比尼亚尔斯的观点,[1]从长远的角度看,要解决跨境处置问题,应该建立一个国际条约,它能够给各个国家设定义务,去遵从金融机构或集团主要活动国的管辖权,并按照该核心管辖国的机制来进行处置;或者采取金融机构的“去全球化”方法,这样能够保证金融机构更好地适应国内处置制度,在国内管辖范围内运行。第一种方式的优点在于“约束性的保障”,缺点在于将牺牲国家主权,这在短期内很难实现。第二种方式的优点在于处置的方便,缺点在于金融机构将丧失系统重要性功能,并破坏新兴市场和发达市场的关系,破坏国际贸易的发展。因此,在参与跨境处置合作框架制定组的国家之间建立一个非约束性的谅解备忘录是合理的,至少短期内能够在不同国家之间实现标准上的一致性。肖恩·汉根和何塞·比尼亚尔斯认为,跨境合作法律框架具体应当包括三个部分。

第一,法律保障处置机构的地位与权力。国家应该修改法律,要求国内的处置机构与相关国家的处置机构进行处置协调,并在最大范围内为债权人和金融稳定提供保护。更重要的是,国家处置机构应该持续地保持这种自由裁量权,维护处置机构的独立性,以更好地实现处置目标。

第二,国家间处置制度的尊重与承认。不同国家之间要相互承认对方的处置框架,强化处置框架的协调,并在核心标准上实现更好的合作。这些核心标准包括外国债权人的非歧视、合格的干预工具、合格的债权人保护制度、存款者优先权规则的强化、东道国与母国监管制度的强化及赋予处置机构以权力等。

[1] Sean Hagan & JoseVinals, *Resolution of Cross-Border Banks—A Proposed Framework for Enhanced Coordination*, Accessed May 17, 2013. https://www.imf.org/external/np/pp/eng/2010/061110.pdf.

第三,SIFIs 损失分担规定的协调。强化协调合作框架的一个关键性问题是设计 SIFIs 的损失分担程序,以保证处置协调的有序进行。从本质上讲,这是各国利益协调的主要内容。同时,同意强化协调合作框架的国家也应该同意设计一个协调程序,以便迅速地对一个危机中的金融机构进行有效处置。

综上所述,FSB 跨境处置法律框架的总体要求包括三个方面:处置权力的法律保障、司法程序与处置制度的协调、司法权例外条款。而肖恩·汉根和何塞·比尼亚尔斯的处置框架主要包括以债权人保护和金融稳定为核心的法律协调、相关国家处置制度核心标准的协调、损失分担机制的设计与协调等。FSB 的框架更加全面,适用于长远计划的实施;而汉根与比尼亚尔斯的处置合作框架明显具有短期适用的价值,即其设计的内容都是处置各方的核心利益,虽然不像 FSB 框架那样详细和全面,但能够为一个需要处置的合作提供最基本的协调内容。因此,结合实际应用和长期效果考虑,应该将肖恩的"核心标准"纳入 FSB 的框架中。

3. 系统重要性金融机构跨境处置合作法律框架的构建:基于中国的视角

(1)影响法律框架构建的因素

从总体上讲,FSB 的该处置合作法律框架基本上可以解决跨境处置合作实践中的各种障碍,但是有两点值得考虑,一是"本国债权人"的特殊待遇问题,这涉及各国债权人对金融市场和政府的信任,信任危机没有其他的利益容易协调。所以,处置框架没有设定母国或东道国如果违反"债权人歧视待遇"将按照什么样的法律和程序来承担责任。二是 FSB 所制定的处置框架多以咨询文件、指导建议等形式公布,因此其性质一直受到争议,这导致该类国际标准的约束性弱化。因为,从形式上讲,这些文件、建议不具有国际法约束力;但从实质上讲,长期的国际金融监管实践证明它们应该属于国际惯例,属于国际软法的范畴。按照法国学者弗朗西斯·斯奈德(Francis Snyder)的理解,“软法是原则上没有法律约束力但有实际效力的行为规则”。[1] 而以巴塞尔资本协议为基础的银行监管标准已经得到各国普遍的认可,其应当属于金融监管“软法”的范畴。因此,FSB 所确定的处置合作框架需要一段时间来验证其对 SIFIs 处置的效果和实际效力。鉴于实践操作和各国国情的差异,各国在借鉴监管框架时应注意以下几个方面的问题。

①合作协调主体的法律地位

跨境处置合作的协调主体是实现有效、迅速跨境合作的桥梁。按照上文 FSB 的界定,CMGs 的组成包括监管机构、中央银行、财政部、处置机构等,几乎涵盖了 SIFIs 处置可能涉及的所有部门。而肖恩·汉根和何塞·比尼亚尔斯提出的“跨境处置组”(CBRG)则是 BCBS 的组成机构。从形式上讲,两者都不属于国际法主体。从实质上讲,它们都有强化信息共享和促进跨境合作协调的目标。但是,两者所发布的文件都是一些建议、咨询文件等,不可能对主权国家构成强制性约束,只能起到指导作用。并且,SIFIs 的处置常常涉及多国的主权利益,该类机构还不具备协调各国主权利益的能力和主体资格。他们也指出,“跨境处置组”(CBRG)只是巩固跨境处置框架、促成跨境合作,其并不要求国家主权的放弃。因此,无论是监管联席会议、还是 CMGs 和 CBRG 等跨境处置协调机构,在它们的法律地位还不确定的情况下,一个完好、理想化的跨境处置合作法律框架是很难被执行的,但其可以被当作一项长远的工程来完成,如通过强化 IMF、BCBS、FSB 等组织或机构的地位来提高合作协调

〔1〕 See Francis Snyder, *Soft Law and Institutional Practice in the European Community*, in Steve Martin (Ed.), *The Construction of Europe: Essays in Honour of Emile Noel*, Dordrecht/Boston, Kluwer Academic Publishers, 1994. 转引自姜明安:《软法的兴起与软法之治》,载《中国法学》2006 年第 2 期。

主体的能力。从近期的需要来考虑,以该框架为基础进行双边或区域性的跨境处置合作更具有实践意义。

②识别与处置的问题

SIFIs 的识别是一项非常庞大且复杂的系统工程,仅仅通过选取的指标就可以看出,它选取的范围涉及金融机构本身特征的识别,又涉及金融机构与市场关系的识别(如可替代性指标的识别)。虽然对于 SIFIs 的识别指标还没有完全达成共识,但依据规模和关联性标准来进行识别是最直接、最客观,也是最常用的方法(如美国《多德—弗兰克法案》中 SIFIs 的识别就主要是以"规模"标准来进行的)。而复杂性、可替代性等指标却很难用一个客观的标准来衡量。所以,FSB 设定的识别标准与方法的可操作性需要进一步实践与强化。实践中,有一些金融机构在正常经营期是一个普通的市场主体,一旦其经营不善,就会给整个金融体系带来风险传染,此时其便立刻具有了系统重要性的特征,识别在此刻的意义已经不那么重要了,重要的是如何处置的问题。由于发生危机前其没有被识别为系统重要性机构,所以各项与它相关的系统重要性的严格监管措施、处置计划都与它无关,那么这时该机构应该选择什么样的处置机制是值得思考的问题。虽然,BCBS 在 2012 年发布的《处理国内系统重要性银行的框架》中要求国内监管机构对国内的所有银行均应做好处置计划,但这显然是不具有可操作性的。因为,从我国金融机构的实际情况来讲,一方面,我国金融监管权在民间金融监管方面还存在很大的真空地带;另一方面,鉴于监管成本和金融机构控制权的客观现实,除了大型银行外,中小金融机构不会花费大量的人、财、物来制定、修改、维护那些对于自己还不确定的处置计划。

③金融机构被识别为系统重要性而产生的道德风险问题

当一个金融机构被识别为具有系统重要性后,它将会被要求具有更高的资本充足率、更高的损失吸收能力、更加完善的处置计划，这也意味着它将会更加强大、安全和可靠。一方面，潜在的和现实的金融消费主体会更愿意与这样的机构进行交易，包括把已经成为其他金融机构消费主体的主体吸引过来；另一方面，该类金融机构将会受到更加严格、更加独立的政府监管。也就是说，它们的市场约束将会被削弱，从而恶化竞争环境。因此，SIFIs 被识别和严格监管后可能产生的道德风险主要包括：一是在正常经营时期，该类金融机构将会从事更加投机、更加冒险的行为，开发更多的金融交易方式（对该类机构业务的严格监管经常是无效的，该类机构常常会与监管者之间进行合作），因为有人为它们的风险“买单”。二是该类机构将完全忽视法律对它们的约束，因为它们有政府特别的监管机构和监管措施，政府与大型金融机构之间常常会形成理念和行为上的“统合”。[1] 因此，金融监管国际规则在 SIFIs 监管负面影响上的研究还存在不足，还没有制定出有效的指导性建议。

（2）框架构建：由上到下的顶层设计

按照经济学家吴敬琏的观点，“顶层设计”（top-down design）是网络工程学的舶来品，即在进行一个大系统建设时要从顶层开始，要自上而下进行。而“十二五”规划中“顶层设计”的要求是政治、经济、文化、社会各领域整体上的全面设计，是满足改革的总体需要的一种框架性设计。[2] 因此，“顶层设计”应当是国家从改革发展的规

---

〔1〕 政府可能会通过挑选出来的进行特殊对待的大型金融机构传递政策信号，这种政府和大型金融机构之间的合作被称为“统合主义”。例如，当政府对大型石油公司或武器制造商表示不满时，监管者将决定花旗银行是否需要遵从“沃尔克规则”，为了避免受到规则的约束，花旗银行的董事们决定最好还是限制银行对这些政府不喜欢的行业进行融资。[美]戴维·斯基尔：《金融新政——解读〈多德－弗兰克法案〉及其影响》，丁志杰等译，中国金融出版社 2012 年版，第 13 页。

〔2〕 参见吴敬琏：《经济体制改革的方向》，载《21 世纪经济报道》2012 年 5 月 7 日，第 15 版。“顶层设计”作为中国政治新名词预示着一种新的改革路径，其范围主要包括事业单位改革、住房制度改革、收入分配改革、医疗改革、养老制度改革、金融改革等。参见新华网：http://news.xinhuanet.com/politics/2012－06/26/c_123327559.htm，最后访问日期：2013 年 1 月 26 日。

划、目标、重点、推进方式等方面做的自上而下的总体性设计与安排,该种设计抓重点问题,讲究政治、经济、文化等各方面的全面性,同时设计中要有全球视野,能够应对全球性问题。SIFIs 跨境处置合作法律框架进行“顶层设计”的原因主要包括:第一,作为一个总体性的“框架”要能够保证参与合作的国家在基本立场和基本利益共识上保持一致性,这是框架构建的基础问题。[1] 第二,从处置合作实施的角度分析,由于各国政治、经济、法律及文化环境的差异性,短期内在详细而具体的合作内容上完全实现一致是不现实的事情,只有以“总体设计”作为基本立足点,在发生或需要处置合作时,根据 SIFIs 本身和具体国家的实际情况来对某些细节问题进行“现场化”协调。第三,合作框架的“顶层设计”主要是为各国提供及时合作的机会、督促相关国家做好“预防性安排”、保障各国最基本的利益协调,从根本上保障处置的有效性和及时性。

①建立跨境处置合作法律框架

SIFIs 跨境处置合作法律框架的构建是国际金融监管合作中的重要内容,应该寻求一种“事前合作预防—事中合作处置—事后合作分担”的顶层设计。

首先,从总体上讲,通过案例分析与跨境处置框架结合的考察,在解决 SIFIs 的跨境处置合作问题上应当核心关注以下内容:第一,处置制度合作,即核心处置国与其他相关管辖权国家之间处置制度的合作;第二,破产规则的协调,即核心处置国破产法律与相关国家破产法律的协调;第三,核心处置国处置权的尊重与认可,即协调基

---

[1] 参见王一木:《中国文化顶层设计的基本内涵和路径选择》,载《江西社会科学》2012 年第 2 期;夏斌:《关于“顶层设计”的思考》,载《重庆理工大学学报(社会科学版)》2012 年第 4 期。同时,在中国知网检索 2010 年至 2013 年的相关资料,以“顶层设计”为主题的论文共 491 篇,其中国家行政管理 110 篇、中国政治与国际政治 49 篇、经济(包括国际经济)与财政 168 篇、金融 18 篇、法律与医疗 18 篇,其余的是工业方面的文章。这可以充分说明我国学界目前的“顶层设计”研究具有改革需求性、总体与全面性、全球性等特征。

础上的相关国家对核心处置国处置制度的承认;第四,SIFIs 母国与相关东道国损失分担责任的协调,即以 SIFIs 的活动范围为基础的损失分担机制的确定。例如,在德克夏银行的危机处置中,比利时、法国、卢森堡三国政府为了德克夏新的融资达成了联合担保机制的协议。也即达成损失分担机制协议,它主要是以自愿为基础,并按照公共部门和机构投资者在这三个国家的持股比例来确定的。对德克夏的救助培育了三个国家中短期的银行稳定,并减轻了地方当局融资的压力,这也在短期内广泛地维持了欧洲银行系统的稳定。比利时、法国和卢森堡当局在为德克夏提供支持的问题上实现了有效的合作。比利时和法国对美国附属机构的损失分担模式,为合作提供了有效的激励。这种损失分担是建立在三国自愿的基础之上的。

其次,政府当局预先制定处置计划,明确处置预期。这是处置制度透明度上的要求,即要求各国政府应当明确处置的政策和法律,保证市场参与者对市场的判断和处置的合理预期。例如,雷曼兄弟破产案中,市场参与者与政府预期偏差对金融机构造成了重要的影响。美国前财政部长保尔森私下里同雷曼的 CEO 进行沟通,警告其这种无准备的消极做法是不够的,并且如果雷曼在第三季度宣布公司发生一个重大损失而此时没有买主或没有一个明确的生存计划的话,那么它将处于极度的危险当中。然而,财政部并没有通过寻找法定权力干预的方式为该种可能发生的事情作出准备,尽管它知道它缺乏该种权力。[1]

再次,母公司、重要子公司均要设立相应的处置计划。雷曼兄弟的案例显示了金融机构和监管当局都没有及时做好处置准备的

〔1〕 Richard J. Herring, *The Central Role of Resolution Policy in Dealing with Systemically Important Financial Institutions*, the IADI Research Conference, Basel, May 29, 2011, p. 51.

严重后果。2008 年美国第四大投资银行雷曼兄弟宣布破产，它的规模超过贝尔斯登的两倍。在雷曼兄弟破产案中，要进行多个东道国管理与美国证券交易所监管的协调，由于没有预设处置计划，导致雷曼兄弟没有成功地找到一个并购者，也没有开发一个生存计划。同时，巴塞尔委员会在其《国内系统重要性银行处置框架》中也明确要求所有的金融机构都应当制定各自的恢复与处置计划，因为一个非 SIFIs 也可能引发系统性危机，或者一个机构在国内不具有系统重要性而在国外具有系统重要性。[1]

最后，处置管辖权的确定与相关处置当局的义务。通过上文的分析可得，SIFIs 跨境处置中管辖权的确定是实现有效处置合作的关键。处置管辖权的确定关涉不同国家的利益、处置机构母公司及其附属机构利益以及不同国家债权人的利益。其中，明确母国和相关东道国的处置责任是 SIFIs 有效处置的前提和保障。2008 年的金融危机快速蔓延到其他国家的一个直接原因就是母国与东道国监管责任划分的不明确。按照传统的国际法管辖权理论，当发生管辖权冲突时，一般优先适用属地管辖原则。但无论是巴塞尔协议，还是具有代表性的欧盟“第二号银行指令”，都坚持母国并表监管为主的管辖原则，这是对传统属地优先原则的突破。同时，GATS 金融服务协议以审慎例外原则扩张了东道国监管权力和责任。这就在一定意义上形成了对“母国管辖权”的限制。为了实现管辖权划分的一致性，应当考虑适用 FSB 的跨境处置法律框架，并在此基础上实现“管辖权划分”的合作。我国 SIFIs 跨境处置中管辖权的划分应当坚持以下几个原则：一是风险发生国处置当局应当履行对处置信息共享的义务。以风险发生国为标准，无论发生危机的金融机构是否为

〔1〕 BCBS, *A Framework for Dealing with Domestic Systemically Important Banks*, Accessed May 17, 2013. https://www.bis.org/publ/bcbs233.pdf.

母公司,处置当局都应当对危机机构的相关处置信息作出系统、全面的整理收集,并向母国或相关东道国处置当局通知该信息,实现信息共享。这主要是基于 SIFIs 危机处置时的“信息优势”。二是按照金融机构性质确定机构处置管辖权(处置责任),即确立母国对母公司、分公司、办事处等机构的主处置管辖权;子公司一类被母国法律确认为具有独立法人资格的机构由东道国管辖。三是处置计划实施前的通知义务。无论哪个国家享有主处置管辖权,都应当在处置计划实施前,将处置计划通知被处置机构的母国或相关东道国。四是处置法律或政策认可的承诺。母国与东道国应当事前签订合作协议,以作出对对方国家处置法律或政策认可的承诺。这种承诺的意义不在于创造一个国际条约性质的“处置法律”,而是为了保障 FSB 处置法律框架指引下各国处置计划的顺利实施。如果哪个国家违反承诺,那么相关国家将会实施报复措施,FSB 也会把该国列入“黑名单”。这可以理解为一种法律外的约束。参照 BCBS 的做法,当使用不同的金融监管标准时,如果某国被列入“黑名单”,则该国会被适用更为严格的标准。

②设立独立的处置机构

设立一个独立的处置机构对 SIFIs 进行系统重要性的识别与处置不但是 IMF、BCBS、FSB 等组织的建议,也是其他国家立法实践的产物。根据 FSB《金融机构有效处置的关键属性》的规定,为了实现对 SIFIs 的有效处置,预防系统性危机的发生,各管辖权国家应该保证有独立的处置机构,以保障处置权的独立和有效执行。[1] 美国《多德—弗兰克法案》中设立了金融稳定监督委员会,由其对 SIFIs 实行全面的监管。本次金融危机后,鉴于预防与处置系统性风险的

[1] FSB, *Extending the G-SIFI Framework to Domestic Systemically Important Banks*, April 2012, p. 5 - 8, Accessed May 17, 2013. https://www.fsb.org/wp-content/uploads/r_120420b.pdf.

必要性,我国金融监管有向"功能性监管"发展的趋势,其强调各监管机构之间的交流与合作,但形式上仍然是"一行三会"式的分业监管体制。这种分业监管体制产生的一个重要问题是不能很好地实现金融监管机构之间的监管合作与协调,也不能有效地进行信息共享。因此,可以借鉴美国金融稳定监管委员会的组成结构,即委员会成员的构成基本包括了金融市场中的各个方面,其设立的目的在于维护金融稳定,总体目标是识别威胁美国金融稳定的风险、加强市场纪律、对刚显现的威胁美国金融体系稳定的风险做出应对。[1]我国中央政府(国务院)一直都是金融监管的"最高机构"。2008 年金融危机的应对措施都是在国务院的领导下进行的。2017 年 11 月,国务院金融稳定发展委员会成立,以加强金融监管协调、补齐监管短板。因此,建议由该机构行使对 SIFIs 的识别与监管(包括对危机机构的处置)。由于该机构组成上的特殊性,其既有利于经营混业性业务的大型金融机构的监管,又有利于金融监管机构之间的协调,维护金融稳定。

③强化金融监管与金融机构的内部控制

冰岛银行系统危机案表明,私营部门和政治上层建筑之间的紧密关系,使银行无限制地接近廉价资本,过度承担风险,并暴露在松懈的风险管理制度下,导致银行监管制度的极度脆弱。但从本质上讲,冰岛具有同其他欧洲经济区或欧盟国家同样的银行管理制度,所以,冰岛银行失败的真正原因是冰岛金融监管制度的失败,它没有形成一套合理有效的金融监管制度。同时,更没有提高对 SIFIs 投资进行严格监管的重要性的认识。这些银行投资的重要组成部

〔1〕 美国《多德—弗兰克法案》第 111 条的规定,金融稳定监督委员会中有投票权的成员包括财政部长、联邦储备理事会主席、货币监理官、金融消费者保护局局长、证券交易委员会主席、联邦存款保险公司主席、商品期货交易委员会主席、联邦住房金融管理局局长、全国信用合作社管理委员会主席及由参议院建议并批准,由总统任命的具有保险专长的独立成员。董裕平等译:《多德—弗兰克华尔街改革与消费者保护法案》,中国金融出版社 2010 年版,第 7 ~ 8 页。

分是用它们自己的股份和持有的交易对方的股份来进行的。这种用银行自有股份资本进行的融资不能为可能发生的损失提供保护。罗伯·塔梅罗(Rob Tammero)认为,本次金融危机的经验表明,SIFIs 的失败使金融风险迅速传染给其他市场主体,破坏信贷市场,并损坏实体经济,所以应当对该类机构进行额外的严格监管。[1] 同时,加强 SIFIs 内部控制的关键在于限制道德风险。在许多方面,雷曼破产带来了不必要的混乱,因为这个公司的监管和管理是有问题的。雷曼的重要股东福尔德曾非常自信地认为,如果雷曼遇到破产危机,政府一定会对其进行救助,因为雷曼的规模比贝尔斯登大几倍,这导致雷曼的管理层根本没有为破产做好准备。并且其认为,一旦公司失败,政府会为它的债权人和交易相对方提供保护。[2] 因此,限制道德风险的根本在于机构内部控制的强化和外部激励监管的有机结合,但设计什么样的合理机制才会产生理想的效果还需要实践的积累与验证。

4. 展望:全球金融治理的软法路径

BCBS、FSB 等国际组织制定的 SIFIs 处置方面的各种文件和指导建议,增强了金融机构跨境处置合作实现的可能性,丰富了全球金融治理的内容,均反映了国际金融领域软法的作用。并且,该种软法的治理路径已经成为全球金融治理的基本方式。

全球治理理论的研究主要源于 20 世纪 90 年代初期。90 年代末的亚洲金融危机使世界各国认识到全球金融治理的重要性,这以美国学者詹姆斯·罗西瑙(James N. Rosenau)提出全球治理的概念为代表。[3] 20 世纪 90 年代末,IMF 就将全球金融治理作为重要目

---

〔1〕 Rob Tammero, *Reining in Systemically Important Financial Institutions*, Review of Banking and Financial Law 30, 2011, p. 595.

〔2〕 [美]戴维·斯基尔:《金融新政——解读〈多德-弗兰克法案〉及其影响》,丁志杰等译,中国金融出版社 2012 年版,第 13 页。

〔3〕 参见洪小芝:《全球金融治理相关问题研究综述》,载《西南金融》2012 年第 3 期。

标之一。其在 BCBS、世界银行等组织的基础上,建立起一套国际认可的金融治理标准,以稳定全球金融市场。IMF 立足于汇率管理、国际收支平衡协调的同时,也将重点放在缓解金融动荡、预防金融危机的措施中。2008 年国际金融危机后,IMF 进一步认识到全球金融治理的重要性,并开始积极地推进其自身的改革。目前,IMF 改革的核心问题主要包括投票权制度改革、新兴市场和发展中国家份额分配机制改革,而 IMF 职能改革的一个重要问题就是如何强化其在促进全球金融稳定上的作用。[1]

软法及其适用一直是国际法学界长期讨论的问题。有学者从“软法”与“硬法”互补的角度出发,认为软法是一种不可替代的行为规范。软法符合法治的应然要求,在这种环境中考察,软法具有法的基本特征,软法之所以能够独立于硬法,是因为它以不同于硬法的方式体现法律的共性特征,并具有硬法所没有的个性特征,并且在公共领域之中发挥重要作用,它具有独特的规范和调整公共关系的功能,软法与硬法在法律功能上优势互补,在法律规范上相互转化。[2] 虽然学界对软法的界定还没有形成共识,但都赞同国际金融软法具有以下两个特征:一是软法不具有法律约束力;二是软法在

---

〔1〕 参见杨松:《国际货币基金协定研究》,法律出版社 2000 年版,第 254~260 页。杨松:《国际货币基金协定变革与中国金融立法》,载《中国法学》2000 年第 4 期。该文将协定的规范分析与国际金融创新相结合,并提出 IMF 的职能改革应当包括维护金融稳定和预防金融危机。李本:《国际货币基金组织改革的职能趋向》,载《法学》2010 年第 4 期。该文指出,IMF 的职能应当包括四个方面:汇率监督、贷款援助、技术支持和合作协调,其中合作协调是针对全球金融危机预防和处置而言的,IMF 应当在全球金融治理合作的技术支持和合作协调上起到大的作用。李仁真、涂亦楠:《金融危机背景下国际货币基金组织代表性改革》,载《华中师范大学学报(人文社会科学版)》2010 年第 3 期。该文从分配代表权的标准、每个国家实际分的代表权的大小、行使代表权的方式等三个方面论证了 IM 代表性的改革问题;其核心内容是基于公平理论、效率理论和民主理论提高发展中国家在 IMF 中的话语权和投票权,进而提高发展中国家在 IMF 治理全球金融问题中的地位,以增强 IMF 的合法性和有效性。

〔2〕 参见罗豪才、宋功德:《认真对待软法——公域软法的一般理论及其中国实践》,载《中国法学》2006 年第 2 期。

实践中能够产生实际效果。[1] 同时,"赤道原则"的发展也丰富了国际金融软法的内容,该原则没有国家的参与,是完全的"自我规制"。[2] 这也充分说明了国际金融软法在全球金融治理方式上的特殊性,即实际效果的约束。随着新兴市场和发展中国家的崛起,国际政治经济中权力多极化格局已悄然形成。但是在短期内,权力多极化和复合相互依赖的国际关系格局导致各主权国家在国际金融"硬法"上难以达成共识,通过硬法路径实现全球金融治理显然是困难重重。

SIFIs 跨境处置合作是全球金融治理的重要内容之一。在 G20 牵头和督促下,由 BCBS、FSB 等国际金融组织制定的全球金融治理框架既能为各国金融治理提供共同协商合作的平台,又能提供具有全球意识和应用价值的治理标准。该种软法治理路径已经突破了 2008 年之前只有国际组织参与制定国际金融标准的时代。以 G20 为核心的新国际金融治理机制突破了 G7 时代"发达国家主导"的治理局面,[3] G20 将国际金融软法推向一个更加可操作化的发展方向,其核心法律框架的构建标志着全球金融治理的一个新的发展方向。由于 SIFIs 的"全球系统重要性"和潜在的"系统性危机",所以通过国际金融软法的标准来及时地治理全球金融问题是当今国际社会比较合理的选择。值得注意的是,这里所讲的国际金融软法应当是在 G20 牵头下(目前 G20 的级别已经由"部长级"升格为"元首级"),由 IMF、BCBS、FSB 等国际组织研究、制定的治理标准,目的

---

〔1〕 参见杨方:《"软法"与"软组织"——对巴塞尔银行监管体制的再认识》,载《时代法学》2008 年第 6 期;漆彤:《国际金融软法的效力与发展趋势》,载《环球法律评论》2012 年第 2 期;涂亦楠:《论国际金融软法及其硬化——以国际信贷法为例》,载《湖北大学学报(哲学社会科学版)》2012 年第 3 期。

〔2〕 刘志云:《赤道原则的生成路径——国际金融软法产生的一种典型形式》,载《当代法学》2013 年第 1 期。

〔3〕 参见崔志楠、邢悦:《从"G7 时代"到"G20 时代"——国际金融治理机制的变迁》,载《世界经济与政治》2011 年第 1 期。

是保障软法的“实际约束效果”,以增强治理标准的强制性及适用的普遍性。

其实,中国是否存在 SIFIs、中国的 SIFIs 能否“倒”以及中国是否存在“太大而不能倒”的系统重要性风险等问题已有学者提出。[1] 但无论是出于主动的选择,还是被动地接受,中国金融的发展和中国金融法治建设在金融全球化时代要与国际市场接轨、要避免利益损失,就要在金融立法中充分考虑国际因素。因此,以 SIFIs 处置机构、处置权力为核心的法律制度的构建作为一种承担“大国责任”的方式,应该在中国的金融法治完善中受到重视,并付诸具体的立法实践。

(二)第三方支付机构跨境电子支付服务监管问题

当人类的交易实现从“以物易物”向“以货币为媒介进行交易”的发展后,货币支付便成为市场交易中的核心环节。在债权债务关系中,货币资金的流转就是最传统的支付形式,“支付是货币债权的转移过程”。[2] 随着计算机信息技术的进步和通信网络的建设,以银行信用为基础建立的汇票、支票、本票等支付服务体系已无法完全满足以全球化、网络化、电子化为特征的贸易交往中的支付需求,支付体系发生了革命性变化,现代支付体系随之诞生。中国现代化支付系统(China National Advanced Payment System, CNAPS)的建立,标志着我国正式步入现代支付体系行列,“十一五”期间我国现代化支付体系基本建成。电子支付服务作为非现金支付服务的一种重要形式,其具有支付便捷、成本低、效率高等

---

〔1〕 有学者提出,由于我国金融机构实行的是一级法人制度,从控制模式上看具有“大”的特征。然而,我国并不存在“系统重要性风险”,我国的大金融机构也不可能倒下去。因为,我国金融业运营以国有经济为主导。但是,为了适应金融发展的全球化需要,SIFIs 监管法律制度的构建具有必要性。中国金融立法和金融监管实践必须考虑“国际因素”的影响。参见黎四奇:《后危机时代“太大而不能倒”金融机构监管法律问题研究》,载《中国法学》2012 年第 5 期。

〔2〕 周金黄:《现代支付体系发展与货币政策机制调整》,载《金融研究》2007 年第 1 期。

优势,支付范围涵盖出行居住支付、跨境消费购物支付、基金理财、便民缴费等多个支付领域,电子支付以其独特的市场优势在现代支付体系中扮演着越来越重要的角色。而且,随着跨境电子商务的飞速发展,跨境电子支付服务也日益创新,其中便包括中国银行业金融机构的海外电子支付服务、非金融机构的支付服务等,而尤以第三方支付机构参与的跨境支付最具代表性。一方面,第三方支付机构跨境电子支付主要针对小额跨境电子商务,具有支付便捷、灵活性强、不受繁琐外汇兑换限制的特征;另一方面,由于该类跨境支付发展时间短,相关法律制度还不完善,支付中尚存在诸多风险。跨境电子支付服务具有的“国际性”特征,决定了其法律监管必然包括国内法和国际法两个层面。其中,在国内法层面,涉及现行金融监管法律体系下的监管问题、外汇管理问题、反洗钱监管问题、客户资金与信息安全问题、消费者权益保护问题;在国际法层面,主要是在WTO相关规则(国际条约)和巴塞尔协议的约束和指导下,解决跨境电子支付服务中多国之间法律监管合作的问题。

1. 跨境电子支付服务界定及其监管法律关系

(1)跨境电子支付服务之界定

电子支付服务的界定既涉及国内法的适用,又涉及跨境支付服务中不同国家对“服务”范围的法律解释。所以,对电子支付服务含义的界定须从国内法和国际法两个维度来考察,故所依据的文本分别为2005年中国人民银行发布的《电子支付指引》和WTO专家组对“中美电子支付服务争端案”的裁判。[1]

首先,根据《电子支付指引》第2条,电子支付是指单位、个人直

〔1〕 此处参考的两个文本分别为:《电子支付指引(第一号)》(中国人民银行公告〔2005〕第23号);China-Certain Measures Affecting Electronic Payment Services, WT/DS413。

接或授权他人通过电子终端发出支付指令，实现货币支付与资金转移的行为。其中，电子支付的类型按电子支付指令发起方式分为网上支付、电话支付、移动支付、销售点终端交易、自动柜员机交易和其他电子支付。但是，该指引的适用范围是有限的，其第 2 条第 3 款规定，境内银行业金融机构开展电子支付业务，适用本指引。也就是说，《电子支付指引》规范的对象是银行业金融机构的支付行为。而根据我国《非金融机构支付服务管理办法》第 2 条，非金融机构支付服务是指非金融机构在收付款人之间作为中介机构提供的货币资金转移服务。因此，在我国现行的支付体制下，对金融机构电子支付和非金融机构电子支付采取的是各自单独监管的模式。

其次，2010 年 9 月，美国向 WTO 争端解决机构（DSB）提出磋商请求，指控中国与电子支付服务有关的措施违反 WTO 相关规则，该案是中国入世后处理的最为复杂的一起案件。第一，该案焦点问题集中表现为：（1）中国银联从事的电子支付服务是否属于 WTO《服务贸易承诺表》中关于“所有支付与汇划服务”的范围；（2）针对银行卡组织市场，中国相关法律法规是否构成对《服务贸易总协定》（GATS）中市场准入（GATS 第 16 条）和国民待遇（GATS 第 17 条）的违反。第二，在具体裁决中，美方指控的内容主要包括：中国银联构成市场垄断和中国银联的转接清算服务属于电子支付范畴；中方抗辩的主要内容为：中国根本就没有对银行卡组织的“转接清算服务”作出过承诺和中国在“商业存在”中没有违反“市场准入”和“国民待遇”的要求，只是规定了“外资金融机构申请前已在中国营业三年，且连续盈利两年”，并无其他限制条件。第三，专家组裁决的要点：一方面，专家组认定银行卡组织的“转接清算服务”属于“所有支付与汇划服务”；另一方面，中国并没有违反 WTO 规则中关于“市场准入”和“国民待遇”的规定。在“中美电子支付服务争端案”中，WTO 专家组所认定的“电子支付服务”是指“处理涉及支付卡的交易及处理并促进交易参与机构之间的资金转让的服务”。[1] 很显然,WTO 专家组的裁决包括了为促进交易的任何形式的利用电子技术和网络的资金转移服务。中国人民银行对电子支付的界定可以理解为有“电子终端”参与的货币支付和资金转移行为。那么,该定义下的“电子支付服务”应该理解为,处理和促进电子终端支付指令参与下的货币支付或资金转移的服务。

因此,无论是金融机构支付,还是非金融机构支付,两者的关键区别就是支付机构的属性不同,在小额电子商务中,两者的功能基本上没有差别。因此,电子支付服务都是指在整个交易过程中,处理和促进电子终端支付指令完成,及处理和促进交易的货币支付与资金转移的行为,具体包括金融机构提供的支付服务和非金融机构提供的支付服务。而跨境电子支付的核心要素即支付“跨境性”,具体是指单位、个人直接或授权他人通过电子终端发出支付指令,实现货币与资金跨境支付转移的行为。2013 年国家外汇管理局综合司发布《支付机构跨境电子商务外汇支付业务试点指导意见》(以下简称《指导意见》)后,我国至少有 17 家支付机构获得了跨境电子支付试点牌照,这些获得跨境支付服务资格的第三方支付机构可以通过银行为小额电子商务交易双方提供货币资金的转移及相关结售汇服务。目前,该类支付试点涉及的交易类型包括:(1)购买者(付款人)在境内,而商户(收款人)在境外,即“海淘”。(2)购买者(付款人)在境外,而商户(收款人)在中国境内(境外购买模式)。其中,在试点阶段,要想实现第二类跨境互联网支付,需要境内第三方支付机构与境外商业银行或银行卡组织建立合作关系,以便境外主体能够直接以外币进行支付。在实践中,“海淘”模式的比例远大于

〔1〕 杨国华:《“中国电子支付服务案”详解》,载《世界贸易组织动态与研究》2013 年第 2 期。

境外购买模式。故此,以下我们将以“海淘”模式为例,分析互联网跨境电子支付服务监管中的法律关系。

(2)第三方支付机构跨境电子支付服务监管中的法律关系

根据境内“海淘”消费者和境外商户选择支付方式的不同,跨境电子支付可以分为银行卡支付和第三方支付机构参与下的互联网支付两种模式。模式一:在银行卡跨境电子支付服务中,只要海外商户接受人民币,那么持有银行卡的境内买家就可以使用银行卡进行货币资金的转移支付;如果海外商户接受其他货币(如美元),持卡人可以换取相应的货币并存入银行卡账户(双币卡),以进行支付。这是传统的“海淘”模式,即境内买方通过互联网信息查询、搜索海外网店情况,筛选希望购买的商品,在通过与海外商户“了解交易信息”后,以电子订单的形式发出购物请求,然后填写买方的信用卡账号,买方完成付款后,由海外商户通过国际快递发货。在此模式下,“海淘”者需要自己了解和辨别境外商户,并对海外商户接收的币种进行外汇兑换。模式二:有第三方支付机构参与下的“海淘”是指境内买方通过第三方支付平台提供的海外特约商户,选择自己希望购买的商品,以电子订单的形式发出购物请求,然后通过自己境内开户的银行卡,支付相应的人民币给第三方支付平台就可以完成付款(平台账户),而外汇兑换则由第三方支付平台与备付金存管银行或合作银行来完成,最后由第三方支付平台将货款划转给境外商户的开户银行。在模式二中,识别判断境外商户的责任主体发生了变化,根据《指导意见》第7条,支付机构自主发展境外特许商户,须按照“了解你的客户”原则保证境外特约商户的真实性、合法性,境内买方识别海外商户的责任由第三方支付机构承担。同时,在支付中,一方面,境内买方将款项划到支付平台后,支付平台具有“双担保”功能;另一方面,境内买方不必进行外汇兑换,而是可以直接以人民币支付。第三方支付机构参与下的“海淘”模式中的基本法律关系如图1所示。

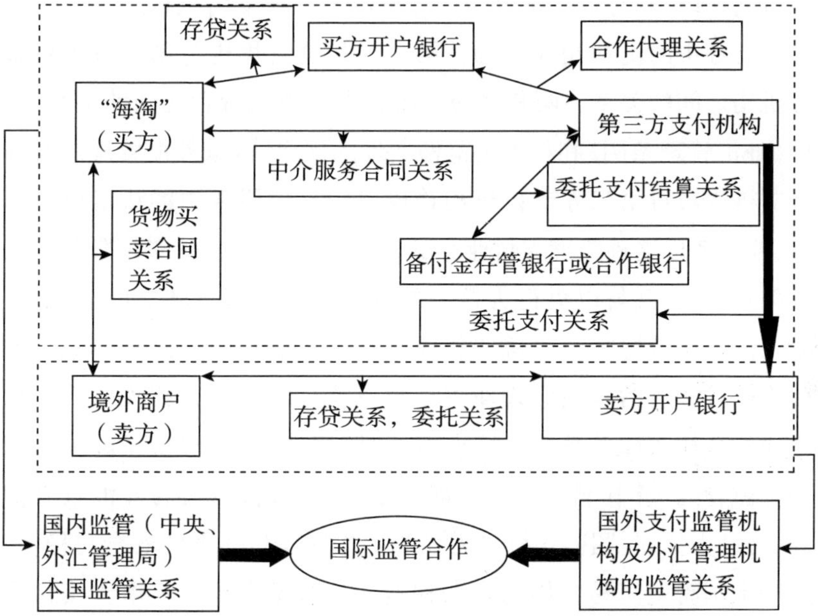


**图1　第三方支付机构参与下的"海淘"模式中的基本法律关系**

从监管的角度考察,为了国家支付系统的安全和外汇管理的需要,在整个"海淘"过程中,国家外汇管理局及其分支机构都实施严格的支付监管。由上述"海淘"第三方支付机构跨境电子支付服务模式的分析可知,支付的主要参与主体包括:(1)跨境货物贸易或服务贸易的交易双方,即境内消费者和境外商户;(2)境内第三方支付机构、第三方支付机构的备付金存管银行和合作银行与境外支付接收机构(PayPal)等组织或海外商户开户银行;(3)境内外的跨境电子支付服务监管机构(我国为央行、外汇管理局及其分支机构)。据此,以监管机构为核心,可将该类支付监管中的法律关系归纳为三类:第一类是监管机构与交易主体之间的法律关系。从保护的角度讲,监管机构有责任保护跨境消费者的合法权益,有责任保证"海淘”者跨境电子支付中的信息和资金安全;从打击违法犯罪的角度分析,监管机构有责任防范和严厉打击第三方支付机构参与下跨境电子商务中的洗钱犯罪行为。第二类是监管机构与第三方支付服务机构之间的关系。两者之间是监管者与被监管者之间的关系,按照《外汇管理条例》和相关规范性文件的规定,国家外汇管理局及其分支机构履行第三方支付机构跨境电子支付服务中的法定监管职责,并要考虑这种跨境支付业务的监管与整个非金融支付服务监管的关系,以及其与以央行为核心的基本金融监管主体之间的关系。第三方支付机构则应当遵守相应的准入、风险防范等监管规定,并代为履行相应的外汇管理职责。第三类是不同国家相关监管机构之间的合作法律关系。跨境支付的“跨境性”特征决定了跨境支付服务监管的“多国性”。一方面,各国需要监管本国的外汇收支情况;另一方面,各国监管机构需要维护本国支付体系的安全与稳定,保护本国跨境交易主体的合法权益。这些都需要跨境电子支付服务当事国之间加强监管的国际合作。而且,在打击国际犯罪活动方面也需要不同国家监管机构之间建立起长期的合作关系。

通过上述关于法律关系的分析可以发现,第三方支付机构跨境电子支付服务法律监管的基本范畴主要包括如下五个方面:一是监管体制问题。第三方支付机构跨境电子支付服务监管在现行金融监管体系中的协调性问题。二是非金融机构支付服务基本法律制度问题。现有的法律法规及规章基本上没有规定“跨境支付服务”中的基本问题,如客户信息与资金安全、反洗钱及消费者权益保护等内容(此类内容目前适用境内支付的相关法律法规),仅有的《指导意见》只是外管局综合司的文件,其法律位阶太低、规范效力较差。三是外汇管理问题。第三方支付机构在跨境支付中承担着一定的外汇管理职责,但是法律定位不明确。四是 WTO 等相关国际法规则的解释适用问题。通过“中美电子支付服务争端案”我们可以发现,电子支付服务领域的 WTO 相关规则的解释与适用是一国电子支付服务国际化发展的重要法律保障,从本质上讲,这也是国内法与国际法之间的冲突与协调问题,我国在该领域的国际法研究尚存不足。五是不同国家监管机构之间的合作问题。在整个监管法律关系中,不同国家支付服务监管机构之间的关系最具不确定性。原因在于:一方面,各国监管的传统、社会经济基础存在极大的差异;另一方面,支付是一国的基础性金融设施,随着全球化、电子化、信息化和网络化的发展,电子支付之于一国金融主权利益的重要性正在不断被强化。因此,要想在国际层面实现支付领域的监管合作,抑或建立相关的国际条约是存在一定难度的。

2. 我国跨境电子支付服务法律监管的现状及存在的主要问题

(1)现行金融监管体制下第三方支付机构跨境电子支付服务监管的协调性问题

我国现行的金融监管体制为"一委一行两会"式的分业监管模式,央行主要负责货币政策管理,银保监会、证监会分别负责各自行业的监管。在电子支付服务监管问题上,根据《中国人民银行法》和《电子支付指引》的相关规定,中国人民银行是支付体系的法定监管机构。在电子支付与互联网金融创新管理领域,如涉及银行业、保险业、证券业内容,"三会"也有相应的监管职责。根据《外汇管理条例》和《指导意见》,在跨境电子支付问题上,外汇管理局及其分支机构是当然的法定监管者。同时,由于第三方支付机构提供的支付服务属于非金融机构支付范畴,所以在定价和管理上还要受国家发改委和工信部的监管。因此,电子支付服务监管上的这种"混业性",与银行、保险、证券这种金融内部"混业性"存在极大的差别,即存在着"金融"与"非金融"上的混业。目前,我国电子支付监管的不协调性主要表现为:一方面,法定监管模式仍为"机构监管",中国人民银行为电子支付的核心监管主体,外汇管理局为跨境电子支付中的主要监管机构;另一方面,电子支付监管中的监管权配置与法定监管机构不匹配,包括央行、外汇管理局、"三会"、发改委、工信部等。这种机构与职能之间的不匹配,决定了监管的不协调和监管的低效率。电子支付服务横跨"金融业"与"非金融业",这一特殊性决定了简单地套用现行金融监管体系下的"分业监管"或执行人民银行的"统一监管",都不能有效地解决电子支付服务中存在的问题。在具体的监管实践中,由于信息不对称问题的存在,中国人民银行在新兴电子支付和互联网金融方面缺乏监管优势,相关行业协会也不能充分发挥其应有的监管力量。

(2)非金融机构支付服务基本法律制度中存在的问题

首先是《指导意见》的法律位阶太低,由于其不属于《立法法》规定的"法律、法规、规章"等正式法律范畴,所以跨境电子支付中客户资金与信息安全保护、反洗钱、消费者保护等基本内容都缺少直接的法律依据。客户对跨境支付的安全性仍心存担忧,至少有60%的网民对跨境支付的安全性表示怀疑。目前,支付行业并无该方面统一的标准,亦无相关配套的法律法规,[1]同时,在支付机构跨境支付中,大量客户资金会在第三方电子支付平台沉淀,客户资金在"非金融机构"的沉淀可能会产生来自支付机构的变相使用、利用沉淀资金进行投资和资金被盗取等安全上的风险。[2] 就目前《非金融机构支付服务管理办法》及其实施细则来看,其还没有就跨境支付中的客户信息与资金保护问题作出明确规定,只是间接适用境内支付的监管要求。

其次是第三方支付机构跨境电子支付中的反洗钱问题。第三方支付机构跨境电子支付服务方式的多样性、灵活性和跨境性决定

〔1〕 参见孙战平:《简析跨境电子支付领域现状、问题与前景》,载《中国支付清算》2014年第2期。

〔2〕 参见陈新林:《电子支付监管问题研究》,载《特区经济》2007年第2期。

了该领域的反洗钱监管会更加复杂。我国《反洗钱法》是反洗钱领域的基本法,该法第3条规定,履行反洗钱义务的主体包括境内设立的金融机构和特定的非金融机构,这明确了第三方支付机构的反洗钱义务,是第三方支付机构在跨境电子支付服务中进行反洗钱监管的宏观依据;而《支付清算组织反洗钱和反恐怖融资指引》则规定了我国境内依法从事支付清算业务的非金融机构,但并未明确规定跨境电子支付中的反洗钱内容,第三方支付机构跨境支付缺少直接的反洗钱实施办法。

最后是跨境电子支付服务监管中的消费者权益保护问题。跨境电子支付服务消费者维权与一般消费者维权的法律保障机制类似,[1]但消费者特征却存在差别,前者与“金融消费者”类似。跨境支付中消费者维权存在的问题主要体现为:(1)我国对电子支付服务中“消费者”的法律定位存在问题。根据《中国人民银行金融消费权益保护工作管理办法(试行)》第4条,非金融机构支付服务中的消费者不属于“金融消费者”。也就是说,我国第三方支付服务中的消费者不受金融监管机构的特殊保护。美国则建立了以《诚实借贷法》《统一商法典》《电子资金划拨法》《多德—弗兰克消费者保护法案》为主体的消费者保护体系,电子支付消费者保护法律制度较为健全。而且,按照“中美电子支付服务争端案”的专家组裁决,电子支付服务属于GATS金融服务的范围,那么购买该服务的消费者理应为“金融消费者”。(2)存在影响消费者权益保护的其他复杂因素。

---

〔1〕 根据我国《涉外民事关系法律适用法》第41条、第42条的规定,当事人可以协议选择合同适用的法律,没有选择的适用履行义务最能体现该合同特征的一方当事人经常居所地法律或者其他与该合同有最密切联系的法律。消费者合同适用消费者经常居所地法律;消费者选择适用商品、服务提供地法律或者经营者在消费者经常居所地没有从事相关经营活动的,适用商品、服务提供地法律。据此,在通常情况下,“海淘”消费者维权时可以直接适用我国《消费者权益保护法》,但是若被诉方为外国经销商网店,那么这里面的应诉、执行等程序都会非常繁琐,且耗时较长。如果要选择适用外国法律,那就更增加了消费者的维权困难。所以,诉讼是很不利于“海淘”消费者的维权途径。

一是维权中的语言障碍。就中国公民来讲,并不是每个人都能熟练使用英语进行交流,更何况是使用俄语、法语、西班牙语等许多小语种来进行专业的消费者维权。二是维权时间较长。通常来讲,在国内消费者维权案件中,如果事实明确,商家一般都会很快给予赔偿(通常是几天之内),但在跨境支付中,消费者维权最短也要几个月。[1]

(3)第三方支付机构跨境支付中可能产生的外汇管理问题

《指导意见》第2条明确规定其适用的范围是"跨境互联网支付所涉的外汇资金集中收付及相关结售汇服务",这也就决定了《外汇管理条例》应该是跨境电子支付最上位的基本法,是国家外汇管理局获得法定监管职权的依据,但《外汇管理条例》中并没有规定跨境电子支付中外汇资金的收付与结售汇的具体内容。在我国境内,经营外汇业务的主体是金融机构。当事人在办理相关外汇业务时要与银行之间履行严格的手续,银行要汇总并及时上报外汇收支情况,但随着第三方支付机构跨境支付业务的飞速发展,外汇管理中相关法律法规的完善与修改却没有跟进,实践中存在的主要问题是:(1)外汇管理制度中第三方支付机构的定位不明确。在第三方支付机构参与的跨境支付服务中,第三方支付机构实际上承担了一定的类似银行的外汇管理职责,执行着一定的国家外汇管理政策,而这类机构从性质上讲又不属于"金融机构",并且《指导意见》的法律位阶太低,如何从法律角度明确该类"非金融机构"的行为是外汇管理法律制度中亟待解决的一个主要问题。(2)传统外汇管理制度面临挑战。首先,外汇收支统计存在问题。传统外汇管理通常涉及银行和当事人两类主体,故监管机构能够及时、有效地进行相关外汇数据的统计,但在跨境电子支付中,第三方支付机构充当跨境交易的收

---

〔1〕 有关"海淘"维权的案例,可参见 http://www.letsebuy.com/thread-498-1-1.html,最后访问日期:2014年7月25日。

付款方,交易资金会在第三方支付机构大量沉淀,长此以往,不但会产生沉淀资金的安全问题,还会因国际收支申报收付款主体不是交易当事人而影响监管机构对外汇收支统计的准确性。其次,由于跨境支付通过互联网来传递交易信息和完成交易流程,缺少传统的书面纸质凭证,这就会在一定程度上增加监管交易真实性的难度。

(4)相关国际规则的适用问题

从法律渊源的角度讲,电子支付服务领域国际法规范的来源主要包括《服务贸易总协定》(GATS)(国际条约)、巴塞尔相关协议(国际惯例)、示范法(非约束性法律文献)等,由于它们在不同的领域都具有指导实践的不同效果,所以,在此将它们统称为"国际规则"。下文分别就上述三类"国际规则"在跨境电子支付服务中的适用问题展开分析。

首先,WTO 相关规则适用与解释的标准问题。GATS 作为国际经贸领域重要的国际条约,也是跨境电子支付服务中最重要的国际法依据。我国作为 WTO 成员,应该认真履行自己对 WTO 相关规则的承诺,电子支付服务作为服务贸易的一种形式,理应受 GATS 的约束。其中,GATS 第 1 条规定了四种国际服务贸易的形式,包括跨境交付、境外消费、商业存在和自然人流动。而金融服务附件具体规定了与"电子支付服务"相关的内容,如 5(H)"所有支付和货币交割服务"、5(N)"金融资产的结算和清算服务"等。在"中美电子支付服务争端案"中,中国银联属于银行卡组织,性质上属金融机构,该案中的服务供给者不属于非金融机构,这与第三方支付机构跨境电子支付中的服务提供主体在性质上存在差别。因此,非金融机构的电子支付服务是否受 GATS 调整,关键在于"非金融机构支付服务"性质的界定,即该类服务是否属于金融服务。如果属于金融服务,则第三方支付机构跨境电子支付服务必然要受 GATS 的约束。

由于"中美电子支付服务争端案"是首例适用 GATS 规则解决

跨境支付争端的案件,因此,本文以专家组对该案的裁决为例来反思我国在适用WTO相关规则中存在的问题。专家组运用条约解释的方法,对GATS中“电子支付服务”进行了详细的分析,具体解释包括:①对“所有”“支付”“划汇”“支付和划汇服务”分别通过查找权威词典和行业惯例进行解释,以保证这些词能够在“通常含义”下得到认可;②对减让表中的“银行及其他金融服务”进行解释;③将中国减让情况与其他成员减让表进行比较解释;④从市场准入承诺的角度来分析金融服务的供给;⑤从GATS“宗旨和目的”的角度进行分析。[1] 可以说,专家组对“电子支付”是否属于GATS及中国承诺的解释是较为全面和清晰的。无论是国内法还是国际法都应该遵循透明度原则,要保证每一个遵守法律的主体都能够理解法律规范所表达的基本含义。从保护国内市场主体的角度出发,我国在加入WTO后,应加强对WTO相关规则“通常含义”的分析和解释。从已公布、公开的法律(国内法和国际法)和相关解释文本看,我国立法机关和司法机关在条约和惯例的解释方面仍显不足。

其次,巴塞尔《有效银行监管核心原则》(以下简称《核心原则》)的参照适用问题。巴塞尔相关协议是当今国际金融监管领域最具代表性的国际规则,其为各国金融监管立法提供了重要的指导和参照标准。其中,《核心原则》是最具代表性的规则之一。从法律属性上讲,《核心原则》属于国际金融软法;从适用效果上考察,由于《核心原则》同时受国际货币基金组织和世界银行的支持,所以其在

〔1〕 杨国华:《“中国电子支付服务案”详解》,载《世界贸易组织与动态》2013年第2期。专家组的相关解释也成为条约解释的“文本主义”,这也是WTO法律解释的主流方法,法律依据为《维也纳条约法公约》第31条和第32条的规定。该种解释方法将条约约文视为缔约国为实现条约之目的和宗旨所作出的真正的意思表示,条约文本解释的出发点就是条约文本,解释的过程就是阐明约文所含“通常意义”的过程,而不能从一开始就去臆测缔约意图。参见房东:《对“文本”的扬弃:WTO条约解释方法的一种修正——以服务贸易具体承诺表的解释为分析起点》,载《法律科学》2011年第3期。

各国的银行监管立法和监管实践中被广泛应用。第三方支付机构虽然不属于金融机构,但《核心原则》对其监管仍然具有重要的指导作用。理由在于,第三方支付机构需要在签约合作银行设立银行账户,那么银行和第三方支付机构之间必然存在业务上的"关联性",为了实现银行系统的安全与稳定,需要对该类提供"(准)金融服务"的机构实施严格的监管标准。但根据2012年版的《核心原则》,其主要目标仍是为银行和银行系统提供稳健的审慎监管。[1] 同时,从核心原则的结构上看(29个原则),这些原则也都是对银行及银行系统提出的监管要求,并未从支付系统整体视角对非金融机构支付进行风险防范设计。那么,作为非金融机构的第三方支付机构参照适用时就会产生适用对象不匹配的问题。银行及银行系统与第三方支付机构在业务范围、监管制度、监管机构安排、治理结构等方面存在本质差别,《核心原则》虽有借鉴和指导意义,但适用于标准的选择设计依旧存在困难。

最后是联合国贸易法委员会(UNCITRAL)《国际贷记划拨示范法》的立法选择问题。《国际贷记划拨示范法》是支付领域具有代表性的示范性规范。从性质上讲,该示范法为非约束性的法律文献,其虽不具有国际法约束力,但它关于电子资金划拨的规定,却有助于减少各国电子支付法律之间的冲突,能够为各国立法提供参考性依据。该示范法第1条第1款和第2款规定,本法适用于不同国家银行之间的贷记划拨以及从事执行支付命令作为正常业务一部分的其他实体,据此可知,第三方支付机构跨境电子支付服务应属于该示范法的调整范围。同时,该示范法还规定了法律冲突,即一项支付命令产生的权利和义务应由当事各方所选定的法律所制约。若无协议,则应适用接收银行国家的法律。该示范法规定的主要内

〔1〕 See Core Principles for Effective Banking Supervision, September 2012, p. 1.

容还包括:贷记划拨各当事方的义务、贷记划拨的完成以及责任承担等。该示范法是关于贷记划拨的首部国际性示范法,它对计算机技术应用于国际支付所产生的法律问题作出了较为全面的回答和解释,为各国电子资金划拨实践冲突的解决及法律的统一作出了有益探索。[1] 但由于该示范法"非约束性法律文献"之属性,以及各国利益的冲突,尚无哪个国家在支付立法中完全采用该示范法。从国际社会的适用和约束效果上考察,该示范法在实践中的指导作用远不及巴塞尔委员会及 G20 推动下的一系列国际金融软法。

(5)不同国家之间跨境电子支付法律监管体制的冲突问题

由于对电子货币、第三方支付机构法律地位认定的差异,各国电子支付法律监管体制呈现"多样化"特征,难免在跨境支付监管中产生冲突。例如,美国为功能性监管,而欧盟为机构监管,我国形式上为机构监管而实践中存在功能监管的内容。产生此问题的本质原因在于各国金融监管传统的差异,以及其对电子支付及第三方支付机构的法律定位不同。美国、欧盟电子支付服务发展较早,与之相配套的监管制度也较为系统。在美国,有针对电子支付设计的监管制度,在其金融监管体制下,通过 1978 年的联邦《电子资金划拨法》(Electronic Fund Transfer Act of 1978)、美联储 E 条例、《统一商法典》第 4A 篇、《金融服务现代化法》、《统一货币服务法案》等一系列法案,对电子支付服务实施功能性监管,并未单独设计制度来监管第三方支付服务机构,因为该类支付被视为传统货币资金转移的一种创新和延伸,只是"形变质不变"。欧盟有独立的电子支付监管法律制度,主要包括 1997 年欧盟委员会发布的关于电子支付方式的建议,1998 年欧盟委员会发布的两个关于发行电子货币的指令,为

〔1〕 参见刘颖:《国际贷记划拨法律问题探讨》,载《武汉大学学报(哲学社会科学版)》1997 年第 3 期。

电子货币发行机构建立了规范性的法律框架，并对电子货币下了定义。[1] 同时，欧洲议会和理事会于2009年通过了《2009/110/EC指令》，该指令对《2005/60/EC指令》和《2006/48/EC指令》进行了修订，进一步规范了第三方非金融机构进入电子支付服务领域的市场准入标准，确立了对电子货币机构的审慎监管原则。与美国不同，欧盟法律规定第三方支付机构必须使用商业银行货币或电子货币作为支付媒介，也就是说，欧盟监管范围内的第三方支付机构必须取得银行业执照，通过电子货币实现对第三方支付的监管。[2]

支付对国家的金融主权具有重要的意义，各国很难在支付领域产生国际条约和国际惯例。同时，在跨境电子支付服务实践中，不同国家之间电子支付服务监管法律制度的冲突也影响支付法律关系当事人的支付成本。例如，虽然PayPal的海外扩张能够为其带来一个季度15亿美元的营业收入（2013年第一季度）以及20%的年增长率，但由此产生的经营成本也会大大增加，其中的主要原因包括内部风险控制的挑战、经常受到不同国家的法律和监管规则的约束等。[3]

3. 我国跨境电子支付服务法律监管之完善建议

完善跨境电子支付服务法律监管，应该在合理利用GATS相关规则的基础上，建立健全我国跨境电子支付服务监管法律制度，并且以保护我国跨境电子支付服务业发展和建立开放有序的市场竞争环境为基本立足点。

（1）国内法层面的完善建议

①合理配置监管权责。机构明确、权责统一是实现有效监管的

---

〔1〕 参见蒋志培：《网络与电子商务法》，法律出版社2001年版，第423页。

〔2〕 参见巴曙松、杨彪：《第三方支付国际监管研究及借鉴》，载《财政研究》2012年第4期。

〔3〕 See Lawrence J. Trautman, *E-commerce and Electronic Payment System Risks: Lessons from PayPal*, SMU Science and Technology Law Review, Vol. 17(2), 2014, p. 31.

基本前提。跨境支付服务监管属于电子支付服务监管的组成部分，要想实现跨境支付的有效监管，必须合理安排、设计电子支付服务的监管模式。在第三方支付的监管问题上，无论是美国的功能性监管模式，还是欧盟的机构监管模式，都依赖于各自的金融监管体系和监管传统。金融自由化、混业经营造就了美国功能性的监管模式，而欧盟区域内的货币统一监管则使欧盟更加倾向于通过对电子货币实施统一的监管来达到自己的监管目标。在我国电子支付服务监管模式的选择上，针对电子支付服务的特殊性（与传统支付服务监管的区别、电子支付服务不同类型的特殊性），应该完善宏观审慎基础上的分类监管模式。该种监管模式的核心是中国人民银行对支付体系整体风险、电子支付服务风险总体“可容忍度”的监管与控制，重点是实施风险可控下的分类监管，包括对金融机构和非金融机构提供的电子支付服务实施分类监管、对非金融机构支付服务中的不同类型实施分类监管。该种监管模式以强化央行的宏观审慎监管职能为基础，既克服了分业监管中不考虑混业经营的弊端，又能够弥补功能性监管中不区分金融机构与非金融机构的缺陷。此种电子支付服务的监管模式更倾向于目标监管。[1] 其中，第一层次的监管是由央行负责支付系统整体风险监管、维护支付体系安全与稳定，由银保监会、证监会具体负责非金融支付机构的审慎监管和行为监管，发改委、工信部等其他相关机构不再具有非金融支付机构的监管职责，涉及这些部门的情况，由中国人民银行报请国务院进行协调处理。第二层次的监管是明确外汇管理局的监管职责。在第三方支付机构跨境支付监管方面，应该在《外汇管理条例》中明确外汇管理局的职责和权限，在具体的实施细则中（如《指导意见》的法律位阶得到提升）详细拟定国家外汇管理局及各省分局的具体

〔1〕 参见于永宁：《论金融监管模式的类型化》，载《东岳论丛》2011 年第 12 期。

监管职责划分、监管方式以及相关监管机构在跨境支付监管中有配合外管局监管的义务等。第三层次的监管是行业协会监管。在实践中,还应强化相关行业协会的监管力量,努力解决监管中的信息不对称问题。行业协会监管在整个社会监管中占有重要地位,其监管优势早已被经济法学者论证过[1],在美国等发达国家的电子支付清算体系风险监管中,行业自律监管同样起着重要的作用,如环球银行间金融通信协会(Society for Worldwide Interbank Financial Telecommunication,SWIFT)系统在支付风险和系统风险防范中能够提供有效的安全措施和风险管理机制。鼓励第三方支付机构进行行业自律,支持有关行业组织对支付机构的服务进行监督和协调,鼓励行业协会设立消费警示制度,监督和约束有不良行为的支付平台,建立网上交易诚信体系。同时,还应当加强跨境电子支付中不同国家行业协会间的监管合作,通过建立多层次的跨境电子支付服务监管体系来推动跨境电子支付服务和电子商务的健康发展。

②完善非金融机构支付服务基本法律制度。一是提高立法层次。由国务院组织中国人民银行、外汇管理局、中国银保监会、中国银行业协会等相关监管机构和行业组织研究制定《非金融机构支付服务管理条例》,在结合《指导意见》和近年来跨境支付试点实践经验的基础上,详细拟订支付机构跨境支付中的各项管理规范,设专章规定"跨境电子支付服务",内容具体涵盖跨境电子支付服务的含义、监管原则、监管机构、监管程序、监管技术、风险的识别与防控机制等,强化跨境电子支付服务中消费者资金和信息安全的保障机制。落实支付机构信息管理和资金管理程序中的透明度原则是实现消费者资金和信息安全的重要内容,要求从事跨境电子支付业务的支付机构应当进行恰当的风险评估和审慎调查,应当在其网页上

[1] 参见李昌麒:《经济法学》,法律出版社 2007 年版,第 154~160 页。

作充分的信息披露,以允许潜在消费者进行判断。二是完善跨境支付中反洗钱监管机制。中国人民银行应该结合《反洗钱法》和相关跨境电子支付法律法规,在《支付清算组织反洗钱和反恐怖融资指引》中明确跨境支付服务中的反洗钱细则。同时,跨境支付中反洗钱预防与惩治的核心主要是相关国家之间的反洗钱合作。支付机构跨境支付主要针对的是小额跨境互联网交易,这种跨境交易中可能发生的洗钱犯罪能否得到各个国家的高度重视是各国须共同面对的问题。中国人民银行应该积极联合主要经济体国家的反洗钱主管机构,建立非金融支付机构反洗钱联盟,严格监管信息科技领域的洗钱活动。三是完善消费者权益保护机制。针对跨境电子支付中消费者权益保护的特殊性,我国在保护"海淘"消费者权益方面应完善电子支付监管体系中的消费者权益保护内容。将"海淘"消费者纳入金融监管领域中金融消费者保护的范畴,将中国人民银行金融消费者保护局确定为"海淘"消费者的法定保护机构。同时,加强行业自律风险管理与控制规则的研究。行业协会监管在整个社会监管中占有重要的地位,行业协会监管的优势早已被经济法学者论证[1],美国等发达国家的电子支付清算体系风险监管中行业自律监管起着重要的作用,环球银行间金融通信协会系统在支付风险和系统风险防范中能够提供有效的安全措施和风险管理机制。2011年商务部发布《第三方电子商务交易平台服务规范》,其中的"监督管理"包括行业协会监管,鼓励第三方平台经营者依照本规范进行行业自律,支持有关行业组织对平台经营者的服务进行监督和协调,鼓励行业协会设立消费警示制度,监督和约束有不良行为的平台经营者,鼓励平台经营者成立行业自律组织,制定行规和行约,建立网上交易诚信体系。因此,应当加强跨境电子支付的行业监管,

---

〔1〕 参见李昌麒:《经济法学》,法律出版社2007年版,第154~160页。

建立多层次的跨境电子支付服务监管体系，推动跨境电子支付服务和电子商务的安全发展。

③完善外汇管理制度。在《非金融机构支付服务管理条例》的“跨境支付服务”中进一步加强支付机构的跨境支付监管，严格落实跨境支付业务审批和动态监管机制，明确支付机构跨境支付中的外汇账户开立、结售汇等问题，切实防范非金融支付机构跨境支付业务的各种风险。[1] 其一，明确第三方支付机构的外汇管理职责。在《外汇管理条例》中明确第三方支付机构为外汇管理的主体范畴，明确赋予该类机构非金融机构跨境支付中的监管职责。其二，完善跨境支付中的外汇收支统计机制。将执行外汇收支信息统计与监测作为第三方支付机构的法定义务予以明确，落实责任追究制，强化内外部监督机制。其三，强化跨境支付中交易信息真实性的审查制度，落实审查责任，建立异常交易和异常账户预警机制。在相关的外汇管理法律法规中，要求从事跨境支付业务的第三方机构建立实物物品与虚拟物品支付交易（境外付费电影、游戏账号等）的隔离管理制度，对不同交易类型的交易信息实施分类管理，并定期向外汇管理机构备案。同时，第三方支付机构还应该在外汇管理局的协调下，与海关、工商行政部门建立信息共享平台，增强跨境支付交易信息监测的准确性。

(2)国际法层面的完善建议

①冲突化解与自我保护：强化 WTO 相关规则的法律解释。金融全球化与市场化的发展和支付国际化的需求要求我们须重视电子支付服务法律监管的国际化问题。通过“中美电子支付服务争端案”我们可得如下启示：在深度全球化和信息化时代的国际市场环境中，为了更好地做好本国利益保护和多国利益冲突化解，必须强

[1] 参见周振海：《制定非金融机构支付服务管理条例》，载《中国金融》2013 年第 6 期。

化 WTO 规则的法律解释,并不断完善本国相关法律制度,创造公平、公正、开放的市场竞争环境。其一,电子支付服务国际化是不可逆转的发展趋势,我国应该强化对相关国际条约的解释,强化 GATS 中相关规则的分析和理解,从多维角度解释“电子支付”的界定。在具体的条约解释中,既要坚持和尊重 WTO 的解释方法(文本主义),也要注重本国利益的合理性渗透。同时,我国在履行入世承诺和相关法律制度建设中,应该注意研究、总结其他国家相关法律和 WTO 裁决的经验,丰富我国对 WTO 相关规则的解释方法,维护国家和本国国民的合法权益。其二,电子支付服务市场国际化需要进行法制构建。在我国,金融服务市场的全面开放也只是一个时间问题。如何能在引入服务竞争和市场安全之间保持平衡是一个亟待解决的问题。从总体上讲,第三方支付机构跨境电子支付属于电子支付服务的一部分,应该及早建立健全自由、透明、开放式的电子支付服务监管体系,完善相关法律制度,如此既有利于我国电子支付服务市场的健康发展,又有利于创造公平的竞争环境。以对外资银行卡组织的适度准入监管为例,其中设置的市场准入条件为:既要满足中国《服务贸易承诺表》规定之在申请进入前已在中国营业 3 年且连续 2 年盈利的条件,以及符合国民待遇的监管措施;还要增加一些审慎性的准入条件,主要包括国外市场主体具有合理的法人治理结构,具有完善的风险管理体系,具有稳健的内部控制制度,具备良好的经营记录,具有有效的反洗钱措施,等等。其实,设置审慎性标准也是为中国银联能够同国外市场主体进行有效竞争准备一定的过渡期(缓冲期)。我们必须承认,从发展的角度看,支付清算市场的开放是一种必然趋势,其能够影响人民币国际化的推进。面对国际市场环境,中国银联、第三方支付机构等提供电子支付服务的组织需要从服务、效率、安全等多个方面进一步提升自身的竞争力,努力成为有国际影响力的品牌。[1]

②第三方支付机构风险监管标准国际化:以《核心原则》为参照。尽管《核心原则》的监管对象为银行和银行系统,但从 2012 年版《核心原则》的目标和后危机时代金融监管改革的成果来看,"以机构论监管"的方法已经不能适应金融创新发展的需要,并且第三方支付机构所从事的业务(支付和理财)已成为银行业务和银行系统稳定发展必须考虑的因素。因此,有必要参照《核心原则》来强化第三方支付机构自身的监管机制(如业务监管和治理结构上要参照银行业金融机构的标准来执行),并对拟进入我国的境外第三方支付机构设置一定的附加准入条件,具体包括:银行业全球统一监管要求下的母国与东道国市场准入条件的协调与许可,特别是在跨境监管中,母国监管标准已经成为东道国必须考虑的监管内容,也就是母国监管能力的考察。如果母国监管制度、监管法律完善,监管有效性强,那么拟准入机构在东道国发生风险的概率就会大大减小。《核心原则》及其修改建议文件都强调银行跨境业务的监管需要母国监管当局和东道国监管当局的合作与信息交流,[2]跨境支付也应该参照此进行积极的合作。针对第三方支付机构海外扩张中蕴藏的诸多风险,包括遇到强有力的本土竞争者的风险、本地监管规则的特殊要求、海关检查中被长期拖延或被管辖机构认定为非法行为的风险、法律适用的不确定性产生的风险、汇率波动的风险等,[3]各国相关的监管机构应该建立经常性的跨境支付合作关

---

〔1〕 参见贺小勇:《中国执行 DS413 案专家组裁决的法律思考》,载《世界贸易组织与动态》2013 年第 3 期。

〔2〕 See Core Principles for Effective Banking Supervision: Principle 25 – Home-host Relationships,2006; Core Principles for Effective Banking Supervision Consultative: Principle 13 – Home-host Relationships,2012.

〔3〕 See Lawrence J. Trautman, *E-commerce and Electronic Payment System Risks: Lessons from PayPal*, SMU Science and Technology Law Review, Vol. 17(2),2014, p. 31.

系,支付机构也应该积极地配合母国和东道国的各项审查,尽早地识别海外运营中可能产生的风险,以寻求与东道国主管机构的合作。

③加强国际合作:建立以《国际贷记划拨示范法》为基础的区域性监管合作机制。从国家间法律协调上讲,我国应当加强与不同国家之间电子支付服务监管的立法协调,具体包括电子支付服务内容、风险责任认定及监管标准等多个方面。但是,由于各国对第三方支付机构的法律定位、金融监管的历史传统、各国社会经济基础的差异以及各国利益之冲突等因素的存在,建立国际性的、有约束力的合作法律机制在短期内还不能实现。为了加强电子支付服务领域的国际合作,促进跨境电子商务的发展,可以考虑建立区域性的监管合作协议,如"中国—东盟电子支付服务监管合作协议""中国—非盟电子支付服务监管合作协议""金砖国家电子支付服务监管合作协议"等。区域性合作协议的建立需要有参照内容为基础,其中以《国际贷记划拨示范法》较为合适。一方面,该示范法是在联合国国际贸易法委员会第25届大会上通过的,其国际认可度较高,国际公信力较强,适合作为多国协议的参照蓝本;另一方面,该示范法关于支付的内容非常全面,关于法律冲突解决、支付主体的权利义务责任等内容都有详细的规定。它虽然不能在各主权国家的支付立法中得到适用,但可以作为区域性监管合作的基础,以促进区域间跨境电子支付服务监管的有效合作。

(3)跨境电子支付服务风险监管的国际合作

从国家间法律协调上讲,我国应当加强与不同国家之间电子支付服务监管的立法协调,具体包括电子支付服务内容、风险责任认定及监管标准等方面的协调,以及不同国家监管主体之间的协调,主权国家监管主体与国际规则监管主体之间的协调,明确各主权国家监管主体的责任和任务。同时,加强国内法与国际监管规则的衔接,在国家间电子支付服务法律协调还存在极大阻力的情况下,积极促进电子支付服务国际监管规则在主权国家间的适用具有更为重要的意义。巴塞尔《有效银行监管核心原则》及其修改建议文件都强调银行跨境业务的监管需要母国监管当局和东道国监管当局的合作和信息交流。[1]

在风险监管技术合作上,跨境电子支付服务风险会涉及不同的主权国家,但各个国家的电子支付风险监管技术存在差距,特别是不同国家第三方支付平台之间的合作,要结合不同国家的监管技术优势,在强化透明度、强化信息披露、身份认证的识别等方面进行更为安全的监管技术合作,共同促进跨境电子支付服务的发展。

(4)加强行业自律风险管理与控制规则的研究

行业协会监管在整个社会监管中占有重要的地位,行业协会监管的优势早已被经济法学者论证[2],美国等发达国家的电子支付清算体系风险监管中行业自律监管起着重要的作用,环球银行间金融通信协会系统在支付风险和系统风险防范中能够提供有效的安全措施和风险管理机制。2011年商务部发布《第三方电子商务交易平台服务规范》,其中的“监督管理”包括行业协会监管,鼓励第三方平台经营者依照该规范进行行业自律,支持有关行业组织对平台经营者的服务进行监督和协调,鼓励行业协会设立消费警示制度,监督和约束有不良行为的平台经营者,鼓励平台经营者成立行业自律组织,制定行规和行约,建立网上交易诚信体系。因此,应当加强跨境电子支付的行业监管,建立多层次的跨境电子支付服务监管体系,推动跨境电子支付服务和电子商务的安全发展。

---

〔1〕 Core Principles for Effective Banking Supervision: Principle 25 – Home-host relationships, 2006; Core Principles for Effective Banking Supervision Consultative Document: Principle 13 – Home-host relationships, 2011.

〔2〕 参见李昌麒:《经济法学》,法律出版社2007年版,第154~160页。

# 重新审视国际金融软法

张晓静*

在国际金融领域，虽然国际货币基金组织(International Monetary Fund, IMF)等国际组织已经制定了具有强制约束力的国际金融“硬法”，但大面积的调整真空仍然是通过软法性的金融规范加以弥补，“软法之治”的必要性与迫切性可见一斑。这种局面的背后体现了激烈的权力斗争和利益冲突，引发了国际社会对于金融市场“软法之治”的关注。国际金融问题一直都是国际经济甚至是整个国际社会的深水区，它的敏感性和复杂性超过了其他经济部门。这种特性意味着国际金融问题的不确定性更为严重，国际社会对于构建稳定的国际金融框架有诸多疑虑。加之金融市场的细腻程度和变动频率高于其他领域，国际软法在此发挥作用的空间和幅度也高于贸易、投资等领域。即便“软法”概念对于国际法学者来说并不陌生，但专

* 法学博士，辽宁大学法学院教授，博士生导师。

门针对国际软法的理论研究并不多见,有关国际软法的一些基础理论问题尚缺乏明确的界定。另外,虽然“全球治理”早已出现,但是如何将该理论与国际金融法完美融合却是理论界一个非常棘手的问题。因此,从国际法层面对全球金融治理过程中的主要角色——软法进行必要的探讨和研究,切合了国际法对此研究的需要,不仅是跨学科交叉研究进一步深化的需求与体现,也是一项极具挑战性和建设性的基础工程。

## 一、国际软法的含义

在讨论国际金融软法之前,我们首先需要了解什么是国际软法。国际软法指的是国家实践中的法律规范、原则、行为规范和交易规则,它们通过正式或非正式多边协议的形式表现出来。有学者认为,软法通常将有关国家实践的基本标准和规范进行说明,但尚未形成法律确信来完成国际习惯法框架下有约束力的义务。[1] 也有学者认为,国际软法是由受特别影响的国家制定的国际规则,表达了共同的、自愿遵守该规则的意愿,试图将这些规则潜移默化地纳入国家法律或监管中。[2] 同时,在整个规则的制定和遵行过程中,政治上的权衡、妥协和利益交换等将贯穿始终。[3] 国际软法与道德之间有一定的相似性和内在联系。两者都没有强制约束力,追求的价值和目标均是多元视角。而且,国际软法中蕴含的道德理性是其能够获得遵行的原因之一。但是,两者在形成过程和载体方面仍然存在一定区别。其一,国际软法规范的对象是行为,道德针对

〔1〕 Roberta S Karmel & Claire R. Kelly, *The Hardening of Soft Law in Securities Regulation*, Brook. J. Int'L L, Vol. 34:3, 2009, p. 934 – 935.

〔2〕 Chris Brummer, *Soft Law and the Global Financial System: Rule Making in the 21st Century*, London, Cambridge University Press, 2012, p. 187 – 192.

〔3〕 [英]克恩·亚历山大、拉胡尔·都英、约翰·伊特威尔:《金融体系的全球治理:系统性风险的国际监管》,东北财经大学出版社2010年版,第146页。

的是心理。因此,国际软法必然是以成文的形式公开表达出来的。而道德主要是一种信念,并不是可以触碰的、直观可见的载体。其二,国际软法的制定虽然没有硬法正式,但仍然存在一定的程序安排和修改计划。而道德的形成并没有可以预见的固定模式,它是在长期实践中,通过在行为和观念方面的发展而形成的。

在国际金融领域,除了以 IMF 为代表的国际法律文件(instruments of international law)之外,大部分的国际规则(international rules)、指引(guidelines)、标准(standards)和其他管理跨境金融关系的安排(arrangements),都不具有法律意义上的强制性,它们被统称为国际金融软法。[1] 在巴塞尔银行监管委员会(Basel Committee on Banking Supervision,BCBS)、国际证监会组织(International Organization of Securities Commissions,IOSCO)、国际保险监督官协会(International Association of Insurance Supervisors,IAIS)等机构的法律文件中,软法被表述为最佳实践(best practice)、行动守则(code of conduct)或君子协定(gentlemen's agreement)等。例如,金融稳定理事会(Financial Stability Board,FSB)的官网将标准、行为准则、指引或原则等统一视为被普遍接受的良好实践。这些良好实践在国际范围内被普遍性接受,有利于实现政策制定的有效性、金融市场的良性运转和更加完善的国际金融系统。如果国际金融标准能够在全球范围内被接受,则更有利于政策的执行,进而促进市场的效率和信用等级,增加投资者的信心。通过促进完善的政策制定、有序高效的市场运转,主动自愿地采用良好实践和标准,国际金融市场能够更加稳定。为了更好地理解国际软法和国际金融软法的含义,本文将从以下几个方面进行厘清与解释。

---

〔1〕 Mario Giovanoli, *Reflections on International Financial Standards as Soft Law*, in Joseph J. Norton (eds), International Monetary and Financial Law upon Entering the New Millennium, 2002, p. 71.

(一)国际软法亦法

虽然学者们给出的定义并不完全一致,但大家基本都认为是否具有法的属性是国际软法难以逃避的衡量标准。对于软法亦法非法这个问题,学者们有不同的理解。有的学者承认软法不具有传统的法律规范形式,但仍将其视为特殊的国际经济法渊源,即认为"软法亦法"。[1] 但是,"软法非法"的学者认为,软法的效力结构并不完整,没有国家强制力保障实施,缺少司法适用性,属于国际道德的范畴。[2] 本文认为,我们不能仅仅通过对传统的法律渊源和法律概念的界定便将软法排除在法律之外。

首先,国际社会通常把《国际法院规约》第 38 条第 1 款的内容作为国际法律渊源的依据,这本身就存在问题。根据条款内容,法院对于陈诉各项争端,应依国际法裁判之,裁判时应适用:(1)无论普通或特别国际协约,确立诉讼当事国明白承认之规条者。(2)国际习惯,作为通例之证明而接受为法律者。(3)一般法律原则为文明各国所承认者。(4)在第 59 条规定下,司法判例及各国权威最高之公法学家学说,作为确定法律原则之补助资料者。事实上,传统国际公法的起源已经不能很好地阐释软法在实践中的作用,这在人权、环境和金融领域都表现得十分明显。因为在这些领域,不具有法律强制力的软法规则在指导国家实践方面已经发挥了核心作用。《国际法院规约》制定于 1945 年,当时的人权、环境和金融等问题并没有发展到如今的专业深度,一般的国际法对于国际事务的整体认知仍处在初级的调整阶段。而且,其第 38 条并不是国际法的基础理论,它只是对于已经存在的法律的表述。[3] 软法规则制定主体的活

---

〔1〕 徐崇利:《跨政府组织网络与国际经济软法》,载《环球法律评论》2006 年第 4 期。

〔2〕 Sebastian Kohn, *Soft Law Entrepreneurship and the Right of the Child to a Nationality in an Era of Migration*, American Society of International Law Proceedings, Vol. 106, 2012, p. 67 – 69.

〔3〕 Arnold N. Pronto, *Understanding the Hard/Soft Distinction in International Law*, Vanderbilt Journal of Transnational Law, Vol. 48, p. 943.

动大量增加，国家采用非正式的软法规则来调整本国事务的实践也越来越多。这些都标志着国际社会正在远离正式的、传统的国际法方式，转向非正式的软法技术制定的标准并实现遵行。因此，国家行为也正在以多种身份不断受到大量的软法规则的影响。Gold 教授认为，不能因为对软法的违背不用承担国际义务，就剥夺它的法律特性，软法的合法性是毋庸置疑的。[1]

其次，法律具有多个维度和层面，从不同的角度出发会得出不同的结论。法律是在实践中产生并发展起来的，它并不是一门凭空想象或设计出来的科学。既然如此，法律的含义和渊源将随着时间的推移和实践的需要，不断地更新扩展。既然在国际金融领域已经呈现出“软法之治”的现象和实践，也就意味着软法更符合市场的发展需要。而且，软法研究最初是从国际法开始的，而国际法这个学科本身就被质疑为非法。在国际法领域，没有一个至高无上的权力机构能够成为立法主体，传统法律的定义无法涵盖全部的法律特征。仅仅根据对法律定义的刻板理解便将软法排除在外，未免有失偏颇。

国际软法的定义在理论上尚未达成一致，其外延和具体运用需要从实践的角度去考量。传统法学理论认为国家是唯一的立法主体，但是全球治理视野下的立法主体呈多元化状态，除了国家和国际组织之外，跨政府网络组织、私人团体、非政府组织和学术专业性机构等都是规则的制定主体。主体多元推动表现形式多样化，包括但不限于标准、原则、建议、决定、谅解、行动计划、报告等各种名称。在这个多元的治理结构中，不存在超主权世界政府，而是一个权力分散的“平行式”和“自下而上”的治理方式。

---

〔1〕 IMF 的前任法律顾问 Joseph Gold 曾经主张，“协定”不意味着任何契约关系，虽然 IMF 并没有明确地表明这一立场，但在实践中将其视为具有硬性或者法律性义务的文件。

（二）国际软法不同于国内软法

国际软法与国内软法并不是在所有层面都具有可比性。在国内法层面，软法的管辖范围受制于国内法律机制，包括立法权、执法权和司法权。在这种国内环境下，软法表现出来的是对硬法的补充而非替代作用。在很多情况下，君子协议是立法准备的初级阶段。为了避免更加严格的正式立法或管制，银行和其他金融部门会主动执行非正式安排。在一些国家，金融部门在实践中运用软法的情况非常普遍，特别是在银行和金融市场的监管方面，成效显著。

与国内软法不同，国际金融软法并不是基于协定而产生的强制性规则的替代品。换句话说，国际标准特别是与全球金融市场稳定相关的规则，独立于任何具有强制约束力的法律体系，它们将长期、独立地存在。国际软法也不是强制性规则的补充，但这些强制性规则可以为软法提供支持。也就是说，国际软法并不受制于国内立法者，并不必然要求立法者在他们自认为适当的时候将其上升到立法程序。基于这个原因，国际软法更具普遍性，相较于通过国内管辖权设立的相似标准，其在效力上没有明显减弱。然而，在某些情况下，国际金融软法作为国际金融硬法的补充的情况确实存在。有时候，国际指引、建议和行为守则是在已有协定的法律框架内发展起来的，并通过这些软法来解释、补充或者执行已有协定。这种情形经常出现在《国际货币基金协定》的框架内，如对某些条款的“解释”“关于外汇安排的国际软法”等。当然，也有很多学者将《国际货币基金协定》中内容宽泛的、具有自由裁量空间的规定也视为软法，本文并不赞同。[1] 同样，在欧盟的法律体系中，软法并非独立存在，而是被制定于强制性规则的法律框架和制度性的结构体制中。更进

〔1〕 Arnold N. Pronto, *Understanding the Hard/Soft Distinction in International Law*, Vanderbilt Journal of Transnational Law, Vol. 48, p. 953.

一步来说,软法在很多情况下是与公约等硬法平行存在的,目的是促进公约中法律原则的执行,如反洗钱和抵制金融犯罪方面的规则便是如此。事实上,通过软法和强制性硬法加以执行是两种不同的路径,而将两者结合运用是最有效的治理方式。

国内软法和国际软法的另一个差别体现在规则适用的范围方面。国内软法规则直接指向国内公众,特别是金融或商业实体。在国内软法的体制下,某些部门在运行过程中主动承担遵守规则或最佳实践的义务。也就是说,软法规则最终能够适用于所指向的目标,在某些情况下国内监管者对这些规则持鼓励态度,甚至本身是制定该规则的主体。例如,银行在与国家监管者磋商后,同意遵守有关消费者界定的相关规则。反观国际金融软法,状况则有较大差别。软法规则的内容并不是在最终的适用者之间达成,而多是由各国监管者通过谅解等方式实现,即表明他们将建议自己的监管对象遵守这些规则。[1] 换句话说,虽然私人和公司实体是这些规则的最终适用者,但他们并不是规则制定的直接参与者,而是由各国的公共权力部门通过国际层面的协商达成的。这些权力部门包括管理机构、监督机构、中央银行和其他的公共管理部门。从某种意义上来说,国际软法规则是由各国主动适用的,他们要求国内管理机构适用最低程度的标准,但并不是直接适用于规则内容所指向的最终对象。也可以这样说:国际软法是在"第二层级"(at the second degree)创建的规则,由更高级别的公共权力部门执行,而不是直接适用于处于第一层级的规则的最终对象。

总之,国际金融市场一直受到国际软法规则的影响,而且很多国家已经将其接纳为公法原则。《巴塞尔协议》和《证券监管目标和

---

〔1〕 例如,各国的银行监管者们就资本充足率问题达成一致,并表示愿意将该要求适用于其所监管的银行。Daniel D. Bradlow, *A Framework for Assessing Global Economic Governance*, Boston College Law Review, Vol. 36, 2013, p. 996.

原则》等软法已经直接影响并塑造了国际金融法律原则的发展。最终形成的结果便是,这些金融法律原则通过各国的接受而快速趋于一致,并且已经被视为国际法的法律渊源之一。然而由于它是传统的法律渊源之外出现的法律义务,在国际法学者中引发了长期的争议和质疑。但所有国际金融法领域的学者都认为,这些软法规则在国际金融制度的构建过程中发挥了核心作用。

## 二、国际金融软法与硬法的界限

国际金融软法和硬法之间是否存在明确的分界点?这不仅有助于对概念进行解析,也有助于理解软硬法之间的关系以及软法未来的发展趋势。本文将通过法律体系的核心要素解释软法规则,从规则的准确性和约束程度、合规裁决的授权以及制裁三个方面来讨论这个问题。[1]

(一)规则的精确度和约束程度

规则的精确程度意味着权利义务的内涵与外延,规则的精确度决定了约束程度,两者成正比关系。规则的精确程度越高,意味着一国在确定其应当遵守的义务的程度方面拥有的自由裁量权越少。也就是说,表述的内容越精确,对国家的行为要求也就越高。如果准确程度很低或者说规则的内容十分宽泛、模糊,那么缔约国在遵从的过程中可以融入很多自己的理解,甚至这种理解有可能与制定规则的初衷相悖。有的规则采用"应该""必须"等字眼强调缔约方将要采取的行为,但有的规则只是通过"最好""尽最大努力"等劝告性的用词来描述缔约方可能采取的措施,相比之下,显然前者的约

---

〔1〕 Andrew T. Guzman & Timothy L. Meyer, *International Soft Law* , Journal of Legal Analysis, Vol. 2, 2010, p. 188 – 191.

束程度更深。[1] 这些措辞的出现并不是软法或者硬法作为载体或形式造成的,实施取决于当下治理对象和主体的现实状况。

国际金融软法作为一种松散的承诺,其约束力并非毫无作为。只是由于立法时各种条件的限制与市场状况决定了以软法作为治理工具。金融领域的问题由于极具敏感性、专业性和国籍界限,因此很多内容是模糊不清的,造成这种结果的原因既包括被动层面的,也有主动而为的。国际金融在政治、经济方面的敏感性,使参加国希望在适用或遵从时拥有更多的自主空间,因此,他们很有可能故意将内容制定得含混不清。或者参加国可能在某些问题上无法达成一致意见,因此只能通过模棱两可的文字来表述观点。[2] 另外,由于金融问题的专业性很强,参加国对于很多问题尚未考虑成熟,或者他们在规则的具体运用方面欠缺经验,在制定规则时没有足够的技术支持,难以对规则的内容进一步深化。[3] 随着未来实践的增加,参加国对规则内容的表述将更加精确。[4] 无论规则的内容是否精确具体,国家都是以政治协商的方式,在降低交易成本的前提下实现共同利益。

传统观点认为,国际硬法只能由主权国家和国际组织制定,各参加方必须根据规则的具体内容完全履行。为了达成共识,国际立法通常表现出高度的概括性,并且已经体现在很多硬法上。例如,人权和国际刑法领域的硬法大多模糊不清,条约并不必然就是规范性且详尽阐述的。再如,为了推动发展中国家签订《服务贸易协

---

〔1〕 Arnold N. Pronto, *Understanding the Hard/Soft Distinction in International Law*, Vanderbilt Journal of Transnational Law, Vol. 48, p. 952.

〔2〕 Lihami Alkan Olsson, *Four Competing Approaches to International Soft Law*, Scandinavian Studies Law, Vol. 58, 2013, p. 184.

〔3〕 Lihami Alkan Olsson, *Four Competing Approaches to International Soft Law*, Scandinavian Studies Law, Vol. 58, 2013, p. 189.

〔4〕 Martin-Joe Ezeudu, *From Soft Law Process to Hard Law Obligations*, European Journal of Law Reform, 2014, Vol. 16, p. 119.

定》,WTO 仅对成员方提出最基本的要求,成员国义务范围也非常宽泛,而且很多允许发展中国家延迟履行或者提出保留的内容。[1]

国际金融法和硬法一样涉及执行方法、磋商报告和澄清性文件等。这些规则的形成是改善模棱两可态度的手段,能更加清楚地界定监管承诺。国际金融软法也有很多内容是非常具体明确的,有的文件甚至被认为过于繁琐。从 30 页的《巴塞尔协议 I》到 347 页的《巴塞尔协议 II》,再增加到 616 页的《巴塞尔协议 III》。其中规定的监管标准和方式,基本上涵盖了所有与银行业务相关的内容。

(二)授权

授权指的是在多大程度上接受第三方的申诉或者争端解决,进而决定了违背国际规则而受到的惩罚,这主要取决于规则本身和规则制定者的体制结构。在传统的国际公法领域,争端解决机构如何作出裁决取决于它们对于权利义务的认定。而且,授权的程度越高,对于一个法治化的国际框架的要求也就越高,反之亦然。

从理论上来说,政府间国际组织应该能够为各国提供一个全面规制市场的平台,并且有能力获得必要的信息,也有权力对不遵从者进行制裁。但遗憾的是,国际金融领域并不存在这样一个政府间国际组织,无法全面、综合地处理所有的国际金融问题。而且,在整个国际法律制度中,国际金融法本身尚未实现体系化,仍然存在很多空白和有待明确的地方。由于金融问题敏感、高速的特性,国际社会对于国际金融法的期望非常之高。如果没有一个国际金融组织居中协调,恐怕各国为了实现全球金融治理而支付的交易成本将更加昂贵。因此,为了避免这种难以承受的高成本,各国同意由跨

〔1〕 发展中国家担心开放服务贸易市场会导致本国服务行业面对发达国家的冲击,进而失去成长和发展的空间与时间。

政府网络组织来制定规则,至少允许它们进行监督和管理。[1] 到目前为止,软法的制定主体都是由各国监管者组成的非正式性机构,而不是司法机构,因为通过政治博弈能够将无法预见到的交易成本内部消化。国际金融软法基本上是通过各参加方协商、交流沟通各自的观点形成的,参加方通常不会约定将争议提交第三方解决。实践中,国际金融软法制定机构和参加国主要是通过评估来鼓励或推动各国的遵从。基本上所有的金融软法制定机构都设有不同形式的评估体系,至少有汇报、磋商等程序性要求。[2]

金融问题是一个关乎经济健康和社会稳定的重要因素,几乎每一次经济危机和动荡都与金融密切相关。通过国际条约的方式向国际机构授权的主权成本十分昂贵,因此,各国选择其他软性的合作机制获得集体行动利益。国家既可以从别国遵从软法中获利,也能够为自己保留一定的心理优势,无须担心承担强制性的国际义务。即便未来违背了协议中的承诺,也可以通过政治博弈和协商的方式来解决问题。虽然金融强国签订了软性协议之后,行为自由还是会受到限制,但如果他们利用国际金融软法实现了某些政策目标,其效率将会高于单边实践。软法机制的形成过程中,弱国与强国可以进行合作,弱国能够得到某些预期的保护,强国可以为下一步的谈判储备影响力。[3] 《巴塞尔协议》和《国际证监会组织证券监管目标和原则》等软法文件允许各国对其行为规则化,并主要通过将软法转化为国内法的方式实现遵从。

---

〔1〕 Martin-Joe Ezeudu, *From Soft Law Process to Hard Law Obligations*, European Journal of Law Reform, 2014, Vol. 16. p. 120 – 122.

〔2〕 Arnold N. Pronto, *Understanding the Hard/Soft Distinction in International law*, Vanderbilt Journal of Transnational Law, Vol. 48, 2015, p. 950.

〔3〕 Kal Raustiala, *The Architecture of International Cooperation: Transgovernmental Networks & the Future Virginia Journal of International Law*, Virginia Journal of International Law, Vol. 43, 2002, p. 64.

(三)制裁

在传统的国际法学者看来,声誉、报复和惩罚等制裁方式基本上都来自国际硬法,特别是条约。条约以正式的书面文件详细地表达,代表了获得国际遵从最强硬的形式。而且作为法律强制性文件,它们通常创建或者规定能够实现报复或者互惠的制约程序。很多学者认为硬法具备绝对的强制力,只有通过硬法才能实现未来的国际法治。一般来说,国际硬法的强制力主要源于其制裁机制,而制裁主要是通过声誉、互惠和报复三种方式展开。[1] 除了报复这一手段之外,声誉和互惠这两种遵从动因与软法并无实质性差别。整体而言,正式的法律义务使一系列的报复措施合法化。报复性惩罚可以采用多种不同的形式,包括经济手段和潜在的武力强制。在国际法律制度中,最常见的报复措施包括:提高关税或设置其他贸易壁垒,抵制或减少与违约国的经贸往来,减少金融或技术援助,减少在其他领域的合作。

WTO 实施机制最引人瞩目的焦点之一便是可以报复,即通过专家组授权受害方对违约方进行等量的停止减让。因此,WTO 的这种执行策略被认为是与国际金融软法"针锋相对"的路径。如果 A 国采取了侵犯 B 国权利的行为但又拒绝提供补偿,B 国便可以中止 A 国的市场准入,采取等量的报复措施。这种报复虽然在本质上是互惠,但并不限制受害国采取报复措施的领域。如果受害方无法在相同的贸易领域给予对方同等的抵制,那么 WTO 可以授权交叉报复甚至是集体报复。WTO 就是通过这种制度约束实现深入的监督和执行,进而提升其法律地位。更进一步说,这种报复机制使 WTO 规则能够直接适用于所有的成员方。学者们发现,报复具有

〔1〕 Andrew T. Guzman, *How International Law Works: A Rational Choice Thoery*, London, Oxford University Press, 2008, p. 33 – 48.

威慑的作用,当违法行为发生并且正在进行时,WTO 对于报复的批准意味着违约方将遭到惩罚。[1] 但本文认为,报复作为一种强制性机制,对于各方来说都不是最佳的选择。至少对于受害方来说,报复所支付的成本也是巨大的。即便 WTO 和联合国等硬法的制定机构有权采取报复,但实践中的案例少之又少。而且,在缺少"世界政府"的国际环境中,对于那些"穷途末路"的国家或者"超级大国"来说,任何一种制裁方式都不足以"逼迫"他们遵守条约,并没有一种执行机制能够防止各国采取违背条约的措施。[2] 当一国决定如何作为时,主要将权衡遵从和不遵从带来的利弊得失。任何条约义务的违背,都可以被推定为一国因声誉、互惠和报复所遭受的损失小于遵守条约带来的利益。

条约本身当然能够表明其严肃性,但是并不必然意味着比那些规定非正式义务的文件更权威。[3] 软法和硬法性质上的特点,不能仅仅从表面上的强制力进行判断,而是应该考察和分析文件的背景和约束机制。从某种程度上来说,国际金融法的效力比传统的国际硬法还要强硬。人权条约和联合国公约经常被专制者视而不见,这些文件脆弱的约束力难以改变各国的行为。同样,一国如果违反《京都议定书》的承诺,通常也不会遭受声誉、经济方面的惩戒,至少其效果远远弱于反洗钱金融行的特别工作组(Financial Action Task Force on Money Laundering,FATF)的"黑名单"。

本文认为,传统的二分法并不适用于当今的国际市场,软法和硬法之间并不存在泾渭分明的界限。它们并不是光谱的两极,而是

---

〔1〕 Andrew T. Guzman, *A Compliance – Based Thoery of International Law*, California Law Review, Vol. 90, 2002, p. 1823.

〔2〕 Andrew T. Guzman, *How International Law Works: A Rational Choice Theory*, London, Oxford University Press, 2008, p. 54 – 58.

〔3〕 Chris Brummer, *How International Financial Law Works (and How It Doesn't)*, The Georgetown Law Journal, Vol. 99, 2011, p. 285.

由于精确度、约束力、授权和制裁方面的差异，两者处在光谱的不同阶段。具体而言，软法与硬法共同存在于同一个法律谱系中，他们之间并没有绝对明晰的界限，而是以光束作为表现方式交叉存在的。而且，软法和硬法一直处在持续互动的过程当中，它们交叉的结果并不是一个实点，而是一个区域。在任何一个光束集合中，软法与硬法同时存在，只是有的软法特征强一些，有的硬法的内容占优而已。一部软法规则在最初制定时并没有强制力，但经过长期的实践，当各参加国的信任和经验逐渐增加时，软法则有可能发展成为硬法。反之，如果某项硬法体系崩溃，原本具有强制力的义务则不得不转化为软责任。此外，在有些情况下，我们也不会去考量合作的载体到底是软法还是硬法，例如，国际奥委会作为非政府间组织决定奥运会的举办权，最终城市的选择并不是通过条约来完成的，也没有什么强制措施或制裁手段，但仍然能够得到国际社会的充分信任。〔1〕 总之，国际金融软法打破了以往对于国际软法的认知。当然，这并不是说国际金融软法规则和传统的国际硬法一样。国际金融法被嵌入软法文件，主要是为了及时应对变动的金融市场。〔2〕 作为潜在的制约手段，国际金融法可以协调的问题范围也比传统的国际公法宽泛得多。软法不仅围绕纯粹的协调问题，也可以通过违约成本解决深层次的分配问题。

## 三、国际金融软法的优势

如前所述，国际金融市场并没有如贸易和投资领域那样的国际硬法，而是通过易被忽视且极具争议的软法进行治理。结合前文对

---

〔1〕 张弛:《国际法遵守理论与实践的新发展》，武汉大学 2012 年博士学位论文，第 108 页。

〔2〕 Bryant Cannon, *A Plea for Efficiency: The Voluntary Environmental Obligations of International Corporations and the Benefits of Information Standardization*, NYU Environmental Law Journal, Vol. 19, 2011 - 2012, p. 461.

两者的对比分析，可以将国际金融软法的优势总结为以下几个方面：

首先，软法的立法程序高速快捷，适合金融市场瞬息万变的发展状况。

通常情况下，金融领域的规则都是为了应对危机而生，对规则的及时性要求非常高。软法不需要通过正式的立法程序，只要立法主体内部达成一致意见便可。在国际金融领域，各国不仅寻求可信的承诺和规则，在速度和效率方面也有更高的要求。此外，随着金融市场的高速发展，软法可以不断地发展更新，面对的阻力相对较小。从这个角度来说，传统的硬法，即条约和习惯国际法的吸引力明显不足。签订条约所需要的谈判时间长达数月甚至几年，会导致条约落后于不断变动的金融市场。[1] 新的产品和服务被不停地发明或设计出来，滞后的正式协议在实践中发挥的作用非常有限。即便签订了正式的国际条约，它们在各国国内的法律地位尚不明确，实践中是否能够得到遵从仍无法确定。[2] 习惯国际法的发展历程同样极其艰难，它是各国出于法律确信而遵守的强制性规则。但是，各国对于某一实践是否上升为习惯国际法可能存在不同的看法。辨明和追踪国家针对某一问题的实践需要经历相当长的时间，考察国家实践是否出于法律确信更是一个极易引发争议的模糊性问题。

相比之下，软法提供了一种更具决断力的高效的协议制定方式。它既不要求各国首脑的深度参与，也无须经历冗长的批准程序。在软法的制定过程中，通常只有管理机构或者技术部门参与，外界的干预相对较少，因此更容易制定最高水平的行为规范。软法

---

〔1〕 Roberta S Karmel & Claire R. Kelly, *The Hardening of Soft Law in Securities Regulation*, Brook. J. Int'L L, Vol. 34:3, 2009, p. 893 – 894.

〔2〕 Kenneth W. Abbott & Duncan Snidal, *Hard and Soft Law in International Governance*, INT'L. ORG. Vol. 54, 2000, p. 424.

的倡导者通常是由各国的监管机构或跨国私人机构担当的，他们在各自的实践中积累经验，在单独的管辖权范围内或行业范围内得到支持与认同。这些机构的地位虽略有欠缺但敏感度极高，在处理有难度的技术性问题时，更具专业水准。因此，软法的产生是在经过市场检验和专业精英人士论证的基础之上达成的，能够真正地对市场进行有效治理。

其次，软法能够降低风险的不确定性，进而促成协议的签订。

在国际金融问题的谈判过程中，各国都面临很大程度的不确定性。他们不知道未来的情势将如何发展，也无法预估自身的履约能力。因此，协议的潜在成员经常会怀疑或者担心管制内容对他们的影响，不愿意将自己束缚在硬法当中。由于缔约方可能并没有理解潜在的或根本的问题，因此无法预期签订强制性条约带来的可能后果。当签订如解决证券新产品和投资策略等长期协议时，各国对于相关规则的内容的了解并不透彻，无法预期可能带来的实质性不确定结果。从理论上来说，错误的标准不仅会对本国市场带来负面影响，最终也将导致标准的无效。这既加重了公司的负担，也无法对金融行为予以充分有效的监督。

硬法通过两种方式解决这个问题。第一，对于有争议的问题，硬法可以不对其进行具体化或者严格的约束，这种不作为的规定事实上也是软性的，属于硬法中的弱法。然而，非具体化与条款的缺失同样降低了国际硬法的使用价值，对于预期承诺的不确定性破坏了硬法的有效性。而且，这种破坏的程度有可能远重于软法。国际组织可能被授权通过解释或实践来填补这一空白，但同样也会带来主权成本的问题。第二，条约内容可以被保留或者允许签字方豁免某项义务，而且这种义务的免除对某些国家来说可能会多达几十年的时间。这种解决方式同样无法实现立法的预期目标，反而会降低法律有效性。

相反，软法提供了一种更具吸引力的选择。作为非法律义务，它允许成员方避免无法接受和不可预见的情形。在不具有正式法律性的条件下,协议缔约方能够在具体实践中了解规则的影响,以更好地评估利弊。同时,缔约方也能够忽视规则产生的不良后果,保留适度的弹性。因此,通过软法,缔约方可以不断地解决实践中不同阶段出现的问题,为个别国家或某类国家,甚至是全球金融市场提供策略支持,特别是在金融监管领域,软法允许成员方亲身感受规则的优劣,在出现新的信息和成本时,改变从前的监管策略。软法同样提供了一个交流的机制与平台,当新的挑战出现时,一国可以向其他成员发出信号,表明他们将要执行某一特别的监管措施或者采纳某种监管路径。

最后,软法为各国监管者和金融实体提供一定的灵活空间,牵扯的主权成本较小。

各国立法者对于金融市场的干预总是心存疑虑,而且对于如何解决金融市场的不稳定因素存在很大分歧。加上各国的市场参与者之间的竞争关系,监管者往往不愿意通过条约纠正本国资本市场。软法恰好能够排除这种顾虑,推动各国针对具体的金融问题进行全球合作,这正是传统硬法所无法实现的。国际硬法要求深度的政治承诺,具有相当大的惩戒权,一旦违反承诺则意味着违反了国际法律义务,必须承担相应的惩罚措施。由此可见,硬法的主权成本是巨大的,因为国家必须接受外部权力对于其重要经济政治决定的制约。国际协定明示或者默示地授予国际组织以限制国家行为能力的方式解决全球层面的问题,这些国际组织大多数并不是通过选举产生或者隶属于国内的问责机制。在讨论条约的主权成本时,学者们经常会将 WTO 和 ICSID 作为典型范例。[1] 在投资争议中,当东道国侵

〔1〕 Douglas W. Arner & Michael Taylor, *The Global Financial Crisis and the Financial Stability Board: Hardening the Soft Law of International Financial Regulation*?, Asian Inst. of Int; l Fin. Law, No. 6, 2009, p. 615 - 616.

犯投资者权利时,投资条约允许投资者向仲裁机构申请仲裁。投资协定既能够为货物或者服务的出口方降低风险,也可以限制东道国的行为能力,仲裁庭偏袒投资者的解释便说明了这一点。

软法的非正式地位能够使各国避免负担主权成本,因为他们并没有强制力,监管者可以对其内容进行选择适用。软法主要是通过游说和吸引而发挥作用,违背国际金融软法并不会产生经济惩罚和武力威胁。机敏的监管者将通过提升他们的软实力来调整集体目标和政策议程,以回应不断发展的、快节奏的挑战。软法的主要目标是制定、协调与行为相关的规则,而硬法并不适合完成这个任务。硬法并不鼓励合作,它要求“自上而下”地制定规则,规则的内容不够灵活甚至有可能是非常僵化的。但是在金融市场中,“自下而上”的治理模式更加符合动态和快速的发展进程与特点。[1] 因此,软法被很多学者认为是国际法律制定的另一种方式,与主权国家间传统的经济决策和运作模式有明显区别。另外,软法能够实现低成本的利益分配,能够为集体行动提供动力支持。软法能够解决复杂的、高速发展的全球问题,而这些问题并不是单方面或区域层面能够处理的。因此,为了在可持续的、有效的集体行动中相互建立信任,软法是不可或缺的必然选择。

总之,在金融领域,软法是实现全球治理的必然产物。国际软法能够弥补国际硬法对于全球治理法律供给的不足,可以解决硬法的结构缺陷。复杂的市场要求高水平的专业技术,金融监管部门和私人实体之间需要通过对话来表达他们的偏好和动机,也需要利用比硬法更加灵活的方式作出承诺。[2] 软法的非正式性是其成为国

---

〔1〕 Daniel D. Bradlow, *A Framework for Assessing Global Economic Governance*, Boston College Law Review, Vol. 36, 2013, p. 1002 – 1003.

〔2〕 Mario Giovanoli, *Reflections on International Financial Standards as Soft Law*, in Joseph J. Norton (eds.), International Monetary and Financial Law upon Entering the New Millennium, 2005, p. 79.

际金融监管主要工具的原因，也是到目前为止，能够使国际金融合作更具吸引力的最佳路径选择。

## 四、国际金融软法与硬法的关系

正如前文所述，国际软法与硬法是可以相互转化的。那么，这是否意味着只要条件成熟，软法的“归宿”必然是硬法？两者在国际金融市场的关系究竟如何判断呢？大部分理论和实务界人士都认为硬法是值得期待且必不可少的。[1] 徐崇利教授将软法和硬法认定为“中心”与“外围”的关系，认为国际硬法才具有更强的正当性[2]。也有学者认为，软法是硬法的先导，是最终转化为硬法的过渡性阶段。[3] 还有学者认为，即便国际软法能够为金融标准的发展提供一个灵活的框架，但健全的法律体系还是要通过遵循更“硬”的法律标准才能实现，该标准能够在全球社会中明确告诉各国及其国民应该如何作为或者不作为。[4] 综上可知，软法规则被认为是非常有价值的手段，但仅仅是权宜之计，更加受到青睐的仍然是硬法。如果能够合理地加以运用，它们并不会威胁条约或协定的制定程序。[5] 而且，软法在其他领域的历史经验告诉我们，软法的适用会持续地增加硬法的数量，软法被视为未来缔结条约之路的中间站。[6] 本

---

〔1〕 Martin-Joe Ezeudu, *From Soft Law Process to Hard Law Obligations*, European Journal of Law Reform, Vol. 16, 2014, p. 114.

〔2〕 徐崇利：《全球治理与跨国法律体系：硬法与软法的“中心—外围”之构造》，载《国外理论动态》2013 年第 8 期。

〔3〕 Ulrika Morth, *Soft Law in Governance and Regulation: An Interdisciplinary Analysis*, London, Edward Elgar Publishing, 2004, p. 191.

〔4〕 [英]克恩·亚历山大、拉胡尔·都英、约翰·伊特威尔：《金融体系的全球治理：系统性风险的国际监管》，东北财经大学出版社 2010 年版，第 162 页。

〔5〕 Seidl-Hohenveldern, International Economic "Soft Law" in collected courses of the Hague Academy of International Law (1979) II, p. 188 – 191.

〔6〕 Lawrence Baxter, *The Internationalization Of Law – The "Complex" Case of Bank Regulation, in the Internationalisation of Law: Legislatiing, Decision-Making*, Practice and Education, Mary Hiscock & William van Caenegem eds., 2010, p. 188 – 191.

文认为,这些观点也许适用于作为整体的国际软法,但是在国际金融领域仍值得商榷。对于国际金融软法和硬法的关系,可以从以下两个方面加以说明。

(一)国际金融软法为硬法提供了示范和指引

在很多情况下,国际软法是国际硬法的先行者,为后者的制定奠定了基础。国际金融软法在制定之初只有少数国家参与,主要集中在十国集团(以下简称 G10)国家内部。软法在这些国家的实践过程中取得了良好的效果,展示出强大并先进的治理理念。于是,越来越多的国家承认金融软法的权威性与科学性,接纳并逐步实现国际立法的趋同。《巴塞尔协议》便是最典型的代表,它最初的适用范围也只限于 G10 国家的银行业,如今已经得到了包括中国在内的绝大部分国家的遵从。它规定资本充足率的最低标准为 8%,但各国在国内监管过程中都在此标准之上贯彻执行,而且很多国家规定的资本充足率甚至高于 10%。各国对国际软法较好的遵从有效推动了多元行为体参与治理的意愿,各国在软法实践中形成的态度对相关国际硬法的制定也会产生重要影响。〔1〕 从这个角度来说,国际软法对于未来国际硬法的制定具有非常重要的指导意义。软法规则的出现预示着未来国际硬法和国际实践的发展趋势。国际社会的所有行为体都可以从这种趋势中预见未来金融领域关注的焦点和改革的方向。〔2〕

国际硬法可以在软法的基础上强化相关规则的约束力。在这个过程中,软法成为国际立法进程中的过渡与缓冲。转化的原因之一在于满足国际社会对于法律的心理需求,当实行条件基本成熟时,各国仍然愿意将其以国际条约的形式出现。因为主权国家在

〔1〕 尚杰:《国际软法问题研究》,吉林大学 2015 年博士学位论文,第 57 页。

〔2〕 万霞:《国际法中的"软法"现象探析》,载《外交学院学报》2005 年第 2 期。

“内心深处”,仍然将国际条约视为最正统的法律渊源,这是实现转化的外在因素。[1] 对于软法硬化的内在因素,可以认为是软法规则本身的科学性。事实上,很多金融软法规则已经非常完备,它们的出台经过了非常缜密、专业的论证和分析,至少在国际金融监管方面能够表达各国维护国际金融稳定的共同利益追求和价值取向,随着各国对于软法规则内容的接受和国内局面的稳定,很多国家很有可能会选择通过硬法的方式实现治理。此外,软法转化为国内法或者在监管实践中获得承认,有利于主权国家重塑国际形象,提升自己的文化吸引力和价值感召力。因此,软法转化有利于提升国家软实力,也是将软法硬化的原因之一。

(二)国际金融软法是硬法的补充

很多软法在制定时便有未来将其硬化的计划,或者抱有这种期待,只是碍于时机尚未成熟或者存在较大的不确定性。在这种情况下,国际软法发挥的主要功能是示范和指引。但是,对于很多全球性问题特别是金融问题,软法制定的初衷也许并没有转化为国际硬法的预想,可能仅仅是通过软法解释现有的治理框架。而且,国际金融软法文件内容非常广泛,既可以是针对某特定政策的规范性评价或宏观的政策指引,也可能是仅仅根据最近发生的事实进行评价,又或者只是讨论新兴挑战带来的问题。实践中,在确认国家的事实行为以及随之而来的危机时,文件的引导功能是非常重要的。它可以描述各成员采取的哪些措施可以支持报告的内容,或者是符合报告的结论和建议,至少参与报告的监管者的行为应该不会与报告表达的价值和规则相冲突。

对于很多国家来说,虽然他们认可金融软法的权威性与科学

---

〔1〕 Arnold N. Pronto, *Understanding the Hard/Soft Distinction in International law*, Vanderbilt Journal of Transnational Law, Vol. 48, 2015, p. 953.

性，但由于本国金融市场参加者的竞争力参差不齐，指望他们国家主动或积极配合实现软法的硬化是非常困难的，对于这种现实障碍，软法制定者不可能不了解。另外，对于那些敏感的问题，软法既能够尊重各国的自主权，保持相互间的根本差异，也能够制定出具有补充作用的标准。应该说，这是对于全球金融治理中手段或方式的选择问题，即便该选择不属于岔道口样式而无法回转，至少国家在作出决定时对于软法硬法不同方式的认可是有所倾向的。本文认为，国际金融软法传承了软法要素的大部分特征，其特别之处在于，即便理论上没有约束力，但很多内容基本上都是非常精确的。因此，国际金融规则以软法作为表现形式或者工具，并不是立法障碍造成的，而是立法者有意为之。[1] 国际法的主要功能之一是引导国家或者其他行为体在国际社会的行为，立法方式并不能起到决定性作用。若以软法作为合作的模式或手段，国际金融软法就能够避免繁琐的形式和国内政治摇摆，当然这种灵活性是需要付出代价的。而且，随着金融市场市场形势的瞬息万变，软法修订程序的简便快捷也有助于及时调整治理规则，这就决定了他们将一直以软法的方式存在下去。

由此可见，两种路径并不是绝对孤立的，而是相互促进、互为补充。基于国际共识而达成的软法，很有可能会成为国际条约的目标，缔约国再通过签约制定具体的标准，承诺在各国的管辖权范围内执行或实施。但是，这并不能否认或者取代软法，两者仍然是平行关系。"同行审查"和"市场约束"机制也可以说服各国遵守纳入公约之前的国际软法标准。各国可以建立更富智慧性的框架支持，通过一些手段克服正式条约的灵活性缺失。最好的办法是首先由

〔1〕 Arnold N. Pronto, *Understanding the Hard/Soft Distinction in International Law*, Vanderbilt Journal of Transnational Law, Vol. 48, p. 942.

国家通过条约制定程序或者方法，然后将制定具体内容的权力下放给某个国际金融标准制定机构。也就是说，首要的支配性的文件以条约的方式制定，大量具体的标准则在其指挥控制之下，通过软法文件加以规定。

## 五、国际金融软法的未来发展趋势

如前所述，国际软法和硬法是一个相互补充、互相推动的并行互补关系，两者共同组建了国际金融法律的框架，都是全球治理不可或缺的一部分。虽然国际软法和硬法的优缺点都非常明显，但两者的有效结合，共同作用于无缝的全球金融市场，有利于实现全球金融的稳定与繁荣。国际软法和国际硬法一直是以一种组合模式共同存在，只是在每一个特定领域的比例存在差异。软法为各国提供了一个灵活的调整空间，国家能够达成协议，构建指引实践活动的行为守则，但同时也能够在必要时为了国家利益改变做法，[1]这种灵活性对于任何阶段的金融市场来说都是必需的。在现有的国际金融框架内，发挥核心作用的是软性的国际金融机构，如 G20、FSB、巴塞尔委员会和 IOSCO 等跨政府网络组织。为各国实践提供指引的大多是不具有强制力、快捷且具有弹性的软性规则。这些不具有约束力的国际准则形成并确定了主要国家的监管实践，按照尊重国家主权的方式最终纳入一国的法律体系。这种特殊性决定了软法在金融领域占据的位置有所不同，“软硬兼施”且“以软法为主”是全球金融治理的必然选择。

“软硬兼施”的治理模式能够避免各自无法克服的缺陷，发挥各自的优点，并在一定条件下相互转化。软法能够为硬法提供指引，

---

〔1〕 朱立群、[意]富里奥·塞鲁蒂、卢静：《全球治理：挑战与趋势》，社会科学文献出版社2014 年版，第 58 页。

硬法的解释和实施越来越多地依靠软法。软法在形成新的硬法机制面前具有比较优势,而且,随着时间和实践的发展,软法有可能将争端解决问题交给硬法。当某一领域硬法非常少或者是制定硬法的努力失败时,又或者即便在某些领域存在硬法,由于硬法的碎片化趋势和程序缓慢,以至于不能解决所有现实问题时,软法便成为最好的选择。

全球金融治理中的"软硬兼施"在国际层面和国家层面分别展现出不同的关系。在国际层面,软法的遵从需要全球治理过程中所有的行为体密切配合。在国家层面,软法的适用需要政府立法和相关监管部门的支持。某种程度上,软法和硬法在成本和收益方面的加权平均值是相当的。成本较小的软法,收益也受到限制;硬法的成本较大,收益也有可能更大。即便软法不能满足全球治理每一个行为体的需要,但至少可以满足一部分或者大部分行为体的要求,而且实现了硬法做不到的程度和结果。虽然很多学者对于软法的发展前景并不乐观,将软法的价值视为推动硬法或者刺激硬法形成的因素。但是,在未来全球治理的高级阶段,软法能够成为主要的治理工具,至少它在国际金融领域已经成为主流。因此,未来的国际金融市场也将在两种方式结合使用的前提下,"以软为主"。

国际金融领域涵盖了多种类型的软法规则,这些规则在松散的软性组织的支持下,被世界各国的监管者所采纳。金融软法的首要目标是实现金融市场的稳定,降低系统性风险。为了完成这一目标,就必须告诫所有的市场参加者进行合作与协调的必要性。这种告诫虽然并不具有强制力,但由于受到市场和机构的约束而变得颇具成效却又不失弹性。例如,IMF 和世界银行中的金融援助评估将巴塞尔委员会和 IOSCO 等机构所制定的规则列为必要的审查项目,这导致被援助国不得不接受这些软法规则。此外,市场激励也将发挥作用，对于那些不遵守承诺的监管者，市场的惩戒方式将使该国及其市场参加者支付更高的风险溢价。

毫无疑问，具有软法特质的国际标准只有在相关国家的国内层面得到执行，才能够发挥作用，这通常要经过一国的国内立法或者具有强制性的管制，才能体现出优势。在目前的声誉、市场激励和国际机构的约束机制共同作用下，软法基本上能够在国内管辖权范围内获得遵从。无论是《巴塞尔协议》还是《国际证券监管的目标和原则》，仍然有 100 多个国家承诺遵从，并且将其纳入本国的监管体系当中，这样看来，将软法转化为硬法也许并没有那么迫切。例如，在 FSB 的保护与推动下，各种国际标准无须转化为硬法便可以产生硬效果。因此，软法是否需要转化为硬法，与软法是否能够预防金融危机的再次发生，参照的并不是等同的判断依据。各国在无政府的国际政治体系中都是单一的参加者，他们通过与其他共同利益者达成协议，避免单方追求利益而产生高额成本。只要能够实现共同利益，以软法还是硬法作为治理工具便没有那么重要了。[1] 也就是说，软法实际上是国家选择合作的工具或手段，合作各方选择软法还是硬法，实际上属于立法过程中的技术性问题。

## 六、中国与国际金融软法

随着金融实力的增强，中国迫切需要在金融软法的制定过程中表达更多的利益诉求，大幅度提升话语权。实践中，面对一些国际金融软法，我们对于这些专业性规则的理解还不足，因此，非常有必要以积极主动的态度强化国际金融软法的研究，对这些标准的内容和利弊进行深入的分析与权衡。而且，中国作为发展中国家的重要

〔1〕 Arnold N. Pronto, *Understanding the Hard/Soft Distinction in International Law*, Vanderbilt Journal of Transnational Law, Vol. 48, p. 943.

一员,还应该利用已经形成的影响力,在促进国际金融软法良性、可持续的发展过程中发挥重要作用。

国内很多学者经常用国内软法的思路考虑国际软法的问题,事实上,从利益的角度去考量将更有利于理解目前国际金融软法的繁荣局面。国际法本身是构建在多种身份和利益冲突基础之上的,没有必要将国际法限定在固定不变的、僵化的框架之内。[1] 国家应该以积极的姿态参与国际金融软法的制定和遵从过程,在维护自身利益的同时促进国际金融法的发展。[2] 我们不否认发达国家对于金融市场治理的专业性与权威性,但是不能迷信盲从。对于频繁出现的国际金融软法,中国政府应该持谨慎态度,防止西方国家以此作为政治工具,制定出不利于发展中国家的软法规则。当然,以法律的方式行国家意志是一种隐藏的强权政治,这是古今中外都无法完全避免的政治现实。但是,在这种环境之下,我们要求软法至少要体现目前国际金融资源配置的变动格局,在西方强势的状况下获得更多的金融话语权和控制权。

软法和硬法都是全球金融治理的手段或工具,我国应该在冲突最小、成本最低的情况下,实现全球治理的深度发展。如今的国际金融法的可塑性很强,在国际金融法领域并没有出现类似于贸易和投资中的最惠国、国民待遇等基本原则,很多规范仍然没有成型。我国应该利用国际软法和硬法之间的互补关系,在参与制定硬法的过程中,通过软法掌握主动权。当硬法与国家利益相冲突时,应通过构建国际金融软法来实现修正,或者通过软法的解释作用预防潜在的矛盾。

---

〔1〕 Mario Giovanoli, *Reflections on International Financial Standards as Soft Law*, International Monetary and Financial Law upon Entering the New Millennium (ed. By Joseph J. Norton), BIICL, 2002, p. 96.

〔2〕 何志鹏、孙璐:《国际法的辩证法》,载《江西社会科学》2011 年第 7 期。

我国加入的跨政府网络已经出台了大量金融软法,国内的金融监管部门应该在对这些规则进行深入的分析和研究之后,将具体内容以及其法律精神与核心理念体现在我国的金融立法中。当下,我国对于国际金融软法持包容态度,已经接纳了绝大多数的软法规则。随着金融全球化的深入发展,特别是美国次贷危机引发全球金融危机之后,国际社会将金融治理的内容转移到了预防系统性风险和金融消费者保护等几个方面。以《巴塞尔协议 III》为例,它就系统性风险防范的核心内容有利于稳定我国的金融市场。我国的流动性风险监管体系指标偏静态,对国际业务中的流动性风险防范也比较脆弱,因此,将《巴塞尔协议 III》中的两个监管指标流动性覆盖率和净稳定融资比例融入我国的监管指标中来,有利于维护金融市场的稳定和持续发展。[1]

然而,考虑到中国在金融市场的地位尚未稳定且话语权欠缺,如果金融软法被硬化的概率过高,我国将处于不利地位。如前所述,国际金融软法可以通过多种途径实现硬化。例如,安然事件的出现引起了各国国内法和 IOSCO 对信用评级机构监管的重视;各国监管者要求本国公司根据国际财务报告准则(IFRS)汇报财务状况,将国际软法转化为国内硬法。再如,有的软法在被编撰或执行之前,就已经像硬法一样运作了,IOSCO 要求所有成员签订并承诺多边谅解备忘录(Multilateral Memorandum of Understanding, MMOU),这个没有约束力的协议,已经变成强制性规定。制定软法的最初动机并不一定是施加约束力,可能是由于普遍适用的时机尚未成熟,也可能仅仅是各国为了能够尽快达成一致或者其他各种原因。但随着各国或制定机构的推动,软法在实践中确实发挥了硬效果。实际上,这

---

〔1〕 巴曙松、朱元倩等:《巴塞尔资本协议 III 研究》,中国金融出版社 2011 年版,第 137~138 页。

种发展变化有悖于签字国的初衷，使他们成为被动的义务承担者。而且如果软法规则成为公约或习惯国际法等普遍性义务，对于当初没有参加规则制定的国家来说更是不利，因为他们在软法的制定过程中毫无发言的机会。虽然中国在软法制定机构的地位已经有所提升，但仍然没有实质性话语权。发达国家的金融标准本身就比较高，更容易向软法标准靠拢，因此金融软法国际化的重任主要落在了发展中国家身上。

对于已经硬化的软法，中国要积极适应，并尽量争取机会作出符合中国利益的细微调整。对于那些正在或将要硬化的软法，我国政府必须谨慎对待，须深入考察中国的现实利益，评估可能引发的风险和改革成本，而不能不加分析地全盘接纳。如果在时机尚未成熟时贸然加入硬化队伍，损耗的利益成本将是巨大的。未来，中国政府应该积极参与软法的制定，在权力划分和利益分配方面表达中国的诉求。

## 七、余论

金融领域的大部分协议本质上都是非正式的或者是被明确表示没有约束力的，这对以条约和习惯国际法为基本支撑的国际法来说，具有非常鲜明的特殊性。目前国际社会将是否具有正式性和强制约束力作为软法和硬法的划分界限。但法的特征是多维度的，不能仅仅从某个方面来进行判断。以文件的正式性作为法律义务的证据，是一个非常不合理的方式，它并不能解释国际金融标准实际的遵从情况。国际金融法并不具有正式国际条约那样的法律强制性，国际金融规则并没有向缔约方施加任何正式的法律要求。但是，无论软法采用哪种形式，都不能减损文件制定的严肃性，因为国际金融法基本上是在各国监管机构之间达成的。

也许最令人期待的问题是，国际金融软法是否能够确保国际金融市场在未来的很长一段时间内维持系统性稳定,是否需要将其转化为具有强制性的硬法规则?关于这些问题,时至今日仍没有明确的答案,但这丝毫没有降低软法的重要价值。金融软法既可以作为强国推行经济政策的手段,也可以成为全球金融治理的试金石。在无法预期立法前景和市场发展的情况下,即便个别国家已经制定了相关硬法,其也无法被推动到国际层面。而以软法作为合作的载体,反而能够让各方愿意尝试向国际标准靠拢。当各国能够从政治、经济、外交等多个角度接纳软法时,软法的属性已经没有那么重要了。虽然条约和习惯国际法等才是传统的国际法律渊源,但是,在国际金融领域,硬法并不意味着比软法高级或先进,它们更多的是治理方式的差异而已,“软硬兼施”且“以软法为主”的局面将长期存在。国际金融软法之所以能够获得普遍赞誉,除了规则本身的科学合理,也得益于机构将执行问题进行了制度化处理,以及在执行过程中治理方式的准确选择。虽然我国的金融市场仍处于起步阶段,但随着金融实力的逐步增强,中国迫切需要融入全球金融治理,大幅度提升话语权,中国政府“走出去”的战略目标必须配合金融领域的治理参与权。因此,我们非常有必要掌握国际金融市场软法之治的深层意义和未来的发展方向,为中国参与全球金融治理提供可行的思路。

# 国际法规则研究

# 国际核安全合作法律机制研究*

高　宁**

现有的核秩序是“冷战”时期美苏为了实现核威慑而建立。而今,随着国际关系的重大转变,这种“冷战”的产物能否适应新的国际环境并继续发展其应有功能,引人深思。国际社会究竟需要建立一种什么样的核秩序,是摆在世界各国面前的严峻课题。

从国际法角度保证核安全是国家的职责。鉴于核损害的跨国性与灾难性,各国认识到仅凭一己之力难以完成重任,尤其是在经济全球化高速发展的今天,许多原本属于一个国家内部的事务变得与整个世界息息相关。切尔诺贝利事故的波及范围远远超出了国家的界限,几乎成为对全世界人民有影响的问题。

---

* 本文系教育部课题:“跨学科视域下习近平核安全观研究”(项目编号:17YJC710018)的系列成果。

** 法学博士,辽宁大学法学院教授,硕士生导师。

2001 年“9·11”恐怖袭击事件在深刻改变国际关系的同时，也改变了人们的观念。它使人们认识到非国家行为体对全球和平与稳定的威胁不亚于国家。巴基斯坦核武器之父卡迪尔·汗建立的“核武器黑市”的曝光、苏联解体导致的对核危险材料管制的放松以及“基地组织”对核武器的寻求，这一切都使人们认识到：“如果恐怖分子获得了核武器，他们一定会使用，因为这将比‘9·11’产生更大的政治效果。”〔1〕

上述核武器扩散、核能民用安全、核恐怖主义问题是当前国际核安全领域急需解决的问题，亦是关乎世界和平与安全的重大命题，其有待于各国超越政治制度的差异和意识形态的分歧，通过真诚的谅解和持久的合作来解决。因此，国际核安全法律机制必须体现国际合作原则。

## 一、国际核安全合作法律机制现状

国际核安全从广义上包括限制核能军用、促进核能民用以及防范核恐怖主义；狭义上仅指核能民用安全，防止核事故的发生与应急处理。本文是从广义上探讨国际核安全机制的构建。

长期以来，各国政府一直致力于达成核安全国际上的协调一致，而达成这种协调一致的基本途径就是制定国际间广泛同意的安全条约与安全标准，并促进其在全球的应用。国际原子能机构(International Atomic Energy Agency，IAEA)作为活跃在核能利用领域的国际组织，是国际核安全合作的组织者，制定核安全公约和标准是联合国赋予 IAEA 的一个法律职能。况且，在 IAEA 的工作中，推进国际条约的制定与实施、制定安全标准和提供其应用的机制是

〔1〕 See Steve Rademaker & Rose Gottemoeller, *Weapons of Mass Destruction, International Institutions, and World Order*, American Journal of International Law, Vol. 99, No. 4, 2005, p. 619.

高度优先的。

(一)国际核安全合作机制的法律基础

国际核安全合作机制的法律基础表现为一系列限制核能军用、促进核能民用的国际法律文件。较有代表性的有:

1. 限制核能军用领域国际合作机制的法律基础

《不扩散核武器条约》(Treaty on the Non-Proliferation of Nuclear Weapons, NPT)是通过国际合作限制核能军用领域最具代表性的条约。1968 年 7 月 1 日,苏、美、英等国同时在莫斯科、华盛顿和伦敦签署了 NPT,1970 年 3 月 5 日 NPT 正式生效。"不扩散、裁军、和平利用核能是 NPT 的三大支柱。"[1] NPT 以促进核不扩散领域的国际合作为宗旨。它规定:"承诺进行合作为应用国际原子能机构对和平核活动的各种保障措施提供便利。一切缔约国,无论是有核武器国家或无核武器国家,均能为和平目的而获得和平应用核技术的利益,包括有核武器国家由于发展核爆炸装置而可能得到的任何技术副产品,深信在促进此项原则时,所有缔约国均有权参加尽可能充分的科学情报交换,以促进为和平目的而应用原子能的发展,并且单独地或与其他国家合作,对促进这种发展作出贡献,宣布它们的意图是尽早实现停止核军备竞赛和着手采取以核裁军为目标的有效措施,敦促所有国家为达到这个目标而进行合作。"

NPT 共 11 条。第 1 条和第 2 条均为 NPT 的支柱条款。[2] 第 1 条为有核武器国家创设了义务,它规定:"每个有核武器的缔约国承诺不直接或间接向任何接受国转让核武器或其他核爆炸装置或对这种武器或爆炸装置的控制权;并不以任何方式协助、鼓励或引导

---

[1] Chamundeeswari Kuppuswamy, *Is the Nuclear Non-proliferation Treaty Shaking at Its Foundtions*, Journal of Conflict and Security Law, Vol . 11, No. 1, 2006, p. 141.

[2] See Edwin Brown Firmage, *The Treaty on the Non Proliferation of Nuclear Weapons*, American Journal of International Law, Vol. 63, No. 4, 1969, p. 711.

任何无核武器国家制造或以其他方式取得核武器或其他核爆炸装置或对这种武器或爆炸装置的控制权。”由此可以看出，有核武器国家不帮助无核武器国家的义务是普遍的和不加区别的，无论该无核武器国家是否是条约的缔约国。[1] 该义务不仅针对核武器，还包括其他爆炸装置。NPT 的主要目的是保证 5 个已经宣布拥有核武器的国家（美国、英国、法国、苏联和中国）排他性地拥有核武器，并承诺上述 5 国将最终销毁其核武库。[2] NPT 第 2 条规定了无核武器国家的义务：“每个无核武器的缔约国承诺不直接或间接从任何让与国接受核武器或其他核爆炸装置或对这种武器或爆炸装置的控制权的转让；不制造或以其他方式取得核武器或其他核爆炸装置；也不寻求或接受在制造核武器或其他核爆炸装置方面的任何协助。”

NPT 已成为一个具有重要影响的条约，NPT 规定了防止核武器扩散国际体制的标准和基础，促进了核能和平利用的国际合作，“在诸多方面是与《联合国宪章》本身同等重要的一个协定”[3]。

2. 促进核能民用安全领域国际合作的法律基础

《核安全公约》（Convention on Nuclear Safety）、《乏燃料管理安全和放射性废物管理安全联合公约》（Joint Convention on the Safety of Spent Fuel Management and on the Safety of Radioactive Waste Management）、《核事故或辐射紧急情况援助公约》（Convention on Assistance in the Case of a Nuclear Accident or Radiological Emergency）和《及早通报核事故公约》（Convention on Early Notification of a Nuclear Accident），是规范核能民用安全领域国际合作的重要法律

[1] See Mason Willrich, *The Treaty on Non Proliferation of Nuclear Weapons: Nuclear Technongy Confronts World Politics*, Yale Law Journal, Vol. 77, No. 8, 1968, p. 1477.

[2] See Mason Willrich, *The Treaty on Non Proliferation of Nuclear Weapons: Nuclear Technongy Confronts World Politics*, Yale Law Journal, Vol. 77, No. 8, 1968, p. 1500.

[3] 陈须隆：《核不扩散机制透析——国际安全机制的一个案例研究》，载《世界经济与政治》2000 年第 8 期。

基础。

《及早通报核事故公约》的主旨是进一步加强安全发展和利用核能方面的国际合作,通过在缔约国之间尽早提供有关核事故的情报,以使可能超越国界的辐射后果减少到最低限度。公约适用于缔约国管辖之下发生的或可能发生的放射性物质泄漏,并引起或可能引起对他国的辐射安全具有重要影响的国际跨界泄漏的设施和活动。

《核事故或辐射紧急情况援助公约》旨在进一步加强安全发展和利用核能方面的国际合作,建立一个有利于在发生核事故或辐射紧急情况时迅速提供援助,以尽量减少其后果的国际援助体制。在核事故或辐射紧急情况下,缔约国有义务进行合作、迅速提供援助,以尽量减少其后果和影响。

《核安全公约》是国际核安全条约框架中最重要和最基本的条约。[1] 该公约的基本目的是通过国家和国际合作措施的增强,在全世界范围内达到和保持一个高水平的核安全,建立和保持对核设施潜在的放射性危害的有效防护,以保护公众、社会和环境免遭这些设施可能的放射性的伤害影响,防止有放射性后果的事故以及当这种事故发生时减轻其后果。但该公约主要是一种激励机制,并没有为确保世界核安全建立一个国际制度。[2] “它的签署并不是为了制裁某个或某些国家,而是由各缔约国通过信息交流和定期开会的方式,达到更高安全水准这一共同利益。”[3]它要求各国实施保证核设施安全的基本原则,而不是详细的安全标准。各国在其国内法中采取立法、司法、行政和其他措施,以履行公约义务。

《乏燃料管理安全和放射性废物管理安全联合公约》(以下简称

---

〔1〕 See Robert W. Schaaf, *New Convention on Nuclear Safety*, International Journal of Legal Information, Vol. 22, No. 2, 1994, p. 279.

〔2〕 参见[法]亚历山大·基斯:《国际环境法》,张若思译,法律出版社2000年版,第47页。

〔3〕 杨国华、胡雪编:《国际环境保护公约概述》,人民法院出版2000年版,第156页。

《联合公约》)是迄今为止有关核废料处置方面最重要的全球性公约。《联合公约》是当事国间有关放射性废物安全管理以及保护个人与环境免受放射性潜在影响的主要国际法律文件,它揭开了国际核安全活动新的一页。[1] 公约重申确保核燃料和放射性废物管理安全的最终责任由当事国承担,明确说明国家对核燃料和放射性废物的管理安全负责,而不是由其他别的国家负责,从而可以排除由国际监督机制对缔约国的核安全进行监督。换言之,它不能像 NPT 那样,设立一个常设的机构实行国际监督。这表明在《联合公约》范围内,各缔约国在核安全上有自主权。[2] 公约明确指出了放射性废物就地处置的原则。这对于预防污染、防止污染扩散和转移具有重要意义。公约规定在核燃料的产生、装卸、处理、贮存和处置的各个环节实行全过程管理。

IAEA 核安全制度的安全标准。IAEA 规约第 3 条规定,授权 IAEA 制定安全标准,并使这些标准适用于和平核活动。由核安全司具体负责组织 IAEA 安全标准的制订,审查"安全标准丛书"和"安全报告丛书",以及与安全有关的出版物丛书。[3] IAEA 已经制定了一系列辐射安全、放射性物质运输安全、放射性废物安全和核安全领域的标准。各领域的标准力求遵循一个共同的模式,即一组基本原则、一组强制性的要求,以及包含较具体指南的大量文件。这些年来,IAEA 的安全标准已经发表在其安全丛书上,这是一种 IAEA 的系列出版物。当初,发表在安全丛书上的各种安全相关的

---

〔1〕 See Elena Molodstova, *Nuclear Energy and Environmental Protection: Responses of International Law*, Pace Environmental Law Review, Vol. 11, No. 2, 1994, p. 586.

〔2〕 See IAEA, Managing Spent Nuclear Fuel Rises on Global Agenda, 载 IAEA 官方网站: http://www.iaea.org/NewsCenter/News/2006/spentfuel.html, 最后访问日期:2007 年 12 月 21 日。

〔3〕 See Joseph P. Tomain, *Nuclear Futures*, Duke Environmental Law and Policy Forum, Vol. 15, No. 3, 2005, p. 223.

文件之间在形式上本无区别。但是,在其安全相关活动大大扩展以后,IAEA 在 1989 年引入了安全丛书出版物的分级结构,经过进一步调整形成 IAEA 安全标准丛书。IAEA 安全标准分为“安全基本法则”“安全要求”和“安全导则”3 个层次:(1)安全基本法则(safety fundamentals)。这是 IAEA 的“政策文件”。它提出防护和安全的目标、概念和原则,并为安全要求提供依据。它们提供这类活动的理念,以及必须满足的特定要求,但是不说明这些要求是什么,不提供技术细节,一般也不讨论原则的应用。它们全部用 IAEA 的官方语言发表。(2)安全要求(safety requirements)。安全要求包括为保证特定活动或应用领域的安全而必须满足的基本要求。这些要求是根据安全基础中规定的基本目标、概念和原则制定的。这类出版物不包含关于如何满足安全要求的建议,也不对如何满足要求进行解释。安全要求所采用的书写形式同管理文件的形式一致,因为所制定的安全要求可能基于各成员国的判断而被采纳,并被采用到国家标准中。管理要求是用“应当”来表述的。安全要求是独立的,不引用非 IAEA 管理的其他组织的标准,而且也是用所有 IAEA 官方语言发表的。(3)安全导则(safety guides)。安全导则提供有关如何遵守安全要求的建议和指导。安全导则中的建议用“可以”来表述,意指需要采取所建议的措施或等效的替代措施。“安全导则基于国际上的良好实践,并且日益反映最佳实践,以帮助用户努力实现高水平安全,每一‘安全要求’出版物均辅以若干安全导则,在制订国家监管性准则时可以使用这些安全导则。”[1]

在《国际法院规约》第 38 条关于国际法的形式渊源的列举中,

---

〔1〕 罗上庚:《国际原子能机构安全标准编制状况》,载《核标准计量与质量》1998 年第 4 期。

没有提到诸如行为准则、决议之类的“软法”。成员国遵守 IAEA 的安全标准与准则的“软法”是自愿的。但是,无拘束力的“软法”在法律上并不是毫无意义的,可能带有规范化的影响,存在一定法律效力,即“引起法律后果,改变法律情势以及对法律的形成和发展产生影响和作用”〔1〕。国际立法进程,通常是从无法律拘束力的文件,如建议、指南、决议、原则声明与行为准则,到条约之类的有法律拘束力的文件的连续体。IAEA 的安全标准与准则将已有的公约内容细化,更富操作性,同时为未来的条约打下实践基础。

3. 防范核恐怖主义领域国际合作的法律基础

当前防范核恐怖主义合作的国际法依据主要为联合国安理会第 1540 号决议、《核材料实物保护公约》(Convention on the Physical Protection of Nuclear Material, CPPNM)及其修正案与《制止核恐怖行为国际公约》(International Convention for the Suppression of Acts of Nuclear Terrorism)。

联合国安理会第 1540 号决议的主要目的是要求各成员国采取措施,防止非国家行为体获得核生化武器及其运载工具。决议确定了“非国家行为者”的基本概念〔2〕和防止向“非国家行为者”扩散的必要性。它要求各国建立有效的国家管制,并向安理会特设的委员会报告决议执行情况。〔3〕

《核材料实物保护公约》是处理核材料实物保护问题的具有法律约束力的多边文件。公约的宗旨是,保护核材料在国际运输中的安全,防止未经政府批准或者授权的集团或个人获取、使用或扩散

〔1〕 秦娅:《联合国大会决议的法律效力》,载《中国国际法年刊》1984 年版,第 166 页。

〔2〕 非国家行为者:是指未经任何国家合法授权而进行本决议范围内活动的个人或实体。

〔3〕 参见联合国安理会:《联合国安理会第 1540 号决议》,载联合国官方网站:http://www.un.org/chinese/aboutun/prinorgs/sc/sres/04/s1540.htm.,最后访问日期:2007 年 11 月 2 日。

核材料，并且追回和保护丢失或被窃的核材料，在惩处或引渡被控罪犯方面加强国际合作，对公约范围内的犯罪建立普遍管辖权，防止核武器扩散。但该公约既未涵盖国内和平使用、贮存和运输中的核材料的实物保护，亦未涵盖核设施的保护，这些问题需在公约修正案中加以弥补。

《制止核恐怖主义行为国际公约》是联合国框架内的第13个反恐公约，也是第一个旨在打击核恐怖主义罪行的国际公约。公约首次定义了核恐怖犯罪行为，填补了现有反恐公约体系的空白，规定“拥有”“威胁使用”和“使用”放射性物质和装置的非法行为都是恐怖行为。公约要求签署国调整本国法律，把核恐怖行为列入犯罪行为，并配以相应的刑与罚。公约制定了统一的行为准则，有助于国际反核恐怖的合作，并对制定全面的反恐国际公约提供了有益的尝试。从这个公约起，国际社会的反恐法规建设基本覆盖了所有领域。

（二）国际核安全合作机制的组织框架

国际核安全合作机制集中表现在限制核能军用、促进核能民用两大层面。而IAEA的宗旨是加速扩大原子能对全世界和平、健康和繁荣的贡献，并确保由机构本身或经机构请求或在其监督管制下提供的援助不被用于推进任何军事目的。核保障、核安全、核保安是IAEA的三大工作领域。IAEA的核保障制度是为了监督和阻止核武器扩散，核安全制度是为了保证核能民用的安全化，而核保安制度就是为了防范核恐怖主义。鉴于核安全国际合作的基本内容正为IAEA的工作领域所涵盖，所以IAEA是实现核安全国际合作的“执行者”“监督者”“组织者”。

1.国际原子能机构是国际核安全合作的论坛

IAEA是世界上最重要的政府间核技术和平利用的合作论坛，是一种常设的固定的国际会议形式，是连接、沟通各成员国的纽带和渠道。经由这一所有成员国平等参与的国际议事机构,各国可自由表达本国的立场观点,可充分讨论共同关心的国际核能问题,这有利于国际社会形成和宣示某种世界舆论,有利于协调成员国的政策与行动。这种论坛也是多边外交的一种组织形态,为成员国之间正式或非正式的交往、会谈提供了方便的时间与场所,有利于双边关系的发展和紧张局势的缓解。

2. 国际原子能机构是防止核武器扩散的监督者

IAEA 核保障制度是指通过对利用核能活动实施检查的措施体系,防止有关国家违背 NPT 的条约义务,将核材料、核设施或核技术用于制造核武器。IAEA 核保障法律制度是核不扩散机制的支柱,在防止核能军用化中发挥着最为突出的作用。

1961 年,IAEA 建立了第一个保障监督体系——INFCIRC/26 型体系,该体系的保障监督对象是热功率低于 100 兆瓦的反应堆。因为处于保障机制建立的初期,该体系内容还有很大漏洞,实际作用不明显。1965 年,又制定了核保障示范文本 INFCIRC/66,后进一步形成了 INFCIRC/66Rev. 2 型体系。该体系只涉及核进出口国活动中制定的核项目及有关设施,不能扩大到当事人的所有核活动,因此称为"项目型保障监督体系"。[1] 1968 年的 NPT 规定,各个无核武器缔约国须按照 IAEA《规约》及其保障制度,与之谈判缔结核保障协议并接受核安全保障,其目的在于核查当事国对于 NPT 义务的履行情况,防止核能从和平利用转向制造核武器或其他核爆炸装置。为适应 NPT 的要求,IAEA 建立了 INFCIRC/153 型体系,该核保障适用于当事国领土内、管辖或控制下的所有和平利用核能活动的所有源或特殊裂变材料,因此成为"全面型核保障体系"。但其进

〔1〕 Scheinman, *The International Atomic Energy Agency and World Nuclear Order*, USA, Johns Hopkins University Press, 1987, p. 56.

入场地权和获取信息权还是受到诸多限制,远不够“全面”。该保障体系“核实已申报的核材料和核设施,限于在有核材料的战略点上进行例行视察;采用定量核查方案(基于显著量、及时性目标和探知概率三个定量参数的核查方案);采用机械、系统的方式进行核实;在核设施的关键测量点上安装封隔、监视和无人值守的非破坏性分析设备”。[1] 直到1991年,IAEA对无核国的监视和核查仅限于已申报的设施。海湾战争结束后,伊拉克的秘密核计划促使IAEA加强其核保障制度,除了宣布将特别视察扩展至未申报的设施外,还酝酿对核保障制度予以全面加强,包括实地环境取样、扩大获取信息的范围、使用更先进的技术手段、全面进入场地视察而不仅仅进入设施本身等,这就是1997年IAEA理事会通过的《核保障协定议定书》,即所谓“93+2计划”。该计划形成了INFCIRC/540型核保障体系,该体系较之以往核保障体系机构进入场地权和获取信息权都有所加强,被称为“加强的核保障体系”,表现为:确保IAEA对签约国已申报的核场地或其他任何存有核材料的场所、包括未申报的核设施进行检查;增加了检查员的接触权,对补充进入的场所,IAEA视察员可随意走动,目视观察,采集环境样品,大大提高了环境样品收集的价值。该核保障体系可能将使国家核活动公开化和透明化。

3. 国际原子能机构是国际核安全合作的管理者

如同一国政府是本国内外事务的管理者一样,IAEA在一定意义上充当了国际社会核能共同事务的管理者的角色。在核不扩散领域,IAEA是唯一有核查权力的国际组织,其对核材料的和平利用进行全程的管理和监督,被誉为核保护神。同时,IAEA还负责将民用核技术带到发展中国家去。从一开始,IAEA就担负起不把

[1] 朱荣保:《IAEA核保障技术的进展》,载《原子能科学技术》1998年第3期。

核能用在战争,而是用于和平发展上,尤其是对发展中国家的和平发展上的使命。IAEA 帮助发展中国家将核技术应用于医学的疾病诊断,应用于农业的水利灌溉,应用于工业的发电,取得了丰硕的成果。在核安全领域,IAEA 通过同行评审,帮助各国对核安全运行进行评测,防止核事故的发生。IAEA 设有一个紧急情况反应中心,该中心拥有 24 小时的反应能力、训练有素的工作人员以及与全世界 220 个联络点通信的能力。该中心还是应对核事故问题机构间委员会的秘书处,这个秘书处是联合国系统协调核事故和放射性紧急情况应对措施的中心点。在核保安领域,IAEA 建立全球核数据库,加强各国的出口管理,防止了核技术和核材料向恐怖组织的大范围扩散。IAEA 还努力促进国际核能法的编纂和执行。

4. 国际原子能机构是国际核危机的化解者

利比亚核危机、伊拉克核危机、朝鲜核危机、伊朗核危机,一次次地给国际社会和平与安全带来重大挑战。然而,实践证明,哪里有危机哪里就会出现 IAEA 的身影,IAEA 作为核能利用的国际协调中心,一次又一次地化解了危机的恶化态势。为此,IAEA 赢得了世界上的广泛赞誉,甚至包括那些受到 IAEA 检查的国家也对此表示认可。2005 年,诺贝尔奖评审委员会将诺贝尔和平奖授予了 IAEA 及其时任总干事巴拉迪,以表彰其为世界和平做出的努力。

IAEA 还与许多非政府组织(Non-Govermental Organization, NGO)建立了广泛的联系。遵照 IAEA 规约的授权,IAEA 与"其工作与 IAEA 的工作有关的任何组织"建立适当的关系,其中 19 个非政府组织具有正式的与 IAEA 协商的身份。另有 7 个组织一直被 IAEA 理事会邀请以观察员身份参加 IAEA 大会或承担某些具体任务。IAEA 还与区域性国际组织建立联系,如(亚太)地区区域合作协议组织(The Regional Co-operative Agreement,RCA)。[1] "RCA组织的主要任务是促进成员国之间核科学技术研究与应用的交流与合作,以达到成员国之间相互合作,互惠互利,共同发展的目的。RCA的计划和活动,一般也参照并匹配IAEA的活动和计划。而IAEA计划在RCA成员国中开展的项目和活动,一般也与RCA组织协商制定,共同组织实施。这就是IAEA/RCA技术合作项目的来源。核技术的工业应用一直是IAEA/RCA在成员国中积极促进的一个重要领域。"[2] 这些都为IAEA在国际核安全合作中提供了组织辅助平台。

## 二、现有国际核安全合作法律机制的不足

现有的国际核安全合作法律机制是以限制核能军用、促进核能民用的国际条约等国际法律文件为基础,以IAEA为组织核心辅以多边及双边实践的初具规模的体系,然而该体系仍有诸多不足。

(一)国际核安全合作机制法律基础的不足

1. NPT对"和平利用核能"的含义无明确定义

NPT明确规定,所有缔约国都不受歧视地享有开展为和平目的而研究、生产和使用核能的不容剥夺的权利;即无核缔约国通过缔约放弃制造、取得、寻求的核武器的权利,作为代价之一,就是应当换得其和平利用核能的便利和特权。尤其是为了保障无核缔约国的利益,NPT特别要求各国应积极采取适当措施,以保证无核缔约国能在不受歧视的基础上,获得对核爆炸的任何和平应用的潜在利益,对无核缔约国在使用爆炸装置方面的收费应尽量低廉,并免收

---

〔1〕 目前,亚太地区区域合作协议组织由亚太地区17个国家组成,包括澳大利亚、孟加拉国、中国、印度、印度尼西亚、日本、韩国、马来西亚、蒙古国、缅甸、新西兰、巴基斯坦、菲律宾、新加坡、斯里兰卡、泰国和越南。

〔2〕 张培信:《IAEA/RCA 2005~2006年度核技术工业应用项目计划》,载《同位素》2005年第Z1期。

研究和发展方面的任何费用。因而,NPT 鼓励无核缔约国和平利用核能的精神是显而易见的。作为不获取核武器的回报,无核武器国家得到了有核国家的一项承诺,即向它们提供适于发展核能工业的核技术。但是,关键的是对什么行为属于“和平利用核能”没有明确的法律规定。伊朗是 NPT 的无核缔约国,和平利用核能是它不可剥夺的权利,因此,伊朗在国际上广泛地宣传,其无意研制核武器,发展核技术是为了和平利用核能。这一策略使伊朗发展核技术获得了法律依据。还有一些国家可能利用 NPT 没有具体界定什么是无核武器国家承诺“和平利用核能”,借机获取核武器。在实践中,没有禁止无核武器国家获取浓缩铀和钚的规定,而这些材料也是可以用来制造核武器的,这使核能的“和平利用”与“军事利用”之间,恐怕只有一步之遥。

2. NPT 退出机制的随意性

NPT 条约第 10 条第 1 款规定,“与条约有关的非常事件已危及其国家的最高利益,为行使其国家主权,应有权退出本条约”。但条约中对何谓“非常事件”与“国家的最高利益”,怎样才到了危害其本国最高权益的程度,都没有一个明确的标准。其实这涉及条约的解释问题,但对于这一关键性问题的解释权,条约却赋予了各缔约国自身,即各缔约国可在其认为条约对其不利的任何时候随时任意退出该条约,只需满足程序性的要求,退出即生效。核武器的扩散关系到国际社会的和平与安全,依 NPT 的性质是不应该允许缔约国单方解约或退出的,因此 NPT 退出条款是很不恰当的。这使想发展核武器的国家,可以先以无核武器国家的身份加入 NPT,获取核技术和核材料,待时机成熟再宣布退出 NPT。朝鲜就是利用了 NPT 这一漏洞,以 NPT 侵犯其国家安全为由,宣布退出 NPT,游离于核不扩散核查体制之外。朝鲜是 NPT 生效以来第一个宣布退出这一条约的国家,这增加了世界核扩散危险。

3. 核安全方面的公约强制性弱

核设施和核材料具有潜在的危害性,因此,必须对其进行管制。国际社会通常的做法是设定共同标准及通过国际机构来监督其实施,但目前普遍还是强调国家主权并由各国自由确定其本国的标准。虽然IAEA制定了有关核安全的国际标准,但严格地讲,这些标准都缺乏国际公约或条约的约束力。[1] 即使就国际公约或条约而言,核安全领域条约的鼓励性色彩也更重。虽然应当考虑各国对于其主权及对核技术保密的需要,但过分的保守不利于核能利用达到最大的安全化。《核安全公约》《联合公约》仍属"软法",其在序言部分就明确地对公约性质作了规定,即公约属于鼓励性公约,这削弱了公约在核安全方面的国际监督和执行。因此,尽管国际社会在核能领域的国际法律规范方面作出了一定努力,但是其"脆弱性仍表现在缺乏有效的监督与控制机制,这与国际法的其他法律领域面临的问题是一样的"[2]。

4. 国际合作欠充分

由于各国政府对研究、开发活动支持的有限性和技术的多样性,先进的核技术和管理经验要获得推广,国际间的合作是至关重要的。然而,发展中国家缺乏足够的资金技术,而发达国家往往不愿意在核领域这样高科技的范围内为发展中国家提供资金和技术援助。那么,如何通过国际法律形式实施南北合作,就成了彻底解决核安全问题的一个重要因素。《联合公约》强调国际合作的作用,但对于资金安排、技术转让等没有作硬性规定,这不利于国际合作的真正展开。面对国际核安全领域国际法律文件的不足,如何进一步完善核安全的国际条约制度,从而使核能更好、更安全地服务于

〔1〕 参见金瑞林:《环境与资源保护法学》,北京大学出版社2000年版,第463页。

〔2〕 [德]沃尔夫冈·格拉夫·魏智通主编:《国际法》,吴越、毛晓飞译,法律出版社2002年版,第562页。

整个世界,是当今国际社会应该进一步思考的问题。

(二)国际核安全合作机制组织框架的不足

自 IAEA 成立伊始,核保障制度一直是公众关注的焦点,从一定程度上可以说,公众主要是通过核保障制度的应用来认知 IAEA 的。特别是在核不扩散体系受到诸多挑战的今天,IAEA 核保障制度更具有重要作用。"核不扩散机制是所有国际的、国家的、双边的、多边的核不扩散法律、政策和协定的总和。"[1]它也是为阻止核扩散而构筑的一个法律的、技术的、经济的和政治的广泛性国际网络。[2]核不扩散机制的规则和决策程序,在 IAEA 核保障制度中得到了很好的体现。IAEA 核保障制度通过具体的规则和决策程序来证明和核实,接受核查的核材料没有转用于军事;它同时提供了接受核查的核材料和核设施的地点、状况以及用途等方面的详细信息,这些信息对赢得国家信任是大有必要的。IAEA 核保障制度对核不扩散机制的基本契约来说,是最为重要、不可或缺的。[3] 可以说,IAEA 核保障制度是核不扩散体制的基石。近几年,通过加强型保障措施的引进,IAEA 的核查效果已取得了明显进展。不过,仍有许多内在与外在的因素限制了 IAEA 核保障制度的效果。

1. IAEA 保障制度目标的两难

从 IAEA 保障制度的发展历程可以看出,它一直在"促进核能的和平利用"和"防止核能用于军事目的"之间徘徊。"早期的保障制度更关注前者,而最近的发展趋势更反映了国际社会对后者的担

---

〔1〕 See Oxford Research Group, *Strengthening the Non-Proliferation Regime*: 1995 *and Beyond*, Current Decision Report, No. 13, 1993, p. 11.

〔2〕 See Oxford Research Group, *Strengthening the Non-Proliferation Regime*: 1995 *and Beyond*, Current Decision Report, No. 13, 1993, p. 12.

〔3〕 See Patricia Hewitson, *Nonproliferation and Reduction of Nuclear Weapons*: *Risks of Weakening the Multiateral Nuclear Nonproliferation Norm*, Berkeley Journal of International Law, Vol. 21, No. 2, 2000, p. 410.

忧。事实上,对核能的促进和控制本身是矛盾的,一个目标的实现往往以损害另一个目标为代价。"[1]保障制度的核心概念是"军事用途"(military purpose),其含义可以从反面来理解,即"和平用途"(peaceful purpose)的反义词。和平核活动与军事核活动看似是平行的,实际上两者并不是泾渭分明的。比如,民用核材料和设施没有被转用,但是核技术方面的知识和经验积累却为军事用途打下了基础。

2. IAEA 核保障制度的普遍性问题

IAEA 正在对签署核保障监督协定的 140 多个国家及全球 900 多个核设施进行保障和监控。近年来,为制约核扩散,保证核材料和核活动真正用于和平,IAEA 在伊拉克、朝鲜、伊朗等国际关注的核热点国家都有核查人员执行任务。在联合国安理会授权下,IAEA 还负责对伊拉克核档案继续进行调查。此外,IAEA 在裁减核军备方面也发挥了重要作用,如负责帮助核查美、俄裁减的核武器数量和质量等。IAEA 认识到实行 INFCIRC/540 型核保障才能保证核查的完整性,因此对其加以大力推广。但仍有不少关键国家没有正式加入或批准附加议定书,这直接关系到 IAEA 核保障制度的普遍性与权威性。[2]

3. IAEA 与国家主权的协调

IAEA 是主权国家根据《国际原子能机构规约》建立起来的,而规约本身就是各主权国家意志协调的结果,因此 IAEA 是介于主权国家之间而非凌驾于主权国家之上的一种组织。IAEA 虽有由各成员国代表组成的议事机构,但议事机构大多只能作出建议性的决议。IAEA 虽设有秘书处,但秘书处多限于行使行政、研究和交换情

---

〔1〕 David Fischer, *History of the IAEA the First FortyYears*, IAEA, 1997, p. 33.

〔2〕 截至 2003 年 9 月,超过 185 个 NPT 国家中只有 37 个国家使附加议定书生效。在已知有重要核活动的 70 个国家中,有 47 个尚未实施附加议定书。

报的职能。IAEA 的成员资格不是强制性的,加入与否仍听命于主权国家。[1] 同时,它是国家通过符合国际法的协议而创立的,依靠成员国的合作来谋求促进核能的和平利用的目标,因此具有独立的法律人格,我们也应对 IAEA 的职权与作用有正确的评估。IAEA 在实际工作中无力避免主权国家的干扰。从理论上讲,所有成员国都有义务充分接受 IAEA 核安全机制的监督与核查,特别是无核武器国家的核活动。然而,实际上当事国往往会以入侵其主权和工业、军事机密等为借口,限制 IAEA 对一些核设施的安全监督与核查活动。比如,"2002 年 10 月,朝鲜与美国在核问题上的分歧重新引发了朝鲜核危机;12 月,朝鲜以国家安全为由宣布重新开启被 IAEA 冻结的核设施并拆除监测摄像机,要求 IAEA 监查人员全部撤离朝鲜。由此可以看出,IAEA 的核监查工作实际上得不到主权国家的尊重"。[2] 成员国有时候受政治环境影响,会拒绝合作。[3]

## 三、国际核安全合作法律机制的完善

核武器是全人类的共同敌人,核安全事件的影响超越国界。在互联互通时代,任何国家都无法独自应对,任何国家都无法摆脱困境。在各国共同利益不受损前提下,所有国家应采取开放包容的方式,积极参与到推动全球核安全的进程中,共同打造核安全命运共同体。

### (一)优化国际原子能机构的效能

#### 1. 平衡两项目标

IAEA 的建立基础处境尴尬。IAEA 的历史,可追溯到冷战初

---

〔1〕 参见余敏友:《二十世纪的国际组织研究与国际组织法学》,载《法学评论》1999 年第 2 期。

〔2〕 参见刘坷:《国际核安全机制面临的问题与挑战》,载《燕山大学学报(哲学社会科学版)》2003 年第 6 期。

〔3〕 See IAEA, *IAEA Safeguards: Stemming the Spread of Nuclear Weapons*, IAEA Bulletin, Vol. 43, No. 4, 2001. p. 12.

期。当时美国总统艾森豪威尔于 1953 年 12 月在联合国大会发表演说时,呼吁建立一个国际性的核原料存储机构,以缓和与苏联之间的核军备竞争。10 个月后,有 81 个国家同意成立 IAEA。随后,该机构在 1957 年的 7 月 29 日正式开始工作。从一开始,IAEA 就同时担负着两项使命:一是要防止核能被用于战争目的,二是担负着帮助发展中国家引进核技术的使命。将上述两个使命“掺和”在一起,就产生了特别的后果——IAEA 既要保障各国获得民用核能的权利,又得提防 NPT 条约下的“非核国家”利用核能双用性发展军用核计划的可能性。恰恰是这种双重使命交叉,为冷战后 IAEA 的运作埋下了“吃力不讨好”的伏笔。怎样处理好这两者的关系,是 IAEA 面临的问题。笔者认为,IAEA 应该加强在和平利用方面的作用。现在 IAEA 被世人所知的主要是源于其在核保障方面的作用,今后应加强核技术与核法律指导者的作用,争取更多发展中国家的支持,从源头上杜绝核扩散,肯定无核区无核化条约的重要价值。推动全球核裁军,区域核裁军是重要的前提,其中实现无核区无核化也是全球核安全治理的组成部分,它能够有效遏制核武器在全球范围内的扩散,从而减少其危险的发生。长期以来,国际社会一直将建立无核区作为防止核武器横向扩散和禁止世界某些地区持有核武器的一项有力措施。对于无核国家来说,这样的区域构成了免遭核武器攻击的重要法律屏障。自 1985 年开始,国际社会通过签署《拉罗汤加条约》《佩林达巴条约》《曼谷条约》建立南太平洋、非洲和东亚无核区,使整个南半球都成了无核区。至今为止,全球已建立了拉丁美洲和加勒比、南太平洋、东南亚、非洲、中亚无核区以及蒙古国单个国家无核区。在无核区无核化条约规定下,在全球范围内广泛建立无核区,不仅有利于保障区域的和平与安全,还有益于完善国际核安全体系,推动国际社会朝着最终实现全面核裁军的目标迈进。

2. 加强核查机制,将全面保障监督协定作为核查方面的普适标准

使附加议定书生效,应成为包括非 NPT 缔约国在内的所有国家的准则。NPT 国家根据附加议定书提供的信息,对于评价该国的核计划极其有用。要提供的这些信息,也非常有助于 IAEA 更好地了解该国专门设备和非核材料的出口,使其能够无意识地(或以其他方式)帮助另一个国家的隐蔽核计划。尽管非 NPT 缔约国本身可能有核武器,但仍应该鼓励它们缔结和实施附加议定书,作为它们不帮助任何无核武器国家从事非和平目的核相关活动承诺的证明。尽管 IAEA 积极推行鼓励各国缔结保障协定和附加议定书,但国际社会更积极地参与和施压可能增加实现这一目标的可能性。为了进一步支持 IAEA 的核查活动和提高 NPT 体系的效率、效果和总体透明度,缔结全面保障协定的所有国家应该考虑与 IAEA 达成相应的安排,允许 IAEA 视察员"随时对一切地方和数据以及任何(相关)人员"进行不通知的或临时通知的接触。对于全面保障协定和附加议定书均生效的国家,这种自愿建立信任协定,将使 IAEA 能够很快地得出不存在未申报核材料和活动的结论,这是在该国实施"一体化保障"前必不可少的。因为对保障结论的把握性增加,它还将进一步减少国家、运营者和 IAEA 的核查负担。切实履行《不扩散核武器条约》下的核裁军义务。作为国际核军控领域的重要支柱,NPT 显然是核裁军领域最有影响力和最重要的国际法规范,它为防止核扩散与推动核裁军进程提供了有力的法律保障,是全球核安全治理的重要组成部分。作为一项具有普遍约束力的条约,NPT 对推动全球核裁军进程,维护全球核安全具有重要价值。无论是过去还是现在,这一契约都是以不扩散来换取和平技术的共享和核裁军。国际社会需要通过不断明确成员国核裁军义务来构建一个实施有力和保障充分的国际法体制,推动核裁军的履行。作为 NPT 成员国,各国应严格恪守核

裁军义务,全面平衡推进核裁军进程,实现全面核裁军目标。

3. 建立有效的全球核保安体制

前国际原子能机构总干事巴拉迪认为:“非常规威胁需要非常规的反应,全世界须联合起来,担当起核材料安全的职责。因为辐射无国界,各国应认识到核材料的安全和保安是各国都应关心的。每个国家不仅要对其公民、也要对邻国和全世界证明具有强有力的保安系统。”〔1〕因此,尽管核保安是国家的责任,但已不仅是一国可以胜任的,在国际合作的层面上建立全球核保安体制是必不可少的。建构全球核保安体制需要一种多途径的整体方法。它包括:防止大规模杀伤性武器和有关资料的扩散;保护敏感设备和技术;放射源自始至终的控制;探查涉及核材料及其他放射性材料的恶意行动;以及为响应和减轻任何这种行动的应急和事件准备。IAEA 的使命、技术能力、丰富的经验和全球影响,使它成为一个能够有效地帮助各国改进其核保安系统,从而建立全球核保安体制的国际组织。当然,建立有效的全球核保安体制不能仅凭 IAEA 一己之力,IAEA 未来的工作重点应在更积极推进全球核保安合作上,包括完善核保安立法的全球合作;各国关于非法贩卖数据库信息的合作;各相关国际组织的合作,如与国际刑警组织、欧盟警察组织、欧洲委员会、欧洲安全与合作组织和世界海关组织的合作,以形成一张核与辐射恐怖事件的防护网。建立有效的全球核保安体制,还应在全球范围加强对核武器、核材料的保护,建立“从生到死”的全程监督,不让恐怖分子有机可乘。

(二)完善法律基础

1. 限制退约条款

联合国安全理事会作为 NPT 的最高执法权威机构,应该通过决

---

〔1〕 郭鲜花:《关于全球核恐怖的国际讨论会》,载《辐射防护通讯》2002 年第 1 期。

议明确指出,退出该条约的国家必须对其仍然是缔约国期间的违约行为负有责任。安理会应该通过一项决议,规定一个国家如果退出NPT,将不能使用在退约之前从另一个国家获取的核材料、设施、设备或技术;并且在国际核查的情况下,此类设施、设备和材料必须拆除或销毁。此外,事实上的核大国,如印度和巴基斯坦两国,应争取加入该条约,履行该条约的义务;即使其不加入该条约,也同样应负有核不扩散的义务。这就需要各国团结一致,对那些不履行防扩散义务的国家采取一致行动,包括进行政治孤立、经济封锁和军事打压等。只有这样,NPT才更有说服力使接受国履行其防扩散义务。

2. 取消双重或多重标准

防止核扩散应以增进各国安全为目的,并以是否履行NPT为唯一标准,而不应仅仅是为了保障个别或少数国家的安全,更不能以某个国家的好恶作为评判依据。同时,拥有最大核武库的国家要在防扩散机制中以身作则,发挥特殊作用,实施一视同仁的核不扩散政策。否则,防扩散体制的信誉将受到损害,并会失去广泛的支持。

3. 增强可操作性

国际社会应该认识到,缔结一项具有普遍约束力的有关核安全的国际法律文件的重要性,即通过不断强化缔约方义务、明确缔约方责任来构建一个实施有力、保障充分的国际法体制。各缔约方应本着承担全球责任而不仅是维护单个国家利益的观念,不断充实各项公约的内容。国际条约通常不直接对一个国家的国内行为发生效力,因此,完善核安全国际立法,不仅仅在于核安全国际条约的制定和签署上,还包括国际社会对各国国内核领域立法的监督与援助上。

4. 推动联大和安理会核裁军决议的有效执行

作为国际组织的代表,联合国大会和安理会在解决全球问题的过程中扮演着重要角色。联大每年关于核武器的有关决议,都会以多数赞成的形式获得通过。其中最为重要的则是联大于1961年11月24日通过的第1653(XVI)号决议,即《禁止使用核及热核武器宣言》。该决议表示使用核及热核武器的行为违反了国际人道法和人权法,与联合国的宗旨相冲突,这推动了国际社会对核武器灾难性后果的关注及对使用核武器行为的谴责;此外,该决议还推动了禁止使用核武器的国际习惯法原则作为现行法的出现,有力推动了国际核裁军进程。国际社会应推动类似联大有关核裁军事项的决议的执行。安全理事会对核裁军问题进行过多次讨论,通过了大量有关核裁军问题的决议。这些决议也为核裁军义务的国际习惯法地位提供了有力依据,其法律意义不容小觑。事实上,存在各国没有积极采取具体行动来执行决议的内容,使安理会通过的决议束之高阁的情况。因此,在"联合国宪章"的框架下,应建立一个长期和广泛的监督机制,以促进世界各国有效执行安全理事会关于核裁军的决议。

(三)建立稳定、合作与互信的国际安全大环境

众所周知,一些国家不惜耗费巨额财力谋求发展核武器的一个重要原因,就是缺乏安全感和将其作为自我保护的有效手段。因此,在政治上努力建立以"和平共处五项原则"为基础的国际政治新秩序,反对任何形式的强权政治和霸权主义,将对消除这些国家获取大规模毁伤武器的动因,产生积极的作用。IAEA核保障制度的良好运行需要改善现有的国际安全环境。"这一方面,包括加强大国在安全领域的合作,以身作则营造一个缓和的国际局势,以对话和外交途径解决国际对抗与冲突,打消一些国家获取和拥有核武器的动机和念头;另一方面,核大国应设身处地为无核国的安全处境着想,认真考虑重新给予无核国无条件的安全保障承诺。"[1] NPT以

---

〔1〕 林国炯:《论新世纪裁军与国际安全的发展趋势》,载《国际政治研究》2002年第1期。

法律形式规定了有核国和无核国的区别,造成了"有"与"无"的长期性矛盾,这带有明显的不合理成分。但作为交换条件,NPT 也明确规定有核国将尽快全面彻底进行核裁军,最终实现无核世界。由此可见,NPT 是把无核国承担不扩散义务与有核国承担核裁军义务捆绑在一起的。对于广大无核国来说,它们之所以同意承担不扩散核武器的国际义务,就是为了有朝一日能看到有核国实现彻底无核,因为只有这样才能使其心服口服,核不扩散体制才能算得上是公正与平等的。裁军进程的发展可能会为 IAEA 创造新的角色,特别是在处置核武材料方面。在核不扩散方面,IAEA 仍在积极争取伊朗、朝鲜的配合。IAEA 正推动各国加强保障监督,提高出口控制透明度;加强核材料的保护措施,减少核恐怖主义风险。IAEA 呼吁各国与联合国共同努力,重振国际裁军与不扩散议程,在全世界消除核武器。IAEA 在其保障制度建立之初,关注更多的是和平利用核能(特别是核电),之后的工作重心是防止核扩散,今后更可能向核裁军方向转移。[1]

(四)运用国际法构建国际关系民主化,加强国际社会的核合作

核能安全是当今世界安全最为重大的问题之一,必须在国际关系民主化背景下、集体安全框架内对其加以解决。一方面,各国应认识到,任何国家,无论有多么强大,如果没有其他国家的配合,都难以单凭自己或少数盟国的力量实现防扩散的目标;另一方面,大国应尊重和保护弱小国家的利益。

集体安全框架是众多国家对国家安全和国际和平的集体相互保障。在集体安全框架下,侵略者进攻集体安全体系中任何一个国家即被视为侵犯所有国家。

〔1〕 See David Fischer, *Nuclear Safeguards: Evolution and Future*, Verification Yearbook, 2000, p. 21.

集体安全有两层含义：一是建立稳定有效的集体安全保障体系，以集体的优势实力制止战争和侵略行为；二是不仅保障大国的利益，而且确保弱小国家的独立主权和安全，这是集体安全能否实现的关键。集体安全体系一向被看作全球性的，其成员具有世界性(universality)和全球责任感(global obligation)。当今全球化、多极化正以前所未有的速度、深度、广度改变着人类生活的多维层面，各国均以不同的方式融入“化”与“被化”的彼此作用中。在此时代背景下，在国际层面上建立共同参与、民主决策的国际政治体系，即国际关系民主化，成为各国的必然诉求。国际关系民主化实质是对两极格局的反叛，对国际秩序的重塑，其势必要求一种价值理念、一种现实路径与之相伴。国际法以其平等性、约束性及对各国主权的充分尊重成为最佳选择。

1. 国际法的法律性质决定其作为实现途径成为可能

欲探求国际法是否是实现国际关系民主化的法律途径，一基本前提是明确国际法是否是法。答案是肯定的，理由如下。

首先，国际法的法律性质是国际社会维系的必然要求。国际社会的存在已成为共识，那么“有社会即有法”，国内社会有国内法与之相对，国际社会自然要有国际法来调整各行为主体的行为，使之具有一定的有序性和相互制约性。“国际社会存在一定的法律规范和行为准则，任何国际政治主体的行为都不是绝对的无限制的，都要受到来自其他行为主体和整个国际社会所共同接受或认可的法律及行为规则的制约。”[1]

其次，国际法符合“法”的同质性规定，国际法是规定了权利、义务、和责任的规范，是“主权国家之间为协调彼此之间的相互关系而通过的国家间的协议，是通过对历史上国际交往所形成惯例的一种

[1] 杨泽伟：《国际法与国际政治》，载《学术界》1999年第4期。

国际认同而形成的国际法律规范和行为准则”。[1] 在国际社会中，国际法调整国家间的相互关系，规定国家的权利与义务及违反义务的责任追究。国际法起到了指引、评价、教育、预测的作用，各国可根据国际法的规定来明确自己的行为取向，评价他国行为的合法性，预测行为的法律后果。实践中，各国也确实以各种方式明示或默示国际法的法律地位。“国家不仅在无数条约中承认国际法有拘束力，各国间有法律事实，还在国内法中规定官员、法院、公民遵守国际法义务。”[2]“作为国际关系发展产物的国际法，反过来又对国际关系的发展产生重要的影响。各国在处理国际关系中遇到问题时，都不可避免地要受到国际法规则的影响。”[3]守法是人类行为的常态，但不可避免的是，违法行为无论是在国内社会还是国际社会都会出现，因此不能以此来否认法的存在。

最后，国际法是与国内法不同的法律体系。国际法与国内法是在“法”这一母概念下的子概念，既有同质性，又有差异性，国内法的拘束力来自以统治权为基础的国家意志，而国际法的拘束力来自以求同存异为基础的“各国意志之间的协调”[4]。国际法和国内法是在法律主体、制定方式、效力范围，尤其是强制执行方式上彼此迥异的两个法律体系，以国内法来作为国际法法律属性的参照系是不科学的。

2. 国际法的发展趋势保证其作为实现途径成为可能

(1) 国际法从“共处法”走向“合作法”

国际法诞生于 17 世纪的欧洲，当时国际社会还不发达，国家之

---

[1] 杨泽伟：《国际法与国际政治》，载《学术界》1999 年第 4 期。

[2] 詹宁斯、瓦茨修订：《奥本海国际法》，王铁崖等译，中国大百科全书出版社 1995 年版，第 8 页。

[3] 卢松、刘文宗、秦晓程：《国际法在国际关系中的作用》，载《外交学院学报》1997 年第 1 期。

[4] 梁西：《国际法的社会基础与法律性质》，载《武汉大学学报(社会科学版)》1992 年第 4 期。

间交往方式单一,因此早期的国际法主要表现为静态的共处法。随着全球化的日益发展和渗透,国际交往的日益频繁,国际事务与国内事务界限的日益模糊,国家之间利益交织的领域日益扩大,交往理念日益由“零和”转到“双赢”,国际法应时表现为动态的合作法。大量诸如国际环境法、国际人权法等应对国际合作的新部门法的出现,“人类共同利益原则”的提出,都是国际合作的崭新实践和例证。国际法的合作性趋势是全球化的必然要求,是共处的更高层次。当合作与共存成为国家行为体的共同需要时,国际法也就迎来了发展的契机。

(2)国际法从“软法”走向“硬法”

相对于国内法来说,很多学者将国际法称为“软法”。因为国际社会没有超越国家之上的最高立法机关来制定法律、统一的司法机关来适用和解释法律、统一的行政机关来执行法律,国家集法律的制定者、解释者、执行者于一身,而国家又恰恰是国际关系的当事者。这种缺乏权威的平权状态,使国际法呈现一种“高度分裂和游离的法律秩序”。[1] 但是,随着国际社会的日益成熟,国际法的实质内容也处于变动之中,出现了向强行法发展的趋势。

首先,从国际法的规范来看:在第一次世界大战以前,国际法几乎完全由任意法组成,国际间的协定可以任意不适用,甚至可以变更任何一般国际法规则。但是,到第二次世界大战以后,国际社会出现了强行法理论。1969 年的《维也纳条约法公约》第 53 条和第 64 条明确规定,条约与一般国际法强制规则相抵触者无效。国际强行法为国际社会全体接受,其具有强制性,国际法主体不得以条约或协议的方式来排除其适用,并且任何与之相抵触的条约应属无效。其在国际法体系中处于绝对的、高层次的地位,而低层次的国

---

〔1〕 梁西:《国际法》,武汉大学出版社 2003 年版,第 11 页。

际法规则是不能更改国际强行法规则的效力的。当今，虽然国际法的绝大部分规范仍为任意法，但国际社会已公认有若干强制规范的存在。这对国际法的发展具有里程碑意义，标志着国际法强制性的增强。

其次，从国际法的执行来看：战后，纽伦堡和远东两个军事法庭所进行的两次国际审判、四个《日内瓦四公约》及其两个附加议定书中关于严重违约者加以制裁的规定，都在一定程度和范围内，体现了国际法在执行方面的效力；前南斯拉夫国际刑事法庭，卢旺达国际刑事法庭进一步推动了惩治国际犯罪的力度，《国际刑事法院规约》更以常设性改变暂时性，在改进管辖权、增强强制性方面取得了显著进展；《联合国宪章》第七章各条规定了执行国际法的集体强制方式，并将随着国际社会普遍性、组织化和多极化的发展发挥日益显著的作用。从国际法的规范效力、执行措施等各方面来剖析，这个所谓的“软法”的“硬性因素”，呈逐渐增加之势。

(3)国际法从“零散之法”走向“有组织之法”

国际法表现为一种缺乏主体机构及保障机构的“无组织之法”，是一种颇不系统的“零散之法”，但随着国际社会组织化的增强，国际法逐步演变为“有组织之法”。

一是国际法主体的组织化。国际法的主体扩展到国际组织、类似于国家的实体，尤其是一系列国际经济组织和跨国公司在国际经济领域的活动深刻地影响国际关系，对国际法调整的需求越来越大。

二是国际法立法的组织化。以联合国为主的各类国际组织，在国际关系民主化进程中不断壮大，在国际社会中发挥着越来越重要的作用，组织和推动其成员国通过了大量的造法性国际公约、国际条约，国际组织参与国际立法的趋势日益明显。

（五）国际法是国际关系民主化实现途径的必然性分析

国际法主体的迅速增加，国际社会多元化的发展，使国际法由过去大国控制变为广大中小国家用以反对强权政治、制约大国行为、维护自身利益和国际正义的重要武器。国际法的原则及内容，越来越朝着国际民主化、平等化的方向发展，使国际法能够对国际关系民主化起作用。那么，国际法究竟对国际关系民主化起何作用呢？这需要我们对国际法是国际关系民主化实现途径的观点进行必然性分析。

1. 国际法是国际关系民主化内在层面的现实体现

（1）国际法理念凝结了国际关系民主化的精神价值

平等精神与全球精神是国际关系民主化的精神内核，而其恰恰也是当代国际法的理念。国际法的很多理念源于罗马法，因而罗马法的平等精神也被国际法所吸收。国际法是平等主权者之间的法律，各主权国家无论事实上实力的强弱，在国际法上一律平等，享有平等的权利与义务，国家之间只有权利，而无权力。此外，国际法因合作趋势的加强，对全人类共同利益的关注，其所凝结的全球精神也是国际关系民主化精神内核之一。国际法将国际关系民主化的精神内核外在化，并以一定的规范形式加以确定，从而便于国际社会行为体加以遵守。

（2）和平共处五项原则是国际关系民主化目标的内容体现

和平共处五项原则是现代国际法基本原则的核心和基础。和平共处五项原则，是指互相尊重主权和领土完整、互不侵犯、互不干涉内政、平等互利、和平共处。这些内容恰恰是国际关系民主化追求的终极目的的法律诠释。

2. 国际法是国际关系民主化外在层面的现实保障

（1）国际法为国际关系民主化提供基本原则。国际法基本原则是国际社会公认的、适用于国际关系的、具有法律性质的普遍原则，通常是国家经由政府间国际组织和国际会议来共同制定,并通过条约、宪章或宣言等形式加以确认。其具体体现为《联合国宪章》规定的国际法基本原则、和平共处五项原则、万隆会议十项原则、国际法原则宣言七项原则、各国经济权利和义务宪章十五项原则。《联合国宪章》是当代最大的全球性组织的有约束力的章程,是建立在各成员国普遍意愿的基础上、要求全体成员国乃至非成员国共同遵守的国际关系准则。它本质上是多边性的国际条约,它确定和发展了公认的国际法基本准则。这些准则是:所有会员国主权平等;善意履行宪章规定的义务;以和平方式解决国际争端;不得以武力相威胁或使用武力;各会员国对于联合国依宪章规定而采取行动时,应尽力予以协助;在维持国际和平及安全的必要范围内,应保证非成员国遵守上述原则;不干涉任何国家内政。这些原则作为国际法的基本原则,使国际法经历了一次革命,发生了质的变化。各国主权平等的原则得到了坚持和发展。因此国际关系民主化的实现需遵照国际法的基本原则进行,即通过国际法保证国际关系民主化的正常运行。

(2)国际法为国际关系民主化提供机制建构

首先,国际法为国际关系民主化提供合理的争端解决方式。国际争端解决法是国际法的重要分支,而国际关系民主化要求国际争端以和平方式解决。国际法恰恰提供了这一问题的解决手段。国际法为国际社会通过谈判、协商、调解、斡旋、调查等方式解决国际争端提供了基本的法律依据。国家间争端各种各样,解决争端的方式也各不相同。有些争端是双边的、地区性的,有的则是全球性的;有些争端是政治性的,有些则是法律性的;有的争端依靠争端双方或各方的努力就可以解决,有的则需要整个国际社会的共同努力才能解决。国际法不仅为争端各方提供了基本的行为规范,而且为争端的解决提供了基本的规则、途径以及范例和样式。其次,国际法为国际关系民主化提供基本的司法机构。国际法不仅包括一系列国际惯例、规范和规则，而且包括一定的国际司法制度和机构，例如，国际法院和国际法庭包括全球性的国际法院、国际刑事法庭、国际劳工组织的行政法庭等；还包括地区性的欧洲联盟法院、欧洲人权法院、美洲人权法院等；此外，还有一些具有国际司法功能的委员会，如欧洲人权委员会、美洲人权委员会等。国际司法组织和机构依照国际法的基本原则，对国家间以及国际组织间的争端进行审理、裁定、判决或仲裁，并向有关国家的组织提供咨询。最后，国际法为国际关系民主化提供公平的决策方式。决策制度是国际法中从属于国际组织法的重要部分，而国际关系民主化则是公平的决策方式在国际层面的民主体现，因而这一领域国际法对国际关系民主化有重要作用。多数议决代替全体一致议决已成为国际组织和国际会议表决制的常规形式。

国际关系民主化进程中，国际法的性质及发展趋势决定了其可以作为国际关系民主化的实现途径，并发挥越来越突出的作用。国际关系民主化进程的复杂性与多变性又决定了其不能凭国际法一己之力来完成。实现国际关系民主化的途径，根本上有赖于国际力量的均衡发展、国家利益的合理维护以及国际法基本准则的渐进落实。目前，国际关系民主化并非已实现的状态，而仅是人们对未来世界应有状态的一种呼唤与渴望，是世界发展的趋势。在这一动态过程中，国际法的作用必然要随之不断演变。

综上所述，国际合作原则是实现国际法构建和维系国际社会共同利益的保证；是实现核能安全利用、构建和谐核秩序的基础。国际社会是由各主权国家组成的，各主权国家相互平等，不受他国控制，没有也不可能有凌驾于主权国家之上的世界性公共权力机构。与国家是一个金字塔式的等级结构系统不同，国际社会则是一个多元平行结构系统。要实现彻底消除核武器，实现无核武器世界，促进世界的安全、稳定、和平与发展,需要营造稳定、合作与信任的国际环境。当前最重要的是,摒弃以单边主义行为谋求一国绝对安全的做法,通过多边努力,寻求各国的共同安全。同时,各国应该认识到在全球面临恐怖主义威胁的今天,和平利用核能、防止核武器的扩散是全人类的利益所在。各国应秉承善意加入 IAEA 及参与其活动,积极促进符合国际法的多边与双边核能合作。

# 回顾：WTO 补贴定义的争端与谈判

葛壮志*

WTO《补贴与反补贴措施协议》的重大贡献是对补贴进行了定义。其第 1.1 条规定，补贴应满足下列条件：政府或其他公共机构进行的财政资助，或者存在 GATT1994 第 16 条意义上的任何形式的收入或价格支持，因此而给予利益[1]。第 1.2 条规定，补贴应当具有专向性，才受本协定纪律的约束[2]。

补贴的认定涉及四个关键词：补贴主体、财政资助、给予利益、专向性。WTO 争端解决机制关于争端解决规则与程序的理解（Understanding on

---

* 法学博士，辽宁大学教授。

〔1〕 For the purpose of this Agreement, a subsidy shall be deemed to exist if: (a)(1) there is a financial contribution by a government or any public body within the territory of a Member (referred to in this Agreement as "government"), i. e. where... or (a)(2) there is any form of income or price support in the sense of Article XVI of GATT 1994; and (b) a benefit is thereby conferred.

〔2〕 A subsidy as defined in paragraph 1 shall be subject to the provisions of Part II or shall be subject to the provisions of Part III or V only if such a subsidy is specific in accordance with the provisions of Article 2.

Rules and Procedures Governing the Settlement of Disputes, DSU）处理的补贴与反补贴案例共 134 起，占争端总数的近 1/5。其中，涉及第 1 条补贴定义的争端共 30 起，这些案例包括印尼汽车补贴案、巴西飞机案、加拿大飞机案、韩国商船案、欧共体对韩国随机存储器 DRAM 反补贴案、美国出口限制案、美国波音补贴案、欧共体空客补贴案、加拿大软木补贴案、美国陆地棉花补贴案、中美双反案等。这些争端案例中，补贴的认定是频繁出现的争议之一，专家组和上诉机构的有关司法解释成为研究讨论的热点，也是多哈回合《补贴与反补贴措施协议》谈判的焦点议题之一。

## 一、WTO 关于补贴的认定争端

（一）补贴的主体

首先，政府是补贴的主要主体。政府包括中央和地方的各级政府。实践中，政府经常对经济发展提供各种形式的财政资助，但是否构成政府行为的补贴却存在一些争议。2003 年，欧盟起诉韩国给予本国商船制造企业的多种补贴措施，即韩国商船案（WT/DS273）。欧盟认为《韩国进出口银行法》第 18 条规定的贷款和贷款担保构成了直接资金转移的补贴，而韩国抗辩认为进出口银行从事商业行为，不是政府行为，不构成补贴。WTO 专家组认为政府的行为特指政府特定的税收和财政支出功能，强调行为主体而非行为性质，韩国进出口银行的行为构成了政府行为。

其次，履行政府职能的公共机构也是补贴的主体。由于《补贴与反补贴措施协定》没有对公共机构进行规定，所以成为一些案件的争议焦点。2006 年以后，美国商务部改变不对非市场经济国家采取反补贴税的做法，在一系列针对中国产品的反补贴调查中，将中国的国有企业和国有银行作为公共机构，将国有企业提供的原材料和国有银行的贷款视为政府向企业提供的补贴，而征收反补贴税。

2009 年 1 月 20 日,中国针对美国的做法,要求 WTO 成立专家组审理美国对中国产品同时征收反倾销和反补贴税的措施,即中美双反案(WT/DS379)。此案的专家组按照韩国商船案中的裁决[1],从宽解释为"政府控制的任何实体",并认为"政府的所有权是这种控制的高度相关的证据"(highly relevant evidence of such control)[2]。但是,上诉机构对公共机构进行了从窄解释,认为政府控制是不充分的,还必须是拥有、履行或授权政府职能的实体(entity that possesses, exercises or is vested with governmental authority)[3]。同时,上诉机构承认需要根据各个国家和实体的不同情况,根据"实体的特点和与政府的关系"(core feature of the entity concerned and its relationship with government)个案确定公共机构。根据上述标准,上诉机构认为美国仅仅根据政府拥有所有权即认定中国国有企业是公共机构的裁定是错误的,但中国的国有银行符合公共机构的定义,因为证据表明国有银行由政府高度控制,而且中国《商业银行法》明确要求商业银行要支持中国的产业计划,履行了政府的职能。

最后,接受政府委托或指示的私营机构也可以成为补贴主体。有时政府或公共机构可能不直接提供补贴,而是委托私营机构执行,如同行业协会签订合同,委托行业协会按照一定条件给予利益;或者以法律法规的方式,要求从业者要缴纳资金给私人组织,再以该资金给予特定条件的企业,如果私人机构提供的资金与政

〔1〕 根据韩国商船案专家组报告第 7.50 段,首先,韩国政府拥有韩国进出口银行(KEXIM)全部的所有权,这是韩国政府控制 KEXIM 最主要的证据。其次,韩国政府(或总统)对 KEXIM 总裁及管理层的任免,以及政府制作的"经营方案"对 KEXIM 的融资活动以及经营业务的指示和监督也能证明韩国政府对 KEXIM 的控制。此外,专家组认为追求公共政策目标并不是认定公共机构需要考虑的标准。基于上述证据,专家组支持了欧方的观点,认定 KEXIM 受政府控制,KEXIM 是《SCM 协定》第 1.1(a)(1) 条项下的公共机构。韩方和欧方都没有就这一项裁决提出上诉。

〔2〕 中美双反案专家组报告第 8.19 段和第 8.134 段。

〔3〕 中美双反案上诉机构报告第 290 段。

府提供利益并无不同,也属于补贴的范围。上诉机构在美国对韩国 DRAMS 反补贴税案中,裁定“委托是政府赋予私人机构责任,指示是政府对私人机构行使权力”,政府可能通过威胁或引诱等方法达到“委托或指示”的目的,这应该根据具体案件具体分析。[1]

(二)财政资助

《补贴与反补贴措施协定》第 1 条第 1 款(a)列举了财政资助的四种情况:(1)资金直接转移(如奖励、贷款和投股等)和潜在的资金或债务的直接转移(如贷款担保等);(2)放弃或未征收在其他情况下应征收的政府税收(如税收抵免等);(3)政府提供除一般基础设施外的货物或服务,或购买货物;(4)政府向一筹资机构付款,或委托或指示一私营机构履行以上一种或多种通常应属于政府的职能[2]。

财政资助是补贴存在的主要因素,《补贴与反补贴措施协定》规定的这四种方式是穷尽的。在美国出口限制案中,加拿大认为《补贴与反补贴措施协定》第 1.1 条对补贴的定义是穷尽的定义而非简单的列举,不能作扩大解释,而美国认为这些列举不是穷尽的,出口限制也可以构成补贴。专家组认为财政资助和给予利益共同构成补贴认定的条件,反补贴不是反利益,第 1.1 条前 3 项充分界定了财政资助的情况,第 4 项是补充的规定,出口措施可能使某些国内生产者获益,但由于不存在第 1.1 条列举的财政资助情况,所以不存在补贴。

---

〔1〕 黄东黎:《世界贸易组织补贴规则的条约解释》,法律出版社 2010 年版,第 17 页。

〔2〕 (i) a government practice involves a direct transfer of funds (e. g. grants, loans, and equity infusion), potential direct transfers of funds or liabilities (e. g. loan guarantees); (ii) a government revenue that is otherwise due is foregone or not collected (e. g. fiscal incentives such as tax credits); (iii) a government provides goods or services other than general infrastructure, or purchases goods; (iv) a government makes payments to a funding mechanism, or entrusts or directs a private body to carry out one or more of the type of functions illustrated in (i) to (iii) above which would normally be vested in the government and the practice, in no real sense, differs from practices normally followed by governments.

1. 资金直接转移和潜在的资金或债务的直接转移。1998 年的巴西诉加拿大飞机补贴案(WT/DS70)中的加拿大政府的 TPC 计划[1]、1998 年的加拿大诉巴西飞机补贴案(WT/DS46)的 PROEXIII 的特定债券形式等措施,都构成了政府的直接支付。巴西飞机案中,巴西政府抗辩其根据出口表现给予 PROEXIII 的项目资金还没有支付,不构成财政资助。WTO 专家组认为,可能的直接资金支付就意味着产生利益,构成补贴,而无论支付随后是否可能发生。巴西飞机案中的 IQ 净资产担保构成了"可能的直接资金转移"。对于资金转让的时间,巴西飞机案的专家组反对只有资金转移完成后才存在补贴的观点,因为如果资金已经提供,《补贴与反补贴措施协定》就无效了,WTO 的典型报复措施也就不可能了[2]。2006 年的欧盟诉美国飞机补贴案(WT/DS353)中,上诉机构认为"资金不仅包括金钱,还包括财政资源或其他的财政资助"[3]。

2. 放弃或未征收在其他情况下应征收的政府税收。1997 年美国外销公司 FSC 案(WT/DS108)的上诉机构对"税收减免"进行了分析,认为是否构成放弃征税的权利,"本应征收"是判断标准,要和正常情况进行比较,按照"若无标准"(but for...)进行分析,即"如果没有争议的措施,政府的税收就会相同,因为存在争议措施而放弃了其他情况下应该征收的税收"[4]。尽管 WTO 成员方政府有权决定所得税的内容和形式,但必须遵守 WTO 协定的义务。美国国内税法规定,外国销售公司 FSC 的外贸收入可以免税,其分出的红利可以从股东应税收入中扣除,是政府放弃了本应征收的税收,才构成了《补贴与反补贴措施协定》第 1 条下的税收减免的补贴,而且

---

[1] Technology Partnership Canada,加拿大技术伙伴计划,对满足向加拿大地方飞机公司转让技术的企业给予资助。

[2] 黄东黎:《世界贸易组织补贴规则的条约解释》,法律出版社 2010 年版,第 10 页。

[3] 美国飞机补贴案上诉机构报告第 616 段。

[4] 美国外销公司案上诉机构报告第 321 段。

其是以出口实绩为依据的出口补贴,应该取消。2000 年,美国颁布了新的“境外所得免税法”(以下简称 ETI 法案)以执行上诉机构的裁决,欧盟认为美国的新 ETI 法案的税收减免仍构成出口补贴,按照 DSU 第 21 条第 5 款,提起了执行异议程序。WTO 上诉机构进一步解释了“若无标准”,认为按照避免双重征税的规定,所有海外收入都应是免税的,正是由于存在“境外所得免税法”的分配规则,使美国居民或企业的有些与境外没有联系的国内收入也取得了免税待遇,导致其交纳的税收可能低于根据“国内税法”的税收,因此,ETI 法案仍然存在“放弃或未征收本应征收的政府税收”。美国按照《补贴与反补贴措施协定》脚注 59“为了避免海外收入双重征税采取的财政减免不构成出口补贴”的抗辩理由不成立。

此外,作为该项的另一个例外,《补贴与反补贴措施协定》脚注 1 规定“出口产品退税不构成税收减免的财政支持”。1999 年的加拿大汽车补贴措施案(WT/DS139,WT/DS142)中,加拿大规定只有满足加拿大增值 CVA 和产品销售比例要求的加拿大汽车厂商才能免税进口汽车部件,欧盟和日本认为这构成了《补贴与反补贴措施协定》的补贴。加拿大以脚注 1 为抗辩理由,认为本案情况与脚注 1 的情况类似。上诉机构认为:“脚注 1 是规定出口产品的出口退税,而本案争议的措施是进口产品的进口税减免,加拿大的措施不符合脚注 1 的要求。”[1]

3. 政府提供除一般基础设施外的货物或服务,或购买货物。2002 年,加拿大诉美国软木反补贴案(WT/DS257)中,加拿大的加拿大省(Canadian province)通过未砍伐树木计划(stumpage programs),给予木材收割者收割资格,美国认为构成了《补贴与反补贴措施协定》的政府补贴,而对进口的加拿大产的软木(softwood

---

〔1〕 欧福永:《国际补贴与反补贴立法与实践比较研究》,中国方正出版社 2008 年版,第 23 页。

lumber)征收了反补贴税。WTO 专家组分析了这种授予收割资格是否构成《补贴与反补贴措施协定》第 1 条 1 款(a)(1)(iii)项规定的货物(goods),认为货物是一个范围很广的实在的或可移动的个人财产,而非金钱。加拿大省将公有林地的收割权给了木材公司,就意味着给予货物。该款没有使用"产品"(product)一词,货物和服务包括了所有的政府实物给付。加拿大认为按照乌拉圭回合谈判的工作文件(working paper),应明确把收割权从货物和服务中排除;专家组则认为该文件没有效力,因为在最终生效的《补贴与反补贴措施协定》中,该款的唯一例外是基础设施,不包括自然资源[1]。

4. 政府向一筹资机构付款,或委托或指示一私营机构履行以上一种或多种通常应属于政府的职能。在 2000 年加拿大诉美国反补贴法案中(WT/DS194),专家组对"政府委托或指示私人机构"进行了分析,认为"政府委托或指示"(entrust or direct)表明政府的行为带有授权(委托)和命令(指示)的意思,必须是针对一个特定的对象的明确和肯定的行为,行为的目的是执行特定的目的,与政府干预市场有很大的差别,美国认为出口限制构成补贴的观点是不正确的。

(三)给予利益

政府提供的财政资助(或收入价格支持)应该给予利益,才构成补贴。在第一起补贴与反补贴案件——巴西飞机案(WT/DS46)中,WTO 上诉结构认为"财政资助"(financial contribution)和"给与利益"(a benefit is thereby conferred)一起构成了补贴的两个法律要素,两者共同决定是否存在补贴。以后的关于补贴问题的争端,WTO 专家组和上诉机构一般都按照该案上诉机构的结论,首先要分析是否存在补贴,起诉方要证明被诉方提供了财政资助,因此使接受者取得了利益。另外,在加拿大飞机案(WT/DS70)中,上诉机

---

〔1〕 美国软木反补贴案上诉机构报告第 7.585 段。

构认为要证明存在"给予利益"的要素,起诉方不仅要证明"财政资助",还应该考虑下列因素:一是利益不是抽象的,而是由受益者(recipient)接受或享受到的好处,这些应当是具体存在的益处。加拿大飞机案的上诉机构认定,利益的接受者应当是自然人、法人或者他们的结合体,而不是企业的资产,在征收反补贴税时要认定补贴的存在及其数额[1]。二是受益者是否获得利益应当采用"私人市场测试"(private market test),即利益的存在与否取决于受益人享受到比其他市场参与者更好的条件,市场是利益的判断标准[2]。如果政府提供财政资助的行为和私人的商业企业行为相同或相似,就不会对贸易产生影响,也不属于《补贴与反补贴措施协定》下的补贴。否则,就构成了补贴中的给予利益。

《补贴与反补贴措施协定》第 14 条[3]本来是第四部分涉及反补

---

〔1〕 加拿大飞机补贴案上诉机构报告第 31 段。

〔2〕 加拿大飞机补贴案上诉机构报告第 37 ~ 40 段。

〔3〕 For the purpose of Part V, any method used by the investigating authority to calculate the benefit to the recipient conferred pursuant to paragraph 1 of Article 1 shall be provided for in the national legislation or implementing regulations of the Member concerned and its application to each particular case shall be transparent and adequately explained. Furthermore, any such method shall be consistent with the following guidelines: (a) government provision of equity capital shall not be considered as conferring a benefit, unless the investment decision can be regarded as inconsistent with the usual investment practice (including for the provision of risk capital) of private investors in the territory of that Member; (b) a loan by a government shall not be considered as conferring a benefit, unless there is a difference between the amount that the firm receiving the loan pays on the government loan and the amount the firm would pay on a comparable commercial loan which the firm could actually obtain on the market. In this case the benefit shall be the difference between these two amounts; (c) a loan guarantee by a government shall not be considered as conferring a benefit, unless there is a difference between the amount that the firm receiving the guarantee pays on a loan guaranteed by the government and the amount that the firm would pay on a comparable commercial loan absent the government guarantee. In this case the benefit shall be the difference between these two amounts adjusted for any differences in fees; (d) the provision of goods or services or purchase of goods by a government shall not be considered as conferring a benefit unless the provision is made for less than adequate remuneration, or the purchase is made for more than adequate remuneration. The adequacy of remuneration shall be determined in relation to prevailing market conditions for the good or service in question in the country of provision or purchase (including price, quality, availability, marketability, transportation and other conditions of purchase or sale).

贴调查中补贴额的计算的内容,但上诉机构在加拿大飞机案(WT/DS70)中认为,第 14 条构成了第 1 条利益(benefit)的上下文(context),所以在此后的补贴争端中,上诉机构经常分析第 14 条来决定财政资助是否给予了利益。2005 年,美国起诉欧共体及其有关成员国给予空客公司的许多政策构成了禁止性的补贴(WT/DS316),WTO 上诉机构详细分析了各种利益的给予:对于(a)项的股权投资,认为要"私人企业根据成本和利润回报进行的投资行为比较";对于(b)项的政府贷款,认为要"根据提供财政资助时市场信贷的情况比较,与过去市场行为无关";对于(c)项的贷款担保,认为要"同没有政府担保时企业可获得的商业贷款进行比较";对于(d)项的提供产品或服务,认为要"同市场上可以提供的产品或服务进行比较"。[1] 总之,第 14 条表明在决定利益是否存在时,提供财政资助时的市场情况是比较基准。

在明确比较基准的同时,上诉机构在加拿大飞机案中进一步裁定:利益的确定与政府是否有实际支出无关(not concerned with the notion of a cost to government)。即使政府没有实际支出或成本费用,如果接受者获得了更好的市场地位,仍然存在补贴。例如,政府从市场借入资金然后转借给企业,如果该部分资金是企业无法从市场直接获得的,也构成了补贴中的给予利益。欧共体和许多国家在乌拉圭回合《补贴与反补贴措施协定》谈判时,主张必须有政府真实的支出才构成补贴,但《补贴与反补贴措施协定》最后接受了美国的观点,其第 1 条认定,补贴时仅仅审查接受者是否获得了比市场条件更优惠的利益,使补贴的认定更加宽松,在欧共体飞机案中,专家组甚至认定多项政府基础设施建设也给予了空客公司利益,因为投资

---

〔1〕 欧共体飞机补贴案上诉机构报告第 706 段。

回报率低于市场的投资回报率,所以构成了补贴。[1]

无论是补贴中确定利益给予,还是反补贴中计算补贴数额,市场价格的比较基准是关键环节。上诉机构在美国陆地棉花补贴案、欧共体空客补贴案等一系列案件中,认为"市场是买卖双方从事经营活动,由供求关系决定价格的场所"。但如果市场价格由于政府补贴被破坏,或者根本不存在市场价格时,WTO专家组和上诉机构就会采用"替代性基准"(alternative benchmarks),来确定利益是否存在,进而决定补贴额的多少。在加拿大软木案IV中,专家组认为政府是国内唯一的供应商时,或在政府管制了价格时,可以采取外部基准。上诉机构进一步放开了解释,认为即使政府不是唯一的供应商,但其主导的地位导致私有价格与其趋同时,也可以采取外部基准计算市场价值。此后的中美双反案中,专家组和上诉机构裁定政府是主导的(predominant)供应者本身就可以证明市场扭曲,而政府是重要的(significant)供应者时,才能采用外部基准证明私有价格被扭曲。因此,美国在原材料的外部基准和人民币贷款利率上,选择外部基准衡量补贴符合《补贴与反补贴措施协定》[2]。

此外,利益的转移也是补贴认定的争议点之一,特别是在原补贴接受者所有权发生改变,或者原材料的补贴向下游产品转移时,需要明确利益的转移。1998年,在欧共体诉美国对英国热轧铅钢板反补贴税案(WT/DS138)中,美国商务部对两家私有的英国钢铁公司出口美国的钢板征收反补贴税,因为其前身英国国有钢铁公司曾接受过英国政府的注资补贴。专家组认为,如果国有公司的私有化反映了公平合理的市场价值,其原来的补贴应经由政府收回,美国仅仅根据"所有权改变"就认定补贴利益的自然转移,违反了《补贴

[1] 欧共体飞机补贴案专家组报告第981段。
[2] 李成刚主编:《世贸组织规则博弈》,商务印书馆2011年版,第122页。

与反补贴措施协定》第1条和第10条[1]。2002年,在美国对加拿大软木补贴案(WT/DS257)中,双方就上游树木采伐者获得的补贴是否为下游的出口商或加工商带来"利益"产生了争议,专家组认为如果证据表明,上游产品的生产者和下游产品的生产者存在正常的市场交易,就不能认定前者的补贴自动使后者获得利益,特别是采伐者和锯木厂间没有直接关系时,调查机关不能简单地认定利益转移[2]。

总之,在认定财政资助的基础上,分析利益的存在和转移是确定补贴的关键步骤,这应该根据市场价格进行判定,特殊情况下可以参考外部基准,要结合个案情况具体分析。

(四)补贴的专向性

补贴的专向性(specificity)又称补贴的特定性,是WTO《补贴与反补贴措施协定》中的重要概念。根据《补贴与反补贴措施协定》第1.2条的规定,只有专向性的补贴才受该协定的约束,因为专向性的补贴导致了资源配置的人为扭曲和不公平竞争行为的发生。《补贴与反补贴措施协定》中的补贴分为禁止性补贴、可诉性补贴和不可诉补贴,分别规定了立即取消、采取反补贴税、提起争端解决机制进行补偿等多种纪律要求,对非专向性的补贴不能在WTO下起诉或采取反补贴措施,因此,专向性是区分正当补贴和违法补贴的重要标准,具有重要意义。

《补贴与反补贴措施协定》第2条具体规定了补贴的专向性标准,第2.1条规定了"企业专向性"和"产业专向性"补贴,并分为法律专向性和事实专向性两种情况;(a)项规定了法律专向性补贴的构成要件,即一国法律或法规明确规定了补贴仅由特定的企

〔1〕 甘瑛:《WTO补贴与反补贴与法律实践研究》,法律出版社2009年版,第46页。
〔2〕 黄东黎:《世界贸易组织补贴规则的条约解释》,法律出版社2010年版,第51页。

业获得[1];(b)项规定如果法律法规规定了补贴的获取条件和标准是自动性的,而且被严格遵守,那么这样的补贴就不属于法律专向性补贴[2];(c)项规定了事实性补贴,即尽管法律法规没有明确给予某个企业或产业,但是如果补贴事实上被有限数量的特定企业所使用,或者主要由特定企业所使用,或者补贴的大部分比例授予了特定企业,这样的补贴也具有专向性[3]。第2.2条规定了"地区专向性补贴",即授予指定地理区域内的特定企业的补贴[4]。第2.3条将禁止性补贴,即出口补贴和进口替代补贴,自动认定为具有专向性[5]。第2.4条规定了专向性的认定应当在肯定性证据(positive evidence)的基础上清楚证明[6],这是对各国适用反补贴税的重要限制条款。

目前,专家组对《补贴与反补贴措施协定》中专向性条文的解释

---

〔1〕 Where the granting authority, or the legislation pursuant to which the granting authority operates, explicitly limits access to a subsidy to certain enterprises, such subsidy shall be specific.

〔2〕 Where the granting authority, or the legislation pursuant to which the granting authority operates, establishes objective criteria or conditions governing the eligibility for, and the amount of, a subsidy, specificity . shall not exist, provided that the eligibility is automatic and that such criteria and conditions are strictly adhered to. The criteria or conditions must be clearly spelled out in law, regulation, or other official government, so as to be capable of verification.

〔3〕 If no twithstanding any appearance of non-specificity resulting from the application of the principles laid down in subparagraphs (a) and (b), there are reasons to believe that the subsidy may in fact be specific, other factors may be considered. Such factors are: use of a subsidy programme by a limited number of certain enterprises, predominant use by certain enterprises, the granting of disproportionately large amounts of subsidy to certain enterprises, and the manner in which discretion has been exercised by the granting authority in the decision to grant a subsidy. In applying this subparagraph, account shall be taken of the extent of diversification of economic activities within the jurisdiction of the granting authority, as well as of the length of time during which the subsidy programme has been in operation.

〔4〕 A subsidy which is limited to certain enterprises located within a designated geographical region within the jurisdiction of the granting authority shall be specific. It is understood that the setting or change of generally applicable tax rates by all levels of government entitled to do so shall not be deemed to be a specific subsidy for the purposes of this agreement.

〔5〕 Any subsidy falling under the provisions of Article 3 shall be deemed to be specific.

〔6〕 Any determination of specificity under the provisions of this Article shall be clearly substantiated on the basis of positive evidence.

较少。2002年,加拿大诉美国软木反补贴案中(WT/DS257),加拿大认为其补贴是给予软木产品的收割权,不具有企业或产业专向性,WTO专家组认为特定性应该根据企业或产业确定,而不是针对产品认定,软木产业是一个整体,包括所有软木产品,美国采取的反补贴税违反了《补贴与反补贴措施协定》第2条。[1] 1997年,在印度尼西亚影响汽车补贴案(WT/DS54)中,印度尼西亚国产汽车计划对达到规定标准的汽车公司授予"先锋"公司称号,可以免除国产汽车的奢侈税和进口零部件关税。尽管该项计划具有普遍获得性,但事实上只有印尼的TPN公司获此称号,从而享受免税的待遇,专家组裁定构成了事实专向性的补贴[2]。2004年,欧共体对韩国动态随机存储芯片DRAMS采取反补贴措施案(WT/DS299)中,欧共体认为韩国发展银行向现代集团的子公司Hynix提供的"无担保债务项目",构成了事实上的专向性补贴。专家组分析了事实专向性补贴的认定,必须得到"肯定性证据"支持,反补贴调查机关或WTO争端解决机制的起诉方提出"确定的、客观的、可检验的、可信赖的"证据,证明存在事实上给予特定企业、特定产业或特定地区的专向性补贴,不仅要考虑补贴事实的所有因素,还要结合各种客观的可检验的证据,而不能根据推测和臆断。[3] WTO的专家组和上诉机构对补贴专向性采取了严格、限定性的解释和适用方法,对遏制反补贴税的滥用起到了一定作用。

2006年以来,美国商务部一改不对非市场经济国家适用反补贴税的做法,对中国产品开展了30多起反补贴调查。在铜版纸案中认定了中国政府通过政策银行和国有商业银行提供的贷款,以及所得

〔1〕 美国软木案专家组报告第7.120段。

〔2〕 杨树明、陈利强:《补贴与反补贴措施之专向性标准问题研究》,载《暨南学报》2010年第4期。

〔3〕 王奕通:《论补贴专向性的标准与评判——兼议专向性标准在美国对华反补贴调查案中的适用》,载《国际商务研究》2009年第1期。

税的“两免三减半”的规定，都具有法律的专向性，因为中国政府出台了鼓励和支持林业和造纸业发展的政策。在复合编织袋案中，认定了中国政府鼓励和支持防止产业发展的项目和计划，以及根据该计划提供的金融支持，具有法律的专向性。在环状焊接碳素钢管暗中，将湖州市政府向 Kingland 机关颁发的“超星企业”奖励列为法律专向性，因为该项补贴限定于年度销售额超过特定数额的企业。在新充气工程机械轮胎案中，中国政府给予国有企业划拨土地使用权的行为，构成了法律专向性补贴。在薄壁矩形钢管案中，由于中国政府没有遵守土地管理使用权的正常程序，向钢管制造企业提供土地使用权的行为，浙江中远钢管制造集团公司及其附属公司没有按照现有的出手土地使用权的程序所要求的数额支付土地使用费，就获得了土地使用权登记，被认定为向该企业提供了具有事实专向性的补贴[1]。2009 年，中国在 WTO 起诉美国对中国产品的反倾销和反补贴措施（中美双反案 WT/DS379）中，专家组和上诉机构支持了美国商务部对事实上专向性补贴的认定，调查机构要综合考虑接受补贴者的数量是否有限、是否存在主要使用者、是否有企业或产业接受了不成比例的大量补贴、政府行使自由裁量权的方式是否偏袒某些企业或行业等因素，判断某项补贴是否构成事实上的专向性补贴。

## 二、多哈回合补贴谈判综述

2001 年开始的多哈回合谈判，是 WTO 成立后开启的第一个多边回合谈判，涵盖了非常广泛的谈判议题。具体包括：农产品，非农产品市场准入，服务贸易，与贸易有关的知识产权问题，新加坡议

---

〔1〕 孙南申、彭岳：《中国补贴现状与面临反补贴措施的法律应对》，载《河北法学》2007 年第 6 期。

题,WTO 规则(《反倾销协定》、《补贴和反补贴措施协定》、地区贸易安排和渔业补贴),贸易便利化,争端解决机制,贸易与环境,电子商务,小经济体,贸易、债务和财政,贸易和技术转让,技术合作及能力培养,最不发达国家,特别与差别待遇,等等。由于反倾销和反补贴两种贸易救济措施的实体和程序规则具有一致性,在实践中也经常同时适用,因此作为一个谈判议题进行了多次谈判,并取得了一定的成果。

(一)《多哈部长宣言》第 28 段划定了谈判的法定框架

宣言第 28 段指出:"鉴于过去的经验和越来越多的成员使用这些手段,我们同意,就澄清和改进《关于实施 1994 年关税和贸易总协定第 6 条的协定》和《补贴与反补贴措施协定》的规则进行谈判,但同时保持协定的基本概念、原则和有效性,以及协定所规定的手段和目标,并考虑发展中国家和最不发达国家的需要。"

在最初确定多哈规则谈判目标时,美国成功地将多哈回合规则谈判限制在一定范围内,即"保持协定的基本概念、原则和有效性,以及协定所规定的手段和目标,并考虑发展中国家和最不发达国家的需要"。

但是,对宣言第 28 段的文字,存在不同的理解,各方都按照有利自身利益的方向解释。例如,美国认为,谈判应着重于"保持协定基本概念、原则和有效性,以及协定所规定的手段和目标"(TN/RL/W/27 号文件);日本认为"保持协定基本概念、原则和有效性,以及协定所规定的手段和目标"只构成谈判的背景,而第 28 段重点在于"澄清和改进"(TN/RL/W/51 号文件);发展中国家则坚持谈判应该"考虑发展中国家和最不发达国家的需要"。但无论怎样,既然部长会议宣言第 28 段已经明确了规则谈判框架,这对谈判的方向和范围还是具有一定的限制作用,反倾销和反补贴规则在多哈回合应该不会出现结构性和根本性的变化,即使有修订,主要也是局部性的澄清和改进。然而,谈判的过程和发展却并不是完全如此。事实上,谈判各方都是从其自身利益考虑,在原有条款对其有利之时,要求维持,反之则要求澄清与改进。即使是为规则谈判定调的美国,也提出推翻 WTO 争端解决机制专家组和上诉机构关于归零和因果关系的裁定,并且重提了反规避议题,这些内容是否超出了规则谈判的法律框架呢?因此,多哈回合至少在反倾销和反补贴规则方面,几乎是来了一个彻底的大鸣大放大辩论,这在 2005 年年底的《香港部长宣言》中得到了系统的归纳和总结。

(二)规则谈判的组织结构和议题提案

《多哈部长宣言》确立的工作议程总体上由 WTO 理事会负责,在 WTO 理事会下面成立贸易谈判委员会(Trade Negotiations Committee,TNC),负责整个谈判工作的组织和监督。WTO 总干事兼任贸易谈判委员会主席,直至谈判结束,并就谈判事宜向 WTO 理事会会议报告。在贸易谈判委员会下面成立谈判小组,分管不同议题:关于农业、服务贸易、知识产权、争端解决机制、环境、特殊和差别待遇问题,通过 WTO 理事会下属各个已经存在的相关机构的特别会议进行,而 WTO 规则和市场准入议题则成立新的谈判小组。

GATT 第 6 条的反倾销和反补贴规则作为 WTO 谈判的重要内容,在规则谈判小组内进行谈判。各成员方在规则谈判小组内进行讨论,提出提案和建议,并发表评论意见,最终由主席形成文字修改草案,再与其他谈判小组形成的草案一起,由贸易谈判委员会形成"一揽子"协议草案,由理事会最终交由部长会议通过,这也被称为"自下而上"的谈判方法(bottom-up approach)。

为了推进 WTO 规则谈判进程,规则谈判小组主席于 2005 年 2 月把表现活跃的美国、欧盟、日本、加拿大、中国等 12 个成员方组成了具有"绿屋会议"性质的"规则谈判技术专家小组",作为核心力量在谈判中发挥引导作用。另外,应成员方要求,WTO 秘书处成立了技术小组,致力于调查问卷和核查的标准化工作。技术小组选择了6个成员方的问卷作为讨论的基础,中国问卷亦在其中。

在反倾销和反补贴规则谈判中,目前提交过正式提案的成员方有近30个成员(欧盟作为一个成员方),与WTO成员总数相比,规则谈判还局限于部分成员参加,这些国家和地区中比较积极有美国、欧盟、日本、韩国、加拿大、澳大利亚、印度、巴西和埃及等。在反倾销规则谈判中,立场比较接近的出口导向型国家与部分发展中国家组成了反倾销和反补贴联谊小组,在谈判中联合提案谈判各方在立场上基本上可以分为四个主要派别:美国和欧盟属于保守派,加拿大和澳大利亚属于比较务实的中间派,日韩等出口导向国家和地区以及部分发展中国家是要求改革的激进派,印度、巴西等新兴发展中国家是较为温和的改革派。但在具体问题上,这些国家间又出现一定的联合和分歧。这些派别基本上反映了规则谈判中的主要利益冲突。

在补贴规则方面,截至2019年年底,各成员方向规则谈判小组共提交了126篇文件(不包含渔业补贴)。这些文件涉及几个重要的补贴问题,包括补贴定义、专项性补贴、禁止性补贴、补贴额计算等。美国在补贴规则谈判中非常积极,共提交了39篇,澳大利亚20篇,加拿大16篇,巴西13篇,印度10篇,这些国家的文件数占到总数的2/3以上。

(三)多哈回合规则谈判进程的五个阶段

按照《多哈部长宣言》第28段规定,补贴规则谈判本应分为两个阶段,在谈判初期由各成员方提出修正案,谈判后期则对案文进行谈判,决定舍取或修改。然而,多哈回合一谈就是18年,随着农业谈判和非农产品市场准入谈判的起起伏伏,规则谈判也是曲曲折折,至今为止总体上可分为五个阶段。

第一阶段:2002年4月收到第一份规则提案开始,截至坎昆部长会议(2003 年 9 月)前,陆续有成员方提出各项议题,在正式会议上进行口头辩论,并以书面形式提交支持的、补充的或反对的提案,有些成员方则提出各种问题要求回答和澄清,或发表评论意见和看法。这一阶段主要限于提出议题或阐述基本立场。

第二阶段:在坎昆部长会议失败后(2003 年 9 月),多哈回合大气候不利,提案几乎绝迹,直到 2004 年 3 月以后才陆续有新的提案。这段时间各成员在规则谈判方面采用非正式会议的方式讨论提案,提案数量虽然很少,但提案内容却更加具体和完善,并开始对一些条款出现文字修改意见。

第三阶段:2004 年 7 月框架协议确定后,规则谈判重新活跃起来,提案数量增加。2005 年年初,为了推进谈判进程,规则谈判小组主席建议广泛进行双边磋商,同时召集诸边协商,规则谈判小组主席把表现活跃的美国、欧盟、日本、加拿大、中国等 12 个成员方组成具有“绿屋会议”性质的“规则谈判技术专家小组”,作为核心力量在谈判中发挥引导作用。在香港部长会议之前,经过规则谈判小组主席的提议,规则谈判的密度和强度开始有所加大,各成员方主要在具体议题的文本草案基础上进行讨论,主要集中在反倾销方面,议题主要围绕因果关系、低税规则、实质损害威胁、实质阻碍、归零问题、透明度、价格承诺、反规避等方面展开。

2005 年 12 月香港部长会议为多哈回合打破了僵局,谈判达成了突破性的协议,谈判各方通过了《香港部长宣言》,为在 2006 年年底完成多哈回合确定的路线图。据此,在规则谈判方面,计划 2006 年 7 月基本完成提案的磋商和分析工作,并且着手准备主席案文。

第四阶段:2006 年 7 月,由于在农业问题和非农产品的市场准入问题谈判中陷入僵局,WTO 理事会不得不同意多哈回合谈判无限期中止,包括规则谈判在内的所有议题谈判的中止。多哈回合谈判宣布中止后,主要谈判各方都纷纷表示了恢复谈判的政治愿望,并进行了积极的接触和磋商。经过多次谈判,主要谈判方,即美国、欧盟、印度和巴西在农业和非农产品市场准入问题上仍然无法弥合分歧,重启多哈谈判的时机尚不明朗。尽管如此,谈判各方仍在规则谈判小组的框架内继续进行非正式磋商,并多次召开小规模的技术专家小组会议,列出了前阶段谈判中涉及较少的反补贴和渔业补贴,为谈判的最后阶段做准备工作,等待大气候的回暖。从 2006 年 7 月底多哈回合谈判宣布中止至 2007 年 11 月 30 日,经过努力,规则谈判的合并主席案文终于出台,多哈谈判进入了评议和最后谈判阶段。

第五阶段:从 2007 年年底至 2019 年年底,主要谈判方为恢复多哈谈判作了进一步努力,并下了很大决心要在 2008 年年底完成已经一再推迟限期的多哈回合谈判。2008 年 2 月初,世贸组织就农业和非农产品市场准入提出了新的妥协方案,遗憾的是,该方案遭到了欧盟 27 成员国中 20 国的反对,这使多哈回合谈判的前景堪忧。在规则谈判方面,自 2007 年 11 月 30 日规则谈判第一次主席案文出台后,规则谈判进入对主席案文的评议和修订文本的最后谈判阶段,然而主席案文却与几乎所有谈判方的期望大相径庭,遭到了多数谈判方的强烈批评,在经过一年的磋商后仍然没有实质性进展。2008 年 12 月,规则谈判主席发布了第二次主席案文,这次主席改变了方法,对于争议不大的议题提供了案文,而对于分歧很大的重要议题只是概述了各方的立场,并没有提供案文。尽管如此,主席的第二次案文招来的还是批评的声音,这意味着规则谈判也进入了最艰难的阶段。2009 年在规则谈判方面没有出现大的动静,谈判各方开始关注《反倾销协定》和《补贴和反补贴措施协定》的移植问题。此后,多哈回合谈判搁浅,反倾销和反补贴规则谈判也就仅限于两个主席案文的成果。

(四)《香港部长宣言》对规则谈判的阶段性总结

正是在这曲曲折折并一再被推迟结束的马拉松式的谈判进程中,2005 年年底的香港部长会议起了一个很好的承上启下作用,不仅在当时临时拯救了多哈回合,避免其重蹈坎昆部长会议的覆辙,而且《香港部长宣言》对于前四年的谈判,包括规则谈判在内进行了阶段性总结,这对于至今仍在努力完成的最终谈判目标仍有指导意义。

关于规则谈判的总结主要体现在《香港部长宣言》附件 D 中。附件 D 两个部分中的第一部分对于反倾销、反补贴和渔业补贴规则谈判进行了总结,其文字是在规则谈判小组主席报告的基础上形成的,共 11 条,其中第 1 条和第 2 条重申了规则谈判的重要性和目标,第 3 条至第 6 条是关于反倾销规则谈判的总结,第 7 条是关于反补贴规则谈判的总结,第 8 条是关于反倾销和反补贴规则横向一致性的问题,第 9 条是关于渔业补贴规则谈判的内容,最后第 10 条和第 11 条是关于下一阶段谈判的路线。

第一,宣言确认关于反倾销和反补贴协定的修改,对于多边贸易体制的发展和多哈发展回合总体谈判结果的平衡至关重要。

第二,宣言申明规则谈判的最终目标,是通过改进规则,实现相关纪律的透明度、可预测性和确定性,以利于全体成员,特别是发展中成员和最不发达成员。宣言强调,谈判的任何成果都要把发展议题作为一个组成部分。

第三,宣言重申对反倾销规则的澄清和改进,要把握住规则谈判的框架目标:(1)需要避免不正当地使用反倾销,在正当使用反倾销时应保持协定的基本概念、原则和有效性,以及协定所规定的手段和目标;(2)希望能减少反倾销调查的成本和复杂性,但又要加强调查和措施的程序公正性、透明度和可预见性。

第四,宣言充分肯定了反倾销反补贴规则谈判的加强和深化,肯定了各成员方对谈判建设性的高度投入,肯定了在对反倾销协议书面修改提案基础上分议题进行严肃讨论卓有成效,是实质性完成部长会议要求必不可少的阶段。

第五,宣言在反补贴规则方面列举了一系列已经提交的议题,如补贴的定义、专向性、禁止性补贴、严重损害、出口信贷及出口担保以及获益的分摊等。宣言认为对反补贴规则的修改提案要进一步加强案文,以保证在总体授权下各个领域谈判成果的平衡性。

第六,宣言重申要加强贸易和环境的互补,宣言要求加强对渔业补贴的纪律,尤其是禁止对超产和超捕的补贴,要求尽快落实具体措施,尤其是确定纪律的性质和程度,包括透明度和有效性。宣言注意到渔业补贴对发展中国家、对减少贫困、对生存和食品安全的重要性,强调要把对发展中国家和最不发达国家的特别和差别待遇作为渔业补贴谈判的一个组成部分。

如果我们将《多哈部长宣言》第 28 段与《香港部长宣言》附件 D 联系起来看,那么,《香港部长宣言》附件 D 就绝不仅是对规则谈判的一个简单总结,事实上,它是在对四年规则谈判的回顾和总结基础上,对《多哈部长宣言》中规则谈判框架目标的再一次肯定,并且在法律上成为《多哈部长宣言》关于规则谈判框架目标的有机组成部分。因此,它虽然是对过去四年规则谈判的阶段性总结,但对目前正处在案文讨论最终阶段的规则谈判的最后完成具有重要指导意义。

《香港部长宣言》在规则谈判方面存在明显的缺陷,在规则的澄清和改进方面,虽然当时已经过近四年的提案、辩论和讨论,却仍然是看不出主次和重点。例如,低税规则在大量的提案中被涉及,却没有被重点突出;相反,反规避只有美国、欧盟和埃及在 5 篇提案中提出来,却与其他议题完全等同。

（五）两次主席案文的出台及引发的争议

2007 年 11 月 30 日，尽管多哈回合谈判在总体上仍处在无限期推迟中，但规则谈判以非正式形式继续开展，终于使囊括了反倾销和反补贴规则及渔业补贴规则的主席合并案文如期出台，规则谈判由此进入了最终谈判阶段。然而，如同乌拉圭回合的历史重现，这个刚刚出台的主席合并案文，遭到了几乎所有成员方的强烈批评，规则谈判小组主席出于各种利益平衡的考虑，把各种甚至相反的意见进行组合，难免要招致非议。但是，以主席案文作为最终谈判的基础是谈判的既定程序，为此有必要深入分析主席案文的特点和问题。

第一，主席案文难以平衡各方利益。虽然规则谈判小组主席事先已经告诫各成员方，最好多看案文对其有利之处，而不要只注意对其不利之处，然而，主席合并案文公布后，各方仍然感到失望胜于期望。主席案文在各方具有严重分歧的条款上，选择了问题上交、对立面并存的办法，指望通过最终阶段的实力谈判来解决问题。例如，关于日落复审条款的修改，一方面将反倾销措施的年限限制到 10 年自动日落，另一方面却又放宽复审调查和临时措施的条件，用部分修改条款去抵消另一部分修改条款，使修改失去了意义。

第二，案文的部分内容超出了预定框架目标。虽然在多哈回合启动之初，反倾销和反补贴联谊小组成员曾经建议对贸易规则进行“大手术”，用国际竞争法取代反倾销法，但是，最终规则谈判仍然被美国限定在“澄清或改进”的框架目标内。然而，当主席案文出台时，各方却发现美国自己硬塞入了一些超出谈判框架目标的内容。例如，计算倾销幅度的归零法，原来条款并无明确规定，且 WTO 专家小组和上诉机构已确认归零在一般情况下是不符合 WTO 规则的，美国却仍然不服，竟干脆要求改掉规则，进而推翻 WTO 专家小组和上诉机构已作出的裁定。美国这种做法，显然已经超出了《多哈部长宣言》中关于规则谈判的法定目标,也超出了经《香港部长宣言》肯定的规则谈判的法定目标。此外,在因果关系认定方面,尽管 WTO 上诉机构已经在日本诉美国热轧钢反倾销措施案(WT/DS184/AB/R)中有了相关的裁决,明确了“必须”“区分和辨别”其他因素造成的损害,但目前主席案文的修改却试图站在美国的立场上代之以“可以寻求”“区分和辨别”其他因素造成的损害。因此,这种对 WTO 争端机制裁决已经澄清和改进的条款予以否定,再代之以新的条款的做法,显然是超出了多哈规则谈判的授权范围和框架目标。

第三,程序规则的改进获得共识。主席案文有积极的一面,就是对程序规则的改进。例如,透明度、程序的公正性、披露程序(主席案文修正条款 6.4)、实地核查规则(主席案文修正条款 6.7 及附件一)等,都获得了大家的支持和赞同。首先,加强透明度是美国积极倡导的,也是美国一直坚持的谈判目标。美国由于其国内法对透明度要求较高,因此对其他国家调查程序的低透明度甚为不满,并希望在谈判中加强多边规则的透明度,以消除贸易救济扩散之后对美国的不利影响。其次,对于透明度问题,出于不同的原因,日韩等出口国与美国的立场是一致的,加强透明度有利于遏制贸易救济的滥用。最后,加强程序的透明度和保障利害关系人的权利,是基本的法律原则,因此其他谈判方即使不愿增加调查机关负担,也不能公然反对。

第四,主席案文有些修订条款涉及反倾销和反补贴扩大化,因为这些修订条款将扩大反倾销和反补贴适用的范围和任意性,例如,反规避条款(主席案文修正条款第 9 乙条)、反补贴中的管制价格(主席案文修正条款 2.1.c 条)和替代价格条款(主席案文修正条款第 14.1.d 条及注释 47)。关于反规避条款,涉及反倾销范围的扩大,包括涉案产品和涉案国家范围的扩大,以往美欧反规避主要针对中国发起,因此需要特别关注。而关于反补贴中管制价格的办法和替代价格的使用,实际可能成为主要针对非市场经济国家的变相条款。

第五,主席案文的部分内容存在单边化的隐患,需要引起警惕。例如,关于公共利益的条款(主席案文修正条款第 9.1 条),本来在规则谈判中是一个带有积极意义的条款,有利于在一定程度上调和内外矛盾,有助于相关主体少征税或不征税。但是,案文修订条款却不允许对公共利益的有关裁决诉诸 WTO 争端解决机制,埋下了单边化的隐患。该条款如被接受,可能会被歧视性地滥用。

第六,主席案文对于提案的舍取存在疑问。不可否认,规则谈判小组主席在选择吸收或摒除哪些提案时有一定的自主权,但是,对于有些呼声很高的条款修改,竟然完全出人意料,没有任何预测性和民主基础。例如,关于低税规则(主席案文修订条款第 9.1 条),多个谈判方提交了大量的提案,要求将其作为强制性规则,但是,案文一出,非但没有对其作任何改进,还将原先倡议旨在消除损害的低税规则条款完全删除了。

2008 年 5 月,主席根据谈判各方对于第一次主席案文的评论意见,以及 2008 年年初的谈判情况,发布了一份主席文件,逐条地将原协议条款、主席案文条款和各方意见一一列明,期望能够帮助谈判各方了解谈判进展,从而促进谈判的深化。然而,谈判仍然没有取得实质性进展。

2008 年 7 月,“七月方案”出台,为了能够在农业问题和非农产品市场准入方面取得突破后及时完成规则谈判,规则谈判主席公布了下一阶段谈判的路线图。主席提出,关于反倾销和反补贴规则,先就争议不大的议题形成案文,其他争议较大的议题,等谈判各方达成一定共识后再完成案文;关于渔业补贴规则,由于没有任何案文基础,所以先发布一个向导性文件,帮助谈判各方统一基本概念和规则框架。

2008 年 12 月,根据这一思路,规则谈判主席发布了第二次主席案文。在反倾销和反补贴方面,关于争议不大的议题主席提供了案文,关于争议较大的议题,包括归零法、因果关系、实质阻碍、国内产业定义、被调查产品、关联公司的信息提供、公共利益和低税规则、反规避、自动日落和日落复审、发展中国家特殊和差别待遇等反倾销议题,以及出口信贷、出口竞争力等反补贴议题,主席只是概述了谈判各方的主要意见,而没有提供案文;在渔业补贴规则方面,主席提供了一份向导性文件。然而,主席的第二次案文也遭到了谈判各方的广泛批评,批评其无法作为继续谈判基础的草案。而规则谈判主席也感无奈,因为谈判各方立场强硬,拿出一份让所有人都满意的案文是不可能的,能够拿出一份作为谈判基础的建设性的草案也是非常困难的。主席的想法是将“皮球”踢给谈判各方,将目前的主要争议摆在他们面前,交由他们通过相互磋商解决分歧,避免像第一次主席案文一样受到全面批评,以防谈判陷入僵局。但是,谈判各方却都不买账,在无法说服或压倒其他谈判方的情况下,除了表达对于案文的不满也没有其他办法。此后,由于农业谈判和非农产品市场准入谈判仍然处于僵局状态,规则谈判也失去了推进的动力,谈判各方虽然继续保持磋商,但没有实质性进展。

(六)多哈回合规则谈判的总体特点

1. 贸易救济全球扩散,规则面临重大挑战

目前的反倾销和反补贴规则,经过连续几轮多边贸易谈判的完善和发展已经比较系统和趋于成熟,并且得到了实践的充实和验证。WTO 成立以后,反倾销和反补贴已经不再是少数西方工业国家的“专利”,而被各成员普遍使用。按照美欧发达国家的说法,贸易救济已经全面扩散,这构成了多哈规则谈判的重要特点之一。

一方面,美欧等发达国家在规则的制定和实施上所占的绝对优

势地位正在逐渐消失。美欧等发达国家过去在规则谈判上处于绝对的优势地位,但这种情况在 WTO 成立后已发生了实质性的变化,越来越多的国家特别是发展中国家开始贸易救济实践,对于美欧国家的绝对优势地位构成了重大挑战,并且,面对美欧滥用贸易救济措施,其他国家勇于诉诸 WTO 争端解决机制,并屡屡胜诉。因此,在规则谈判领域,不再是“老师”和“学生”进行谈判了。

但是,另一方面,美欧在多边规则谈判中正丧失其优势地位和垄断地位,但这却并不意味着国际反倾销和反补贴开始走下坡路,恰恰相反,由于反倾销和反补贴规则被 WTO 越来越多的成员所接受和使用(不排除有些成员是出于以眼还眼、以牙还牙的反制考虑),反倾销和反补贴在国际贸易中不可或缺的重要地位得到了普遍的认同,反倾销和反补贴在国际自由贸易体系中的重要性超过了以往任何时期。即使像日本这样反对贸易救济理念的国家,都开始凭借其在海外的工业导演了一幕又一幕的国际反倾销闹剧。诚然,希望彻底取消反倾销和反补贴措施的成员数量仍不可小觑,但他们似乎也提不出其他更好的办法来解决全球化自由贸易中国内产业的安全问题。在 WTO 建立以后,反倾销和反补贴联谊小组成员曾经鼓吹过用竞争法及其规则代替反倾销法,但仅是昙花一现,并没有被列入多哈议程。因此,摒弃和替代反倾销和反补贴的主张已经没有太多的市场,现在的问题是如何把反倾销和反补贴这台戏唱下去,谁来唱主角?在此背景下,多哈规则谈判重新成为各个成员登台表演的一个舞台。

2. 授权先天不足,变革目标受限

多哈规则谈判的另一特点是,部长级会议授权先天不足,谈判目标受限。在西雅图部长级会议上,关于是否把反倾销和反补贴规则作为谈判内容之一,美国和以日韩为代表的主要被反倾销国家存在严重分歧。最后,经过讨价还价互有让步,反倾销和反补贴规则才得以被纳入多哈议程,但谈判的范围却从一开始就被框死了,只限于“澄清和改进”现有规则,“要保持协定基本概念、原则和有效性,以及保持协定所规定的手段和目标”。相比之下,在乌拉圭回合谈判中的授权要宽得多,即“谈判应致力于适当地改进、澄清或扩充东京回合达成的协议和安排”。

美国和欧盟反对实质性的重大改变,他们主张在现有较为成熟的多边规则框架下,加强规则的有效性,提高程序公平和透明度,以使贸易救济的新用户们循规蹈矩,不越雷池一步。而那些被反倾销反补贴的主要国家,虽然仍保持着高涨的变法热情,并在反倾销规则谈判中联合成立了反倾销和反补贴联谊小组,在全部239份提案文件中,共计提出了57份之多,囊括了《反倾销协定》的大部分条款,但是,鉴于多哈授权先天不足,谈判范围有限,这些提案基本的方法只是以具体带动整体,因此,很难实现联谊小组深远的改革目标。尤其是目前反倾销和反补贴多边规则已较为成熟,实际并不特别需要改变现有规则,因此谈判表现出疲软的现象,虽然文件数量不少,但停留在各方关于技术上的争吵,实质性的进展并不大。

3. 各方势均力敌,对立分歧严重

在国际谈判中,各方政治力量的对比强弱是谈判能否成功的关键之一。从多哈回合规则谈判中各方力量对比看,在现阶段的国际贸易救济舞台上,各方势均力敌,这点在《香港部长宣言》中得到了印证。因此,多哈规则谈判会有成果,但恐怕难有大的作为,尽管有些国家的提案内容保留着对现有反倾销和反补贴规则进行澄清和改进的较高期望。

第一,美欧仍然是最主要的反倾销和反补贴力量,以其为主体的案件在全球反倾销和反补贴案件中占有重要比例,但是,美欧在规则谈判中,已经逐渐趋于守势。

第二,出口导向型国家,如日本、韩国等,依然扮演着反倾销和反补贴的激进改革派的角色，但它们没有什么强有力的手段来达到改革的目标，或者说，这些国家缺乏在政治上与他国进行必要交换的条件，因此，其实现目标的手段仅限于两个方面：其一是“吵吵嚷嚷”，扩大影响；其二是系统批判现有的贸易救济机制，从合理性和公正性的角度，力图寻找出一个新的道德化的贸易救济模式，以赢得 WTO 多数成员的支持。这种努力对于加深对现有多边反倾销和反补贴制度的认识，推动多边反倾销和反补贴制度的进一步改革具有一定的指导意义，但是在国际社会和 WTO 机构目前尚不完善的民主机制下，不可能有什么实际效应。

第三，一些较大的发展中国家，如印度、巴西、土耳其、印尼、墨西哥和埃及等，在反倾销和反补贴方面立场是矛盾的，它们首先是传统的被反倾销和被反补贴的国家，有着一腔怨言，因此利用规则谈判的平台，有重点地批判反倾销和反补贴规则中的极端性和偏颇性是其扮演的传统角色；但是，这些国家又是近年来对外反倾销的主要国家，并且部分国家也开始了反补贴实践，随着关税的普遍降低和非关税壁垒的减少，其逐渐意识到对外反倾销和反补贴对于切实保护国内产业的重要性，因此成为全球贸易救济扩散中的主力军，但是在反倾销和反补贴的技术运用和程序保障方面还存在太多的问题，远远不如美欧国家，在技术谈判上，还不完全是美欧的对手。此外，这些国家的经济虽然已有相当的发展，关税仍相对偏高，进口量有限，加上财政的限制，但对外反倾销和反补贴的能力有一定限度，因此其在规则谈判中是很重要的力量，却起不到决定性的作用。

至于其他发展中国家和最不发达的国家，出口规模很小，基本上不在反倾销和反补贴的目标范围内，因此，贸易救济规则的命运如何对其没有至关重要的经济影响，在多哈规则谈判中，基本上没有什么声音。

中国在多哈回合规则谈判中是一支独立不倚的新生力量。作为一个进口和出口大国，中国在被反倾销和反补贴方面是世界之首，在对外反倾销方面也已名列前位。这种双重性决定了中国可以在规则谈判中发挥重要的作用。

## 三、多哈回合补贴谈判的有关提案分析

补贴的认定是 WTO 多哈回合补贴与反补贴谈判的焦点议题之一，各国对此提交了 14 份提案，美国和欧盟关注的是“隐蔽性补贴”问题，加拿大提出了“利益转移”问题，巴西则提出了“补贴的专向性”的问题，主要内容如下。

（一）美国关于补贴定义的提案

2002 年 10 月，美国向规则谈判小组提交了《贸易救济规则的基本概念和原则》[1]的提案，表达了美国的立场，即乌拉圭回合补贴协定是一个重要成果，但仍有许多工作要做，特别是针对那些深藏于并隐蔽在国家政治经济体制中的扭曲性补贴，应该继续强化和扩大规则。2003 年 3 月，美国进一步提交了《需要澄清和提高补贴的纪律》[2]的提案，提出了隐蔽性补贴的问题，认为许多深藏于国家的政治经济体制中的扭曲性补贴，需要一些时间加以识别并使用合理的多边规则来剔除它。

美国对补贴定义的提案要求澄清相关基本概念，在补贴的定义方面，美国认为《补贴与反补贴措施协定》第 1 条给出了补贴的定义，这是该协定中最基础也是最为重要的概念，从该条款可以看出，构成补贴通常需要具备两个条件：（1）存在由政府或任何公共机构，

---

〔1〕 Basic Concepts and Principles of the Trade Remedy Rules, United States, TN/RL/W/27, 22 October 2002.

〔2〕 Subsidies Disciplines Requiring Clarification and Improvement, United States, TN/RL/W/78, 19 March 2002.

或受政府委托或指示的私营机构提供的财政资助；(2)因该财政资助而授予一项利益。各国认为应当对造成贸易扭曲的行为强化规制，从广义上来定义“补贴”，这些隐蔽性的补贴才是造成贸易摩擦的根本原因。建议主要从三个方面进行修改：首先，明确间接补贴的范畴，如进一步澄清“公共机构”“委托或指示”的概念；其次，扩大禁止性补贴的种类；最后，要求成员方切实履行通报义务，及时向WTO进行通报相关财政资助行为。

此外，美国对间接补贴表现出了特别的关注，美国在提案中认为，某些对正常贸易造成扭曲性影响的政府补贴行为并不是由政府所有或其控制的单位针对某特定企业或产业给予补贴，而是采取了一种间接补贴的形式，如通过政府所有、政府控制或政府引导的私营实体对企业进行财政上的支持，且这种财政的支持不可能直接从纯私营部门获得，或是以同等的条件取得。因此，有必要对于“公共机构”(public body)、“委托或指示”(entrust or directs)等定义进行进一步的澄清。美国在该提案中还进一步提到，有必要在《补贴与反补贴措施协定》现有的第14(b)条对于政府贷款规定的基础上，对于在某企业破产或濒临破产，以及企业重组的程序中政府的直接干预情形，进行进一步澄清解释，并建立一种处理方式来对这些做法进行认定。

(二)欧盟对隐蔽性补贴的提案

2002年11月，欧盟在提交的《补贴与反补贴措施协定谈判议题》[1]文件中，认为应针对隐蔽性补贴制定更具操作性的规则，补贴的发放应该更加透明。虽然欧盟也运用了“隐蔽性补贴”一词，但是美国强调间接补贴，即政府通过政府所有、政府控制或是政府指示

[1] WTO Negotiation Concerning the WTO Agreement on Subsidy and Countervailing Measures, European Communities, TN/RL/W/30, 21 Nov. 2002.

私营实体向企业提供的财政资助,其关键在于政府的控制或是干涉。欧盟的隐蔽性补贴更接近于专向性补贴,即表面上具有普遍性质,但实际仅仅是某些企业得到补贴,也就是事实上的专向性补贴。

由于隐蔽性补贴很难在规则上进行明确界定,各方对如何界定"政府控制""公共机构""委托和指示"等问题无法达成一致,美国和欧盟也没有进一步的建议,因此最后的主席案文没有提及隐蔽性的补贴,需要有 WTO 专家组和上诉机构结合具体案情具体分析。

(三)关于补贴利益转移的提案

加拿大是补贴利益转移议题的主导方,其主要针对上游产业受补贴后的利益转移问题提出了三份提案,而巴西则针对加拿大的提案表达了自己的观点。

2003 年 7 月,加拿大向规则谈判小组提交了《补贴与反补贴措施协定需要改进的规则》提案[1],要求当原财政资助的接受方和利益的接受方属于不同的实体时,调查机关必须确认补贴的利益从前者转移到后者,而不能仅凭推断。调查机关必须审查上游补贴是否并且在何种程度上使下游生产商获益。

2004 年 7 月,加拿大在《补贴利益转移》的提案中,提出了对《补贴与反补贴措施协定》第 1 条补贴定义的具体修改意见,用图表的方式解释了补贴利益的转移过程,如果政府发放的财政资助直接给予 A 利益,则 A 接受了直接补贴。如果接收方 A 将全部或部分利益转移给 B,则 B 接受了间接补贴。此外,加拿大还提出在第 1.1(b)中加入新脚注:"如果财政资助的接受方与补贴利益的受益方之间的交易是建立在独立公平的基础上的,调查机关应依据附件八的相关规定,审查财政资助的利益是否存在并且在何种程度上从前者

[1] Improved Disciplines under the Agreement on Subsidies and Countervailing Measures Canada TN/RL/W/112,6 July 2003.

转移到后者。”附件八是《利益转移分析准则》，包含补贴转移的前提条件、必须考虑的因素、不可归结于利益转移因素调查等要求。[1]

2005 年 11 月 17 日，加拿大进一步提交了《补贴利益转移》[2]的提案，对上述提案进行了修改，希望在第 1.1(b)条的脚注中加入调查机关的审查义务，并增加透明度要求，力争实现 WTO 争端解决给予补贴利益转移的判例变成多边协定。11 月 16 日，巴西提交了相同内容的提案[3]，认为加拿大提议的利益转移分析，应该被纳入反补贴税有关部分，而不应被纳入第 1 条的补贴定义中。经过谈判，在主席案文对《补贴与反补贴措施协定》第 14 条的修改中，加拿大的意见被采纳，利益的转移分析局限于反补贴调查中。

(四)补贴的专向性议题的提案

加拿大和巴西是补贴专向性议题的主要提案国，提案的主要内容是如何澄清现有的规定中产业的认定和事实补贴的专向性这两个关键的问题。

2004 年 7 月，加拿大递交了《补贴的专向性》的提案[4]，认为专向性是《补贴与反补贴措施协定》的基石之一，要对调查机关在专向性认定上的自由裁量权进行必要的审查，就需要澄清第 2 条的“某个企业或产业或某一组企业或产业”，使其符合国际产业分类标准，并依据肯定性证据给予明确证明。《联合国关于各种经济活动国际产业标准分类》(ISIC)应该作为判断产业的标准。这种国际产业标准的存在几乎与《关税与贸易总协定》同龄，并且已经被 WTO 用于全球贸易统计。对于事实上的专向性，《补贴与反补贴措施协定》第 2.1(c)条项下四个事实专向性因素的权重应该规定得更明确，应将

[1] 商务部产业损害调查局:《值得特别关注的补贴与反补贴规则议题(中)》，载《国际商报》2011 年 11 月 30 日，第 3 版。

[2] Benefit Pass-through, Canada, TN/RL/GEN/86, 17 November 2005.

[3] Benefit Pass-through, Brazil, TN/RL/W/193, 16 November 2005.

[4] Specificity, Canada, TN/RL/GEN/6, 7 July 2004.

其修改为:“如尽管因为适用(a)项和(b)项规定的原则而表现为非专向性的补贴,但是有理由认为补贴可能事实上属于专向性补贴,则可考虑其他因素。此类因素为:有限数量的某些企业使用补贴计划、某些企业主要使用补贴计划、给予某些企业不成比例的大量补贴以及授权机关作出给予补贴决定时行使决定的方式。应该在所有事实的基础上评估这些因素,其中的一个或是几个并不必然能够给予决定性的指导。在适用本项时,应该考虑授予机关管辖范围内的经济活动的多样性程度,及其已经实施补贴计划的持续时间。”[1]

2005 年 11 月,加拿大提交了第二份修改《补贴与反补贴措施协定》第 2 条专向性的提案,主要是新加入了一个脚注,其内容为:应该参照相关的客观基准来确定某些企业获得了不成比例的大量补贴。

2005 年 11 月,巴西在《专向性补贴》的提案[2]中,对加拿大的修改意见进行了反驳。在判断某个企业或产业,或某一组企业或产业的标准上,加拿大的提案严重限制了调查机关或是专家组的证据来源,调查机关或 WTO 争端解决机构可以合理地参照联合国的国际产业分类标准,并将其作为企业或产业的证据来源之一,但不应该将这种参考标准法条化,也不应因此要求将此作为评估补贴是否具有广泛可获得性证据来源的唯一标准。在判断事实的专向性补贴需要考虑的四个因素方面,加拿大的提案限制了调查机关的或是专家组在个案中的自由裁量权,缺乏合理性,一个单一的因素足以作为这类裁定的基础。如果有理由认为补贴具有事实上的专向性,则可以考虑其他因素,而不是应该采用。

(五)主席案文对补贴定义的修改

2007 年 11 月,谈判小组主席 Galmes 公布的《修订反倾销和反

〔1〕 Specificity, Canada, TN/RL/GEN/6, 7 July 2004.

〔2〕 Specificity, Brazil, TN/RL/W/191, 16 November 2005.

补贴措施》的主席案文,对《补贴与反补贴措施协定》作出了23处修改。2008年12月,第二次主席案文提出,共有17处修改。

关于第1条补贴定义的修改是在第1.1(b)条中"因此授予一项利益",新增了一个脚注:"授予一项利益是指财政资助的条件比市场上商业条件接受者可获得的条件更为有利,如果适用的话,还应包括第14条第1款指导规则中规定的情况。"很明显这是对巴西提案的反应。第二次主席案文保留了第一次案文关于补贴定义的新脚注,但修改了该脚注的文字:"授予一项利益是指财政资助的条件比市场上商业条件接受者可获得的条件更为有利。在相关情况下,为了判断利益的存在,在第14条第1款就判断是否存在此类更为有利的条件而提供指导。"

关于补贴专向性主席案文的修改是:"尽管因为适用(a)和(b)项规定的原则而表现为非专向性补贴,但有理由认为补贴可能就有事实上的专向性,则可考虑其他因素。此类因素为:有限数量的某些企业使用补贴计划、某些企业主要使用补贴计划、给予某些企业不成比例的大量补贴以及授权机关作出给予补贴决定是行使决定的方式。如果补贴是通过管制价格的方式提供的,则可以考虑的因素包括排除涉案国家的一些企业以管制价格获得的商品或服务。在适用本项时,应该考虑授予机关管辖范围内的经济活动的多样性程度,及其已经实施补贴计划的持续时间。"[1]

从主席案文的规定可以看出,欧盟和美国的隐蔽性补贴没有得到支持,加拿大的补贴利益转移得到了支持,加拿大关于补贴专向性的修改也基本得到了支持。值得注意的是,主席案文在第2条的修改中,在没有提案的情况下,增加了"如果补贴是通过管制价格的

〔1〕 宋和平主编:《多哈回合反倾销和反补贴规则谈判研究》,法律出版社2011年版,第370页。

方式提供,可以考虑的因素包括排除涉案国家的企业以管制价格获得的商品或服务”的规定,这可能成为被少数国家左右的针对中国的新陷阱。因为现有《补贴与反补贴措施协定》中,以管制价格提供商品或服务并不构成可诉性补贴,而修改后的规定变为了管制价格构成专向性补贴,而且可以采用外部基准进行比较,结合第 14 条修改中提及的管制价格计算补贴额的规定,外部基准可以用于在管制价格下判断补贴利益是否存在。在认定补贴利益的上下游转移时,如果生产投入物市场受补贴影响过大以致无法找到未受扭曲的市场环境,也可以使用外部基准来判断补贴利益是否转移。由此可见,西方国家打算在补贴与反补贴谈判中,将《中国入世议定书》的例外条款多边化、法律化,甚至将汇率问题作为反补贴税的目标。

因此,我国需要高度重视多哈回合补贴与反补贴谈判中的补贴议题,特别要关注第 2 条专向性的修改。在补贴的认定议题上,美国提案要求将隐藏在国家政治经济体制中的间接性补贴认定为可诉性补贴,范围过于广泛,标准很难明确,欧盟提案要求的增加补贴透明性更加可行。在上游产业补贴利益转移上,应该按照 WTO 专家组在英国钢铁补贴案、加拿大软木案中采取的具体分析的司法方法,不宜通过立法明确规定。在补贴的专向性议题上,需要对某些产业、地区等具体概念进行明确,防止调查机关自由裁量权过大,并坚决反对美国提出的将所谓汇率操纵直接认定管理价格并具有专向性的提案,防止补贴问题与汇率问题挂钩。在及时反击外国不合理规则的同时,也要及时深化自身改革,特别是国有企业改革,加强与国际接轨和沟通,适时修改出口导向的经济发展道路,使补贴真正能够促进我国经济社会的发展和人民生活水平的提高。

# 《鹿特丹规则》对海上保险无限告知义务制度的影响

王金玉

英国《1906 年海上保险法》第 17 条所创建的最大诚信原则下的海上保险无限告知义务的模式，面对新的国际海运公约的签署和生效，以及电子网络程式化交易等新型保险交易平台的迅猛发展，已经存在重大缺陷。[1] 诚然，海上保险告知义务规则在每个海运时代都发生了一定的量变，并呈现螺旋式的动态发展模式，但发展到今天仍未发生质变，具有一定的单向性、抽象性和灵活性的特征。2009 年《联合国全程或部分海上国际货物运输合同公约》（以下简称《鹿特丹规则》或“新海运公约”）被多个海运国家签字，预示着史上最为庞杂的新海运公约进入了蓄势待发的状态。《鹿特丹规则》对海运法律关系的调整进行了诸多创新，旨在

---

〔1〕 司玉琢：《海商法专论》（第 4 版），中国人民大学出版社 2018 年版，第 427 页。

打破传统海上运输领域船方与货主之间的利益界点,其采用的船货公平原则,势必造成海上保险告知制度中的权益主体之间的逆公平现象。海上保险告知义务表现出的动态发展模式,导致每个海运时代海上保险投保人或被保险人对保险人告知义务都发生一定的量变,具有纵向阶段性和横向灵活性的特征。《鹿特丹规则》的通过、签字以及其后续对相关国家的生效,都意味着国际海运业和保险业将进入新一轮艰难的调整期。《鹿特丹规则》对海上运输领域责任制度的重构,改变了承运人责任基础和责任限制,打破了海上运输业与货主之间原有利益的平衡。《鹿特丹规则》在一定程度上加重了船方责任而倾向于保护货方利益,船货双方责任的重新划分会不同程度地影响海上保险当事人利益的重新分配,依据风险高低而发生改变的海上保险告知义务也会受到不同程度的影响。[1]

## 一、海上保险合同无限告知义务的法律属性

当今世界多数国家的海上保险合同与其他民事合同相比,突出的特点是海上保险合同中被保险人承担的告知义务是无限的,而其他民事合同则要求当事人承担一般民法意义上的有限告知义务。海上保险合同的无限告知义务旨在维护传统海运强国保险公司的优势地位,这无疑加重了被保险人的负担,提高了其在发生保险事故后无法获得保险赔付的风险。海上保险合同的无限告知义务经过一百多年的司法实践,已经越来越不能适应时代变迁的步伐。随着西方海运强国的逐渐衰弱,其强者制定有利于强者的思维应该受到东方和谐文明的影响。为了保护海上保险合同中处于弱势地位的被保险人的利益,促进海运保险业蓬勃发展,应将其承担的无限

〔1〕 王金玉:《海上保险无限告知义务的抽象嬗变——基于〈鹿特丹规则〉生效后的考量》,载《当代法学》2011 年第 2 期。

告知义务改为附条件的有限告知义务。

国际贸易中货物和服务的跨国界流动,促进了海上保险业的发展。传统的海上贸易强国英国在20世纪国际海上保险法领域具有较强的海事影响力,世界上近3/4的国家或地区的海上保险法是仿效英国《1906年海上保险法》体系制定的。[1] 经过百余年的发展,英国这部著名的海上保险成文法已经跟不上时代前进的步伐。21世纪的海上保险法不应一味代表少数西方发达国家利益,而应融入与东方国家和谐共生的海上保险文化。现今国际海上保险法领域存在的一个挑战性问题就是始于英国《1906年海上保险法》并被多数海运国家采用的海上保险合同无限告知义务的存废问题。[2]

英国《1906年海上保险法》第18条第1款规定,在契约订立前,被保险人应依本条之规定,将其所知之有关重要情节,尽量告知保险人。该被保险人应认为明了由通常事务中,所应明了之一切事务,如被保险人未为此项告知时,保险人得宣告契约失效。该法第20条第1款规定,被保险人或其代理人,在契约订立前,于接洽时,向保险人所为之一切重要有关系陈述,务须真实。否则,保险人得宣告契约失效。上述两个条文就是国际海运保险业运用了很长时间并且至今仍然产生法律约束力的被保险人无限告知义务,倘若被保险人没有履行苛刻的无限告知义务,则会导致保险合同的效力为零,保险人不承担任何赔付义务。我国《海商法》第222条第1款规定,合同订立前,被保险人应当将其知道的或者在通常业务中应当知道的有关影响保险人据以确定保险费率或者确定是否同意承保的重要情况,如实告知保险人。由此可见,我国海上保险合同告知

〔1〕 傅廷中、谷浩:《海上保险立法的国际协调:基础,现状和障碍》,载《中国海商法年刊》,大连海事大学出版社2005年版,第133页。

〔2〕 樊启荣:《保险契约告知义务制度论》,中国政法大学出版社2004年版,第117页。

义务带有明显的英国海上保险法的特征。[1]

(一)海上保险合同告知义务的民法定位

在大陆法系国家的法律体系中,海事成文法是民法的特别法,海上保险法又是海事法的特别法。我国海上保险法没有单独立法,而是将其归入《海商法》的第十二章,这一立法模式与英国关于海上保险法律关系单独制定《1906 年海上保险法》有很大的不同,其实这两种立法模式各有利弊。英国海上保险单独立法的模式的优点是较为详尽,缺陷是体系性差;而我国统一立法模式的优点是法律援引较为容易,不足的是海上保险法规定得较为概括,这使我国最高人民法院在 2007 年 1 月 1 日不得不出台《最高人民法院关于审理海上保险纠纷案件若干问题的规定》,来弥补我国这种立法模式操作性差的缺陷。[2]

由于我国采用的是民商合一的立法体系,具有商事性质的海上保险法是大民法的一部分,其中被保险人承担告知义务问题也应从民事法律关系的性质来分析和定位。[3] 一般的民事保险合同往往要求被保险人承担的告知义务应符合民法的基本原则之一,即遵守诚实信用原则。海上保险法要求被保险人承担的告知义务比诚实信用原则要严格得多,即应满足英美法系国家创设的最大诚信原则。在英美法的原理上,信赖本作为约因的内容而成为关注的焦点,即传统上约因的内容被认为是约定者获得利益抑或对方受损害。[4] 目前,最大诚信原则已经成为全球海上保险法领域普遍采用的告知义务准则。英美法系国家海上保险法的无限告知义务在大陆法系国家的民法定性上存在一定的困难。被保险人无限告知义

〔1〕 李春彦、李之彦:《保险法告知义务及其法律规制》,法律出版社 2007 年版,第 330 页。

〔2〕 王金玉:《海上保险合同无限告知义务的价值分析》,载《法学杂志》2009 年第 11 期。

〔3〕 傅廷中:《海商法论》,法律出版社 2007 年版,第 5 页。

〔4〕 [日]内田贵:《契约的再生》,胡宝海译,中国法制出版社 2005 年版,第 89 页。

务是测定海上保险危险系数,计算保险费率的一个基准,应被识别为大陆法系国家民商法中的先合同义务。

我国债权法领域的先合同义务主要指在订立合同过程中或合同成立之前所发生的,由合同双方当事人各自承担的建立在民法诚实信用原则和公平原则基础上的一项法律义务,是诚实信用原则和公平原则的具体化,主要包括合同当事人之间的互相保护、通知、保密以及协作等义务。我国《民法典》第500条规定:当事人在订立合同过程中有下列情形之一,造成损对方失的,应当承担赔偿责任:(一)假借订立合同,恶意进行磋商;(二)故意隐瞒与订立合同有关的重要事实或者提供虚假情况;(三)有其他违背诚实信用原则的行为。先合同义务与合同义务有着本质的区别,先合同义务不是基于当事人之间的意思自治产生的,而是根据法律规定产生的,当事人既不能事先约定,也不能约定排除,而是由法律为保护交易的公平与安全所作出的强制性规定,即先合同义务是一种法定的义务,违反先合同义务的行为属于违法行为而非违约行为。先合同义务主要是针对要订立或已经订立的合同,其目的在于促进合同的成立与生效。需要注意的是,海上保险合同被保险人的无限告知义务是建立在被保险人最大诚信告知义务的基础上,对被保险人在订立海上保险合同时告知义务的要求要高于订立一般民事保险合同的当事人,并且告知义务的履行与否会更直接地影响到合同的效力。

我国《海商法》基本上采纳了英国法下的无限告知义务,也就是被保险人应该主动向保险人告知一切他所知道的可能影响保险人判断的重要事实;而我国《保险法》作为《海商法》的上位法却采取了有限告知义务,即面对保险人提出的询问,被保险人要如实回答,保险人未提出询问的其他事实,被保险人无义务主动告知。依据保险学的基本原理不难总结出,被保险人的无限告知义务对保险人更为有利,因为只要保险人发现有影响其判断而被保险人又没有告知的事实,保险人就有权提出解除合同或拒绝保险赔付。与此相反,被保险人的有限告知义务明显有利于被保险人,由于告知的情况由保险人制定询问单,若保险人疏漏的某些事实情况,被保险人无须告知,那么保险人只能自己承担法律责任。由此可见,我国《海商法》与《保险法》在被保险人告知义务层面上的规定是存在冲突的,这就涉及我国《海商法》中关于海上保险的规定是否要与《保险法》保持一致,还是《海商法》作为《保险法》的特别法需要有自身的特点,这些都是我国下一步修改《海商法》所要解决的问题。

(二)海上保险合同无限告知义务的独特性

海上保险合同无限告知义务要求被保险人应遵守起源于英美法系国家的最大诚信原则,而非大陆法系国家民法中的诚实信用原则。最大诚信原则至今已走过200多年的历史,并被各国的立法、司法实践和学术界所承认。[1] 最大诚信原则是指海上保险合同当事人在订立合同时或合同履行期内,应依法向对方提供足以影响对方作出订约或履约决定的全部实质性重要信息,否则,受损害的一方可依法宣布合同无效或不履行合同约定的义务或责任,对此受到的损失还可以要求对方予以赔偿。因此,按一般规则,除非当事人是恶意的,否则即使陈述的观点不符合事实,也无须承担法律责任。

最大诚信原则是海上保险合同的基础,其不是普通民法意义上的诚实信用问题,而是一个最大限度的诚实信用问题。诚实信用原则源于古罗马法,古罗马法中的诚实信用原则被称为善意原则。诚实信用原则是指社会经济活动中的当事人在从事经营活动时,应从善意出发,正当地行使权利和承担义务,以维持当事人之间以及与社会利益之间的平衡关系。我国《民法典》以成文法的形式确立了诚实信用原则。诚实信用原则在我国民法领域多被称为“帝王原则”,

〔1〕 司玉琢:《海商法专论》,中国人民大学出版社2007年版,第619页。

并被寄予很大期望,但其在实践中的作用却是有限的,作为一个抽象性的条款,其可操作性差,需通过其他明细性的规定来补充,在具体案件的适用过程中,须由法官自由裁量予以补充,使其具体化。

我国最高人民法院为了具体应用诚实信用原则,《最高人民法院关于审理海上保险纠纷案件若干问题的规定》第 4 条规定:“保险人知道被保险人未如实告知海商法第二百二十二条第一款规定的重要情况,仍收取保险费或者支付保险赔偿,保险人又以被保险人未如实告知重要情况为由请求解除合同的,人民法院不予支持。”其他大陆法系国家的民法中也有类似诚实信用的原则。例如,《德国民法典》第 242 条规定:“债务人应依诚实和信用,并参照交易上的习惯,履行给付。”《法国民法典》第 1135 条规定:“契约不仅依其明示发生义务,并按照契约的性质发生公平原则、习惯或法律所赋予的义务。”《瑞士民法典》第 2 条规定:“任何人都必须诚实信用地行使其权利,并履行其义务。”

在国际海上保险法中被保险人无限告知义务有广义和狭义之分,广义的告知义务包括通知义务,狭义的告知义务不含通知义务。我国《保险法》和《海商法》均采取狭义的告知义务,将告知义务和通知义务区别开来。[1]

保险法规定了通知义务的前提条件是危险增加的事实发生,即对保险人的风险负担构成实质性影响的事实发生,方对被保险人科以通知义务。国际海上保险法中的告知义务和通知义务的区别是:(1)履行义务的期间不同,告知义务需在订立合同过程中履行,而通知义务发生在履行合同期间。(2)性质不同,告知义务是先合同义务,而通知义务是合同义务。(3)目的不同,告知义务的目的是促成合同的成立和生效,而通知义务是减少合同履行风险,追求损失最

〔1〕 司玉琢:《海商法专论》,中国人民大学出版社 2007 年版,第 635 页。

小化。(4)法律责任不同,违反告知义务,我国《海商法》规定只有在故意未告知的情况下,才不考虑因果关系;反之,是要考虑因果关系的。保险人有解除合同的权利或要求相应增加保险费;而违反通知义务,除保险人有解除合同的权利外,因保险标的危险增加而发生的保险事故,保险人不承担赔偿责任。也就是说,有因果关系的,保险人不予赔偿;无因果关系的,即使违反通知义务,保险人仍应予赔偿。按英国保险法,保险人不但可以解除合同,而且,可以不考虑未告知事项是否与保险事故间有因果关系而一律不赔。从英美法系国家最大诚信原则的属性来分析海上保险合同无限告知义务,其自身的特性是:第一,随着最大诚信原则在海上保险领域的纵深发展,这种告知义务除了要求被保险人承担合同前义务,还包括了在保险合同成立后仍不能免除被保险人应尽最大的注意而履行告知义务。第二,无限告知义务对海上保险合同知情方的要求比普通民事合同当事人的要求更高。第三,被保险人必须如实告知其所知道的重要情况,若因过失而未如实告知,则会产生更大法律责任。第四,无限告知义务要求海上保险合同被保险人必须最大限度地按照诚实信用精神履行告知义务,若违反了该项义务,则被视为损害了保险合同成立的基础,保险人从而将享有解除合同的权利。第五,无限告知义务与有限告知义务相比,具有一定的显失公平性,因为无限扩大被保险人的诚信义务,势必损害保险活动当事人之间的利益平衡,不利于保证保险合同的顺利进行。

(三)海上保险无限告知义务的滥觞与缺陷

海上保险合同无限告知主义自从曼斯菲尔德法官在1766年的卡特诉鲍曼一案的判决书中被确立以来,经过了两个多世纪,对海上保险业的发展产生了深远的影响。不过需要注意的是,在英国其他保险合同中,对被保险人的告知义务采用的是有限告知主义,即投保人告知义务仅以保险人询问的问题为限,除非被保险人明知未询问事项显然具有重要性而没有告知。随着时代的进步和海上保险法的发展,无限告知主义已经凸显出与时代发展的滞后性和脱节性。因为在卡特诉鲍曼案所处的年代,船舶外壳多是木质的,货物是多用箱或袋包装的,船货抵御自然灾害和人为破坏的能力较低,使得船主与货主以外的保险人面临很大的承保风险,若要推动当时海上保险业的发展,势必要出台赋予海上保险人较多权利而让船主与货主承担更多义务的法律制度。随着人类征服自然的能力逐渐增强,现今船舶外壳多是钢铁,货物多是用集装箱包装,船舶装备着高科技的装卸、导航以及通信设备,使保险人所面临的因投保人或被保险人不告知而产生的承保风险已经比曼氏年代要减轻很多。

由于英国海上保险法对被保险人的告知义务采用了最大诚信的标准,不考虑未告知的事实与损失之间的因果关系,与大陆法系国家传统债权法理论冲突,因此越来越多的学者和司法从业人员对其提出了质疑,并主张由无限告知主义向有限告知主义的转变。例如英国大法官瑞克斯在 2001 年的演讲中认为现在的最大诚信原则远远偏离了曼斯菲尔德的本意。英国法律委员会 2006 年 9 月 22 日提交的《不实陈述与不告知》专题研究报告,也对传统的无限告知义务进行了分析。除了英国对保险法进行修改之外,还有美国、加拿大、澳大利亚以及一些欧洲大陆法国家也通过立法、修法或判例的方法不同程度地对保险法的一些原则和规定进行了修正。这些国家保险法修改的共同方向是调整对被保险人有不利影响的法律和判例,由于保险法的很多原则与规定,特别是海上保险合同的无限告知主义在最初形成时,海上保险业处于萌芽阶段,为了促进其发展,国家是从保护保险人利益的角度来制定法律。很显然,随着现今全球经济的彼此融合以及人类进入网络化的信息时代,无限告知主义形成时的环境和条件发生了根本性的变化,按照今天的经济模式与法律环境改革,海上保险法的告知义务是世界各国保险法领域面临的共同课题。可喜的是,英美法系海上保险法中的最大诚信原则与大陆法系民法中的诚实信用原则都是基于"人心向善"的道德伦理,虽然两大原则在过去的两个多世纪存在深刻的区别,但笔者认为随着两大法系的不断融合,最大诚信原则与诚实信用原则势必会出现"分久必合"的局面。

18 世纪海上保险合同保险人对风险的评估往往仅依靠被保险人的告知。在英国《1906 年海上保险法》出台以前,由于当时社会的资讯程度和技术水平的低下,受到通信技术的制约,保险人通过自己调查获得的保险信息相对较少,对于保险人来说,切实可行的危险评估方式就是依靠被保险人的告知。因为传统告知义务规则未被打破,所以现今多数国家的海上保险法仍然存在让被保险人负担苛刻的无限告知义务的现象。近年来国际海上保险法学界曾多次对海上保险合同无限告知义务提出了具体的调整建议,但都因为保险业界传统势力的影响而收效甚微。虽然被保险人无限告知义务防止了被保险人通过欺诈告知的方式谋取利益,但在法律规定的范围内也极端损害了保险人和被保险人之间的利益平衡。因为被保险人无论多么注意也不能保证将保险标的所有事实情况告知保险人,在被保险人已经充分告知情况下,还要求被保险人告知其完全不知道的事情,否则保险人就有权撤销保险合同或解除赔偿责任,这显然违背了民法的公平原则。因此,许多国家的保险法都不同程度地放宽了对被保险人告知和陈述义务的严格要求。随着民法公平原则对投保人、被保险人以及保险收益人保护程度的增强以及保险服务接受者权利保护意识的增强,国际海上保险法关于被保险人告知义务的发展趋势也向着更加平等和公平的方向改变,目前已经出现了将海上保险和非海上保险在告知义务方面进行区别对待的变化。

（四）海上保险无限告知义务矫正的逐步性

在普通的民事合同中，双方当事人对合同订立和履行以及对合同标的的认识能力基本相当，但在海上保险合同中，双方当事人很难处于民法意义上的平等状态。由于海上保险合同具有很高的专业性和涉外性，在合同缔结和履行阶段，保险人往往处于优势地位；而在对保险标的事实情况的掌握上，投保人又占有优势。保险人对保险标的危险程度评估，最便捷最经济的方式就是依赖于投保人的告知，这就是为什么多数国家的海上保险成文法中都存在投保人或被保险人的告知义务制度。告知义务设立正是出于对保险活动当事人之间利益的调整，其能有力地保证海上保险合同的顺利进行。

无限告知义务是最大诚信原则的内容之一，而最大诚信原则又是国际海上保险立法中的基本原则，最大诚信原则作为保险法基本原则之首，其重要性不言而喻。最大诚信原则是以诚实信用原则和公平原则为基础内容，结合特定的海上保险规则所形成的一项特殊法律原则。国际海上保险法最大诚信原则的缺陷是明显的，其导致了无限告知义务成为只保护一方利益而牺牲另一方利益的有违民法公平原则的义务机制。例如，法学界有人指出英美法系国家的最大诚信原则是一个奇怪的制度，它要求被保险人比诚信还要诚信，也就是要把人的诚实分成不同等级是不合理的。事实上，无限告知义务是一把“双刃剑”，对被保险人告知义务过于严格的要求在一定意义上对保险人同样是不利的，因为这样做会加重被保险人获得赔偿的不确定性，被保险人的这种顾虑会增加不去投保的冒险心理，以此节省保险费用的支出，进而损害保险人的利益。因此，早期海上保险就在保险合同中采用法律以外的方式减轻被保险人的告知和陈述义务，平衡保险人和被保险人之间的利益关系，以促进保险业的发展。[1]

〔1〕 魏润泉、陈欣：《海上保险的法律与事务》，中国金融出版社 2000 年版，第 44 页。

随着国际海上保险业的发展,特别是世界经济和技术的进步,保险人有机会掌握关于保险标的更多更准确的情况。保险人可以通过世界海事组织、国际海事委员会、各国官方服务机构以及其他卫星服务系统掌握更多有关货物或船舶的品质情况、运输情况、海事状况,评估有关的海盗风险,指导被保险人的业务活动。同时,数百年来的专业经营使海上保险公司拥有了海上保险各环节的专业人员,其能够快速掌握和评估保险标的在哪一个环节存在较高的风险,由于海上保险公司在世界各大港口都有分支机构或委托的代理机构,对于高风险的海上保险合同,保险人在收取较高的保险费后会因节约成本而让其分支机构或代理机构进行监督和管理。因此,海上保险法对保险人在告知义务方面的保护就失去了其存在的客观必要性,与此相关的立法也应逐渐放宽被保险人的无限告知和陈述义务,而逐步转向附条件的有限告知义务。

虽然国际海上保险法学界有很多学者主张彻底“废弃”无限告知义务,采用符合公平原则的有限告知义务,但多年来一直受到保险实业界影响,同时各国海商法学界又要考虑海上保险法的特殊性和专业性,使无限告知义务矫正的隐性阻力变得越来越大。针对上述情况,笔者认为从无限告知义务向有限告知义务转变的过程中应该有一个缓冲阶段,即附条件的有限告知义务阶段。在附条件有限告知义务阶段,无限告知义务所依附的最大诚信原则的基本原理可以保留,但其内容应该进行逐步地修改,也就是被保险人的告知义务应该逐步减轻而不是保持现有的过重状态。保险人依据对方违反告知义务撤销保险合同或解除赔偿责任是受条件限制的,即附条件的有限告知义务应包括如下内容:(1)被保险人存在主观过错,故意或过失不告知或隐瞒相关事实;(2)不告知的事实是具有决定性影响的;(3)不实告知仅限于对重要事实的不实陈述,而不包括对一般事实的不实陈述;(4)一般事实与重要事实的认定应考虑被保险人的主观心理状态，也就是从客观主义告知向主观主义告知的转变；(5)除非被保险人故意或重大过失，对违反告知义务不应全部免除保险人的赔付责任，而应在界定完过错比例后按保险人承担的过错比例进行保险赔付。

海上保险是在各类保险中发展最早的一种保险，这与海上贸易发展的海上风险较大这一原因是分不开的。当今世界多数国家的海上保险合同与其他民事合同相比，突出的特点是海上保险合同被保险人承担的告知义务是无限的，而其他民事合同则要求当事人承担一般民法意义上的有限告知义务。海上保险合同的无限告知义务旨在维护传统海运强国保险公司的优势地位，这无疑加重了被保险人的负担，提高了在发生保险事故后无法获得保险赔付的风险。

虽然海上保险合同无限告知义务在一些国家正日益遭到质疑，但笔者认为，海上保险法中的无限告知义务不可能迅速转变为有限告知义务，而会存在一个让保险业界逐步适应的缓冲期。被保险人与保险人之间存在的业务熟练程度和信息的不对称决定了海上保险合同必须建立在告知义务的基础上，保险人依赖被保险人告知的事实对投保标的进行风险评估，并以此为根据来确定是否承保、保费费率以及利润，这是海上保险业长期存在和不断发展的基本准则。总之，关于告知义务的规则将一直是海上保险法最为重要的内容之一，而要做到既保证海运保险业蓬勃发展，又保护海上保险合同中处于弱势地位被保险人的利益，就要有一个过渡阶段来逐步实现：被保险人承担的无限告知义务→附条件的有限告知义务→有限告知义务的阶段转化。

## 二、海上保险无限告知义务规则的程式化发展

为了延续海上保险无限告知义务规则，而不是彻底废弃该制度，程式化交易框架中保险无限告知义务规则应为保险合同双方当

事人提供充分了解有价值的保险标的信息的机会,让保险人能够知晓保险标的的真实情况。

客观地讲,程式化交易中的无限告知义务模式中,应当考虑加入可选择的人机交流平台。毕竟,以电脑为主要交流平台的程式化交易,也有其自身弊端。个人电脑的广泛应用对于商品交易系统的使用者既提高了交易效率,也带来了交易信息披露不对称等一系列问题。甚至有的西方学者认为,电脑成为噩梦的原因是,由其创建的交易系统的历史模拟交易成绩令人侧目,但交易者依据系统在未来进行实战交易时却无法创造同样战绩。[1] 由此可见,无论是在证券交易市场,还是在保险交易领域,机械式的交易系统也会面临交易信息不断发生量变和质变的这一“瓶颈”问题。

在程式化保险交易过程中,如果投保人存在隐瞒真实情况的意思,因此让告知义务履行不完整或存在瑕疵,这不是程式化交易本身缺陷造成的,而是保险合同主体自身主观过错造成的。因为除了程式化交易之外,其他交易模式也会存在故意不履行、不全面履行告知义务的情形,这不应归责于程式化交易本身而应归责于投保人本人。

如果保险合同双方当事人选择了程式化的交易模式,特别是在人身或财产保险的自动续签合同环节,那么现今更多保险人采用的是程式化的交易模式,即延用上一年的告知义务规则形成的保险标的信息,而不再需要当事人再一次披露保险标的信息,或通过电话询问的方式简化告知义务环节。同时,这一实践做法,显然违背了最大诚信原则构建的告知义务规则体系。也就是说,在现行的保险告知义务规则已经合理存在的条件下,需要解决的主要问题是:程

〔1〕［美］小布鲁斯·巴布科克:《机械式交易系统:原理、构建与实战》,李汉军、任帅波、陈旭译,机械工业出版社 2017 年版,第 48 页。

式化交易的运用究竟给现行保险告知义务规则带来了什么影响？如何在不妨碍现行告知义务顺畅履行的基础上兼顾效率？

计算机运行的网络披露程序永远是机械式的，甚至是死板的，其灵活性始终不足，设计出来的程序一经固定，可能会不断产生新的问题。因此要了解到真实情况，有必要加入人工交流环节，通过投保人的描述来取得保险标的的重要信息。至于这样的人工交流环节是否会让保险业务的效率下降？答案是肯定的。因此，人工交流平台可以设计成具有选择余地的补充性环节，这样，既有利于发挥保险合同缔约双方主体的主观能动性，也能提高保险交易的灵活性与效率。

很显然，在不履行或瑕疵履行无限告知义务的情形中，投保人存在的过错可能是故意，也可能是过失，这不是程式化交易模式下产生的新问题，而是传统保险法就已经关注的问题，只不过在新模式下有不同的表现，人工交流是可选过程，一旦经过快捷的程式化投保，投保人就有可能故意回避人工交流，然后放任投保风险的发生。

在程式化交易方式下，投保人的主观因素难以判断，其原因是双方面对的只有电脑显示器或其他电子信息显示平台。保险合同主体绕过人工交流环节也不代表一定存在故意或者过失，而且发生保险事故后再去追究主观因素也并非理想的措施。从我国保险立法的角度来分析，立法者并不是将保险告知义务制度定位于主观责任追究，而是尽量使保险事故发生后，让保险变得有实际意义，并非把保险业务变成“不保险业务”。因此，笔者认为，在投保效率较大提高的今天，在程式化交易模式中，投保人可以选择不接受人工交流，而在造成告知存在瑕疵并引发与之相关的损害时，推定投保人和保险人均存在不同程度的过错，并依据过错比例分摊保险责任。

在程式化信息披露过程中，投保人与保险人之间的“屏幕交易”

原本就存在失真的可能性,再加上投保人与被保险人之间的"无色玻璃",保险标的的真实情形就更加难以完全地展示出来。因此,在程式化交易过程中,就更需要被保险人也承担如实告知义务,即在保险合同实践操作中,增加被保险人的投保确认环节。同时,现行法律规则下保险事故发生时,被保险人已经被赋予了赔偿金给付请求权并为其配置了相应的义务,这体现了权利与义务相平衡的法律基本精神。

通过电脑程式化的保险交易逐步增加,保险合同双方当事人在缔约环节围绕保险标的信息披露义务,多通过以电脑为载体的互联网模式进行,也就是说,现行保险告知义务规则构建的信息披率义务出现了一定的"被简化"趋势,其代表的最大诚信原则也在电脑程式化交易面前,走上了一个新台阶。可以肯定地说,针对现行保险法规忽略的电脑程式化交易模式这一新情况,若现行保险告知义务规则不顺势而变,势必面临很尴尬的境地。尤其是在保险实务操作中,保险人对法律制度的关注已经日渐增多,其旨在招揽更广泛的客户资源,为了节省保险标的信息披露成本,选择性地运用了程式化告知义务模式,已达到追求利润最大化的最终目的。

为促进保险事业的健康发展,保险法要求保险活动当事人尽力降低无限告知义务风险,应当把每一个缔约主体预设为一个符合公序良俗要求的人,让他们能够进行正常的投保活动,使电子网络技术进步成为坚守法治精神的壁垒,避免发达的科学技术蜕变为妨害人本主义精神发展的障碍。在人们普遍追求效率的现实局面下,现行的告知义务规则依然要发挥它维护诚实信用、减少道德风险的神圣使命。需要注意的是,无论科技如何发达,市场经济始终无法脱离人的理性思考和实践活动考验。总之,在程式化保险交易下,我国海上保险中的无限告知义务规则需要顺势而变,继而另辟蹊径,以此来适应数字网络化投保模式的这一新变化。毕竟,程式化保险交易虽然提高了投保效率,但极容易忽略保险标的信息充分和真实的披露,一旦因此引发保险纠纷,很难界分无限保险告知义务责任,因此,我国需要对程式化保险交易下的信息披露行为制定独立的保险无限告知义务新规则。

**三、新一轮海运保险信息的不对称:新海运公约庞杂信息之诱因**

海上保险告知义务是一种保险信息传递的过程,保险标的信息的广泛性与复杂性,导致了海上保险合同各方对保险信息的掌控出现不对称的现象。所谓海上保险信息不对称,是指特定保险当事人对保险标的特定信息在掌握程度上的差别,表现为掌控保险信息数量的多少和质量的优劣。保险信息不对称在一定程度上导致海上保险合同双方的利益失衡,造成有限保险市场资源的扭曲配置,甚至形成逆向选择的现象。与以往的国际海运公约相比较,《鹿特丹规则》条款蕴含的信息量更大,内容上更倾向于美国式的标新立异,创新条款机制为不少西方海运发达国家的海商法学者所称道,〔1〕但对海运欠发达国家来说,该规则加大了其理解和掌握该公约的困难。在现阶段的海上保险活动中,信息不对称是普遍存在的现象,同时,如果在具体某一保险业务中的信息不对称的程度越大,产生经济和法律风险的可能性就越大,这就需要法律的规制。

海上保险关系中被保险人的告知义务,即被保险人在缔约阶段履行据实说明的义务,也可以具体理解为在订立海上保险合同时,被保险人应将有关保险标的一切重要事实告诉或通知保险人。〔2〕有的学者主张,告知义务除订立保险契约时要被保险人对于有关保险标的之重要事实应据实告知外,还包括保险契约成立后被保险人

---

〔1〕 朱曾杰:《初评〈鹿特丹规则〉》,载《中国海商法年刊》2009 年第 2 期。

〔2〕 [加]威廉·台特雷:《国际海商法》,张永坚等译,法律出版社 2005 年版,第 23 页。

对危险显著增加以及保险事故发生后向保险人所为通知之义务,[1]显然,持这种主张的学者采用的是宽泛的告知义务论,但在中国学界多主张将保险告知义务、保险人订约说明、保证条款以及危险增加通知义务等制度加以厘清,即采用狭义的告知义务论。

通过对海上保险告知义务的外延与内涵的分析,可以得知,被保险人将保险标的之相关事实向保险人的披露,以及保险人就相关的保险事项对被保险人的询问,其实质是保险合同双方当事人针对保险标的有关信息如何传递和传递多少的过程。在某一单具体的海上保险业务中,被保险人与保险人对保险信息的掌控很少是对等的,多数情况下二者的信息不对称,特别是《鹿特丹规则》对船货双方民事责任的重新划分,改变了原有的风险范围,导致船东、货方以及保险人对新的海运制度熟练掌握和运用程度存在差别,加剧了海上保险告知义务过程中的信息不对称。[2] 由于一味追求新海运公约逻辑结构的严谨,造成了《鹿特丹规则》条款交织复杂,理解和掌握一个条款,需要参考另一个条款的内容,这无形中增加了被保险人和保险人对公约条款信息准确掌握的难度。国际贸易中货物和服务的跨国界流动,对某一具体保险合同而言,若被保险人和保险人业务规模相当,在资金和管理上均具有优势,能够聘用和储备更多熟练掌握《鹿特丹规则》的人力资源,就能最大限度地降低信息不对称带来的损失。而若被保险人和保险人存在对《鹿特丹规则》理解和掌握程度的偏差,甚至是一方因业务重点的不同,疏忽对《鹿特丹规则》实际状况的全面了解,必然导致在告知义务阶段的信息不对称。

《鹿特丹规则》多项创新制度改变了传统的海运制度,随之而来

---

〔1〕 樊启荣:《保险契约告知义务制度论》,中国政法大学出版社 2004 年版,第 308 页。

〔2〕 谷浩:《海上保险的告知义务:经济学的思考》,载《中国海商法年刊》2008 年第 1 期。

的是,被保险人告知义务的范围也会发生改变。对资金规模较小且保险业务不多的货方被保险人而言,由于业务环境和知识水准的限制,其很难对海运制度的新变化及发展前景作出正确的评估,对《鹿特丹规则》相关信息多从资金规模较大保险人的业务介绍中获得,从这个角度来分析,保险人占有信息优势,而被保险人处于信息劣势,这就为掌控信息优势的保险人欺骗被保险人,减轻或免除自己本应承担的保险责任,以赚取更大的保险收益,使被保险人得不到充分的保险保障。相反地,规模较大的海运企业作为被保险人,因其长期关注海上保险信息的变化,在保险信息的掌控方面较保险人占据优势,保险人对海运企业投保船舶的机器性能、折旧以及适航适货等信息,在很大程度上依靠被保险人的披露,以此来决定是否承保以及对保险费率如何确定,这就可能产生被保险人利用自己的信息优势不告知真实信息或提供虚假信息,选择最有利于自己的保险险种,甚至实行诈保或骗保。笔者认为,《鹿特丹规则》生效后,其诸多创新性的海运信息会诱发被保险人和保险人信息不对称,在一定程度上,会对业务精练的保险人较为有利。因为保险人的业务专长就是收集保险信息,若保险人对海上保险信息变化极为敏锐,就能够最大宽度地收集保险信息并进行分析和评估,也就是说,保险业能更快捷更准确掌握新海运公约的先进性及其局限性,继而形成信息优势,以达到降低承保风险赚取更多利润的目的。

事实上,《鹿特丹规则》虽然没有具体条款对海上保险进行规制,而旨在调整国际海上运输关系,但是结合上述分析,《鹿特丹规则》会导致被保险人和保险人的信息不对称,提高在海上保险告知义务阶段沟通上的交易成本。因为《鹿特丹规则》涵盖的海运信息量大,在海上保险合同缔约阶段,即使保险合同一方主动将新海运信息完全披露给另一方以期顺利达成保险交易,但也可能存在另一方对《鹿特丹规则》不能正确理解而使信息交换处于一种休眠或半休眠状态的情形。或许可以认为,新海运公约在海上保险领域的吸收与消化很可能是在被保险人与保险人之间的信息战中完成的。毕竟,信息不对称问题存在于海上保险交易的各个环节,是导致海上保险交易成本产生、决定交易成本高低以及影响收益大小的主要因素。特别是跨国界海上保险,若保险双方都利用自己的信息优势,从《鹿特丹规则》创新机制中谋取利益,不向对方披露全部信息甚至提供虚假信息,交易成本问题就会比较突出。总之,《鹿特丹规则》提供的新海运信息量越大,保险信息不对称越突出,保险交易成本就越高,被保险人和保险人为达成交易就需要支付比以往更多的信息交流成本,而有效的信息交流需要很多的技巧和先决条件,因此有些交易会因为信息交流的不顺畅而被中止或放弃。

## 四、货方告知义务主体的牵连性:《鹿特丹规则》责任主体范围的外延

海上货物保险告知义务的主体是国际买卖合同的交易方,而对应的权利主体是货运保险公司,也就是说,海上保险合同在缔约阶段的告知义务,实际上是被保险人向保险人披露保险标的信息的过程,各国保险法规或判例均要求被保险人要按照诚信原则,忠实履行自己告知的义务。按一般规则,当事人除非他是恶意的,否则对自己陈述的观点即使不符合事实,也无须承担法律责任。关于海上保险告知义务的最初案例,现在中国多数学者认为是英国 1766 年卡特诉鲍曼(Carter v Boehm)一案,在该案中大法官曼斯菲尔德首次系统阐述了海上保险无限告知义务,一个多世纪后,英国 MIA1906 将包括卡特诉鲍曼一案在内的诸多海事保险判例成文法化。中国海上保险立法基本上采纳了英国法中的无限告知义务,也就是被保险人应主动向保险人告知一切他所知悉的,能够足以影响保险人作出决断的相关事实。

需要注意的是,在卡特诉鲍曼案时代,海上保险业尚不发达,保险人的资金规模和专业知识较为有限,对保险标的之信息很大程度上依赖被保险人的告知,并且履行告知义务的主体也较为单一。进入21世纪,海上保险告知义务主体逐步增多,特别是《鹿特丹规则》规定了多个海运法律关系主体,其中包括承运人、履约方、海运履约方、托运人、单证托运人、持有人、收货人和控制方。[1]《鹿特丹规则》的八大主体看上去较为复杂,而在国际经贸和海运实践中持有人和控制方又多与托运人和收货人发生重叠,为了理解上的方便,可将他们简化为三大群体:托运货物的群体、提供海运服务的群体以及收取货物的群体。这三大主体群与提供保险服务的保险人之间形成了具有一定牵连性的海上保险关系,托运货物群体在投保时,需要向保险人披露提供海运服务的群体和收取货物的群体的相关信息。

(一)被保险人本人的告知义务

根据《鹿特丹规则》第1章第1条定义部分的规定,托运货物群体主要是指托运人、单证托运人以及二者直接或间接委托的任何人。《鹿特丹规则》托运人的概念与《海牙规则》较为一致,即指与承运人订立海上运输契约的主体。单证托运人则是《鹿特丹规则》创设的新主体,其实质是将中国《海商法》第42条第3款第2项规定的发货人进行了更为严谨的规定。《鹿特丹规则》单证托运人与托运人是区别开来的两个主体,特别是贸易领域买卖双方选择FOB贸易术语时:买方有义务负责租船,若买方与海运企业签订运输合同,买方就是《鹿特丹规则》中的托运人;若卖方不与承运人订立运输合同,但又同意在运输单证或电子运输记录中以“托运人”称谓进行记载,满足这两个必备条件,才构成《鹿特丹规则》中的单证托运人。

---

[1] 郭萍、张文广:《〈鹿特丹规则〉述评》,载《环球法律评论》2009年第3期。

由此可见,在《鹿特丹规则》中,单证托运人并不是必然存在的,而是条件限制的产物,其价值主要在于解决 FOB 术语中卖方对货物的控制权问题,使卖方能够凭托运人的身份控制进入运输环节的货物,以达到收到货款的目的。

虽然《鹿特丹规则》出于对大陆法系国家合同相对性理论的尊重,十分明确地规定了单证托运人是海上货物运输合同以外的人,但是海运保险人仍需根据被保险人的口头告知或者在被保险人提供的单证资料中查找被保险人的其他相关主体,以此来界定托运人和单证托运人到底谁有权享有运输合同下的保险利益。虽然《鹿特丹规则》创造性地采用单证托运人取代了传统航运实践中发货人,但对成为单证托运人的主体附加了极为严格的条件并给予狭小的权利空间,势必会削弱《鹿特丹规则》利用单证托运人对 FOB 术语中卖方的全面保护,而增加托运人投保时要明确声明是否存在单证托运人的告知义务负担。

托运货物群体的海上保险告知义务主要体现在海上货物运输保险领域,货方作为被保险人向货运保险人据实说明保险信息的路径。因为《鹿特丹规则》规定的托运货物群体的多样性和重合性,导致某一特定的告知义务主体在向保险人告知的过程中,需要披露与其相关联的其他主体。托运人的保险经纪人或代理人在向保险人投保的过程中,依据海上保险无限告知义务的内容,需披露托运人;若存在单证托运人,还需要披露单证托运人及其相关的代理人。

(二)被保险人直接或间接委托的人的告知义务

被保险人直接或间接委托的人在海上保险业务实践中主要包括被保险人的代理人和保险经纪人。被保险人的代理人主要指在海上保险实务中接受被保险人的委托,以被保险人的名义与保险人签订保险合同,即所谓的“代为投保”的过程。被保险人的代理人能够解决被保险人对海上保险业务不熟练的问题,为被保险人提高投保效率,完善告知义务有很大的裨益。保险经纪人起源于英国,并对英国的海上保险业影响较大,例如,英国保险市场中多数财险业务是由保险经纪人来完成的,英国最大的保险组织劳氏社(Lloyd's)的业务则必须由保险经纪人来安排。保险经纪人是基于投保人的利益,为投保人与保险人订立海上保险合同提供信息服务并收取佣金的主体。保险经纪人须具有一定的保险专业知识,熟悉一个国家或地区保险市场运行状况及其保险政策法规,能根据保险标的具体信息和保险公司的业务特长,为投保人制定一个效益最佳的投保方案。

因为大陆法国家与英美法国家之间、大陆法国家之间、英美法国家之间,甚至在一个国家内部就委托和代理存在不同程度的差异,所以笔者认为《鹿特丹规则》第1条第5项(b)款,托运人、单证托运人、控制方或收货人直接或间接委托(笔者认为用"聘请"一词更准确)的任何人(any person that is retained,directly or indirectly,by a shipper,by a documentary shipper,by the controlling party or by the consignee),这一灵活规定的条款用语有一定的先进性,即用"直接或间接委托"涵盖了各国各种形式的代理制度,特别是"retain"一词有"聘请"的意思,要比法律用语"entrust"的含义更广,起到了由繁至简的作用。但是,目前中国有些学者仍认为被保险人与其保险经纪人是一种间接代理关系,而被保险人与其代理人之间是一种直接代理的关系,其理由是保险经纪人是向被保险人提出自己的意思表示,而代理人需按被保险人的意思表示行事。很显然,上述观点是从民法中代理制度的角度来分析的,大陆法系国家代理制度与委托制度具有一定的重叠性,而若按广义的委托制度来论证就会得出相反的结论。因为被保险人的代理人与保险经纪人都是委托合同关系的受托人,其业务的实质都是为被保险人提供一种保险服务,也就说二者没有本质的区别。保险经纪人具有委托性、代理性、行纪性以及居间性等多重属性,这促使各国保险法规都对其实行极为严格的准入和监管制度,保险经纪人的范围也因此要小于被保险人的代理人,其承担的告知义务的责任也比普通的代理人要严格。例如,我国保险法规明确规定,保险经纪人因过错给投保人或被保险人造成损失的,依法承担赔偿责任。

由代理人为被保险人投保,该代理人必须告知保险人其已经知道的每一重要情况和被保险人有义务告知的每一重要情况。[1] 关于被保险人代理人的告知义务,英国 MIA1906 有明确的规定,其第18条和第19条分别规定了被保险人和被保险人代理人的告知义务,尤其是第19条(b)项规定,被保险人代理人应将被保险人的一切重要有关情节告知保险人,但某项重要事实信息到达被保险人代理人时就已经迟误而来不及转告知的情况除外。[2] 如果被保险人已经向其代理人告知了保险标的相关信息,而代理人因故没有向保险人披露,被保险人不能以此为理由向保险人进行抗辩,被保险人仍负没有履行告知义务的保险责任,但因此而遭受的损失可依据代理协议向其代理人追偿。

与英国 MIA1906 第18条和第19条规定不同的是,中国《海商法》第222、223条仅规定了被保险人的告知义务,而没有明确提及被保险人的代理人或者经纪人的告知义务。例如,中国《海商法》第222条规定:"合同订立前,被保险人应将其知道的或者在通常业务中应当知道的有关影响保险人据以确定保险费率或者确定是否同意承保的重要情况,如实告知保险人。保险人知道或者在通常业务中应当知道的情况,保险人没有询问的,被保险人无需告知。"由此

---

〔1〕 张丽英、赵劲松、赵鹿军:《中英海上保险原理及判例比较研究》,大连海事大学出版社2006年版,第137页。

〔2〕 Howard N. Bennett., *The Law of Marine Insurance*, Oxford, Oxford University Press, 1996, p. 55.

可见，在该条文两个条款中并没有提及被保险人的代理人或者经纪人，有的中国学者认为，依据民法代理制度的原理，被保险人的代理人和经纪人都应被纳入告知义务主体的范畴内。但是，笔者认为中国《海商法》对被保险人与其代理人以及保险经纪人的告知义务在责任分担问题上存在需要完善的地方，特别是在因保险经纪人为被保险人提供的风险解决方案存有疏漏，或者保险经纪人与保险人形成恶意串通，导致被保险人未能正确告知时，若一味地让被保险人承担未告知责任，以此解除保险人全部的赔付责任，对被保险人有失公允。诚然，中国在 1992 年出台《海商法》的时候，保险经纪人制度尚不完善，因此，原则上将其推给民法中的代理制度来解决是可以理解的。现今，中国调整保险经纪市场的法规逐渐增多，因此，作为特别法的《海商法》应该进行调整，以进一步扩大告知义务的主体范围以及其责任的分摊。

## 五、船方告知义务责任的倾斜性:《鹿特丹规则》承运人责任的变革

《鹿特丹规则》对提供海上货物运输服务的主体进行了重新定义与划分，创立了新的运输责任基础和举证责任，延伸了船舶适航义务的时间，取消了航海过失免责，提高了承运人赔偿责任限额以及增加承运人管货义务，这些都将对船舶所有人或经营人的告知义务产生重大影响。根据国际海上保险业务的实践，若保险标的危险增加的事实发生，会对保险人的风险承担构成实质性影响，继而改变传统告知义务的范围，对被保险人苛以较重的告知义务。

### （一）承运人、履约方以及其他相关主体的告知义务

《鹿特丹规则》为适应国际集装箱货物“门到门”运输方式，采用了美国海运法（Carriage Of Goods by Sea Act 1999）中的缔约承运人和履约承运人制度，放弃了《汉堡规则》的实际承运人制度。《鹿特丹规则》第 1 章第 1 条第（5）（6）（7）项，将提供海运服务的主体分

为承运人、履约方以及海运履约方。履约方包括海运履约方和非海运履约方,是指除缔约承运人以外,直接或者间接地承担运输责任的人,包括内陆承运人、海运实际承运人、装卸人、港口经营人和仓储人等,但不包括货方的代理人或者雇佣人。海运履约方是《鹿特丹规则》的一个创新,是履约方的下位概念,是指在货物到达船舶装货港至货物离开船舶卸货港期间履行或承诺履行承运人义务的履约方。[1]

《鹿特丹规则》将港口经营人植入海运履约方的范围内,明确了港口经营人作为承运人主体之一,有权享有履约承运人责任限制等权利,但也须承担与权利有关的义务。在《鹿特丹规则》生效后,承运人若对其承运的货物向保险人投保船东赔偿责任险,应披露海运区段始发港和目的港的港口经营人以及其他提供运输服务的主体,因为在承运人的保险人赔付损失后,若发现货物损失系承运人以外的运输主体造成的,则保险人有权取得向承运人以外的运输主体索赔的代位权。《鹿特丹规则》中的海运服务群体若各自向不同保险人投保,势必会导致告知范围的难以确定,从而增加告知义务成本。特别是作为海运履约方的港口经营人在实践中为了港口的持续发展,会单独向保险人投保港口利润损失险或财产一切险及附加险等险种,这些险种与海运险种的告知义务主体发生交织,将导致不同险种在告知义务层面上的冲突协调问题。可以说,《鹿特丹规则》在调整最广义的海运服务主体的同时,却忽视了这些群体之间保险利益和责任的分配,也忽视了有些国家特殊的海运主体关系。例如,我国的一些私人船公司因无航运经营权,多将其实际拥有的船舶挂靠在某一大型国有航运公司名下,通过航运公司办理船舶营运证

---

〔1〕 韩立新:《〈鹿特丹规则〉对港口经营人的影响》,载《中国海商法年刊》2010年第1期。

书，但船舶仍然由该私人船公司（实际船东）控制和管理。这种富有中国特色的船舶挂靠关系，是《鹿特丹规则》没有提及的，这些海运主体的告知义务存有很大的不确定性，很可能出现因没有披露实际船东，继而违反告知义务，保险人拒绝赔付的情况。

（二）船货利益新分配机制中船方作为被保险人的告知义务

船货双方利益与责任的划分贯穿于整个海上货物运输发展的各个阶段，为了维护和促进本国商船队伍的可持续性发展，许多国家倾向于保护海上风险较大的船方利益。我国《海商法》是以《海牙规则》和《维斯比规则》为基调制定的，对提供海运服务方赋予了民事责任的多层限制，即为国家海洋运输业的发展，倾向于保护船方的利益而弱化货方的诉求。

为了解决海上运输船货双方权责失衡的局面，1978 年在德国通过的《汉堡规则》取消了承运人的多项免责权利，提高了赔偿责任限额，由于当时多数西方海运强国抵制《汉堡规则》，使片面保护货方利益的《汉堡规则》仅获得了少数发展中国家的承认。中国经济的高速增长，带动了中国海上运输业的迅猛发展，导致全球航运中心的东移，以美国为首的西方国家开始关注海上运输中货方利益，可以说《鹿特丹规则》具有明显的大陆法系国家的立法特征，其广泛运用民法中的公平原则，将承担较高海运风险的船方与相对风险较小的货主等同对待，比《汉堡规则》更凸显货方利益，即对货方利益有更大的倾斜性保护。也正因如此，《鹿特丹规则》第 4、5、6、9、12 章分别在承运人的责任基础、责任期间、适航义务、管货义务、免责事项、举证责任、责任限额以及诉讼时效等方面加重了承运人的责任或限制了其原有的免责权利，其具体的责任分配趋势可参见表 1。

表1 《鹿特丹规则》对船货双方责任的分配趋势

| 《鹿特丹规则》 | 责任基础 | 责任期间 | 适航义务 | 管货义务 | 免责事项 | | 举证责任 | 责任限额 | 诉讼时效 |
|---|---|---|---|---|---|---|---|---|---|
| | | | | | 航海 | 火灾 | | | |
| 船方 | ↑ | ↑ | ↑ | ↑ | ↑ | ↑ | 平 | ↑ | ↑ |
| 货方 | 无 | ↓ | 无 | ↓ | 无 | 无 | 平 | 无 | ↑ |

从表1可知,《鹿特丹规则》增加了承运人向保险人进行告知的难度,尤其是在船方对其承运货物投保的第三人责任险中的难度。因为根据海上保险法原理,海运承运人不能投保其运输货物灭失的财产险,因为船方不是承运货物的所有人,不能投保海上货物运输保险的相关险种。承运人若对其承运的货物具有保险利益,则应投保货物在其提供海上运输服务过程中发生损坏或灭失时承运人对第三人的责任险,其险种主要是指各国船东赔偿责任险。在中国,船东保障和赔偿责任险条款主要是指中国人民保险公司1993年1月1日修订的《船东保障和赔偿责任险条款》,该保险条款规定了承保船东在海上货物运输过程中,因疏忽而导致在法律上应对本船船员、所载提单项下的货物、意外事故导致的油污、强制打捞及对第三者人身或财产造成损失的赔偿责任。《船东保障和赔偿责任险条款》第1节第1项规定了被保险人的告知义务承保规则:“合同订立前,被保险人应当将其知道的或者在通常业务中应当知道的有关影响本公司据以确定保险费率或者确定是否同意承保的重要情况,如实告知本公司。”由此可见,《鹿特丹规则》严格的承运人责任会对包括中国在内的海运国家的船方投保货物第三人责任险产生不容忽视的影响,且势必会造成这一领域的保险人对船方的告知义务进行重新评判,在新风险评估结果出台以前,保险人会限制承保的范围。

## 六、结语:《鹿特丹规则》对发展中国家海上保险告知义务的启示与挑战

透过现象分析本质可以得出,《鹿特丹规则》船货权责平衡的主旨,将原本属于船方的诸多特权"公平"地进行了又一轮瓜分,特别是要求承运人整个航行过程的适航,对承运人驾驶和管理船舶提出了更高的要求,对中国等发展中国家的海运业造成了较大的冲击,这势必会导致因承运人船舶不适航增加货方损失纠纷。可以断定,《鹿特丹规则》一旦最终生效,提供海运服务的承运人和其他海运主体的民事赔偿责任将大幅度提高,特别是《鹿特丹规则》第59条第1项将按货物毛重计算的单位赔偿责任限额比中国《海商法》和《海牙-维斯比规则》提高了50%,而这些新游戏规则增加的责任会转嫁给承运人的保险人,使发展中国家海运企业的保险人难以真正享受到海运责任限额的佑护。

反过来,保险人势必会增加船东责任险的保费并辅以苛刻的无限告知义务条件,而一旦发生较大的海损事故,保险人会凭借《鹿特丹规则》不调整的海上保险无限告知义务,主张承运人未履行完全告知业务而拒绝保险赔付。同时,承运人为了自身的生存,势必会通过提高运费的方式将自己的损失再转嫁给新货方,最终发展中国家的货方在本国海运企业因竞争压力而退出海运市场的情况下,将独自承受新海运公约给其带来的高昂运输成本,就像抛出一个自动飞回的飞镖。

极具灵活性和抽象性的海上保险无限告知义务,将因《鹿特丹规则》的生效率先受到影响。新海运公约将改变托运人、单证托运人、承运人以及包括港口经营人在内的履约方等众多复杂主体告知义务的条件和范围。笔者认为,《鹿特丹规则》将延缓海上保险无限告知义务向有限告知义务的转变进程,因为各国出于对海上保险业的保护,不可能在保险标的风险增大的同时,在立法层面率先取消

本国保险人获取最为宽泛保险信息的特权,尤其是规模较大的海运保险业在各自国家都有较强的影响力,这更增加了向有限告知义务转变的难度。

毕竟,海上保险无限告知义务的缺陷是很明显的,其片面保护海运保险人的利益,无形中增加了被保险人的告知成本,提高了保险人在发生保险事故后拒绝保险赔付的机会。总之,《鹿特丹规则》具有一定的先进性,但其很多创新制度需要在全球贸易和海运实践中进行检验,[1]其海运权责的急速转向,势必会对历经数百年固定下来的船货平衡和海运保险带来冲击,从而增加发展中国家对新海运规则掌握和运用的难度,促使包括海上保险告知义务在内的诸多保险制度进入新一轮的调整期。[2]

〔1〕 司玉琢:《〈鹿特丹规则〉的评价与展望》,载《中国海商法年刊》2009 年第 2 期。

〔2〕 王金玉:《海上保险无限告知义务的抽象嬗变——基于〈鹿特丹规则〉生效后的考量》,载《当代法学》2011 年第 2 期。